高等学校工商管理专业系列教材

Corporate Social Responsibility

企业社会责任

罗 燕 李 萍 编著

科学出版社

北京

内 容 简 介

在全球化和市场经济的大背景下，企业社会责任已成为评价现代企业绩效和道德标准的关键因素。本书不仅系统介绍了企业社会责任的理论和发展，还对当前标准、报告要求和实际操作做了详细阐述。本书共十二章，系统性地覆盖了企业社会责任的各个方面，讨论了基于中国实践的企业社会责任理论。

本书可帮助企业管理者将社会责任的概念融入日常运营中；政策制定者可以借助本书了解企业社会责任的最新发展和最佳实践，从而制定出更加有效的政策和规范；本书还为相关专业的本科生和研究生提供了丰富的理论基础，有助于他们深入理解企业社会责任的复杂性和多维性。

图书在版编目（CIP）数据

企业社会责任 / 罗燕，李萍编著. —北京：科学出版社，2024.12
高等学校工商管理专业系列教材
ISBN 978-7-03-077383-8

Ⅰ．①企⋯　Ⅱ．①罗⋯ ②李⋯　Ⅲ．①企业责任–社会责任–中国
Ⅳ．①F279.2

中国国家版本馆 CIP 数据核字（2024）第 002726 号

责任编辑：王京苏 / 责任校对：王晓茜
责任印制：张　伟 / 封面设计：有道设计

科学出版社 出版
北京东黄城根北街 16 号
邮政编码：100717
http://www.sciencep.com

北京九州迅驰传媒文化有限公司印刷
科学出版社发行　各地新华书店经销

*

2024 年 12 月第 一 版　开本：787×1092　1/16
2024 年 12 月第一次印刷　印张：16 1/2
字数：392 000
定价：68.00 元

前　　言

在这个快速变化的时代，企业不仅是经济发展的推动者，也越来越成为社会和环境影响的重要参与者。本书的写作，正是基于对当代企业在全球化背景下承担的社会责任和伦理行为的深刻认识。本书的核心思想是探讨和阐释企业社会责任的多重维度，旨在为读者提供一个全面的分析框架，帮助理解和实践企业社会责任的理念。在全球经济一体化的大背景下，企业行为不仅影响经济绩效，更对社会和环境产生了深远的影响。企业社会责任已成为企业战略的核心组成部分。

华南师范大学的人力资源管理专业自 2000 年设立以来，始终坚持理论与实践相结合的教育理念，不断更新课程设置，强化实践教学，以适应不断变化的市场需求。李永杰、谌新民等前辈以远见卓识铺设了坚实的基础，继任的老师们持续探索、创新和突破，推动人力资源管理专业在 2021 年获批国家级一流本科专业建设点。这是老师们坚持不懈的努力、对学生培养的持续关注，以及学科建设的持续投入的结果。这一切成就，离不开学院的大力支持和资源投入。在此，笔者特别要感谢经济与管理学院为本书提供的资助，以及在人力资源管理系发展过程中所给予的巨大支持。

本书从商业伦理的基本理论入手，详细探讨了东西方商业伦理的发展历程，并深入分析了商业伦理与企业社会责任的关联。在此基础上，本书系统地介绍了企业社会责任的概念、内涵、管理和履行，以及企业在不同方面（如对股东、员工、客户、供应商、环境和政府）所承担的责任。此外，本书还特别强调了基于中国实践的企业社会责任理论，旨在为中国乃至全球企业提供可行的指导和启示。

在撰写本书的过程中，笔者深感企业社会责任是一个跨学科、多维度的复杂主题，它不仅涉及经济学、管理学、伦理学和法学，还与企业的日常运营密切相关。本书力求以简洁明了的语言为读者呈现一个既具理论深度又贴近实践的视角。

党的二十大报告指出："我们要坚持教育优先发展、科技自立自强、人才引领驱动，加快建设教育强国、科技强国、人才强国，坚持为党育人、为国育才，全面提高人才自主培养质量，着力造就拔尖创新人才，聚天下英才而用之。"[①]教材是教学内容的主要载体，是教学的重要依据、培养人才的重要保障。在优秀教材的编写道路上，我们一直在努力。

笔者衷心希望本书不仅是理论的传播者，更是实践变革的催化剂，能够为企业管理者、政策制定者、学术研究人员和学生提供有价值的见解和指导，帮助理解和实践企业社会责任，共同推动构建一个更加公正、可持续和富有道德的商业世界。

---

① 习近平：高举中国特色社会主义伟大旗帜 为全面建设社会主义现代化国家而团结奋斗——在中国共产党第二十次全国代表大会上的报告.https://www.gov.cn/xinwen/2022-10/25/content_5721685.htm[2022-10-25].

在未来的道路上，企业社会责任将继续演变和深化。笔者期待本书能成为探索和实践企业社会责任的起点，激发更多思考和行动，为社会和环境带来积极的变化。

罗　燕

2024 年 12 月

广州大学城

目　　录

01 第一章
企业社会责任的伦理基础

■ **本章学习目标**

1. 掌握商业伦理的内涵、特征、效用等。
2. 了解商业伦理对企业经营管理、对企业发展的意义。
3. 理解商业伦理判断的过程和维度标准,掌握影响商业伦理判断的影响因素。
4. 掌握东方商业伦理的内涵和特点,了解其意义。
5. 掌握西方商业伦理的内涵和特点,了解其意义。
6. 理解东方和西方管理商业伦理思想的差异与融合。
7. 了解商业伦理与企业社会责任之间的关系。

　　商业伦理思想可以帮助我们了解企业在商业活动中的道德准则和行为规范。学习商业伦理对企业的可持续发展、社会的和谐稳定,以及个人的职业成长都具有重要意义。通过遵循商业伦理,企业可以在竞争中脱颖而出,树立良好的形象,实现共赢发展。个人也能够在商业活动中树立正确的道德观念,成为有责任心和有担当精神的职业人士。

　　商业伦理和企业社会责任是密切相关的概念,在很大程度上涉及相似的价值观和行为准则。学习商业伦理思想不仅可以帮助我们理解企业社会责任的内涵和实践,还能使我们更好地理解企业社会责任在商业实践中的重要性和价值。

第一节　商业伦理的主要内容

一、商业伦理的基础内容

1. 商业伦理的内涵

　　伦理是人伦道德之理,是指人与人相处的各种道德准则,即人与人的关系及处理这些关系的规则。商业伦理是研究商业行为和商业决策的道德原则和价值观的学科,涵盖商业领域内各种行为和决策的道德准则，包括企业经营、生产、销售、市场营销、雇佣和与各利益相关者（包括股东、员工、客户、供应商、社会大众等）的关系。商业伦理旨在探讨商业活动中的道德问题，引导商业活动遵循正确的道德原则和社会价值观。它涉及诚信、公平竞争、透明度、对员工和消费者的尊重、环保等方面的道德问题。

商业伦理不仅涉及企业的内部管理和经营决策（即内部伦理），还涉及企业与外部环境的互动（即外部伦理）。内部伦理包括经营伦理、劳资伦理、工作伦理，它是维护企业正常运转的基础，也是企业员工之间保持良好关系的前提。外部伦理包括社会伦理、客户伦理、社会公益等，它是企业维持外部关系的前提条件。内部伦理和外部伦理是相辅相成的，两者的共同目标均是使人们的认识上升到意识形态层面，对企业及其成员的行为进行约束，并通过长期实践形成一种观念，维持企业健康经营和发展。

商业伦理可根据道德准则的不同程度划分为底线伦理和理想伦理。底线伦理是指企业必须遵循的最基本的道德准则，这是最低限度的要求，对个人而言包括不欺诈、不偷窃、不侵犯他人权益等。对企业而言，底线伦理是基本的道德规范，是不可逾越的界线。理想伦理是指人们为之奋斗的伦理要求，如积极承担社会责任、环保、保护员工合法权益等。如果企业未履行底线伦理，那么企业将会受到道德的谴责；如果企业履行了底线伦理却未履行理想伦理，那么企业将不会受到道德谴责但也不会获得额外的赞扬；如果企业既履行了底线伦理又履行了理想伦理，那么企业将会受到道德赞扬。

商业伦理还可根据涉及的主体划分为个体维度和集体维度。个体维度是指涉及个人行为和决策的道德问题，如员工的道德行为、个人职业道德等。集体维度是指涉及企业作为一个整体的道德问题，如企业的社会责任、企业文化等。

商业伦理涉及广泛的内涵，主要内容包括以下几点。

（1）诚信与诚实。企业及其成员要诚实守信，恪守合同，言行一致，不欺骗消费者、供应商和其他利益相关者。

（2）公平与公正。企业要在经营活动中保持公平竞争，不得采用不正当竞争手段，要尊重知识产权，不得滥用市场支配地位。

（3）社会责任。企业要主动承担社会责任，关注社会公益事业，积极参与社会发展，不仅要追求经济效益，还要考虑社会和环境影响。企业要关心员工的福利和权益，为他们提供合理的薪酬和职业发展机会，创造良好的工作环境。企业在经营过程中要重视环保，遵守环境法规，降低对环境的负面影响，积极推动环境可持续发展。企业要保障消费者的合法权益，提供安全、优质的产品和服务，不得进行虚假宣传和欺骗行为。企业要与各类利益相关者保持良好合作与沟通，形成利益共享、共赢发展的关系。

（4）企业要坚决抵制腐败行为，遵守反腐败法律法规，建立健全合规机制，确保企业经营合法合规。

（5）企业要建立积极向上的企业文化，引导员工形成正确的价值观。

2. 商业伦理的特征

商业伦理是企业行为和决策的道德标准和准则，体现了企业对社会和利益相关者的责任和担当。商业伦理的特征在于其自律性、综合性、长期性、灵活性、公正性等方面。

（1）自律性。企业及其成员自觉遵守道德规范和价值观，不仅是外部规范的强制性约束，更是内部自我约束和自律的体现。企业应当自觉地将伦理价值融入日常经营和决策中，不仅是法律法规的要求，更是出于对道德责任和社会公信力的追求。

（2）综合性。企业在经营管理过程中对多方利益相关者的影响，包括员工、消费者、供应商、投资者、社会公众、环境等。商业伦理要求企业综合考虑不同利益相关者的合理需求，实现利益的多方平衡，促进企业和社会的共同发展。

（3）长期性。在追求短期利益的同时，企业要考虑长远发展，注重经济、社会和环境的长期效益，避免只图眼前利益而损害未来发展。企业不仅要追求经济效益，还要考虑对社会的影响和贡献，积极履行社会责任，参与社会公益事业，关注环保。

（4）灵活性。商业伦理在不同的文化背景、社会环境和行业特点下存在一定的差异和变化。商业伦理要求企业能够在实践中灵活运用伦理原则和价值观，根据实际情况做出适当的决策。

（5）公正性。商业伦理强调企业在经营活动中不得使用不正当竞争手段，不得滥用市场支配地位，要保护消费者权益和遵守知识产权等，确保公平竞争和资源分配的公正性。

遵守商业伦理是企业提升竞争力的内在需求。能从众多企业中脱颖而出的企业一定是具有独特性的，企业核心竞争力通常来源于技术创新，技术创新受制于企业管理模式和企业文化，企业文化归属于商业伦理。归根结底，企业核心竞争力受到商业伦理的深刻影响。

企业要想实现健康、长期、稳定的经营，必须遵从商业伦理。企业经营与商业伦理的结合是提高企业竞争力、实现企业发展的重要途径。伦理经营观念是企业伦理学家对市场经济环境下企业经营管理活动的伦理学总结。从宏观角度看，商业伦理在企业经营中占有重要位置，道德的行为能够使买方获得关于市场、产品的准确信息，能够自由选择适合自己的产品或服务，从而保证市场的正常运行和资源的有效配置。从微观角度看，单个企业的发展离不开商业伦理的支撑，道德行为是建立在企业与相关群体的信任基础之上的，良好的交易关系支持公平的商业交换，使购买者从商业伦理行为中获益，同时使销售者发展的商业交换关系成为可能。未遵守商业伦理的经营活动将损坏企业的形象，导致消费者的流失；遵从商业伦理的经营活动将会提高企业的生产效率。

3. 商业伦理的效用

根据马克斯·韦伯"理想类型"的划分方法，商业伦理的功能演绎呈现从约束效用到工具效用，再到价值效用的转变。

（1）商业伦理的约束效用类似于法律法规对企业行为进行规范和约束。商业伦理作为一种道德规范，可以对企业及其成员的行为进行道德评判和批判。常见的约束手段有社会舆论、媒体曝光等，通过公开批评和曝光不道德行为，对企业施加道德压力，从而规范企业的行为。

（2）作为一种管理工具，商业伦理可以帮助企业提高经济效益和市场竞争力。商业伦理的工具效用可以塑造企业形象，增加消费者信任和支持，提高消费者忠诚度，从而扩大市场份额。此外，商业伦理的工具效用可以激发员工的积极性和创造性，提高工作效率，降低员工离职率，减少用工成本，为企业带来更多的经济效益。

（3）商业伦理的价值效用强调的是对社会责任和价值的追求。商业伦理要求企业不仅关注经济利益，还要主动履行社会责任，关心环保、员工福利、公益事业等。这种价值效用使企业更加注重社会影响力和社会形象的塑造，将社会责任融入企业发展战略，从而增强企业的社会认同感和社会影响力。

商业伦理的效用是多维度的，既有约束效用约束企业的不良行为，又有工具效用提升企业经济效益，还有价值效用强调社会责任和价值追求。商业伦理的效用在于平衡企业的经济利益和社会责任，使企业在追求利润的同时能对社会产生积极的影响，实现经济效益和社会效益的双赢。

二、商业伦理对企业经营管理的功能

商业伦理对企业发展至关重要，在市场经营中扮演着重要角色，同时也担负着维持企业健康持续发展的重要任务，有着不可替代的作用。

（1）商业伦理是企业决策的道德标准和价值导向。在商业伦理的引导下，企业管理者可以更加明确企业的经营目标和发展方向，明确对内、对外的责任和义务，使企业在经营过程中更加注重社会责任和公共利益，而不仅仅追求短期经济利益。商业伦理帮助企业避免盲目的利润追求，使其在经营中更加符合社会规范和道德要求。

（2）商业伦理能够为企业提供共同的价值观和理念，形成企业文化和团队精神，从而增强组织内部的凝聚力和向心力。有着共同价值观和理念的企业员工更容易形成共鸣和合作，共同为企业的长远发展而努力。商业伦理能够在组织内部营造积极向上的工作氛围，增强员工的归属感和忠诚度，降低员工的流失率，提高员工的满意度和幸福感。

（3）商业伦理作为一种道德规范，能够规范企业成员的行为，引导他们遵循道德原则和社会伦理，使其在经营过程中不违法、不失信、不损害社会公共利益。商业伦理对企业员工、管理者、合作伙伴，以及与企业相关的各方起着规范行为的重要作用。通过规范行为，企业能够建立良好的形象和信誉，从而获得社会的认可和支持。

（4）商业伦理对企业员工的激励作用表现在激发他们的内在动力和积极性。商业伦理能够激励企业员工在工作中不仅仅关注个人利益，更关注组织目标和社会责任。员工在认同企业商业伦理和价值观的同时，会更加愿意为企业的长期发展贡献力量，积极参与团队合作，追求个人和组织的共同利益。商业伦理能够激励企业员工形成一种"自律"的工作态度，不但被动地接受外部激励，而且主动地自我约束和自我激励。

（5）商业伦理对企业的发展具有深远的影响。具备良好商业伦理的企业更容易建立信任关系，获得消费者忠诚和口碑传播，增加市场份额，提高市场竞争力。此外，商业伦理还能吸引更多优秀的员工加入企业，从而形成人才优势，推动企业持续发展。有着明确商业伦理的企业更能适应社会和市场的变化，更容易获得政府和社会各界的支持和信赖，为企业发展创造更加有利的外部环境。

三、商业伦理判断

商业伦理判断是指人们依据一定的商业道德原则，运用相应的方式方法，对商业行为进行善恶判断。在商业活动和决策中，人们会对道德和伦理问题进行思考、分析和决策，对各种商业行为和决策的道德合理性、社会责任、公平正义、诚实守信等方面进行评估，从而确定是否符合伦理标准和价值观。

1. 商业伦理判断的过程

合理的商业伦理判断能够引导企业做出符合道德要求和社会期望的决策，增强企业的社会责任感，同时也有助于个人树立正确的价值观，做出正确的职业决策（图1-1）。

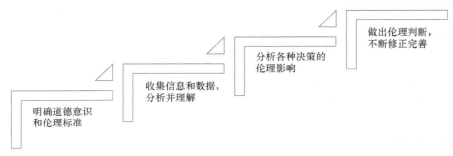

图 1-1 商业伦理判断的过程

（1）商业伦理判断要明确道德意识和伦理标准。个人和组织应该清楚自己所遵循的价值观和道德准则，对伦理问题有敏感性和辨别力。一般来说，伦理标准来自社会文化、宗教信仰、职业行业准则，以及个人形成的独立判断。

（2）在做出商业伦理判断之前，需要收集涉及决策的各种信息和数据，包括相关法律法规、企业内部政策、利益相关者的观点和反馈、社会舆论等，对这些信息进行仔细分析，理解各种因素对决策的影响。

（3）在进行商业伦理判断时，通常会基于一系列伦理准则和价值观来做决策。例如，公正、诚信、尊重他人权利、关心社会责任等都是用于判断的伦理准则。在具体情况下，需要权衡不同的伦理准则，甚至出现伦理冲突。对决策涉及的伦理问题进行深入分析，评估决策对不同利益相关者的影响、是否符合伦理准则和价值观、是否遵守相关法律法规等。伦理分析还涉及考虑短期利益与长期可持续发展之间的平衡。

（4）在进行全面的伦理判断和分析后，在伦理准则和价值观的指导下，企业及其成员做出符合道德要求和社会责任的决策。企业和个人根据实际情况和经验教训，不断修正和完善自己的伦理判断能力，以便更好地应对复杂多变的商业伦理挑战。

商业伦理不仅仅回答什么是道德是非对错，更重要的是识别商业活动中的伦理问题，运用商业伦理价值观和信念做决策，同时考虑这些决策对企业、社会的影响。

2. 商业伦理判断的维度标准

商业伦理判断对企业和个人都非常重要。合理的商业伦理判断能够引导企业做出符合道德要求和社会期望的决策，增强企业的社会责任感，同时也有助于个人树立正确的价值观，做出正确的职业决策。依据某个维度标准把商业行为判为道德的商业行为和不道德的商业行为，商业伦理判断的维度标准用于评估商业行为是否符合道德要求和社会期望，主要包括功利主义、道德权利和公平正义。

（1）功利主义是一种伦理学理论，强调追求最大幸福或最大利益。在商业伦理判断中，功利主义关注的是行为结果所带来的快乐或利益，而不是行为动机或手段。如果商业决策和行为能够最大限度地增加利益或快乐，或者在整体上产生积极的后果，则被认为是道德的。在功利主义中，常见的三种应用方式有情境功利主义、普遍功利主义和规则功利主义。情境功利主义针对具体情境下的行为，评估该行为产生的后果是否能带来最大的幸福或效用；普遍功利主义追求一种普遍适用的规则或准则，认为只有当一种规则适用于所有人、所有情境时，该规则才是道德的；规则功利主义强调遵循一套确定的规则和准则，这些规则在大多数情况下能够带来最大幸福，但也允许在特殊情况下违反规则，只有这样做才能产生更大的幸福或效用。

（2）道德权利是由道德体系赋予的主体应得的正当权利，这些权利不同于法律赋予的权利，但在伦理上被认为是正确的和应该受到保护的。在商业伦理判断中，考虑到企业员工、消费者、供应商和其他利益相关者的权利是至关重要的。尊重和保护这些权利，不侵犯他人的自由和尊严的商业行为被认为是道德的。

（3）公平正义是社会法治体系的价值追求，是实现社会公平与正义的终极目标。在商业伦理判断中，公平正义意味着在商业活动中遵守公平竞争原则，保障各方的权益，确保资源的公平分配，并创造公平的市场环境。如果它们遵循公平正义的原则，不操纵市场，不违法竞争，不欺诈消费者，以及不损害其他利益相关者的利益，那么商业行为被认为是道德的。

3. 商业伦理判断的影响因素

商业伦理判断受个人因素、组织因素、行业和职业因素及社会其他因素的综合影响，这些因素共同塑造了人们的道德认知和行为准则，决定了商业活动中是否重视伦理问题、是否遵守道德标准。对于企业及其成员来说，理解这些影响因素并积极塑造良好的商业伦理观念，将有助于提高商业决策的道德水平，增强社会责任感，促进企业的长期可持续发展。

（1）个人的道德观念、价值观、道德意识和道德修养是商业伦理判断的重要因素。不同的个体受教育背景、文化背景、家庭教育和社会环境的影响，形成了不同的道德标准和行为准则。个人的道德水平和道德意识会影响其在商业决策中是否考虑伦理因素，以及是否采取符合道德规范的行为。

（2）企业的领导层价值观、企业文化、管理制度和激励机制等是影响商业伦理判断的重要因素。企业领导的价值观和道德标准会对企业内部的商业决策和行为产生示范效应，引导员工形成相应的伦理观念。企业文化中是否强调诚信、责任和社会责任感，以及是否倡导合规经营等，也会影响员工的商业伦理判断。

（3）由于不同行业和职业领域涉及不同的商业伦理问题，因此行业和职业特点会对商业伦理判断产生影响。例如，金融行业面临的伦理问题与制造业不同。金融行业通常涉及大量的资金管理和投资决策，金融从业者面临的伦理问题可能包括内幕交易、利益冲突、客户资金的不当管理以及欺诈行为，金融行业的伦理标准通常侧重透明度、诚信和客户利益的保护。与金融行业相比，制造业可能更多地关注产品安全、环境影响和工人权益，伦理挑战可能包括劳动条件、环境污染、产品质量控制和供应链管理中的不当行为。制造业的伦理准则通常强调可持续性、责任生产和遵守法规。

（4）社会其他因素包括社会价值观、道德风尚、法律法规和舆论环境等，它们也会对商业伦理判断产生重要影响。社会的整体道德水平和对道德行为的认可程度，会影响企业及其成员在商业活动中是否重视伦理问题，是否遵守道德标准。法律法规的制定和执行也是商业伦理判断的重要依据，法律的规范和约束作用能够影响企业及其成员的行为选择。

第二节 东西方商业伦理的发展

东方商业伦理和西方商业伦理是两种文化背景下不同的商业道德观念和价值观。东方商业伦理主要指代亚洲国家和地区的商业道德观念，尤其是中国、日本、韩国、印度等国家的商业伦理。东方商业伦理受到东方传统文化的影响，强调家庭、社群和社会的集体利益；重视信誉和信任，注重长期合作关系和亲情网络，强调孝道、忠诚和责任心；商业行为往往与人际关系紧密相关，企业和个人的形象和信誉是极其重要的；强调谦逊、自律、稳健，重视社会的稳定与和谐。

西方商业伦理是欧美等西方国家和地区的商业道德观念。西方商业伦理强调个人的自由和权利，重视竞争和效率；个人的自主权利被看作推动经济和商业活动的重要动力，个人的追求和利益最大化被认为是合理的；商业行为更多地侧重交易和合约，市场机制起着至关重要的作用；道德标准往往被法律和市场规则所取代，商业活动更加强调自由市场和自由竞争。

此处对东西方商业伦理的描述是一种概括，实际上每个国家和地区的商业伦理都有其独特的文化、历史和社会背景，因此在实际情况中有可能存在很大的差异和细微的变化。随着全球化的进程，东方和西方商业伦理之间也存在交流和融合的趋势，商业伦理正在不断地演变和发展。

一、东方商业伦理

1. 东方商业伦理的内涵和特点

商业伦理贯穿于商道与人道之间，是商人如何经商及如何做人的综合表现。东方商业伦理大多受到中国伦理思想的影响，按照集体主义原则和社会主义利益观来处理相关利益关系，协调好个人与个人之间的利益关系，以及个人与集体之间的利益关系。

1）东方商业伦理的内涵

东方商业伦理强调人情关系、社会责任、忠诚和责任心、孝道、谦逊和稳健、稳定与和谐、诚信和信任等价值观，在商业活动中对企业和个人的行为及决策产生深远影响。它们构成了东方商业伦理的独特内涵，帮助塑造东方国家和地区的商业道德和商业文化。

（1）东方商业伦理强调人情关系的重要性，注重建立长期的人际关系和信任。在东方社会中，人际关系和信任被认为是商业活动中至关重要的因素，而个人的信誉和声誉则被视为非常宝贵的资产，建立长期的人际关系是非常重要的。人情关系不仅限于商业伙伴之间的关系，还包括与员工、客户、供应商和其他相关方的互动。通过建立良好的人际关系，商人不仅可以获得更多的商机和资源，也可以在竞争激烈的商业环境中获得优势。商人的信誉和声誉是通过长期的经营和交往积累起来的，代表着商人的品德、诚信和专业能力。一个有着良好信誉和声誉的商人在商业交易中更容易获得信任，与他人建立更牢固的合作关系，从而更容易获得商业成功。人情关系和个人信誉的重要性也反映在商业决策上。商人在进行商业决策时，会考虑人际关系因素，避免损害信誉和声誉，从而更好地维护个人和企业的长远利益。

（2）东方商业伦理强调企业的社会责任，认为企业应该为社会作出贡献，关注社会公众的利益。在东方文化中，商业不仅仅是追求经济利益，更被视为一种对社会的服务和回馈。作为社会的一部分，企业具有一定的社会责任和义务。企业不仅要追求自身的利益，还要关注员工的福祉、顾客的权益、供应商的利益及社会公众的利益。作为社会资源的重要管理者和分配者，企业应该积极参与社会事务，为社会作出贡献。

（3）东方商业伦理强调个人和企业的忠诚和责任心。个人和企业都被要求表现出对家庭、企业和社会的忠诚和责任心。对个人来说，忠诚和责任心是塑造良好品德和行为的核心。个人应该忠诚于家庭，尊重家庭成员，履行家庭责任，关心家人的幸福和福祉；个人应该忠诚于企业的使命和价值观，履行自己的工作职责，为企业的发展贡献自己的力量；个人还应该忠诚于社会，遵守社会规范和法律法规，关心社会问题，积极参与公益活动，为社会作出贡献。对企业来说，企业应该忠诚于员工，关心员工的生活和职业发展，提供良好的工作环境和福利待遇，激发员工的积极性和创造力；企业应该忠诚于社会，积极履行社会责任，参与社会公益活动，推动社会进步和发展。此外，忠诚和责任心也体现在企业对客户的关心和关爱，提供优质的产品和服务，树立良好的企业形象和声誉等方面。

（4）在东方商业伦理中，孝道是一个重要的价值观。孝顺父母和尊重长辈被认为是一种美德，这也体现在商业活动中。在企业中，员工应该尊重老板和长辈，遵循传统的尊重长辈的礼仪。尊重长辈是一种传统文化，体现了尊重和感恩之情。在企业中，老板和长辈通常是经验丰富、地位较高的人，他们在企业中发挥着重要的作用，拥有丰富的知识和经验，这些对员工的指导和帮助都是非常宝贵的。员工应该虚心听取有经验的长辈或前辈的意见和建议，学习他们的经验，尊重他们的决策和管理。同时，企业的经营者和管理层也应该像父母一样关心员工的生活和工作，关注员工的福祉和职业发展。这种关心体现了对员工的尊重和关爱，能够增强员工对企业的认同感和归属感，提高员工的工作积极性和忠诚度。在商业活动中，孝道的影响还体现在对客户的尊重和关心上。

把客户看作家人，关心和满足他们的需求，这样的经营理念能够赢得客户的信任和支持，从而形成良好的客户关系。

（5）东方商业伦理强调谦逊和稳健的经营态度。谦逊使企业能够虚心学习和吸收他人的经验。在商业活动中，任何企业都不是完美无缺的，谦逊的态度使企业愿意倾听他人的意见和建议，从别人的成功和失败中吸取经验教训。稳健使企业在经营中不盲目冒进，降低风险。商业活动中难免会面临各种风险和挑战，稳健的经营态度使企业能够审慎决策，合理规划，避免盲目冒进和决策失误。稳健的经营态度有助于企业在复杂多变的商业环境中保持稳定，以及长期的可持续发展。谦逊和稳健的经营态度也符合中国古代的"中庸"思想，即避免极端，保持稳定和中立，谦逊和稳健的经营态度有助于企业保持冷静理性，处理复杂的商业关系和问题。

（6）东方商业伦理倡导稳定与和谐，强调企业在经营过程中应该注重社会的稳定与和谐，而不仅仅是追求短期的利润。东方商业伦理鼓励企业之间及企业与社会之间的合作共赢。企业应该避免过度的竞争，而要通过合作来实现互利共赢，从而推动整个社会的共同繁荣。东方商业伦理强调尊重传统价值观念，维护社会的稳定和秩序。企业在经营过程中应该尊重当地的风俗习惯和文化传统，不做损害社会和谐的事情，注重人的因素，在经营过程中关心员工的生活和福祉，尊重员工的权益和尊严。

（7）诚信和信任被视为商业活动的基础。诚实守信是企业和个人获得信任的重要途径，也是建立良好商业关系的基础。诚实守信是企业和个人获得信任和建立良好信誉的关键途径。如果企业和个人能够履行承诺，遵守合同，言行一致，那么他们就会赢得他人的信任和尊重，从而在商业活动中拥有更大的竞争优势。诚信是构建良好商业关系的基础。商业活动中经常需要涉及与合作伙伴、客户、供应商等多方的交往，如果双方都能够坦诚相待、诚实守信，就能建立起互信合作的良好关系。在互相信任的基础上，企业之间可以更加开放地沟通，共享信息和资源，减少交易成本，提高商业活动的效率。员工会更加愿意为值得信赖的企业工作，而客户也会更加愿意选择信誉良好的企业购买产品或服务。

2）东方商业伦理的独特性

东方商业伦理价值具有一定的独特性，受经济、政治、文化因素的影响，东方商业伦理与各国的经济文化特色相联系。

（1）价值追求上的功利性与道义性的辩证统一。东方商业伦理在追求经济效益的同时，强调商业活动要符合人性化色彩，即不仅关注经济利益，还注重企业和个人的道德追求。这种辩证统一体现了东方商业伦理对利益和道德的平衡考量。东方文化中的传统价值观强调道德、家庭、社会责任等，这在商业伦理中得到了体现，使商业行为不仅是利益的追求，还要考虑道德层面。

（2）经营理念上的竞争性与协作性的统一。东方商业伦理在商业活动中既重视竞争又强调协作，反映了东方文化中注重人际关系和社会和谐的特点。商业竞争在东方商业伦理中是一种正当手段，但同时也倡导商业主体之间建立互利互助的合作关系。这种竞争与协作的统一，有助于维持商业社会的稳定与和谐。

（3）主体意识上的理智性与情感性的统一。东方商业伦理认为商业活动不仅是冷冰冰的经济行为，还涉及情感和情操。商业活动不仅需要理智的经营决策，还需要关注消费者的需求和情感，提供优质的服务。商业主体被鼓励发展高尚的品格和情操，这种理智性与情感性的统一体现了东方商业伦理对企业和个人的全面发展的关注。

东方商业伦理在价值追求、经营理念和主体意识等方面展现出独特的特点，东方商业伦理在商业活动中强调利益与道德的平衡，竞争与协作的统一，以及理智性与情感性的辩证统一，这些特点有助于塑造东方商业伦理的独特内涵和价值观。

3）东方商业伦理的理论价值

东方商业伦理的形成及其历史定位在理论价值上具有导向性趋势，其核心价值旨在寻求经济活动和文化精神间的沟通，力求商业和伦理的有机结合，借用商业伦理的价值效益，塑造良好的商人形象，以提高商业和商人的社会地位。东方商业伦理为商业经营提供了一定的理论价值。

（1）倡导"义利合一"的经营理念。东方商业伦理强调商业经营不单单是追求经济利益，还应在遵循"道义"原则的基础上进行商业交易。"义利合一"的经营理念强调经济效益与道义价值的统一，不是片面地追求利益最大化，而是在商业活动中注重道德追求和社会责任。这样的价值观有助于塑造企业的良好形象和信誉，增强企业的社会责任感，使企业在获得经济效益的同时也能为社会创造更多的价值。

（2）树立"尽职尽责"的职业意识。东方商业伦理强调商业活动中的"尽职尽责"，要求商人在进行商业交易时严格遵守商业原则，实现等价交换，并在服务人民的基础上谋取利益。这种职业意识强调商业人员的敬业精神和创业精神，使其不仅关注自身利益，还要积极地为社会和他人创造价值。这样的职业意识有助于促进企业员工的积极性和创造性，提高企业的竞争力和持续发展能力。

（3）引用儒家的价值观进行管理，构建商业经营的基本原则。东方商业伦理借鉴了儒家等传统文化的价值观，如诚信待人原则、勤俭戒侈原则、和气生财原则等。这些价值观在商业经营中起到了重要的指导作用。诚信待人原则强调商业交易要建立在信任的基础上，以诚信为本，树立良好的商业信誉；勤俭戒侈原则倡导节俭和节约，避免奢侈浪费，使企业运作更加稳健；和气生财原则强调和谐与合作，促进商业合作关系的良性发展。这些原则有助于构建健康、稳健、和谐的商业经营环境。

2. 东方伦理思想的内容

中国伦理思想主要基于儒家、道家、法家、《易经》及阳明心学等传统伦理思想，这些伦理思想为东方商业伦理的发展提供了丰富的价值观念和思想启示。

1）儒家伦理思想

在企业发展中，儒家伦理思想形成了新儒商的人格支撑，包括智商、德商、胆商和情商等多个层面。智商强调企业家应具备丰富的知识和实践能力，不断学习和创新，以推动企业的发展；德商强调品德和道德的重要性，规范企业家的言行，保证企业按照正确的轨道发展；胆商强调企业家要有魄力和决断力，面对困难和挑战保持果敢和高瞻远瞩；情商强调情感智力，企业家需要具备情绪管控能力，善于理解员工，提升企业凝聚力。

在儒家伦理思想的指导下，新儒商将儒家智慧与现代市场经济相结合，形成了全面的商业伦理理念。通过强调德行、智慧、胆略和情感等多个方面的培养，儒家商业伦理为企业家和企业提供了道德指引和发展支撑，有助于企业在市场经济中稳健发展，同时也促进了社会的进步与和谐。将儒家伦理思想与现代商业实践相结合的新儒商理念，不仅可以让企业家树立正确的价值观，提高领导者的能力素质，同时也强调了企业对社会的责任，营造了和谐稳健的商业氛围。

2）道家伦理思想

道家伦理思想作为先秦时期的一种人生哲学和"超善恶"的道德学说，有其独特的价值和观念，对于指导商业活动具有一定的启示。在道家伦理思想中，生命伦理是一个核心关注点。道家强调"重生轻物"，将生命视为珍贵且无价的。在商业活动中，企业和个人应该尊重生命，关注人的尊严和福祉，避免以牺牲他人或损害自然环境为代价来追求利润。这意味着企业应该积极履行社会责任，关注员工的安全和福利，遵守环保法规，保护自然资源，实现可持续发展。

老子的"无为而治"伦理思想反映了对于人民的关爱和尊重，主张领导者不应过度干预，而应让自然、社会和企业自发运行，保持一种自然、和谐的状态。在商业领域，领导者应该尊重员工的自主性和创造力，营造开放包容的企业文化，让员工自由发挥才能，推动企业的创新和发展。道家思想强调"谦下""不争"，主张国与国之间要和谐共处，不以兵力征服他国。在商业领域，企业之间应该相互尊重、互利共赢，而不是通过不正当竞争来获取利益。道家所向往的"小国寡民"理想体现了在商业伦理层面的谦虚与包容，企业应该注重与社会各方面建立良好的合作关系，共同推动社会的和谐发展。

3）法家伦理思想

法家伦理思想强调自然人性论，主张利己主义，以法治为基础，并具有非道德主义的倾向。法家的人性观对商业伦理产生了一定的影响。法家认为人的行为受利益驱使，强调人与人之间的联系是基于利益的关系。在商业活动中，企业和个人常常受到利益的诱惑，法家的人性观提醒人们要理性对待利益，并明确自身的利益诉求与他人的利益需求之间的关系。商业活动需要依法规范，通过法律和契约的约束，避免个人的私利损害他人的利益，从而实现公平和谐的商业环境。

法家的义利观与儒家的观点存在差异。法家认为人们的道德水平与个人拥有的物质财富有关，主张重利轻义。在商业伦理中，法家的义利观意味着企业和个人需要在追求经济利益的同时，注重道德的自律和行为的规范。尽管利益是商业活动的重要动力，但企业和个人不能忽视道德对商业行为的指导作用，需要以"利"为驱动，同时注重"义"的感召，推动商业活动实现双赢、共赢的目标。法家的公私观强调公利大于私利，强调国家利益。在商业活动中，法家的公私观对企业的社会责任和国家责任产生深远的影响。企业应该在追求私利的同时，注重公益和社会责任，关注国家的发展和社会的繁荣。法家的公私观强调国家利益的重要性，企业应当与国家共同发展，通过遵守法律法规，参与社会公益事业，为国家和社会作出贡献。

4）《易经》及阳明心学

《易经》作为中华民族智慧的结晶，强调整体观念，认为人与自然是一个整体，并提出了"天人合一"的观点。在商业活动中,《易经》的整体观念鼓励企业和个人以天地之道为依据,秉持天命自然的理念,遵循自然法则,与自然和谐共处。这可以指导企业从整体角度看待商业经营,关注生态环境,推行可持续发展战略,实现企业与自然的和谐共生。另外,《易经》也强调了人的主观能动性,认为心即理。在商业伦理中,这意味着企业家和从业人员应该发挥自身的主观能动性,用心去感知商业活动中的真理和规律,不断学习和适应市场的变化,从而做出明智的商业决策。

阳明心学强调回归内心,遵循良知行事。在商业伦理中,企业家和从业人员应该注重内心的道德修养,遵循内心的良知,摒弃内心的私欲,以诚实、诚信、责任心为基础,进行商业活动。良知在商业伦理中起到了道德自觉和自我约束的作用,有助于构建诚信的商业环境。此外,阳明心学强调知行合一,强调实践对于认识的重要性。在商业伦理中,这意味着企业家和从业人员不能仅停留在理论层面,应该将道德观念付诸实践,将诚信和责任融入商业行为中,做到言行一致,身心合一。

《易经》的整体观念和阳明心学的回归内心、知行合一观点为商业活动提供了道德指导和行为准则。在现代商业社会,企业和从业人员应该借鉴《易经》和阳明心学的智慧,坚持诚信、责任和可持续发展的原则,推动商业伦理的健康发展。

二、西方商业伦理

1. 西方商业伦理的内涵和特点

西方的商业伦理是在欧美国家文化背景下,对商业活动和商业行为所持有的道德观念和价值观。它涵盖一系列原则和准则,旨在引导企业和个人在商业领域中践行道德和负责任的行为。

1)西方商业伦理的内涵

(1)诚信和诚实是西方商业伦理的重要核心价值观,对于商业活动和商业关系的良好发展起着至关重要的作用。在西方商业文化中,诚信被视为企业和个人的重要品质。诚信是指遵守诺言,信守承诺,按照合同和协议履行义务。诚信的企业和个人不会欺骗他人,不会故意违背承诺,而是以诚信和诚实的态度对待他人和交易伙伴。诚实是诚信的基础,它是对事实真相的忠实表现。在商业活动中,诚实意味着不夸大产品或服务的优点,不隐瞒产品或服务的缺陷,不发布虚假的宣传信息。诚实是建立信任的关键,只有当企业和个人表现出真实可信的态度,才能赢得客户和合作伙伴的信任和支持。诚信和诚实不仅是企业成功的基础,也是社会经济稳定和可持续发展的关键因素。当企业和个人信守诚信原则,商业活动就能够在公平、公正的基础上进行,建立良好的商业关系,增强合作伙伴之间的信任,形成稳定的商业生态系统。此外,诚信和诚实有助于形成良好的企业声誉。企业声誉是企业的无形资产,是吸引客户、吸引人才和投资者的重要因素。诚信和诚实的企业通常拥有良好的声誉,吸引更多的客户和投资者,从而促进企业的发展和壮大。

(2)社会责任被视为一个重要的价值观和经营理念。企业不只是为了追求经济利润,更应该认识到自身在社会中的角色和责任,积极回馈社会,关注社会公众的利益和福祉。

企业社会责任不仅是企业对社会的回馈，也是企业自身的长远利益。通过履行社会责任，企业可以树立良好的企业形象，赢得公众的信任和支持，吸引更多的顾客和投资者，增强企业的竞争力。同时，积极参与社会责任活动，也有助于建立良好的企业文化，吸引优秀的员工加入企业，提高员工的工作积极性和忠诚度。

西方商业伦理强调企业应该在追求经济利润的同时兼顾社会、环境和员工的利益，是实现可持续发展和长期成功的关键。利益平衡意味着企业要同时考虑多方面的利益，并在经营过程中努力实现这些利益之间的平衡，包括经济利润、社会责任、环保、员工福利等。

（3）公平竞争是西方商业伦理的核心价值观之一。在市场经济体系中，公平竞争是推动经济繁荣和社会进步的重要因素，也是维护市场秩序和消费者权益的关键。企业应该避免使用不正当手段来获取竞争优势。不正当竞争不仅会破坏市场秩序，还会损害消费者的权益，违背公平竞争的原则。企业应该严格遵守一系列的竞争规则和法律法规，包括《中华人民共和国反垄断法》（简称《反垄断法》）、《中华人民共和国反不正当竞争法》（简称《反不正当竞争法》）等，保障市场的公平竞争和健康发展。诚信是公平竞争的基础，企业应该恪守承诺，信守合同，建立良好的商业信誉。只有在诚实守信的基础上，才能建立起稳固的商业关系和合作伙伴关系。企业应该尊重他人的知识产权，不侵犯他人的专利、商标、版权等合法权益，同时也应该保护自己的知识产权。公平竞争不仅是企业之间的竞争原则，也是市场经济体系的基石。公平竞争促进了市场资源的优化配置，激发了企业的创新活力，提高了产品和服务的质量，最终造福于消费者和整个社会。同时，公平竞争也有助于维护市场秩序，防止垄断和不正当竞争行为，保护了市场的公平性和透明度。

（4）尊重他人的权利和尊严是西方商业伦理的重要价值观，企业应该将人权和员工的权利置于重要位置，并积极采取措施保障员工的劳动权益和人权。员工是企业最重要的资源之一，尊重员工的权益是建立良好劳资关系的基础。企业应该遵守劳工法规和劳动合同，保障员工的工资、工时、休息休假等合法权益，提供安全、公平的工作环境，确保员工的生命安全和身心健康，提供必要的劳动保护设施和培训，防止职业病和意外事故的发生。企业应该严禁任何形式的歧视和骚扰行为，包括性别歧视、种族歧视、性取向歧视等。员工应该在工作环境中得到平等对待，不受歧视和排挤。尊重员工的个人隐私，不擅自收集和泄露员工的个人信息。员工的个人隐私权应该得到妥善保护。

（5）西方商业伦理倡导管理透明和建立健全的问责制。管理透明是指企业应该向股东、员工和其他利益相关者公开重要信息和决策过程，包括财务状况、经营绩效、企业战略、风险管理等。透明度可以增加信息的对称性，使各方都能够了解企业的真实情况，从而更好地参与决策和监督。透明的企业通常能够赢得投资者和客户的信任，提高企业声誉，有助于吸引更多的投资和业务合作。建立健全的问责制意味着对不当行为进行追责和纠正，确保责任的追究和问题的解决。这是西方商业伦理中的一个重要原则，也是企业良好治理的基础。问责制可以激励企业内部各个层级的管理者和员工对自己的行为负责，减少违法和不道德行为的发生。同时，问责制也是维护企业声誉和品牌形象的重要手段，及时处理不当行为可以避免负面影响的扩散。

（6）西方商业伦理强调企业和个人要遵守法律法规，并且超越最低法律标准，遵循更高的道德标准。这种道德要求被称为"合法与道德"的原则，意味着企业和个人不仅要符合法律的规定，还要在商业活动中秉持道德和伦理的价值观。遵守法律是企业和个人的基本义务。企业必须遵守商业法律、劳工法规、环境法规等，以确保其经营活动合法合规。个人作为企业经营者、雇员或合作伙伴，也必须遵循相关法律规定，履行自己的法律责任。然而，仅仅符合最低法律标准还不足以构建一个良好的商业伦理环境。西方商业伦理要求企业和个人超越最低法律标准，树立更高的道德标准。

2）西方商业伦理的独特性

西方商业伦理强调个人主义、竞争导向、利润最大化、股东至上、法治和契约精神、创新和风险承担等特点，这些特点与东方商业伦理形成了鲜明的对比，反映了不同文化背景和价值观念对商业活动的影响。

（1）西方商业伦理强调个人自由和自主性，注重个人权利和利益的追求。个人主义是西方文化的核心价值观之一，个人主义意味着个人的权利和自由被视为最重要的价值，个人的自主性和追求被鼓励和尊重。在商业活动中，个人追求经济利益和成功是一种动力，西方商业文化认为个人的成功和成就对整个社会和经济发展都有积极的影响。此外，西方商业伦理强调竞争导向，这与个人主义密切相关。竞争被视为促进创新和经济效率的驱动力，鼓励企业和个人通过竞争来获得市场份额和经济优势。

（2）在西方商业伦理中，企业的主要目标通常是追求利润最大化。追求利润的动机被视为推动经济增长和创造更多就业机会的重要驱动力。在市场经济体系中，利润最大化成为企业经营的核心目标，因为它不仅有助于企业的生存和发展，还可以回报股东，吸引投资和资本流入。在追求利润最大化的过程中，企业被激励寻找更高效的生产方法，优化资源配置，提高产品和服务的质量，以及不断创新和适应市场需求。然而，它也强调企业在经营过程中应该遵循诚信、社会责任和公平竞争的原则，考虑社会和环境的影响，以及员工的福祉和权益。

（3）股东通常被视为最重要的利益相关者，企业经营者应该优先考虑股东的利益。股东是企业的所有者，他们注入了资金，承担了风险，并希望获得回报。股东的回报被视为核心衡量指标，通常以企业的盈利能力和股价表现来评估企业的经营状况和价值。在经营决策和管理中，企业经营者通常会优先考虑股东的利益。这是因为股东的投资是企业运营的重要资金来源，保护股东的权益有助于维持投资者的信心，吸引更多的投资和资本。同时，股东的利益也与企业经营者的利益相关，他们共同的目标是实现企业的长期稳定发展和经济利益。

（4）西方商业伦理强调法治和契约精神的重要性。企业和个人在商业活动中要遵守法律法规，并且契约精神被视为商业交易和合作的基础。诚信守约是西方商业伦理的重要原则。法治是商业活动中必须遵守法律法规，包括国家法律、地区性法规和行业规范等。法律为商业活动提供了明确的规则和框架，保护了市场秩序和公平竞争，维护了各方利益的平衡。遵守法律不仅是企业和个人的法定义务，也是体现商业信誉和诚信的基本条件。法治的重要性在于保障商业活动的合法性和可持续性，减少不确定性，增强投资者和利益相关者对企业的信心。

契约精神是在商业交易和合作中，各方应该遵守签订的协议和合同，诚信守约，履行承诺。契约精神是商业活动的基础，它建立了信任和合作的基础，有助于减少交易风险，促进商业伙伴之间的合作关系。在契约精神的指导下，商业交易和合作变得更加透明和稳定，有利于构建长期的合作关系，实现共赢和可持续发展。

（5）西方商业伦理鼓励创新和风险承担，认为在竞争激烈的市场中，创新是企业获得竞争优势的关键。通过不断创新和改进产品、服务和经营模式，企业可以不断适应市场变化，提供更具竞争力的产品和服务，赢得消费者的青睐，实现持续增长和成功。创新能够推动企业不断前进，保持市场地位，成为市场领导者。因此，西方商业文化鼓励企业在创新方面投入时间、资源和精力，并将创新视为企业发展的重要驱动力。同时，西方商业文化也容忍一定程度的失败和风险。失败可以提供宝贵的经验教训，帮助企业更好地改进和成长。鼓励企业家精神和冒险精神是鼓励企业尝试新的想法和方法，勇于面对挑战，不断尝试和学习。即使遭遇失败，企业家也会从中吸取教训，再次尝试，直到取得成功。

3）西方商业伦理的理论价值

西方商业伦理帮助企业在市场中实现利益与道德的平衡，建立良好的商业声誉，塑造企业的良好形象，同时也促进企业的可持续发展和长期成功。西方商业伦理的理论价值主要体现在以下几个方面。

（1）西方商业伦理强调个人自由和自主性，认为个人应该追求自己的经济利益和成功。个人主义是西方文化的核心价值观之一，它鼓励个人自主创业和创新，为经济活动提供了自由的空间和动力。

（2）西方商业伦理将企业的主要目标定位为追求利润最大化。追求利润最大化被认为是推动经济增长和创造就业机会的重要驱动力。股东通常被视为最重要的利益相关者，企业经营者应该优先考虑股东的利益。股东的回报是企业决策和经营管理的核心衡量指标。虽然西方商业伦理强调利润追求，但同时倡导企业应该承担社会责任，关注社会公众的利益和福祉，参与社会公益活动，关注环保和可持续发展。

（3）西方的法治思想和契约精神推动商业文化的进步和发展，推动商业文化朝着更加健康、公正和负责任的方向发展，减少商业活动中的不道德行为，促进商业环境的良性竞争，增强商业活动的社会效益。企业和个人在商业活动中要遵守法律法规，并且契约精神被视为商业交易和合作的基础。

2. 西方管理思想和商业伦理的演变

1）古典管理理论及其商业伦理

古典管理理论是19世纪末20世纪初西方管理理论的总称。古典管理理论主要包括泰勒的科学管理理论、法约尔的管理过程理论、马克斯·韦伯的行政组织理论。古典管理理论认为，管理是市场运行不可缺少的因素，是组织、协调、监督、控制最终实现效益最大化的过程；强调管理的科学性、精密性和严格性，在组织结构上强调严格的等级系统，将组织视为一个系统，组织职能的改善仅靠内部优化，忽视人的心理因素，较少考虑外部环境影响。科学管理主要强调使用科学的管理方法管理组织，提高组织的生产效率。管理过程理论将管理活动划分为五种职能，即计划、组织、指挥、协调、控制，并提出了 14 条一般管理原则。行政组织理论认为，理想的行政体系应分工明确、有严格的规则和纪律、合理的管理人员制度、理性的行动准则和自上而下的等级体系。

古典管理理论强调管理的科学性和精确性。科学管理理论提倡通过时间和动作研究，找出最佳的工作方法和生产效率，要求管理者对工作进行科学测量和分析，而不是凭借主观判断，用科学的手段替代工作中的随意性和经验主义。通过测量工作绩效和生产输出，管理者可以更精确地理解效率，做出更好的管理决策。管理过程理论强调了组织中各个层级和职能之间的协调和统一，在商业活动中强调遵守组织规则和纪律，通过严格执行规定来维持组织的秩序和稳定。古典管理理论强调，管理是市场运行不可或缺的因素，着重于提高生产效率和企业效益，追求利润最大化。这一观念也符合市场经济的原则，但同时需要平衡利润追求与社会责任的关系，避免为了短期利益而忽视长期的社会影响。古典管理理论主张通过内部优化来改进组织职能和流程，反映了对企业的责任担当，即企业需要主动寻求改进和提高效率的方法，而不是依赖外部因素或环境。

2）行为科学理论及其商业伦理

行为科学理论盛行于古典管理理论之后，是 20 世纪 30 年代开始形成的一门研究人类行为的新科学。行为科学是综合应用心理学、经济学、社会学、政治学等多学科的理论和方法，通过对人们的行为和心理活动变化进行研究，从而探讨人们的行为规律，找到维系员工关系的新方法，进而提高劳动者的工作效率。行为科学理论在一定程度上克服了古典管理理论的弊端，梅奥的霍桑实验表明，人们的工作行为不仅受到金钱等物质的驱使，工作环境等也是影响工人工作动机的重要因素。梅奥首次提出"社会人"假设，否定"经济人"假设，建立了人际关系理论。影响较大的行为科学理论有马斯洛的需求层次理论、弗鲁姆的期望理论、麦克利兰的成就动机理论、布莱克和莫顿的管理方格理论。行为科学理论强调以人为中心，把人的因素作为首要因素，重视员工的需求，综合利用多学科成果，采用定性和定量相结合的方式深入研究人的行为因果关系及改进行为的方法，强调人的感情和社会因素，忽视经济因素在管理中的作用；认为经济利益和物质不是影响工人工作的最关键因素，而工作环境等社会资源对工人的生产效率起着决定性的作用。行为学派强调用感情的力量来激发人的工作积极性，注重个体的心理需求和情感沟通。

3）管理理论新发展及其伦理思想

20 世纪 60 年代之后的"管理丛林时代"产生了经验管理、决策管理、权变管理和系统管理等学派。现代管理学派的商业伦理内容强调管理过程中的道德性、公正性和社会责任。现代管理学派强调将伦理价值融入管理实践中，以建立良好的企业形象，增强员工满意度和忠诚度，提高企业的竞争力和社会声誉。

经验管理是指凭借个人经验，通过分析成功案例的方法来进行管理。经验管理的特征主要表现为管理者没有统一的管理方式和方法，工人主要凭借自己的经验进行操作，没有统一的标准，管理和生产都主要凭借个人经验。商业伦理的体现在于管理者需要确保所采用的经验是合法合规的。经验管理应注重员工的参与和尊重，鼓励员工分享自己的经验和智慧，建立积极的知识共享文化，体现合作与团队精神。

决策管理学派注重管理过程中的决策问题，该学派认为决策是管理者在管理过程中极为重要的一个环节，对实现企业发展、组织效益和提升企业生产效率至关重要。在决策过程中，商业伦理要求管理者应考虑利益相关者的利益，避免只顾自身利益而忽视其他利益方；决策过程中要避免不正当的利益输送和腐败行为，确保决策的公正性和道德性。管理者应该秉持社会责任意识，权衡各方利益，做出符合道德标准和社会价值的决策。

权变管理学派于 20 世纪 70 年代在美国形成。权变管理学派认为不存在一种适用于所有情感的管理原则和管理方法，管理要根据具体的情境具体分析，管理者的首要任务是研究组织的内部因素和外部不断变化的经营环境，厘清这些因素之间的关系，最终找到一个适合企业发展的管理方式。在权变管理中，商业伦理要求管理者在具体分析情境时遵循道德原则，不得为了自身私利而违反道德准则；注重社会责任，确保企业的发展符合社会公众的利益和福祉，体现对社会的贡献和回馈。

系统管理是指管理企业的信息技术系统，使企业里的事物相联系，企业管理者需考虑到各个部门的内外部情况，使各个部门有效运转，进一步实现经济效益最大化。系统管理与一般管理不同，就时间维度而言，一般管理仅关注当前阶段的情况变化，系统管理不仅关注当前情况，还会对管理对象的过去行为特征进行分析及对未来发展趋势进行预测；就空间维度而言，一般管理只关注某个管理对象的行为变化，而系统管理则从整体出发，不仅关注某个具体的管理对象，而且需考虑与该管理对象相关联的对象及环境。在系统管理中，商业伦理要求管理者应综合考虑经济效益和社会影响，不仅追求经济利润，还要关注员工权益、环保和社会责任，以实现经济效益和社会效益的有机统一。管理者应该注重企业的长期发展和可持续性，不仅追求眼前利益，还要考虑企业长期生存和对未来社会福祉负责。

三、东方和西方商业伦理思想比较、融合

1. 人本管理思想的差异

人性的认识是管理的基础，不同的文化背景下孕育着不同的人性观，因此产生了不同管理理论。东方管理思想更强调道德引领，西方管理思想更强调目标性。

（1）人性观念差异。东方儒家文化强调人性本善，认为人天生具有善良的本性，只是后天环境和教育的影响会使人产生差异。在人本管理思想中，东方文化强调管理者应通过道德教化和榜样示范来引导员工，相信员工具有善良的本性，可以通过正确的引导和培养而实现自我价值。西方文化则更多地强调人性本利，认为人的行为主要出于自私和利己的动机。在西方人本管理思想中，强调激励员工追求个人利益和满足个人需求，将员工视为经济人或社会人，关注其自私动机的激发。

（2）管理目标差异。东方人本管理思想强调在管理过程中应关注员工的情感和精神需求，注重人与人之间的关系和团队协作，追求员工的幸福和整体发展。在东方文化中，企业常常被视为一个大家庭，管理者要关心员工的生活和情感，强调家庭式的管理风格。

西方人本管理思想更多地着眼于激励员工追求个人经济利益和职业发展，以提高员工的工作效率和生产力为主要目标。西方文化中，企业被视为一个经济实体，管理者更关注企业的经济效益和市场竞争。

（3）员工参与差异。东方人本管理思想注重员工参与和员工的意见表达，强调集体智慧和共同决策。西方人本管理思想也重视员工的参与，但通常更多地以个体参与为主，注重激励个体的创造力和个人发展。

2. 经营管理哲学思想的差异

经营管理哲学产生于一定的政治、经济、文化环境之中，东西方经营管理哲学都具有实用性，它们的最终目的都是解决实际问题。东西方经营管理哲学的区别主要体现在以下几个方面。

（1）价值观的差异。东方经营管理思想强调以民为本，注重群体利益和集体利益。在东方文化中，个人往往被看作群体的一部分，个人的价值和目标往往与群体的利益相一致。因此，东方经营管理更加强调组织的稳定性和团队协作，以集体目标为导向。在西方经营管理中，更强调以人为本，注重个人的权利和自由。个人主义在西方文化中有较为深厚的根基，因此西方经营管理更加关注员工的个人需求和个人激励，鼓励员工发挥个人潜力和创造力。

（2）管理理论的来源。东方经营管理思想通常渗透于道德、文化和传统价值观之中。东方的儒家文化、佛教思想等都对经营管理产生了影响。虽然东方经营管理没有像西方那样形成明确的管理学派，但它通过对道德、文化、社会和家庭等方面的思考，建立了一套含有东方色彩的经营管理哲学。相比之下，西方经营管理思想更注重科学方法和实证研究。西方管理学家通过对经济、社会和组织行为的观察和实证研究，提出了一系列管理理论和模型，形成了较为系统的管理学派。

（3）管理哲学的理论性与实践性。东方经营管理思想更注重思辨和哲学性，其目的在于了解客观世界、探索人生价值和修身养性。东方的经营管理哲学往往是深入探讨人的本质和人际关系，以道德为基础，强调经营管理者的修养和道德价值观。西方经营管理更注重实证研究和解决实际问题。西方的管理理论更加强调管理的科学性和实践性，鼓励管理者运用科学方法解决组织和管理中的问题，强调管理的有效性和效率。

（4）管理理念的发展历程。东方的经营管理思想源远流长，受到儒家、道家、佛教等传统文化的影响。东方管理哲学在历史上注重政治和家族的治理，强调道德伦理和道德领导。西方的经营管理思想起源于工业革命后的管理实践和理论探索。随着工业化和市场经济的发展，西方的管理理论越来越注重组织效率和经济效益，强调以科学和技术手段提高管理效能。

3. 商业伦理和商业行为的差异

（1）价值观与道德观。东方的商业伦理往往受到儒家、佛教等传统文化的影响，强调道德、仁爱、忠诚、和谐等价值观念。在东方文化中，商业行为往往被看作一种社会责任和奉献的方式，商人在经营过程中应该注重社会公益和利他主义。相比之下，西方的商业伦理更加注重个人权利和自由。西方文化中的个人主义和竞争意识使商业行为更加强调个人的自主权和自利主义。

（2）人际关系和信任。东方文化中强调人际关系和信任的重要性。在东方商业伦理中，商业活动往往建立在长期人际关系的基础上，人与人之间的信任和合作是商业成功的重要保障。相比之下，西方商业伦理更注重合同和法律的约束，商业交易更多基于合同和利益交换。虽然在西方也重视信任和诚信，但商业交易往往更加注重交换价值和个人利益。

（3）财富观念。在东方文化中，财富被看作一种社会责任，商业成功者往往被期望回馈社会和做善事。商业经营的目的不仅仅是追求经济利益，更包含社会和道德责任。在西方文化中，财富被更多地视为个人努力和竞争的结果，商业成功被视为个人能力和智慧的体现。

（4）对竞争和竞争对手的态度。在东方文化中，对竞争和竞争对手往往表现出相对谦和与尊重。商业竞争往往更注重共赢和合作，商人通常尽量避免过于激烈的竞争。在西方文化中，商业竞争更加强调个人能力和市场竞争的激烈性。商业竞争往往更加自由和开放，商人间通常更加直接和坦诚地竞争。

4. 东方和西方商业伦理的交融发展

随着全球化的不断推进，世界各地的商业活动变得更加紧密和互联。为了在全球市场上保持竞争力，企业需要适应不同文化和商业环境。跨国企业和国际组织的兴起，使不同文化背景的商业人士需要频繁进行合作和交流。在这个过程中，他们逐渐了解对方的商业伦理观念和做法，发现相似之处和可借鉴之处。这促进了东方和西方商业伦理之间的相互影响和融合。

东西方商业伦理都强调商业道德的重要性，越来越多的企业都遵循共同的商业道德准则。东西方企业都越来越重视企业社会责任，即在经营过程中积极关注社会和环境影响，努力通过可持续经营、慈善捐赠、环保措施等方式回馈社会。东西方商业伦理都强调尊重员工的权益和福利。无论在哪个国家，企业都应该关心员工的工作条件、薪酬待遇、职业发展等，并为他们提供良好的工作环境和发展机会。

在全球化背景下，东西方商业伦理相互交流和融合，商业人士需要了解不同文化的商业习惯和价值观，通过合作解决共同问题。东西方商业伦理的交融体现在商业道德、企业社会责任、员工权益尊重、跨文化交流和合作等多个方面，促进了全球商业的可持续发展和共赢。

第三节　商业伦理与企业社会责任

一、商业伦理是企业社会责任的基础和前提

在商业伦理的指导下，企业应该树立正确的道德观念和价值观，明确自己在社会中的角色和责任。商业伦理为企业提供了一个道德的框架，使其在经营过程中避免不当行

为和违法活动，从而更好地履行企业社会责任。

（1）商业伦理提供了企业在经营活动中所应遵循的道德准则和行为规范，为企业履行社会责任提供了指导和支持。诚信、公平、责任、尊重、公益等道德准则是企业社会责任的基础，企业必须根据这些准则确定和执行社会责任的具体内容和行动，确保其在商业运作中不仅追求经济利益，还积极关注和承担社会和环境责任。

（2）商业伦理追求的是企业与社会的共赢。商业伦理强调企业应该以整体社会福祉为出发点，关注社会和利益相关者的需求和利益。通过履行社会责任，企业可以回馈社会，为社会创造价值，同时也为企业创造良好的经营环境和可持续的发展机会。

（3）商业运作中经常会面临不同利益相关者之间的利益冲突。商业伦理强调企业应当综合考虑不同利益相关者的需求，平衡各方利益。企业社会责任就是要在各种利益之间寻求平衡和妥协，确保企业的行为不损害社会利益，而是有利于多方共赢。在商业伦理的指导下，企业能够更好地处理利益冲突，形成有效的利益协调机制。

二、企业社会责任是商业伦理的体现和实践

商业伦理是对企业的道德要求和期望，而企业社会责任是具体的行动和措施。通过实践企业社会责任，企业可以积极回应社会的关切，履行对社会和环境的责任。企业社会责任是企业在商业运作中积极履行道德义务和社会担当的具体行动。企业社会责任是企业基于商业伦理所确立的道德准则，将其具体转化为行动。通过履行社会责任，企业体现了对道德价值观的认可和践行，强调了在商业运作中应当遵循的道德原则。

（1）商业伦理强调企业不仅要追求经济利益，还要关注社会和环境的需求和福祉。企业社会责任是将社会关切转化为实际行动的具体实践。通过积极回馈社会、保护环境、关心员工福祉等具体举措，企业将社会责任融入日常经营中，体现了对社会的关心和支持。商业伦理注重企业的长远发展和可持续性。企业社会责任的实践也是为了确保企业的可持续发展。通过履行社会责任，企业建立了良好的社会形象和声誉，赢得了社会的信任和支持，有利于企业长期稳定发展。

（2）商业伦理追求的是企业与社会的共赢，即通过企业经营活动实现社会和经济的双赢。企业社会责任的实践也是为了实现共赢。通过积极履行社会责任，企业为社会创造价值，同时也获得了社会的认可和支持，进一步提升了企业的声誉和竞争力，实现了共赢的目标。

（3）商业伦理强调要综合考虑不同利益相关者的需求，平衡各方利益。企业社会责任的实践也是为了处理利益冲突，确保企业行为不损害社会利益，而是有利于多方共赢。通过社会责任的履行，企业能够更好地实现各方利益的平衡，体现了对多方利益的综合考虑。

■ 本章思考题

1. 商业伦理是什么？对企业的经营管理有哪些用处？
2. 影响商业伦理判断的因素有哪些？
3. 东西方商业伦理蕴含怎样的内涵？

4. 商业伦理与企业社会责任之间是什么关系？

▋ 本章小结

　　本章首先介绍了商业伦理的主要内容，涉及商业伦理的内涵、特征、效用，它对企业的经营发展的具体作用，以及商业伦理判断的过程、维度标准和影响判断的因素。其次，介绍了东西方商业伦理的内涵和特点，比较了东方和西方在人本管理思想、经营管理哲学、商业伦理思想方面的差异，陈述了随着全球化的发展，东方和西方商业伦理的交融发展。最后，介绍了商业伦理与企业社会责任的关系。

02 第二章
企业社会责任概论

■ *本章学习目标*

1. 掌握企业社会责任的相关概念。
2. 熟悉企业社会责任及其相关概念间的区别。
3. 了解企业社会责任的本质。
4. 探究企业社会责任的内涵，理解主体、客体及它们之间的责任关系。
5. 了解企业社会责任与商业伦理的关系。
6. 掌握企业承担社会责任的原因与动机，了解不同机制对企业承担社会责任的影响。
7. 掌握企业承担社会责任的基本原则。
8. 掌握企业社会责任的具体内容。
9. 掌握企业社会责任的几种构成学说的概念与内容。

随着企业社会责任理论研究和实践的不断深入，企业社会责任的内涵不断丰富。正视企业社会责任理论，认识企业社会责任的内涵与本质，对指导现实商业发展有着理论价值。企业生存、发展与经营的指导思想和基本准则，决定了企业社会责任的选择和实施，直接影响企业的各项经营活动及不同的经营结果。企业在伦理约束下，积极承担社会责任，把企业社会责任理念转变为实际行动，将对企业的管理成本、经营绩效等产生较大的正面影响。

在每个历史阶段，企业承担社会责任都有其现实依据，了解并适应企业社会责任的动态变化发展，认真探究企业承担社会责任的动机及原则，有助于增加相关利益方对企业商业活动的理解，促进企业明确自身的社会责任定位，进一步提升企业的声誉和竞争力，推动市场活动的可持续发展。企业社会责任与企业的商业伦理相互影响、相互支持，共同构建了企业在社会和商业领域的道德和道德行为准则。

第一节　企业社会责任的内涵

一、企业社会责任的相关概念

1. 企业社会责任

在不同社会经济发展阶段，企业社会责任具有不同的含义，是动态变化的，其内涵会随着时代的发展而不断变化。欧盟对企业社会责任的定义是：企业在自愿的基础上，将对社会和环境的关注融入其商业运作及企业与其利益相关方的相互关系中。该定义强调自愿性、综合性及利益相关者参与。

基于欧盟的这一理解，本书界定企业社会责任是企业自愿超出法定要求，在经济、社会和环境层面承担的义务和责任。这个定义不仅延续了欧盟对自愿性的强调，而且更具体地阐明了企业在不同层面上的责任。这里的"自愿超出法定要求"部分突出了企业在追求利润的同时，也愿意采取额外的措施来正面影响社会和环境，不仅涵盖企业对股东的经济责任，还包括对员工、社区、环境及其他利益相关者的更广泛责任。这样的定义使企业社会责任成为一种全面的、多元化的承诺，它具有以下特点。

（1）企业社会责任是企业自愿承担的义务和责任，超出法定要求的范围。企业不仅关注符合法律法规的最低标准，还自主决策并采取积极行动来履行社会责任。

（2）企业社会责任不仅涵盖经济维度，还包括社会维度和环境维度。企业需要平衡经济效益、社会利益和环保，以实现可持续的商业发展。

（3）企业社会责任关注与企业相关的利益相关方，包括员工、消费者、供应商、社区、政府和环境等。企业需要考虑利益相关方的需求和利益，与其建立良好的关系，并尽量满足其期望。

（4）企业社会责任强调长期的社会影响和可持续发展。企业需要采取长期的战略和行动，而不仅仅是短期利益追求。它涉及对未来世代的关注，确保资源的可持续利用和社会的持续进步。

总体而言，企业社会责任是企业对社会和利益相关方的主动关怀和响应的体现，不仅有助于企业在商业领域取得成功，还能够推动社会的可持续发展，提升社会整体福祉。

2. 企业社会响应

企业社会响应是企业对社会和利益相关方的关切和需求做出的反应和回应。它体现了企业对社会变化和问题的关注程度，并通过回应行动来维护和促进可持续的商业成功，强调企业对社会变化和问题的敏感度，以及对这些问题做出积极回应。两个因素催生了20世纪70年代的企业社会响应概念：其一，20世纪60年代政治经济社会环境动荡不定，政府、外国竞争、消费者运动和环保运动等导致企业外部环境剧变，从而引起人们对环保的注意。其二，社会环境的变化使大家意识到企业社会责任必须转化成关乎公司生死存亡的实实在在的议题，而不能只简单地停留在对概念的争论上。企业应该学会如何回应许多亟待解决的社会问题。企业社会响应包括以下几个方面。

（1）企业对社会和利益相关方的问题及需求保持敏感，关注社会趋势、新兴问题和利益相关方的关切。这需要企业保持与外部环境的密切联系，包括与顾客、员工、供应商、社区和政府等利益相关方的沟通与互动。

（2）企业识别出对其业务和利益相关方具有重要影响的社会问题，并确定其优先级，有助于企业理解在哪些领域需要优先投入资源和采取行动。

（3）企业根据社会问题的严重性和紧迫性，采取相应的行动和措施，包括调整经营策略、改进产品和服务、采取环保措施、开展社区参与和支持等。

（4）企业需要与利益相关方进行积极的沟通和信息披露，向其传达企业的响应和努力，建立信任关系，并让利益相关方了解企业的社会响应行动。

企业社会响应是企业社会责任的一部分，强调企业对社会问题和利益相关方需求的敏感度和主动性。企业作为社会环境的重要组成部分，不仅要满足一定的社会期望，还应针对其变化做出回应，尤其对处于环境剧变中的企业，对许多亟待解决的社会问题如何做出回应成为关注的重点。一个具有社会响应的企业之所以会对某种社会呼吁做出回应，是因为它相信一旦满足了这种普遍的社会需要，企业就能获得经济与社会回报。

3. 企业社会表现

企业社会表现是企业在社会和环境方面的绩效和表现，它反映了企业对社会责任的履行程度和对利益相关方的影响。企业社会表现通常由以下几个维度来衡量。

（1）企业在社会层面承担的义务和责任，包括对员工、消费者、社区和社会整体的影响。这涉及员工权益、社区投资、公益慈善、人权保护等方面。

（2）企业在环保和可持续发展方面的表现包括减少环境污染、资源管理、提高能源效率、废物处理等。

（3）企业在经济层面的表现，包括财务健康、盈利能力、市场份额等。企业的经济绩效对于实现可持续的社会责任目标至关重要。

企业社会表现的评估和测量可以通过多种方法进行，包括定性和定量指标、社会责任报告、利益相关方反馈等。许多组织和框架提供了用于评估企业社会表现的工具和指南，如全球报告倡议组织（Global Reporting Initiative，GRI）、道德与伦理研究所（Ethics and Compliance Initiative，ECI）等。

企业社会责任是企业自愿承担的社会责任和义务，超出法定要求的范围。它涉及企业在经济、社会和环境方面主动采取的行动，以满足利益相关方的期望，促进社会的可持续发展。它强调企业在经营活动中积极关注社会和环境，并通过采取有益于社会和环境的行为来实现长期的商业成功。

企业社会表现侧重评估和度量企业在社会及环境方面的实际绩效与表现。通过定量和定性的方法来衡量企业的社会及环境影响，包括企业的社会责任履行程度、环境可持续性、社会影响等方面。企业社会表现可以被视为企业社会责任的一种表征，是企业社会责任的实际体现。

简言之，企业社会责任强调企业在道德和伦理上承担的义务和责任，是企业的愿景和承诺，而企业社会表现则是对企业社会责任的度量和评估，是对实际履行情况的评估和反映。

4. 企业公民行为

企业公民行为是企业将社会基本价值与日常商业实践运作和政策相整合的行为方式，是对企业社会责任的继承与发展，是企业公民权利与企业社会责任的统一体。

企业公民权利是企业履行义务的前提与基础。企业拥有的基本权利包括法人权利、财产权利、生产经营权利、法律保护权利、信息披露权利及资源使用权利等。

企业在享受权利的同时，也需承担相应的社会责任。企业在生产经营管理等活动中，需要履行经济责任、法律责任、道德与公益责任及环境与资源保护责任。

企业公民权利与社会责任相辅相成，共同统一于企业公民行为之中。权利是企业行使经济活动和创造价值的基础，责任则是其权利行使的约束和延伸，体现了社会对企业行为的规范与期待。权利的行使赋予企业合法性与资源获取能力，使其能够高效运营并实现自身利益；同时，责任的履行强化了企业活动的正当性和社会认可，推动企业与利益相关者之间的信任与合作。在企业公民行为中，权利与责任通过实践实现平衡，既关注企业效率与价值最大化，也兼顾社会公平与可持续发展需求，形成了企业经济效益与社会贡献的有机统一。

企业公民行为是企业履行社会责任的一种表现形式，体现了企业对社会的承诺和对可持续发展的关注。通过积极的公民行为，企业不仅能推动社会的进步和发展，还可以提高声誉、增强竞争力，并获得利益相关方的认可和支持。

企业社会责任强调企业在经营活动中积极关注社会和环境，并通过采取有益于社会和环境的行为来实现长期的商业成功。企业公民行为侧重企业在社会中的角色和地位，强调企业作为社会成员的义务和责任，强调企业对社会的参与、贡献和影响力，包括积极履行社会责任、维护利益相关方关系、关注社会问题等。可以说，企业公民行为是企业社会责任的一部分，是理念的实际体现和具体行动。

二、企业社会责任的本质

1. 企业价值观

企业价值观是企业所坚持的核心信念、原则和道德准则，它代表了企业对行为、决策及目标的导向和指引。企业价值观是企业文化的基础，对企业的行为、关系和声誉产生深远影响。企业社会责任作为一种企业行为和管理理念，从本质上体现了企业价值观。具体如下。

（1）企业社会责任强调企业在经营活动中考虑社会和利益相关方的利益，反映了企业对道德和伦理价值的关注，企业价值观通常包括对道德和伦理的承诺。

（2）企业社会责任强调企业的可持续发展，即在满足当前需求的同时，确保对未来世代的影响是积极的；体现了企业对长期利益和整体社会福祉的关注，是企业价值观中可持续性的表现。

（3）企业社会责任注重与利益相关方建立良好的关系，并满足其需求和期望，反映了企业对利益相关方的关怀和尊重，企业价值观通常强调与利益相关方的互惠关系和共同利益。

（4）企业社会责任是企业文化的重要组成部分，不仅塑造了企业的身份认同，还决定了企业在社会中的定位和影响力。将社会责任融入企业的核心价值观和行为准则，有助于构建一种具有独特性的企业文化，使其在竞争中脱颖而出。这种文化不仅为企业赋予更高的社会意义，还吸引和凝聚了与其价值观一致的员工、客户和合作伙伴，形成共同的使命感与归属感，从而推动企业内部的协作与外部的良性互动，实现经济效益与社会效益的双重提升。

（5）积极履行企业社会责任可以增强企业的声誉和竞争力。企业价值观中的社会责任意识和承诺为企业树立了良好的形象，吸引了更多的消费者和投资者。

总之，企业社会责任本质上是一种企业价值观，因为它涵盖企业的道德和伦理导向、利益相关方导向及企业文化和身份认同。这些价值观对于塑造企业的行为和决策、建立良好的声誉和竞争力至关重要。

企业社会责任要求企业基于对利益相关者负责、对社会负责的准则，处理生产经营中的内外矛盾。具有社会责任价值观的企业在经营目标和经营手段上都体现了该准则，其对企业经营目标与经营手段，经营行为的好坏、善恶、美丑的判断也以是否承担了社会责任为标准，因此企业社会责任规定了企业生存、发展、经营须对利益相关者负责、对社会负责。如果企业将对社会负责上升到为社会谋福利，并将社会价值最大化为企业目标，那么企业社会责任便成为其终极价值观。

2. 利益相关方关系

企业社会责任的本质在于企业与其利益相关方之间的关系。作为一个社会经济实体，企业与员工、消费者、供应商、社区、投资者等利益相关方存在相互依存的关系。企业社会责任的本质是通过建立积极的利益相关方关系，满足利益相关方需求，并促进共同利益的实现。

（1）企业与其利益相关方之间存在相互依存的关系。利益相关方包括员工、消费者、供应商、社区、投资者等。这些利益相关方对企业的运营和发展具有直接或间接的影响，同时受到企业行为的影响。企业社会责任的本质是通过建立积极的利益相关方关系，满足他们的需求和期望，实现共同利益的追求。

（2）利益相关方是企业价值创造的关键因素。企业通过提供产品和服务满足消费者的需求，通过与供应商建立合作关系获取资源和支持，通过为员工提供良好的工作环境和福利吸引和保留人才，通过与社区合作建立良好的形象等，共同创造利益和价值。企业社会责任的本质是通过与利益相关方的良好关系，实现共同的价值创造。

（3）利益相关方的利益和关切与企业的可持续发展密切相关。满足利益相关方的需求有助于企业长期稳定发展。企业社会责任的本质是通过理解和回应利益相关方的需求，与其共同努力，实现经济、社会和环境的可持续发展。

（4）利益相关方对企业的声誉和信任起着重要作用。良好的利益相关方关系可以增强企业的声誉，提高消费者的信任度，吸引投资者的关注，获得员工的支持和忠诚。企业社会责任的本质是通过积极履行社会责任，建立良好的利益相关方关系，从而增强企业的声誉和信任。

3. 内容随不同社会发展时期改变

企业社会责任是在一定社会历史发展时期，以可持续发展与和谐共存为前提，企业在自身发展的同时也对其他社会构成体承担相应的经济、法规、伦理、自愿性慈善及其他相关责任。不同的社会发展时期，企业社会责任的内容不同。企业社会责任是一种动态现象，它以可持续发展与和谐共存为前提，企业发展的目的是为人类自身发展服务，但不否定企业自身发展的需求。

（1）随着社会的发展和变化，人们对企业的期望和要求也在不断演变。在早期阶段，社会更关注企业的经济贡献和利益创造。随着时间的推移，社会对企业在社会和环境层面的责任和可持续发展的关注逐渐增加。因此，企业在不同社会发展时期需要关注不同的问题并相应调整其社会责任的内容。

（2）社会的发展往往伴随法律法规的不断演进。新的法律法规要求企业在特定领域承担更多的社会责任，如环保、劳工权益等。企业需要遵守当地和国际法律的要求，因此其社会责任的内容也会受到法律环境的影响。

（3）科技和创新的进步对企业社会责任的内容产生重要影响。新技术的应用为企业提供更多的机会来解决社会问题，如减少环境污染、提高能源效率等。因此，企业在不同的社会发展时期需要关注和采纳新技术，以实现更有效的社会责任实践。

（4）不同社会发展时期，利益相关方的需求和关注点也会发生变化。消费者更关注产品的安全和环境友好性，员工更关注工作条件和福利待遇，社区更关注企业对社区的支持和发展。企业需要根据不同利益相关方的需求变化，调整和扩展其社会责任的内容。

三、企业社会责任的内涵

从构成来讲，企业社会责任的内涵包括主体、客体及它们之间的责任关系。探讨企业社会责任的内涵，首先要强调其客观性，企业社会责任的主体和客体是客观存在的，它们之间的联系也是客观的；其次要强调其历史性，企业社会责任产生并存在于一定的政治、经济、文化背景下，是一个历史性概念，企业社会责任的主体和客体同样具有历史性，且在不同时期、不同条件下存在一定的变化。

1. 企业社会责任的主体

企业社会责任的主体是企业。企业是人们因社会契约而缔结起来的法人组织，是企业承担社会责任的现实基础。企业法人是指按照法律规定程序设立，有一定的组织机构和独立的财产，并能以自己的名义享有民事权利、承担民事义务的企业组织。企业法人类似于自然人，它是根据企业自身的意志来行动的独立行为主体。企业所具有的独立法人地位，是企业承担社会责任的前提。企业的正常经营活动均需要一定的物质资本和人力资本，办公场所、生产车间、机器设备、企业员工等是企业经营活动的经济表现形式，企业具备的物质资本、人力资本、技术知识、组织能力等为企业承担社会责任提供了现实条件。

企业在实践和履行社会责任时具有以下方面的特点。

（1）企业作为责任主体，在履行社会责任方面具有自主性和自愿性。企业可以自主决定承担何种责任，超出法律法规的最低要求，自愿地采取积极的行动来回应社会和利益相关者的需求和期望。

（2）企业作为社会经济实体，具有社会责任感和使命感。它们认识到自身在社会中的角色和影响力，并承担起对社会和利益相关者的责任。企业将社会责任视为其使命之一，通过积极行动为社会作出贡献。

（3）企业社会责任是一项综合性的责任，涵盖经济、社会和环境层面。作为责任主体，企业需要平衡经济利益与社会责任，同时关注员工权益、消费者权益、环保等多个利益相关者的利益，并通过各种途径履行责任。

（4）企业社会责任是一项持续性的责任，需要企业长期持续履行。企业不仅要在特定时期或项目中承担社会责任，还要通过长期的战略规划和可持续发展实践，使社会责任融入企业的核心价值观和经营战略中。

（5）作为责任主体，企业需要保持透明度，向利益相关者披露其社会责任的实践和绩效。保持透明度有助于建立信任和良好的利益相关者关系。同时，企业需要接受外部的监督和评估，对其社会责任行为负责并接受相应的问责。

2. 企业社会责任的客体

企业社会责任的客体，即企业社会责任所指向的对象是利益相关者，也称为责任客体。利益相关者是指企业行为给它们带来严重影响或者危险后果的个人、社会组织及环境，包括员工、股东、顾客、用户、供货商、经销商、债权人、政府、社区和自然环境等。企业社会责任的客体是利益相关者，其具有多元性、广泛性、相互依存关系、利益平衡和协调、互惠关系和共同价值创造等特点。

（1）企业社会责任的客体具有多元性和广泛性。利益相关者包括但不限于员工、消费者、供应商、投资者、社区、政府机构、非政府组织等，它们有不同的需求、期望和权益，企业应综合考虑和回应各方的利益需求。

（2）企业与利益相关者之间存在相互依存的关系。企业的决策和行为会直接或间接地影响利益相关者的权益和福祉，同时利益相关者的需求和期望也会对企业的经营活动产生影响。企业社会责任的客体是通过与利益相关者建立良好的关系，满足它们的需求和利益，实现共同的利益和可持续发展。

（3）企业社会责任的客体要求企业在决策及行动中平衡和协调不同利益相关者的利益。企业需要关注员工的权益和福利、消费者的权益和需求、供应商的合作关系、社区的发展和环境的保护等多个方面。通过平衡不同利益相关者的利益，企业可以实现共赢和可持续的发展。

（4）企业社会责任的客体强调与利益相关者之间的互惠关系和共同价值创造。企业通过满足利益相关者的需求和期望，获得它们的支持和合作，同时利益相关者也从企业的活动中获得利益和价值。企业社会责任的客体通过建立积极的互惠关系，共同实现利益相关者和企业自身的价值创造。

企业社会责任对象"利益相关者"的界定，是由企业所涉及的社会结构中的责任关系所决定的。由于企业社会责任关系是一个变化的范畴，因此在不同时期、不同体制下，企业社会责任的对象也会有所不同。最开始，企业社会责任仅指企业进行慈善活动和其他社会福利活动等道德义务。随着企业对社会影响力的不断增强，安全、生态等社会问题逐渐得到重视，利益相关者随之成为社会责任的客体。

3. 主体和客体之间的责任关系

责任关系是责任主体和责任客体之间的一种双向的互动关系，企业和利益相关者以互为主客体的身份参与社会责任。企业和利益相关者之间存在一种责任关系，是企业社会责任的核心。企业有责任满足利益相关者的合理期望，而利益相关者也有权利期待企业履行其社会责任。

（1）企业和利益相关者之间存在互相依存的关系。企业需要依赖利益相关者的支持、合作和资源来实现其经营目标，而利益相关者也依赖企业的产品、服务和经济活动来满足自身的需求和利益。因此，双方的利益是相互依存的。

（2）企业和利益相关者之间的行为和决策相互影响。企业的经营活动和决策会对利益相关者的权益和福祉产生影响，而利益相关者的需求、期望和行为也会对企业的经营决策产生影响。这种相互影响形成了一种相互关联的责任关系。

（3）责任关系遵守互惠关系的原则。企业应该满足利益相关者的合理期望，并为它们创造价值，从而获得利益相关者的支持和合作。同时，利益相关者也有责任支持企业的合法经营和可持续发展，为企业提供资源和机会。这种互惠关系使责任关系得以稳固和可持续发展。

（4）企业有一定的义务和责任履行其社会责任。企业不仅要遵守法律法规的最低要求，还应超越法定要求，主动履行社会责任。企业应该积极采取行动，回应利益相关者的关切，关注社会利益，推动可持续发展，并承担相应的责任。

（5）利益相关者有权监督和问责责任主体企业的社会责任履行。利益相关者可以通过监督、评估、披露和参与等方式，确保责任主体企业履行其社会责任的承诺。这种监督和问责机制有助于保持责任主体企业的诚信和透明度，推动其社会责任的实施。

责任关系同时包含企业对自我的责任和对其他利益相关者的责任。一个企业最基本的责任是企业自身的健康运营，包括合法经营、保障安全等法律责任，以及良性经营、追求扩张发展等经济责任。

企业社会责任的主要对象包括股东/债权人、员工、消费者、政府、商业伙伴、竞争对手、社区和自然环境。从一般意义上讲，企业对利益相关者承担的社会责任关系见表2-1。

表 2-1　企业对利益相关者承担的社会责任关系

利益相关者	义务	责任性质
自然环境	保护和治理环境做到尊重自然、爱护自然，合理地利用自然资源 积极倡导绿色生产和绿色消费 资助环保事业	法律责任 道德责任 公益责任
社区	要积极参加社区活动，履行企业"社会公民"的职责 要积极参与社区的建设，支持社区的文化教育等事业 关注弱势群体，积极参与慈善活动和公益捐助	道德责任 道德责任 公益责任
消费者	向消费者提供安全可靠的产品，做好售后服务工作 尊重消费者的知情权和自由选择权，不提供虚假广告，信息公开	法律责任 道德责任
员工	为员工提供安全和健康的工作环境，尊重职工合法权益，禁用童工 合理制定员工薪酬和福利，按时足额发放，并逐步提高工资水平 提供平等就业、升迁和接受教育的机会，提供民主参与企业管理的渠道 培育良好的企业文化	法律责任 经济责任 道德责任 道德责任
股东/债权人	尊重股东的权利，对股东的资金安全负责，向股东提供真实的经营和投资等信息 对股东的投资收益负责，创造股东财富 按时偿还债务，向债权人提供准确透明的财务信息	法律责任 道德责任 经济责任
商业伙伴	诚信经营，信守合同，公平竞争，提供货真价实的产品 尊重商业合作伙伴，平等互助，共同维护市场秩序	法律责任 道德责任
竞争对手	不做诽谤竞争对手或诋毁竞争对手等不正当竞争行为 不窃取竞争对手商业秘密和恶意挖取竞争对手核心员工	法律责任 道德责任
政府	遵守法律法规，合法经营，依法纳税，杜绝商业贿赂 支持政府的社会公益活动、福利事业、慈善事业，服务社会	法律责任 道德责任

四、企业社会责任与商业伦理的关系

1. 共同构建了行为准则

企业社会责任与商业伦理相互影响、相互支持，共同构建了企业在社会和商业领域的道德和道德行为准则。

（1）企业社会责任和商业伦理都基于共同的价值观，如诚信、公正、负责任和可持续发展。它们都强调企业在经营活动中应该遵循道德准则，关注利益相关者的权益和社会福祉。

（2）企业社会责任要求企业在商业决策过程中考虑社会和环境的因素。商业伦理强调企业在决策中应该考虑道德和伦理原则。两者都要求企业超越短期经济利益，考虑长期社会价值和影响。

（3）企业社会责任和商业伦理都强调企业应该关注及满足利益相关者的合理利益和期望。它们强调企业不仅仅追求股东利益，还要考虑员工、消费者、供应商、社区和环境等各方利益。

（4）企业社会责任和商业伦理的遵循有助于企业建立良好的声誉和信任。遵循道德和社会责任的企业更受消费者、员工和投资者的信任和支持，从而增强了其竞争力和可持续发展能力。

（5）企业社会责任和商业伦理共同关注可持续发展的目标。它们强调企业应在经济、社会和环境层面实现平衡，追求长期的可持续性，通过商业活动创造共同利益和社会价值。

2. 企业社会责任受到伦理约束

从商业伦理的角度可以把企业社会责任分为四个层次，各个层次与约束力的关系如图 2-1 所示。各个层次的社会责任是否履行、企业履行的效果所受到的约束力是有差异的。

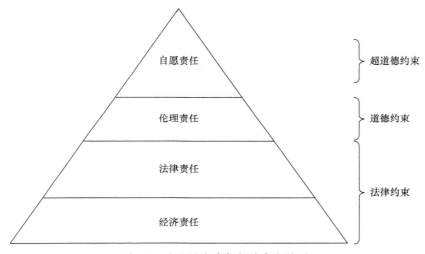

图 2-1　企业社会责任与约束力关系

经济责任和法律责任主要受到来自法律的约束。责任意味着一种义务。企业最低层次的义务表现在为股东创造价值，不创造价值的企业没有存在的可能。不仅如此，企业还必须按照国家和企业的规定支付员工工资，提供合理报酬，并从盈余中缴纳税金，为地方和国家经济发展作贡献。此外，企业还要像其他社会组织一样，不能为了履行经济责任而肆意妄为，犯法的事情是绝对不被允许的。上述两个层次的社会责任是企业作为社会系统营利性组织存在的最基本的要求，一旦违反，将会受到法律的制裁。

伦理责任主要受到来自道德的约束。也就是说，伦理责任约束的范畴超出了法律的界限。这个层次的社会责任如果不履行也不违法，不会影响企业的生存。伦理责任更多的是由企业高管的道德、对商业规则的熟悉度等方面决定的。例如一个生产食品的企业，明知某种成分对人体没有好处，但为了保鲜、"味美"等，在没有法律明文限量的情况下，加多大的剂量是合理的呢？这正是体现企业伦理道德水平的关键。

自愿责任超出了道德约束的范畴。所谓自愿，即行为完全由自己决定，法律上没有要求，道德中也没有规范。我们把这种约束力称为"超道德约束"。严格来说，企业的自愿责任已经不是一种义务的表现，而是一种主动的行为。举例来说，如汶川、玉树、舟曲等地发生地震或泥石流灾害后，很多企业慷慨捐助。这种无偿的捐助行为就是一种自愿责任。与其说是为了满足社会期望，不如说是一种主动奉献。

企业存在于社会系统中，无法把自己从广泛的社会责任期许中脱离出来。从社会责任约束力分析，法律的底线最低，道德的底线其次，超道德的要求最高。

第二节　企业承担社会责任的动机

企业社会责任本身就是历史发展的产物，在不同的社会历史发展阶段，企业社会责任具有不同的含义。在每个历史发展阶段，企业承担社会责任都有其现实依据，主要表现在与企业经营机制密切相关的法律机制、市场机制、伦理道德和可持续发展等。

一、法律机制

企业社会责任涉及企业在道德、法律和商业行为中的决策和行动。法律机制是推动企业承担社会责任的重要驱动力之一。

1. 法律机制对企业社会责任的影响

（1）法律不仅是一种制约力量，也是一种驱动力量。它通过设定一系列的行为准则和惩罚措施，促使企业在经营活动中顾及社会利益，尽可能地减少对环境和社会的负面影响。在某些情况下，法律规定直接要求企业承担特定的社会责任。

（2）法律机制为企业提供了一定程度的保护，这在一定程度上降低了企业承担社会责任的风险。例如，有些国家的法律明确规定，企业在合理范围内承担社会责任不构成滥权行为。

（3）很多国家和地区的法律要求企业定期发布社会责任报告，披露其社会责任的履行情况。这种法律要求使企业须在公众面前展示其社会责任的履行情况，增强了企业承担社会责任的动力。

2. 企业承担社会责任的法律动机

企业承担社会责任的法律动机主要来源于遵守法律与规定、避免法律风险及提高企业信誉和声誉三个方面。三个方面相互作用，形成了企业承担社会责任的强大动力。

（1）遵守法律与规定。企业在业务活动中首先需要遵守国家和地方的法律法规。这种法律遵从性是企业社会责任的基础，也是其存在和经营的前提。如果企业违反了相关法律法规，不仅会面临来自政府的处罚（如罚款、吊销营业执照等），而且会损失消费者和公众的信任，进而影响其长期的经营效果。更进一步地，有些法律明确规定企业必须承担特定的社会责任，如要求企业必须控制污染排放、要求企业保障员工权益等。这些法律直接形成了企业承担社会责任的法律动机。

（2）避免法律风险。企业承担社会责任还可以帮助企业避免法律风险。例如，环保相关法律法规要求企业必须进行环境影响评估并采取适当措施来降低其活动对环境的影响。如果企业未能满足这些要求，则面临罚款、赔偿甚至被迫停业等法律风险。通过积极履行社会责任，如采用环保生产工艺、保障员工权益等，企业可以显著降低法律风险。这不仅有助于保护企业的经济利益，而且有助于维护企业的声誉和品牌形象。

（3）提高企业信誉和声誉。企业的声誉和信誉是其商业成功的重要资产。在一个信息透明度高的社会，企业的行为受到公众的广泛关注。如果企业能够展示其对社会责任的承担，如公开报告其环保行为、社区服务等，可以增强公众对其的好感和信任，进而提升其在市场中的竞争优势。

二、市场机制

市场机制在推动企业承担社会责任中起着关键作用。

1. 市场机制对企业社会责任的影响

（1）消费者的购买决策不再仅限于产品的价格和质量，而是开始重视企业的社会责任表现。企业承担社会责任可以提升品牌形象，吸引消费者，从而获得市场优势。

（2）投资者对企业的期望已经超越了简单的经济回报，其更看重企业的长期稳定发展和社会责任表现。企业履行社会责任可以吸引投资，为企业的持续发展提供资金支持。

（3）在市场竞争中，企业需要找到差异化的竞争策略。承担社会责任作为企业的一种竞争策略，帮助企业在市场中脱颖而出。

2. 企业承担社会责任的市场动机

市场机制为企业承担社会责任提供了强烈的动机。无论是提升品牌形象、满足消费者需求，还是吸引投资，市场机制都在推动企业更好地履行社会责任。

（1）提升品牌形象。现代市场呈现全球化和网络化特点，企业的行为受到前所未有的关注。企业的品牌形象不仅由其产品质量或者服务质量决定，还取决于其对社会责任的承担程度。消费者、投资者和公众都倾向于支持那些对社会、环境及员工负责的企业。企业通过积极承担社会责任，如采取环保的生产方式，积极参与社区建设，尊重员工权益等，可以极大地提升自己的品牌形象，获得公众的认同和尊重。品牌形象将成为企业吸引消费者和投资者，增加市场份额，甚至赢得市场竞争的重要手段。

（2）满足消费者需求。随着社会经济的发展和消费者意识的提高，越来越多的消费者开始关注产品或服务背后的企业是否具备良好的社会责任。消费者不仅要求产品和服务的质量，也越来越看重企业的道德和社会责任。这意味着企业的社会责任行为成为消费者选择产品或服务的重要依据。因此，企业有强烈的动机满足消费者的这种需求。承担社会责任并且公开地展示社会责任行为，是企业满足消费者需求，提升自己竞争力的有效手段。

（3）吸引投资。投资者关注的不仅有企业的短期经济回报，还有企业的长期稳定性和可持续发展能力。企业的社会责任行为成为其判断企业未来发展前景的重要指标。具有良好社会责任记录的企业更能够吸引投资，获取资金支持。

此外，许多国家和地区也有相关政策，鼓励和引导金融机构投资那些有良好社会责任记录的企业，提高了企业承担社会责任的市场动机。

三、伦理道德

1. 伦理道德对企业社会责任的影响

（1）社会对企业的道德期待日益提高，使企业需要通过承担社会责任来满足这种期待，否则会损害企业的声誉和经营效果。

（2）企业作为社会成员，应当对社会和环境负责，这是企业的道德责任。企业需要通过承担社会责任来履行这种道德责任。

（3）企业承担社会责任可以体现其道德价值，从而获得社会的尊重和支持。

2. 企业承担社会责任的伦理道德动机

（1）履行道德责任。企业作为社会的一部分，其存在和发展离不开社会的支持。企业从社会获取资源、客户和利润，同时应对社会、环境和公众负责。这种责任感源于企业的道德认知，体现了企业的社会责任感和良知。履行社会责任，包括尊重人权、保护环境、公正经营、尊重员工权益等，是企业回馈社会、实现社会价值的重要途径。

（2）维护企业声誉。企业的声誉和形象不仅影响消费者的购买决策，也会影响投资者的投资决策和政府的政策支持。良好的社会责任记录可以提升企业的公众形象和声誉，为企业赢得客户、投资和市场；反之，忽视社会责任的企业会遭受公众的谴责，损失市场和声誉。

（3）员工道德引导。伦理道德在企业内部的实践对企业承担社会责任起到了积极的推动作用。一个有着良好伦理道德理念的企业可以更好地引导员工遵守企业的道德规范，使其在日常工作中更好地承担社会责任。遵循伦理道德规范的企业能够提高内部效率，因为伦理道德规范可以提供清晰的行为准则，减少冲突和误解，从而提高决策效率和工作效率。

伦理道德对企业承担社会责任的推动作用是多方面的，既包括企业的内在责任感和价值追求，也包括企业的长期利益和战略目标。相对于法律机制和市场机制，伦理道德对企业行为的约束更有效，这是因为伦理道德以精神影响为手段，通过社会舆论对企业的不道德经营行为产生非强制性的规范作用。同时，伦理道德广泛存在于社会生活的各个领域，且不必通过行政命令或法定程序来制定或修改，对企业经营行为具有约束的广泛性和实施的便利性，是法律机制和市场机制无法替代的。

四、可持续发展

企业承担社会责任不仅对社会和环境产生了积极影响，也为企业本身的长期发展提供了支持。企业社会责任是企业为实现可持续发展而进行的一系列活动，包括对环境的保护、对社区的投资、对员工的关怀、对客户的尊重，以及对法律和道德规范的遵守。这些活动可以帮助企业减少对环境和社会的负面影响，提高企业的社会声誉和公众信任，从而实现可持续发展。

（1）企业社会责任可以提高企业的竞争优势。一方面，社会责任活动可以提高企业的品牌形象，吸引更多的客户和投资者；另一方面，社会责任活动可以提高企业的创新能力和适应性，帮助企业更好地应对市场变化和挑战。

（2）企业社会责任有助于企业建立和维持与各方的稳定关系，如与员工的关系、与社区的关系、与政府的关系等。这些稳定的关系可以降低企业的运营风险，提高企业的稳定性和预测性，为企业的长期发展提供保障。

（3）企业不只是单纯的营利机构，也需要考虑各种利益相关者的期望和要求。响应利益相关者的期待和压力，积极承担社会责任，企业才能实现可持续发展。

比亚迪什么时候开始转型做口罩了？

2020年初，新冠疫情暴发，大家纷纷抢购口罩。正值春节假期，多地工厂停工，导致一罩难求。比亚迪公司的董事长王传福得知消息，立马在公司群里下了"军令"："两周内实现口罩生产！"比亚迪人迅速行动起来，调动8万名工程师、3天出图纸、7天造出口罩机、10天实现量产。从日产不足50万只到日产2000万只，100多条口罩生产线不间断地工作着，为全国乃至全球输送防疫口罩。

从零经验到全球最大口罩生产厂商，比亚迪为何能够在如此短的时间内做到？

首先，比亚迪生产口罩有天然优势。生产线的核心零部件，如齿轮、链条、滚轴、滚轮等绝大部分实现了自主制造。汽车生产的"涂装车间"正好符合口罩生产需要的聚丙烯材料和无尘环境要求。这让比亚迪能够迅速从造车切换到造口罩。

其次，比亚迪新建立的口罩生产线实现了高度自动化，一名操作工人可以同时运作两三条生产线。工业机器人可以连续24小时工作，灵敏精巧，动作频率快。车间还配有数据采集系统和先进控制系统，建立实时数据库平台，与过程控制、生产管理系统实现互通集成，实现了基于工业互联网的信息共享及优化管理。

一年以后，在比亚迪的发布会上，王传福说比亚迪口罩日产量最高达到1亿只，"今年过年不怕没口罩用了"。

案例来源：《全球最大口罩生产商是如何快速炼成的》，《光明日报》2020年8月25日，第5版。

思考题：请从经济效益和社会效益两个角度来评价比亚迪做口罩这一企业行为。

第三节　企业承担社会责任的基本原则

企业承担社会责任已成为企业可持续发展的必然选择，但怎样承担社会责任和承担多少社会责任成为企业的另一个困扰。企业承担社会责任的价值判断不应只以利润最大化作为唯一目标，还表现在各种具体的社会责任项目选择上。企业社会责任的选择和实施，直接影响企业的各项经营活动，并带给企业不同的经营结果。企业承担社会责任的基本原则主要有量力而行原则、可持续发展原则、社会需求原则。

一、量力而行原则

量力而行原则是企业承担社会责任的基本原则。企业在决定承担哪些社会责任时，必须首先考虑自身的经济实力、专业能力和管理水平。量力而行原则要求企业不能盲目承担超出自身能力范围的社会责任，一是这样不仅不利于企业的稳定和发展，也不能达到社会责任的目标；二是企业承担社会责任也存在风险，如增加额外支出和决策成本。

具体来说，企业在承担社会责任时应当首先考虑自身的业务模式、核心竞争力、行业地位及资源配置等因素，以充分利用自身优势，做到在不影响正常运营的前提下，为社会作出贡献。企业应在自身能力范围内挑选那些与自身业务、策略和技术能力相匹配的社会责任项目，以确保企业可以在承担社会责任的同时，实现经济效益和社会效益的平衡和协调。

企业承担社会责任要以自身能力为前提，不能以牺牲或阻碍企业发展为代价而盲目地满足社会对其承担社会责任的过高期望。对于企业经营行为产生的社会问题，企业应该积极承担解决这些问题的责任，但对于那些不是企业经营活动产生的社会问题，其对社会责任的承担就要受到企业自身能力的限制。企业承担社会责任会增加其经营管理成本，这种成本的增加也需要在企业的承受范围之内。如果超出了企业所能承受的能力范畴，则会影响企业的正常运行，削弱企业的竞争力，最终阻碍企业发展。因此，承担社会责任应有一定的限度，企业只能承担某些能力范围之内的社会责任，并与企业的发展阶段相适应，企业承担社会责任的途径和方法要依据自身现实情况而定，量力而行。

企业在不同的发展阶段承担社会责任的形式和规模会有所不同，这是因为企业的资源配置、经营目标、战略定位等因素在不同阶段会有所变化。具体如下。

（1）在企业的初创期，企业的经营资源通常比较有限，企业主要通过合法经营、公平竞争、质量保证、员工福利等基础方式来承担社会责任。例如，企业可以通过提供良好的产品和服务，满足消费者需求，从而实现社会效益；企业可以通过合理的薪酬制度和良好的工作环境，保护员工权益，从而实现对员工的社会责任。

（2）在企业的成长期，企业的经营规模扩大，经济实力增强，企业对社会责任的承担能力也会相应提高。企业可以考虑更多的社会责任领域，如环保、公益慈善、社区服务等。此外，企业还可以通过实施社会责任战略，将社会责任融入企业的日常经营和长期发展中，从而实现经济效益和社会效益的双重提升。

（3）进入衰退期的企业，面临各种困难。在这个阶段，企业需要通过改革创新与充分利用自身的资源和优势，找到适合自身发展的社会责任领域，挖掘新的社会责任机会，从而实现企业的转型和复兴。

二、可持续发展原则

企业承担社会责任的行动必须符合企业可持续发展目标，即在经济、社会、环境三个维度实现平衡发展。企业不能单纯地追求经济效益，而忽视社会效益和环境效益，也不能为了追求社会效益和环境效益，而损害企业的经济效益。企业履行社会责任与企业可持续发展是对立统一的关系。企业适度地承担社会责任能够增强核心竞争力，提高经济效益，为企业可持续发展战略的实施提供必要条件和保障。但并不一定每项社会问题的解决都可以转化为企业的发展机会。对于那些不是由企业的影响产生又不能转化为企业发展机会的社会问题，企业如何承担及承担多少，又是一个涉及企业承担社会责任的途径和限度的问题。企业作为社会大系统中的一员，无法解决所有社会问题。如果企业被赋予了过于宽泛的社会责任，甚至超过了其能力范畴，则不仅不利于企业自身的发展，对整个社会的发展也是无益的。企业的可持续发展应以经济的可持续发展、生态的可持续发展和社会的可持续发展为目标，而经济的可持续发展是其他社会发展目标的基础。

企业基于可持续发展原则承担社会责任主要包括在经营活动中坚持节约资源，减少污染，实施绿色生产；公平对待员工，并为其提供良好的工作环境和发展机会，实现人和企业的和谐发展；以诚信为基础，公正交易，维护消费者权益，以实现社会和企业的和谐发展。

三、社会需求原则

承担社会责任是企业参与社会发展、回应社会期待的一种方式，但企业的资源和能力是有限的，不能覆盖所有的社会问题。因此，企业承担社会责任需要有选择地进行，这就要求企业必须根据社会的需求来确定自身的社会责任。

（1）社会需求的紧迫性直接影响着企业社会责任的优先级。社会需求是多样化的，企业的资源和能力却是有限的，不可能满足所有问题。因此，企业需要聚焦那些当前最为紧迫且对社会影响重大的问题，如环境保护、贫困救助、教育发展和社会公平等，通过将资源集中于这些关键领域，最大化地发挥其社会责任的作用。这种选择不仅使企业能够有效解决迫在眉睫的社会问题，还能强化其社会价值和公信力。

（2）企业自身的能力水平也会影响其承担社会责任的方式和程度。企业的能力不同，其对社会的贡献方式和程度也会不同。例如，大型企业有更多的资源和更高的能力来解决社会问题，而小型企业则只能在局部地区或特定领域发挥作用。因此，企业需要根据自身的能力水平和资源情况，选择能够胜任的社会责任领域，从而更有效地发挥其社会作用。

（3）符合社会需求的原则还有助于企业实现经济效益和社会效益的双重提升。社会需求往往是市场需求的一部分，企业通过满足社会需求，既能实现商业价值，也能达成社会价值，实现企业的可持续发展。

第四节　企业社会责任的具体内容与构成

一、企业社会责任的具体内容

企业社会责任的内容不是一成不变的，而是会随着社会历史条件和客观环境的变化而不断变化。不同类型、不同发展阶段的企业承担社会责任的具体内容不同。具体如下。

1. 经济责任

企业的经济责任是企业社会责任的基础，是企业作为经济实体应承担的最基本责任。

它主要包括以下几个方面。

（1）通过提供商品和服务，创造和积累利润，是企业生存和发展的基础。企业的利润不仅可以回报股东的投资，也可以为企业的发展提供资金支持。这种经济效益的创造是企业对社会的最直接贡献，也是企业实现自身目标的重要手段。

（2）通过生产和销售商品，为社会创造财富，提供物质产品，满足人们的生活需要，提高人民的生活水平。企业在经营活动中，不仅提供了大量的商品和服务，还推动了技术进步，推动了社会的经济发展。

（3）提供平等的就业机会、晋升机会。企业是社会就业的重要渠道，提供了大量的就业机会。企业应确保招聘和晋升过程的公平，不因性别、年龄、种族、宗教等因素歧视任何人，对于建立和维持公平的社会环境是重要的。

（4）提供安全可靠的产品和优质的售后服务，保护消费者权益，不仅是企业的法律责任，也是企业的道德责任。只有这样，企业才能赢得消费者的信任，获得可持续发展。

（5）节约资源，转变经济增长方式，发展循环经济，调整产业结构，提高社会资源的利用效率。企业应通过转变经济增长方式，提高资源的利用效率，这对于保护环境，实现社会的可持续发展具有重要意义。

2. 法律责任

企业的法律责任是其作为法人实体在法律框架内需要履行的义务和遵循的规范，包括遵守国际公约、遵守国家法律法规、执行国际通用标准、遵守行业标准和规范，以及带动员工和社区遵守法律，共建法治社会。

（1）遵守国际公约。企业在全球化进程中需要遵循各种国际公约，如人权公约、劳工公约、环保公约等。这不仅可以避免在跨国经营中遭遇法律问题，也是对全球公民社会的尊重和贡献。

（2）遵守国家法律法规。企业必须严格遵守所在国家和运营地的法律法规，包括但不限于《中华人民共和国公司法》（简称《公司法》）、《中华人民共和国环境保护法》（简称《环境保护法》）、《中华人民共和国劳动法》（简称《劳动法》）等。企业的法律责任是其最基本的社会责任，违反法律法规将带来法律风险，影响企业的声誉和生存。

（3）执行国际通用标准。在全球化的商业环境中，企业需要遵循国际通用的质量、环保、信息安全等标准，以保证产品和服务的质量，保护消费者和员工的权益，保护环境，保障信息安全。

（4）遵守行业标准和规范。每个行业都有其特定的标准和规范，企业需要遵循这些行业标准和规范，以确保其产品和服务的质量，维护公平的竞争环境。

（5）遵守法律，共建法治社会。企业应通过内部的法治教育，弘扬法治精神，让员工明确知晓法律规定，并遵守法律。同时，企业应积极参与社区的法治建设，通过企业公民活动，推动法治精神在社区的普及和实施。

3. 伦理责任

企业的伦理责任旨在维护所有相关方的权益，包括股东、顾客、员工、社区和环境，而非仅仅关注经济利益。

（1）保障股东的资产安全和收益。企业作为股东的投资载体，肩负着确保股东资产安全的责任。这不仅要求企业审慎地进行商业决策，防范各类风险，还应确保企业的正常运营以持续为股东创造价值。另外，企业应提供全面透明的财务报告和管理信息，使股东能够准确了解企业的运营状况，对企业进行有效的监督和决策。

（2）企业有责任提供质量可靠、安全无害的产品或服务。此外，企业应保证产品信息透明，不误导消费者，遵守公平交易的原则。当消费者权益受到侵害时，企业应负责解决问题，并采取措施避免类似问题再次发生。

（3）企业应为员工提供安全、健康的工作环境，尊重员工的个人尊严，保障其获得公平待遇的权利。此外，企业应提供公平的晋升机会和培训机会，让员工有更多的机会提升技能，实现职业发展。企业还应关注员工的福利，保障其基本生活。

（4）企业不仅应关注自身的发展，也应贡献于社区的繁荣，包括为社区提供就业机会、支持教育和文化事业、赞助慈善活动，以及与社区内其他组织建立良好关系。通过积极参与社区建设，企业可以得到社区的支持和尊重，实现企业与社区的共同发展。

（5）尊重自然，保护生态环境。企业应认识到自然资源的有限性，并在运营中积极采取环保措施，如节约能源、减少废弃物排放等。此外，企业还应尽量使用环保技术和材料，减小对环境的影响。

4. 自愿性慈善责任

自愿性慈善责任是指企业自愿采取的超出经济、法律和伦理责任的行为，旨在提升社区的福祉和社会的可持续性。

（1）企业自愿投资其运营所在的社区，如支持公共设施的建设、提供教育和培训资源、赞助文化或体育活动等。这种投资可以提升社区的生活质量，也可以增强企业的社区声誉。

（2）企业会进行各种慈善捐赠，包括对医疗、教育、灾害救援等领域的资金或物品捐赠。这将有助于提高企业的公共形象。

（3）企业会发起或参与各种公益项目，如环保项目、健康项目、教育项目等。通过这些项目，企业可以为社会问题提供解决方案，同时提升企业的社会责任感。

（4）企业会进行社会创新，即通过新的商业模式或产品来解决社会问题。例如，企业可能会研发环保产品，或者采用公平贸易模式等。

（5）企业会组织员工参与各种志愿者活动，如社区服务、环保活动等。这种活动既可以增强员工的团队精神和道德责任感，也可以改善企业的公共形象。

企业的自愿性慈善责任是企业社会责任的重要组成部分，是企业在追求经济利益的同时，视自身发展水平和经济实力，自愿对社会作出贡献的表现。

二、企业社会责任的构成

国外学者对企业社会责任的构成进行了研究，归纳起来有以下几种。

1. 卡罗尔的企业社会责任金字塔

卡罗尔在《公司业绩的三维概念模型》中指出，完整的企业社会责任应当包括经济责任、法律责任、伦理责任、慈善责任四种责任，并提出一个分层的理论模型，被称为"卡罗尔的企业社会责任金字塔"。企业首先关注对股东应承担的经济责任，其次是法律责任，最后才是伦理和慈善责任。从底部到顶部的顺序（经济—法律—伦理—慈善）只是体现了企业社会责任的发展顺序，而且这四种社会责任互不冲突，也没有相互叠加的内容。相应地，企业承担的所有责任都可以归纳在这四种责任当中。卡罗尔的企业社会责任金字塔涵盖企业在承担社会责任时所应涵盖的各个维度，受到广泛使用。

卡罗尔的企业社会责任金字塔强调了企业在经济、法律、伦理和慈善四个方面的责任，这为理解和研究企业社会责任提供了一个有用的框架（表2-2）。企业社会责任不仅仅是一种道德和伦理的要求，也是企业实现可持续发展的重要条件。

表2-2　卡罗尔的企业社会责任金字塔

责任类别	内容细分
经济责任	（1）企业以利润最大化为原则； （2）企业追求尽可能多的利润； （3）保持竞争优势； （4）保持较高的工作效率； （5）成功企业是那些能够长期获利的企业
法律责任	（1）在法律规范下活动； （2）成功企业是遵守法律法规的企业； （3）企业提供的产品与服务至少符合法律标准
伦理责任	（1）企业运作符合社会道德伦理规范； （2）认可与尊重社会，接受新的道德标准； （3）避免为实现企业目标而在伦理上让步； （4）认识到企业的行为不仅是遵守法律法规
慈善责任	（1）企业的慈善与社会期望相一致； （2）资助艺术事业； （3）企业的管理者和员工都在他们自己的社区内主动地、积极地参加慈善活动； （4）资助私人和公共教育机构； （5）自愿资助旨在提高社区生活质量的项目

2. 埃尔金顿的三重底线

英国学者埃尔金顿首先提出了三重底线的概念。他认为就责任领域而言，企业社会责任可以分为经济责任、环境责任和社会责任；他强调企业在追求经济效益的同时，还需要考虑环境效益和社会效益。利润、人和地球三个维度构成了企业成功的三重底线（表2-3）。

表 2-3　埃尔金顿的三重底线

维度	内容
利润	对应传统的企业经济责任，利润维度强调企业需要通过合法的商业行为创造经济价值，为股东带来回报，为员工提供薪酬，为政府交税，同时为社会创造就业和增加财富
人	对应企业的社会责任。企业应确保其经营活动对社区和社会的正面影响，包括提供安全、有尊严的工作环境，贡献社区的发展，保护消费者权益，以及尊重和促进人权
地球	对应企业的环境责任。企业需要确保其商业活动的环保性，减少对环境的负面影响，如尽量降低资源消耗，减少废弃物和污染，采用可持续的生产方式，并努力实现环境可持续发展

3. 同心圆社会责任理论模型

美国经济发展委员会（Committee for Economic Development，CED）在 1971 年发布的《工商企业的社会责任》（*Social Responsibilities of Business Corporations*）报告中，提出了同心圆社会责任理论模型。这个模型将企业的社会责任分为三个层次，每个层次都对应一个"责任圈"，如图 2-2 所示。

（1）内圈（inner circle）是企业的基本经济责任。这是代表企业最核心的责任，即提供高质量的产品和服务、创造就业机会、获取利润并推动经济增长。基本责任是企业存在的根本目的，与传统的股东价值理论一致。企业需要以高效、经济的方式运营，同时提供高质量的产品和服务，为股东创造价值，强调企业应当在市场经济体系下高效运营，以确保自身的可持续发展。

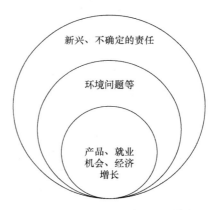

图 2-2　同心圆社会责任理论模型

（2）中间圈（intermediate circle）是社会和环境责任。企业在履行基本经济责任的基础上，需要更加敏感地关注社会价值观的变化，并在经济活动中体现对社会问题的关注。主要包括环境保护、维护员工权益、维护消费者利益等，要求企业在运营过程中更加关注利益相关者。

（3）外圈（outer circle）：更广泛的、新出现的社会责任。企业在履行前两层责任的基础上，进一步承担起推动社会整体进步的责任，积极参与解决新出现的社会重大问题。这一层涉及企业在更大社会范围内应承担的责任，包括扶贫等促进社会进步的内容、减少贫富差距等社会问题的解决、参与公共政策等。这些责任并不直接影响企业的短期运营，但被认为是企业长期可持续发展和社会稳定的关键。

同心圆理论为企业提供了一个清晰的框架，帮助企业在不同的责任层次上找到平衡。企业不能仅仅关注经济利益，而忽视社会和环境责任；同时，企业也不能过度承担社会责任，而影响其经济功能的正常发挥。

企业是一个整体，处于一个大的社会体系中，而社会又赋予企业许多不同的角色。同心圆社会责任理论模型揭示了通过相互联系、层层外推的方式，从基础职责转变为推动社区所承担的其他隐性职责。该模型强调企业应首先履行其基本经济责任，然后考虑社会和环境责任，最后再扩展到更广泛的社会责任。

4. 戴维斯的企业社会责任理论

戴维斯的企业社会责任理论也被称为企业社会权力理论。戴维斯在 20 世纪 60 年代提出，企业的社会责任等于其社会权力。换句话说，企业的社会责任应与其经济影响力、社会影响力相等。企业具有大量的资源和影响力，企业有责任使用这些资源和影响力来造福社会。社会责任不仅包括满足社会的基本经济需求，如提供就业和生产商品与服务，也包括更高级别的责任，如保护环境、改善社区生活质量、为员工提供良好的工作环境等。

企业应该主动承担社会责任，而不仅仅是被动地遵守法规或回应社会压力。主动性不仅对社会有益，也能帮助企业获得更好的公众形象，提高其商业成功的可能性。戴维斯的企业社会责任理论具体包括以下几点。

（1）企业的社会责任来源于它的社会权力。企业对于解决环保、就业不平等等社会问题具有重大的影响力，因此社会和公众希望企业能够利用自身的影响力解决相应的社会问题。

（2）企业应该是一个双向开放的系统，既要开放地接收社会的信息，也要让社会公开地了解企业的经营情况。为了保证整个社会的稳定和进步，企业和社会之间必须保持连续、诚实和公开的信息沟通。

（3）企业的每项活动、产品和服务，不仅要考虑经济效益，还要同时顾及社会效益和社会成本。也就是说，企业在进行经营决策时，不能只建立在经济收益和技术可行性之上，还要考虑经营决策对社会产生的短期和长期影响。

（4）与每一活动、产品和服务相联系的社会成本应该最终转移到消费者身上。企业不可能投入全部的财力、物力和人力来承担社会责任。

（5）企业作为法人，也应与其他自然人一样承担一些超出自己正常经营活动范围的责任。因为社会的改善和进步，最终将有利于社会的每个成员。

戴维斯参照其他学者的研究成果，将企业的社会责任内容根据不同责任对象进行划分。企业在履行社会责任时面向的对象主要包括政府、股东、职工或工会、供应商、债权人、消费者和代理商、社区、贸易和行业协会、竞争者、特殊利益集团，具体见表 2-4。

表 2-4　戴维斯企业社会责任理论的责任对象及内容

责任对象	内容
政府	对政府号召和政策的支持，遵守法律和规定
股东	证券价格的上升，股息的分配（数量和时间）
职工或工会	相当的收入水平，工作的稳定性，良好的工作环境，提升的机会
供应商	保证付款的时间
债权人	对合同条款的遵守，保持值得信赖的程度

续表

责任对象	内容
消费者和代理商	保证商品的价值、产品或服务的方便程度
社区	对环保的贡献，对社会发展的贡献（税收、捐款、直接参加），对解决社会问题的贡献
贸易和行业协会	参加活动的次数，对各种活动的支持
竞争者	公平的竞争，在产品、技术和服务上的创新
特殊利益集团	提供平等的就业机会；对城市建设的支持；对残疾人、儿童和妇女组织的贡献

■ **本章思考题**

1. 企业社会责任的本质是什么？
2. 企业社会责任的主体与客体之间有哪种关系？
3. 企业社会责任与商业伦理存在怎样的关系？
4. 企业往往出于何种动机承担社会责任？试着举例。
5. 企业社会责任的几种构成学说有何不同？

■ **本章小结**

本章首先介绍了企业社会责任的内涵，区分了企业社会责任与企业社会响应等概念，探究了企业社会责任的本质及内涵，阐明了企业社会责任与商业伦理的关系；其次介绍了企业承担社会责任的原因与动机，阐述了在不同历史阶段，企业承担社会责任的现实依据；再次介绍了企业承担社会责任的三个基本原则；最后介绍了企业社会责任所包含的经济、法律、伦理、自愿性慈善责任，以及几种企业社会责任构成学说的概念与内容。

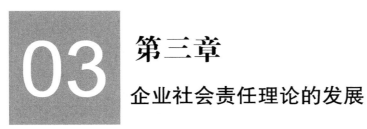

第三章
企业社会责任理论的发展

■ 本章学习目标

1. 掌握利益相关者理论的主要内容。
2. 理解利益相关者理论的贡献与应用。
3. 了解企业社会契约理论的提出和发展。
4. 掌握企业社会契约理论的主要内容。
5. 掌握企业公民概念及其理论。
6. 熟悉全球化背景下的企业公民行为。
7. 了解中国实践下的企业社会责任理论。

利益相关者理论的出现与企业社会责任的发展有着密切的联系。利益相关者理论主张企业应该对各个利益相关者负责；企业社会契约理论强调企业与社会间合作与共赢的契约关系。多种企业社会责任理论使企业社会责任的定义更为明确，为企业社会责任的履行提供了统一的衡量方法，为企业社会责任提供了理论基础。学习理论内容有利于增加个人对企业社会责任的认识，促进企业与社会共同发展和进步。

明晰时代背景下的企业社会责任，推动企业公民行为的国际化和标准化，督促企业经营高度透明化和诚信化，顺应了我国全面建设社会主义现代化国家的战略目标，对于促进经济社会的高质量发展，推动企业履行社会责任，实现可持续发展和共同繁荣有着重要的时代意义。

第一节　利益相关者理论

利益相关者理论是企业在决策和经营过程中应该考虑并满足各种利益相关者的权益和利益，它的出现与企业社会责任的发展有着密切的联系。

一、利益相关者理论的提出和发展

随着全球化和市场经济的发展，有的企业为了追求经济利益而忽视了对社会和环境的影响，导致出现一些不良的社会后果和负面的环境影响，引发了对企业社会责任的广泛讨论和批判。许多国家和国际组织开始出台相关法律法规和标准，要求企业履行社会责任。一些国家要求企业公开环境和社会信息，开展社会责任报告，以增加透明度和问责制度。在这个过程中，可持续发展的理念逐渐被广泛接受。企业认识到，只有平衡经济、社会和环境三个方面的利益，才能实现长期稳健的发展。在可持续发展框架下，企业开始探索更加环保、社会友好的经营模式，并关注未来世代的利益。

公众、消费者和投资者开始更加关注企业的行为和道德责任。人们认识到企业不仅仅是为股东服务，还需要考虑其他利益相关者的权益，如员工、客户、供应商、社区和环境，促使了利益相关者理论的兴起。

利益相关者理论的诞生可以追溯到 20 世纪五六十年代，但直到 20 世纪八九十年代，它才逐渐成为企业社会责任理论的主要基础之一。1984 年，弗里曼在《战略管理：利益相关者方法》一书中提出了利益相关者理论的基本概念。他认为，企业应该将利益相关者视为企业决策的重要因素，而不仅仅是股东利益。其他学者也为利益相关者理论的发展作出贡献。他们将"利益相关者"的概念扩展到涵盖更广泛的群体，包括员工、客户、供应商、社区、政府、环境等，以及未来世代的利益。

利益相关者理论对现代经济和管理理论中心的传统观点即"股东价值最大化"理论提出了挑战。传统股东价值最大化理论认为，企业管理者的首要职责是追求股东的利益最大化，通过提高股东的财务回报来增加股东的财富。然而，利益相关者理论认为企业的目标不仅仅是单一的股东利益最大化，而是应该考虑各个利益相关者的利益；企业应该平衡和满足多方利益，包括股东、客户、员工、供应商、社区、环境等，而不仅仅是关注股东利益。

二、利益相关者理论的主要内容

学者基于不同的方法和评价标准研究利益相关者理论。唐纳森和普雷斯顿在其著作《公司利益相关者理论：概念、证据和应用》中把利益相关者理论分为三个大类：描述主义理论、工具主义理论和规范主义理论。

（1）描述主义理论用于描述、解释和确定社会特征和行为，即所谓的描述性理论，关注企业管理者对待利益相关者，以及企业管理者是否考虑利益相关者的利益。

（2）工具主义理论用于确认利益相关者与企业之间是否存在关系，以及利益相关者对企业绩效的影响，关注的是实证检验和工具的使用。

（3）规范主义理论用于描述企业的职责和道德伦理准则，包括确定企业在运营和管理中如何考虑利益相关者的利益，主要是企业在道德层面的责任和决策。

在这三类理论中，规范主义理论最为重要，它代表着利益相关者理论的价值观和道德基础；描述主义理论和工具主义理论则围绕着规范主义理论进行支持和验证。

利益相关者理论的广义和狭义概念的区分主要是如何界定利益相关者的范围，以及利益相关者的正当性问题。广义的利益相关者理论主要基于描述性原则，它认为所有可能受到企业决策和活动影响并对企业有利害关系的个人、组织和群体都是利益相关者，不仅包括与企业有直接交互和利益关系的利益相关者，还包括那些与企业关系较弱但受到企业影响的个人和群体。这种理论框架下，利益相关者的范围非常广泛。狭义的利益相关者理论主要基于规范性原则，强调只有那些具有正当性的个人或群体才是真正的利益相关者。利益相关者的范围被限制在那些与企业具有明确利益关系和合法权益的群体，如股东、客户、员工、供应商等。这些利益相关者是企业经营的直接利益相关者，他们的权益应该得到尊重和满足。广义的利益相关者理论提供了一个更全面的视角，帮助企业更好地认识到受到影响的所有相关群体。狭义的利益相关者理论则强调应优先考虑那些与企业有直接关系和正当权益的群体。

20世纪80年代末期，仅仅界定出企业的利益相关者是不够的，还需要对企业的众多利益相关者进行分类。多维细分法和米切尔评分法是最为引人瞩目的成果，有助于更好地理解和划分企业的利益相关者。多维细分法是指从多个维度对企业的利益相关者进行分类，以发现不同利益相关者在某些特征上的差异，在20世纪80年代初期至90年代中期得到了广泛应用。学者根据不同的维度，如所有权、经济依赖性、社会利益等，对利益相关者进行了分类，形成了不同的分类结果。根据与企业的直接关系和对企业生存和可持续发展的影响程度分类，可以分为一级利益相关者和二级利益相关者。一级利益相关者是指那些与企业直接有利益关系，对企业生存和可持续发展至关重要的群体，通常包括股东、客户、员工、供应商和社区等。二级利益相关者是指那些与企业生存关系不大，但企业经营对其利益产生了影响的其他组织和个人，如环保人士、媒体、学者、批评家、行业组织甚至竞争对手。

米切尔评分法是在20世纪90年代后期由米切尔、阿格尔和伍德提出的一种利益相关者分类方法。利益相关者具有合法性、权力和紧迫性三个关键特征。其中合法性是一个群体是否对企业具有法律上的、道德上的或具体的要求，群体或组织拥有特定的权威地位或认可，其要求和期望是合理和合法的。这些合法的利益相关者有政府、行业协会、社区组织、环保组织等。权力是一个群体是否具有影响企业决策的地位、能力和相应的手段。有些利益相关者拥有较高的权力，它们能够对企业的决策和行为产生直接的影响。这些高权力的利益相关者包括政府、股东、大客户、重要供应商等。紧迫性是一个群体的要求是否能够立即引起企业管理层的注意。米切尔和伍德依据合法性、权力和紧迫性这三个关键特征，通过评分来判断哪些是有紧密关系的利益相关者。

三、利益相关者理论的贡献和应用

1. 利益相关者理论的贡献

随着时间的推移和研究的深入，企业社会责任理念和利益相关者理论逐渐融合，并相互促进发展。利益相关者理论为企业社会责任研究提供了理论基础，帮助明确企业应该平衡和满足各个利益相关者的利益。企业社会责任研究为利益相关者理论提供了实证检验方法，弥补了利益相关者理论在实证研究方面的不足。一方面，企业社会责任与利益相关者理论的结合明确了企业社会责任的内容和范围。通过将利益相关者纳入企业社会责任的考量，界定了企业社会责任的方向，并建立了利用利益相关者关系进行衡量的方法。这样的结合使企业社会责任不再是一个模糊的概念，而有了更具体的理论基础。另一方面，利益相关者理论的实证检验通常涉及衡量企业与利益相关者的关系，而企业社会责任的实证检验需要衡量企业的社会绩效。结合利益相关者理论和企业社会责任的研究，伯曼等学者使用 KLD 分析机构（KLD Research and Analytics）推出的 Domini400 社会指数（后更名为 MSCI KLD 400 Social Index）来衡量企业与利益相关者关系，并通过权变方法增强了 KLD 指数的理论性。将企业社会责任研究的框架纳入利益相关者的概念中，有助于满足利益相关者理论实证检验的需求，并为企业社会责任研究提供了更加扎实的理论基础。

利益相关者理论给企业社会责任研究带来了重要的三个变化。

（1）利益相关者理论使企业社会责任的定义更为明确。通过将利益相关者纳入企业社会责任的框架，可以解决企业在经济责任和伦理责任之间如何协调和平衡的战略问题。同时，利益相关者理论的概念使企业社会责任的方向更加明确，将利益相关者的期望和需求纳入社会责任的考量之中。

（2）利益相关者理论为企业社会责任的衡量提供了更合理的方法。通过考察企业能否满足多个利益相关者的需求，可以评估企业的社会绩效。利益相关者的利益成为衡量企业社会责任履行情况的重要指标，取代了原来模糊的概念。

（3）利益相关者理论为企业社会责任提供了理论基础。企业不再只关注股东利益最大化，而是考虑各利益相关者的利益，使企业社会责任有了更广泛和更全面的理论支持。利益相关者理论的引入强调了企业与社会各利益相关者之间的关系，使企业社会责任不再仅仅是股东利益的问题，而是涵盖更多的社会方面。

2. 利益相关者理论的应用

利益相关者理论在企业管理中被广泛应用，帮助企业识别和理解与其相关的各方利益相关者，并考虑这些利益相关者的需求和利益，有助于企业制定更全面和包容性的管理策略，从而提高企业与各利益相关者之间的关系，促进企业的可持续发展。企业在进行商业决策时需要综合考虑各利益相关者的利益和需求。利益相关者理论可以帮助企业决策者更全面地评估决策对各方利益相关者的影响，从而减少决策引起的负面影响，并选择更加可持续和利益平衡的方案。

利益相关者理论为企业社会责任的理解和实践提供了重要指导。企业在履行社会责任时需要考虑各利益相关者的利益，并与其进行有效的沟通和合作。利益相关者理论可以帮助企业在可持续发展方面做出更明智的决策，考虑到不同利益相关者的长期利益，避免短期行为对未来造成不可逆转的伤害。

利益相关者理论也被政府和公共机构应用于制定公共政策。政府需要平衡不同利益相关者的需求，并考虑社会的整体利益。利益相关者理论提供了一种框架，帮助政策制定者更全面地考虑各方利益，制定更合理和可行的政策。

第二节　企业社会契约理论

从社会契约理论的角度，企业社会责任可以被理解为企业与社会之间的一种契约关系。类似于政治学中的社会契约理论，企业社会契约理论认为企业存在于社会中，必须遵守社会设定的准则和规范，并与社会共同承担责任。

一、企业社会契约理论的提出和发展

企业社会契约理论的提出可以追溯到 20 世纪 30 年代的新制度经济学，该学派主要关注经济和社会制度对经济行为的影响。随着工业化和资本主义经济的发展，出现了许多社会问题，特别是与企业社会责任相关的问题。在这一时期，学者开始关注企业在社会中的角色和责任，并开始探讨企业与社会之间的关系。

社会契约理论最早源自古希腊哲学家伊壁鸠鲁，他提出了"社会契约"这一概念，认为人们在社会中共同生活需要通过契约或共识来规范彼此的行为。社会契约理论强调个体通过达成共识，为了共同利益而遵守规则和义务。这一思想在西方国家流传并深受重视。20 世纪 30 年代开始，新制度经济学家科斯和威廉姆森等将社会契约理论引入经济学领域。他们研究了经济中的机构安排和交易成本，认识到企业与外部环境之间的关系也是建立在一种社会契约基础上的。

在这一背景下，社会契约理论被引入企业领域，并演变为企业社会契约理论。该理论强调企业与社会之间的相互依赖关系，企业在社会中存在，不仅是为了追求利润，还有责任和义务来满足社会的期望。企业必须遵守社会设定的准则，对社会和利益相关者承担一定的责任，而社会也对企业有一定的期望和要求。1982 年，唐纳森首次引用社会契约理论来解释企业社会责任问题，将企业社会责任与企业与社会之间的契约关系相联系。随后，越来越多的学者开始将社会契约理论运用于企业问题的研究，探讨企业与社会之间的契约关系，尤其是企业的社会责任问题。1994 年，唐纳森和邓菲提出综合社会契约理论，旨在解决全球商业中的道德冲突。综合社会契约理论不再将企业社会契约简单地看作企业与社会之间的关系，而是将其扩展为涵盖企业在生产活动中的每个环节与社会建立的契约关系。综合社会契约理论强调企业应当回应利益相关者的利益，将企业社会责任与企业利益结合在一起。利益相关者的利益是一致的，认为企业必须认真考虑并满足其利益相关者的合理利益。

二、企业社会契约理论的主要内容

（1）企业社会契约理论强调社会契约必须尊重缔约双方的自由意志，是缔约双方自由选择的结果。企业与社会之间的契约关系基于自愿和自主。社会契约理论认为，契约关系的形成应该是自愿和主动的，而不是被动强加的。企业在承担社会责任时，不是受到外在压力或强制性规定的束缚，而是自愿和主动地履行社会责任。企业在与社会建立契约关系时，应该拥有自主决策权和自主选择权。企业应该自主决定承担何种社会责任、采取何种社会行动，并根据自身的愿望和目标与社会协商和合作。

社会契约理论强调企业与社会之间的契约关系应该是合作与共赢的。合作是指企业与社会共同努力、共同解决社会问题和挑战。共赢是指契约关系的双方都能从中获益，实现利益最大化。在这种合作与共赢的契约关系中，企业与社会可以共同实现社会的发展和进步。

（2）社会契约理论要求当事人采取地位平等的精神，这是社会契约存在的先决条件。在企业与社会的契约关系中，企业和社会应该是地位平等的主体，相互尊重、合作和互惠互利。地位平等意味着企业和社会在建立契约关系时应该是平等协商、平等合作的。没有一方强制性地对另一方施加意愿，而是在充分尊重对方的意愿和利益并在平等协商的基础上达成共识。企业和社会在契约关系中要平衡各自的利益，既不能让企业过度牺牲社会利益，也不能让社会过度削弱企业利益。只有通过平等协商和合作，才能找到双方利益的合理平衡点。企业和社会共同解决面临的问题和挑战，意识到彼此的重要性，共同努力解决社会问题，实现共赢的局面。

（3）企业社会契约理论认为缔约双方订立合同是有利的，这是缔约双方背后的动力，也是社会契约的先决条件。企业与社会之间的契约关系应该是互利共赢的，双方应该从中获益。企业通过满足社会的需求和责任，获得社会的支持和信任，从而获得更好的经营环境和声誉。社会通过企业的发展和经济贡献，获得就业机会和经济繁荣，从而实现社会的可持续发展。当企业与社会都能够从契约关系中获益，双方就有动力继续保持良好的合作关系，共同实现契约目标。只有在双方都认为契约关系对自身有利，才会愿意维持这种关系，形成持久的合作和互惠。

（4）企业社会契约理论将利益相关者纳入契约的主体，认为利益相关者是企业社会责任的重要参与者。企业的经营活动不仅影响股东或经营者本身，还会影响社会的各个层面和利益相关者的利益。企业在制定经营策略和决策时，应该考虑并满足利益相关者的合理利益，与他们共同构建契约关系。

（5）企业社会契约理论认识到企业与社会之间的契约关系是动态变化的。随着社会、经济和环境的变化，企业社会契约的内容和范围也会发生调整和演变。企业的社会责任不仅仅是对过去的承诺，而更重要的是对未来的承诺。企业应持续关注社会的发展动向和变化，及时调整其社会责任的重点和目标，以适应不断变化的社会环境。例如，随着环保意识的提高，社会对企业环境责任的要求也越来越高。许多企业开始关注和投入环保措施，减少对环境的负面影响，推动绿色发展。此外，随着人们对社会公平和公正的关注，企业也面临更多的社会责任压力，需要关注员工权益、消费者权益和社区责任等方面。企业承担社会责任是一个与社会共同成长和发展的过程，企业需要积极参与社会问题的解决，与利益相关者协商、共同构建社会契约。在这一过程中，企业需要持续地与利益相关者进行对话和沟通，了解他们的需求和期望，及时做出调整和改进。

第三节   全球化的企业公民理论

一、企业公民概念的提出

随着全球化和信息技术的发展，社会变革和社会期望对企业的角色和责任产生了深刻影响。社会期望企业在社会和环境问题上承担更多责任，企业由此受到更多的社会监督和压力。企业公民理论应运而生，提供了一种新的视角和框架，以应对企业在社会中的作用和责任。

20 世纪 70 年代，英国的咨询公司企业公民会社联合创始人戴维·罗根提出了企业公民概念，他将企业看作一个社会的公民，认为企业在创造利润的同时也应承担对环境和社会的责任。爱波斯坦在《企业伦理、企业好公民和企业社会政策过程：美国的观点》中提到"企业公民"概念早已在企业的实践中被广泛使用。1979 年，强生公司提出"我们必须成为好公民"的说法。随后，各种社会活动、会议和研讨会开始讨论企业公民和社会责任的问题，进一步推动了该理论的发展。

随着对企业公民理论的深入研究，学者开始明确企业公民的定义和主要要素。1996 年，在美国乔治敦大学召开的"企业公民会议"界定了企业公民的五个基本要素：工作场所应该亲近家庭、提供足够的健康和退休福利、确保员工的安全、为员工提供教育和培训、激发员工潜能与保持岗位稳定。企业公民理论的发展逐渐形成了一套完整的理论框架，将企业的核心价值观与日常商业实践、运营和政策相结合，综合考虑企业对所有利益相关者的影响。企业公民理论得到了国际组织和政府的认可。世界经济论坛将企业公民定义为将企业的核心价值观与日常商业实践、运营和政策相结合的行为方式。各国政府纷纷出台相关法规和政策，要求企业必须承担一定的社会责任，进一步推动了企业公民理论的发展。

马特恩分享了具有代表性的企业公民三种形式：一是企业公民积极参与慈善活动、社会投资或履行当地社区的某些义务（有限责任）；二是履行社会责任的企业要努力实现利润最大化，遵守相关的法律法规和行为准则，努力成为一名合格的企业公民；三是企业必须履行对股东、环境、社区、员工等利益相关者的某些义务和责任，责任范围扩展到全世界（扩展责任）。企业公民强调企业作为社会中的经济实体，必须承担与个人类似的权利和义务，促使其经济行为与更广泛的社会责任之间的沟通和互联。

企业公民理论强调了企业应该以公民的姿态参与社会事务并承担社会责任，将经济利益与社会责任有机结合起来，实现企业和社会共同发展。

（1）企业应该承担与个人类似的社会责任和道德义务。企业应该遵守法律法规、行业标准和道德准则，积极履行对社会和环境的责任，保护员工权益，尊重社区利益，维护环境健康等。

（2）企业的经济活动要努力实现利润最大化，以保证企业的稳健发展和可持续性，为社会创造价值。企业公民追求长期发展和可持续性，不仅仅关注短期利益，更注重长期的社会责任和经济效益，努力实现经济、社会和环境的良性循环。

（3）将利益相关者的利益与企业的经营管理紧密联系在一起。企业必须充分考虑并满足利益相关者的合理利益，维护他们的权益并建立良好的合作关系。

（4）鼓励企业在医疗、教育、科技、环境等方面进行投资，积极开展慈善事业，促进社会和谐稳定和发展。企业不仅要通过发展核心业务创造经济价值，还要通过社会投资和慈善活动回馈社会，推动社会进步。

企业公民概念既是对企业社会责任的继承，也是对企业社会责任的发展与突破。企业公民概念继承了企业社会责任的核心观念，即企业作为社会成员应该承担责任和义务，为社会作出贡献。企业公民认为企业不仅要追求经济利益，还要关注社会和环境的需求，积极回应社会期望。企业公民概念强调企业社会责任的综合性和全面性。除了传统的经济责任，企业公民还关注员工权益、环保、社区发展、慈善事业等多个方面，使企业的社会责任更加全面化。

二、全球化背景下的企业公民行为

随着全球化的深入发展，跨国公司在全球范围内开展业务，其社会责任也不再局限于本国社会，而是涉及全球各地的利益相关者。全球化背景下的企业公民行为需要考虑和回应全球范围内的社会问题和需求。跨国公司需要在各国遵守当地法律法规，尊重当地文化和社会标准，同时也要考虑全球社会和环境的影响。

全球化使企业面对的利益相关者更加多元化和复杂化，企业需要同时考虑来自不同国家、不同文化和不同利益群体的需求和期望，这就要求企业公民行为要具有灵活性和包容性。跨国公司在全球范围内面对不同文化、价值观和社会习惯，企业公民行为需要具有包容性和灵活性，以适应多元文化的融合。

企业公民不仅关注本身的经济责任和社会责任，还需要承担更广泛的责任（环境责任、人权责任和全球发展责任等）。企业需要在全球范围内推动可持续发展，促进社会公平与包容。跨国公司的供应链通常跨越多个国家，企业公民行为需要关注供应链中的各个环节，确保供应链的可持续发展并承担相应的社会责任。

全球化背景下，企业公民行为面对的是更加挑剔的消费者和利益相关者，这就需要企业保持高度透明化、诚信经营。此外，全球化推动了企业公民行为的国际化和标准化。许多国际组织和标准机构制定了企业社会责任的指南和标准，企业需要遵循这些国际标准，提升企业公民行为的水平。

第四节　基于中国实践的企业社会责任理论

一、中国特色社会主义发展理念指导下的企业社会责任

中国特色社会主义发展理念指导下的企业社会责任理论强调，以习近平新时代中国特色社会主义思想为指导，落实全面建设社会主义现代化国家的战略目标，促进经济社

会的高质量发展，推动企业履行社会责任，实现可持续发展和共同繁荣。

中国特色社会主义发展理念强调党的全面领导，企业社会责任必须贯彻党的方针政策，积极响应国家政策和要求。

中国特色社会主义发展理念强调高质量发展，企业社会责任应当注重质量、效率和效益的提升，推动企业不断提升竞争力和创新能力。创新驱动，科技兴业，要求企业加强创新能力，推动科技进步，促进产业升级，提高自主创新能力，为国家经济发展作出贡献。

中国特色社会主义发展理念强调社会公平正义，企业社会责任要求主动承担社会责任，关注弱势群体，积极参与教育、环保等社会事业，回馈社会。

中国特色社会主义发展理念强调共同富裕，企业社会责任要关注员工福利，提高工资待遇，推动员工共享企业发展成果。关爱员工是企业社会责任中关乎员工权益的重要内容。企业要尊重员工的权益，提供公平合理的工资和待遇，关心员工的身心健康，提供良好的工作环境和职业发展机会。

中国特色社会主义发展理念强调生态文明建设，企业社会责任要注重环保，推动资源的可持续利用，降低污染排放，促进绿色发展。绿水青山就是金山银山，强调保护环境、实现生态文明建设的重要性。环保和生态建设是经济发展的基础，环境质量直接关系人们的生产生活水平和社会经济发展。共建共享、绿色发展是中国在推进可持续发展和绿色经济方面的重要战略。企业社会责任要求企业积极参与环保和绿色发展，推动资源节约型、环境友好型的企业模式，实现经济效益、社会效益和环境效益的共同提升。

共建共享、合作共赢是中国推动开放合作的重要理念。企业社会责任要求企业积极参与国际交流与合作，遵守国际规则，尊重当地文化和风俗习惯，在境外经营中履行企业社会责任，实现共赢发展。

二、高质量发展背景下的企业社会责任

高质量发展是全面建设社会主义现代化国家的首要任务。高质量发展的重点内容包括构建新发展格局、提高全要素生产率、提升产业链供应链韧性和安全水平、推进城乡融合和区域协调发展、构建高水平社会主义市场经济体制、推进高水平对外开放、推动绿色低碳发展、提高人民生活品质。这些目标指明了中国在新时代的发展方向，强调了在追求经济增长的同时，必须注重发展的质量和效益，以及经济、社会、环境的全面和谐发展。

高质量发展理念是指导企业发展前进的方向指示牌，与企业的社会责任紧密相连。在新征程上，企业不仅是经济发展的主体，也是社会责任的承担者。在高质量发展框架下，企业社会责任具有以下突出的特点。

1. 高质量与可持续发展的目标是一致的

中国经济正面临产业结构优化升级与转向可持续发展的大转型时期，企业在进行传统产业的升级改造时，必然要考虑环保和资源节约，这不仅提升产业技术的可持续迭代，

提升企业的竞争力，也符合社会责任和可持续发展的要求。采取环境友好的生产方式，保护自然资源，防止生态退化，这些高质量发展目标与可持续发展目标——实现经济、环境和社会的和谐发展是一致的。

高质量发展关注当前的经济表现，同时也强调对未来世代责任，与可持续发展中的跨代公正理念相符，即我们在满足当代人需求的同时，不损害后代人满足其需求的能力。

2. 在高质量发展的框架下，创新驱动是推动企业和经济持续增长的关键因素

科技创新的进程中也伴随着诸多责任和挑战，特别是在技术伦理和社会影响方面。企业在开展科技创新时，需要考虑到其产品和服务可能对社会、环境和个人隐私的影响，数据安全、人工智能伦理、生物技术的使用等领域都需要严格的伦理标准和法规遵循。企业持续投入研发，不是为了追求短期利润，而是为了长远的可持续发展，包括环保、节能减排等方面。企业应努力确保技术发展成果能被社会各阶层公平获取，避免造成数字鸿沟。数字鸿沟是不同群体在获取和使用信息和通信技术方面的差异，收入水平、教育程度、年龄、地理位置或其他社会经济和文化因素都可能引起数字鸿沟。首先，可能存在同群体在获取信息技术设备和互联网服务方面的访问性差异。例如，城市居民通常比农村居民更容易获取移动互联网服务。其次，即使能够获得技术和网络访问，一些群体可能缺乏必要的技能来有效使用这些资源。例如，老年人可能不像年轻人那样熟悉数字技术，在无现金支付的环境下对老年人出行、购物是不小的挑战。

强调共同富裕，强调社会公平的背景下，中国的政府部门、企业都考虑到科技创新对各类人群可能的影响，并尽可能地提供更广泛的互联网接入、提升数字素养教育和创造更多数字参与机会来帮助缩小数字鸿沟。

3. 高质量发展强调提高生产率，也强调维护公平

高质量发展强调通过市场机制优化资源配置，确保资源在最有效率和最有效益的领域被利用，意味着市场应成为资源配置的主导力量，政府的角色是创造一个公平竞争的环境，制定和执行公平的规则。为了实现高质量发展，需要有效的市场监管，防止垄断和不正当竞争行为，确保市场的公平性和有效性。消除市场准入和运营中的不公平壁垒，确保各类企业特别是中小企业和民营企业，都能在公平的条件下参与市场竞争。企业被激励通过创新提升自身竞争力，包括技术、管理、服务和商业模式的创新，在追求效率和利润的同时，遵循市场规则，维护公平竞争，保护消费者权益。

■ 本章思考题

1. 利益相关者理论的主要内容有哪些？
2. 利益相关者理论对我国的企业发展有何贡献？
3. 企业社会契约理论的核心观点是什么？
4. 全球化背景下，企业公民行为面临哪些挑战？

5. 为什么企业社会责任理论对于我国发展十分重要?

▍ 本章小结

　　本章首先阐述了利益相关者理论的提出背景与现实发展,详细介绍了利益相关者理论的主要内容及其贡献和应用;其次介绍了企业社会契约理论的提出与发展及该理论的主要内容;再次介绍了在全球化背景下的企业公民理论与企业公民行为;最后介绍了中国特色社会主义发展理念指导下与高质量发展背景下的企业社会责任,阐明了基于中国实践的企业社会责任理论。

第四章

企业社会责任的管理与履行

■ *本章学习目标*

1. 了解企业社会责任管理的要素。
2. 掌握企业社会责任管理体系的主要内容。
3. 理解不同国家的企业社会责任管理组织结构。
4. 掌握企业履行社会责任的途径。
5. 了解企业履行社会责任的影响因素，熟悉影响因素的作用机制。
6. 掌握企业社会责任沟通的内容，了解企业社会责任沟通的策略及途径。

　　企业社会责任理论为企业进行社会责任管理提供了理论基础。在实际操作中，企业社会责任管理的要素十分重要，为企业的社会责任管理提供了现实依据。企业根据自身的特点和环境，灵活地应用和调整要素，有利于高效地实现社会责任目标。作为一套结构化的方法和程序，企业社会责任的管理体系有助于企业不断评估其社会责任活动的效果，实现企业社会责任的持续改进。

　　基于以上指导思想和基本原则，企业会在多层次选择符合企业实际情况的途径和方法来承担社会责任。熟知企业社会责任的履行途径与影响因素，结合对企业社会责任沟通行为的认识，有助于加深企业对社会责任实践的理解，提高对外沟通质量，传递其对环境、社会和公司治理等问题的责任态度。

第一节　企业社会责任管理体系

一、企业社会责任管理的要素

　　企业社会责任管理是指企业在履行社会责任方面的管理过程和实践，包括企业对社会、环境和利益相关者承担责任的策略、政策、程序和实施的全面管理。

　　企业社会责任管理的目标是确保企业在经济、环境和社会方面的可持续发展，同时平衡利益相关者的需求和期望。企业社会责任管理的要素如下。

（1）企业社会责任管理需要与企业的战略目标相一致，并将社会责任融入企业的长期规划和决策过程中。它包括确定社会责任的优先领域、目标和指标，并制订相应的战略和计划。企业责任策略与企业整体发展战略的方向应保持一致，企业责任管理的规划是企业战略规划的一部分，应具有长远性、前瞻性。通过企业核心价值观和企业社会责任观的统一，依据企业战略发展方向，结合当前的社会需要，考虑企业当前经营状况，明确企业责任管理战略的阶段性目标、工作重点和实施措施。

（2）企业社会责任管理应充分关注利益相关者的利益，通过建立利益相关者参与机制，企业能够更深入地了解他们的需求和关切。多方互动有助于企业识别社会责任的关键领域，能够更有针对性地采取行动，回应多方诉求，实现利益相关者与企业发展的双赢。

（3）建立企业社会责任管理体系，用于跟踪和评估社会责任行动的实施和效果，制定关键绩效指标（key performance indicator，KPI）和评估方法，进行监测、报告和审计，以确保企业的社会责任承诺得到充分履行。企业可以参考国际通行的 GRI 标准和道琼斯可持续发展指数等指标体系，结合自身可持续发展要求，在完善企业社会责任内容的基础上，建立企业自身的责任管理指标体系，实施社会责任绩效管理。

（4）遵守适用的法律法规和行业标准，以确保其社会责任行动的合法性和合规性。识别和管理与社会责任相关的风险，并采取相应的预防和应对措施，包括环境保护法规、劳动法规、商业道德规范等。

（5）向内外部利益相关者提供透明和准确的信息，包括社会责任策略、目标、行动和绩效。定期发布社会责任报告是常见的做法，社会责任报告能够展示企业的努力和成果，同时接受外界的评估和监督。

（6）企业社会责任管理是一个持续改进的过程。企业需要不断学习和创新，根据反馈和经验教训，调整和改进其社会责任策略和实践，以更好地应对社会和环境挑战，并提高其社会价值和影响力。

在实际操作中，企业需要根据自身的特点和环境，灵活地应用和调整要素，以高效地实现其社会责任目标。

二、企业社会责任管理体系

企业社会责任管理体系是一套结构化的方法和程序，以实现企业社会责任的持续改进。一个有效的企业社会责任管理体系一般包括以下内容。

1. 政策与目标

企业需要制定明确的社会责任政策与目标，这是企业社会责任管理体系的基础。政策应该明确企业对社会责任的承诺，而目标则应明确企业在实现这一承诺方面的具体目标。这些政策和目标应与企业的整体战略和业务目标相一致，以确保企业的社会责任活动能够支持其整体业务目标的实现。

企业社会责任政策是企业对社会责任的承诺，它明确了企业在社会责任方面的立场和原则。企业社会责任政策的制定需要考虑以下几个关键因素。

（1）企业的使命和愿景是制定企业社会责任政策的基础。企业的使命应该包括对社会的承诺，愿景则应该描绘出企业如何实现这一承诺的未来景象。

（2）企业社会责任政策需要考虑所有利益相关者的期望和需求，企业需要与这些利益相关者进行有效的沟通和合作。

（3）企业社会责任政策需要遵守所有相关的法律、法规和行业标准。

（4）企业社会责任政策需要考虑企业的能力和资源。企业需要确保其有足够的能力和资源来实现其社会责任政策。

企业社会责任目标是企业在实现其社会责任政策方面的具体目标。企业社会责任目标的设定需要考虑以下几个关键因素。

（1）企业社会责任目标需要与企业的社会责任政策相一致，根据其社会责任政策的要求，设定具体的社会责任目标。

（2）企业社会责任目标需要是可度量的，设定具体、明确、可度量的社会责任目标，以便企业评估和监控其社会责任活动的效果。

（3）企业社会责任目标需要是可以实现的，考虑企业能力和资源，设定可以实现的社会责任目标。

（4）企业社会责任目标需要有明确的时间框架，在特定时间内实现社会责任目标。

企业需要根据自身的特点和环境，制定明确的社会责任政策与目标，以实现其社会责任承诺。

政策与目标

乐高（LEGO）：投入了数百万美元来应对气候变化和减少废物。乐高的环保努力包括减少包装、使用可持续材料、投资替代能源。

汤姆斯布鞋（TOMS）：将其净利润的 1/3 捐赠给支持身心健康和教育机会的慈善机构。在新冠疫情期间，该品牌将所有的慈善捐赠都指向了 TOMS COVID-19 全球捐赠基金。

强生（Johnson & Johnson）：致力于通过投资替代能源来源来减少其对环境的影响。在全球范围内，强生还致力于为社区提供清洁、安全的水。

星巴克（Starbucks）：通过社会责任导向的招聘流程，积极推动员工队伍的多元化，包括优先招聘退伍军人和年轻人等群体，为更多社会成员提供平等的就业机会。

谷歌（Google）：通过投资可再生能源和可持续办公室来展示其对环境的承诺。

辉瑞（Pfizer）：企业公民身份体现在其健康倡议上，包括提高对非传染性疾病的认识，并为需要的妇女和儿童提供可接触的健康服务。

这些企业的企业社会责任目标不仅是口头上的承诺，而且通过具体的行动和投资来实现。它们的目标通常与其核心业务和价值观紧密相连，并且在实施过程中，它们会考虑到对环境、社区和员工的影响。设定和实施企业社会责任目标是一种长期的承诺，需要企业的全面参与和持续努力。

2. 组织结构与责任

企业需要建立一个有效的组织结构，以支持其社会责任活动的实施。企业还需要确保所有员工都了解企业的社会责任政策和目标，以及他们在实现这些政策和目标方面的责任。

企业社会责任的组织结构是企业社会责任管理体系的重要组成部分，它为企业的社会责任活动提供了必要的组织和人力资源支持，是企业实现其社会责任目标的关键。企业需要建立一个有效的组织结构，以支持其社会责任活动的实施。

（1）企业社会责任委员会是企业社会责任管理体系的核心部分。由企业的高级管理人员组成，负责制定企业的社会责任政策和目标，以及监督企业的社会责任活动的实施，评估企业的社会责任活动的效果。

（2）企业社会责任部门是企业社会责任管理体系的执行部分。由专门负责社会责任活动的员工组成，负责实施企业的社会责任政策和目标，以及与利益相关者进行沟通和合作，以及报告企业的社会责任活动的性能。

（3）所有的员工都是企业社会责任管理体系的一部分。员工需要了解企业的社会责任政策和目标与实现这些政策和目标方面的责任，需要参与企业的社会责任活动，以及提出对企业社会责任活动的反馈和建议。

企业如何建立社会责任的组织结构及明确责任

联合利华（Unilever）：全球最大的消费品公司之一，也是企业社会责任的领导者。企业社会责任战略是由其最高管理层（包括首席执行官和董事会）直接监督和管理的。它们设立了一个专门的可持续发展领导小组，负责制定和实施公司的可持续发展战略。此外，联合利华还设有一个企业社会责任委员会，负责监督公司的社会、环境和经济影响，以及与利益相关者的关系。

IBM：设立了企业公民部，专门负责管理公司的企业社会责任活动，任务是确保 IBM 的业务活动符合社会和环境标准，同时负责与全球的非政府组织、政府机构和其他企业合作，共同解决全球的社会和环境问题。

星巴克：设立了一个专门的企业社会责任部门，负责制定和实施公司的企业社会责任政策和计划。此外，星巴克还设立了一个企业社会责任咨询委员会，由公司的高级管理人员组成，负责监督公司的企业社会责任活动，并确保这些活动符合公司的长期战略目标。

3. 利益相关者参与

企业社会责任管理体系需要考虑所有利益相关者的利益。企业需要与利益相关者进行有效的沟通和合作，以确保其社会责任活动能够满足所有利益相关者的期望和需求。

（1）识别社会责任活动的所有利益相关者。利益相关者包括直接受到企业社会责任活动影响的内部利益相关者（如员工和管理层），以及间接受到影响的外部利益相关者（如客户、供应商、社区和环境）。企业需要了解利益相关者的期望和需求，以及其对企业社会责任活动的影响。

（2）与企业的利益相关者进行有效的沟通和合作。企业与利益相关者定期进行会议和磋商，以了解其期望和需求，以及对企业社会责任活动的反馈；与利益相关者合作，共同制定和实施社会责任活动，以确保这些活动能够满足所有利益相关者的期望和需求。

（3）让利益相关者参与到社会责任活动中来。通过让利益相关者参与到社会责任活动的规划和实施中来，或者参与到社会责任活动的评估和改进中来，利益相关者不仅可以直接影响社会责任活动的结果，也可以更好地了解企业的社会责任活动，从而提高对企业的信任和支持。

（4）定期评估利益相关者对其社会责任活动的满意度。通过满意度调查，或者通过收集和分析利益相关者的反馈，根据评估结果对其社会责任活动进行改进，以更好地满足利益相关者的期望和需求。

利益相关者参与实施企业社会责任

联合利华：企业社会责任策略的核心是"可持续生活计划"。该计划旨在通过改善健康、环境影响和生活质量来增强社会影响力。联合利华与其各种利益相关者进行了广泛的沟通和合作，包括消费者、员工、供应商和政府。例如，联合利华与供应商合作，确保其供应链的可持续性，包括环保和公平贸易的实践。此外，联合利华还与政府和非政府组织合作，以解决全球性的社会和环境问题，如气候变化和可持续农业。

IBM：企业社会责任策略强调其与各种利益相关者的合作，包括员工、客户、供应商和社区。IBM通过其"企业服务团队"项目，鼓励员工参与社区服务和志愿者活动。IBM还与其客户和供应商合作，推动环保和社会责任的实践。例如，IBM通过其"供应商环境管理系统"要求供应商遵守环保和社会责任的标准。

星巴克：星巴克的企业社会责任策略强调公平贸易和可持续农业的实践。星巴克与其咖啡豆供应商建立了长期的合作关系，确保其供应链的可持续性。此外，星巴克还与非政府组织如保护国际合作，以保护咖啡种植地的环境和社区。

4. 风险评估与机会

企业需要定期对企业的社会、环境和经济风险进行评估，以识别和利用与其社会责任活动相关的机会。

社会风险包括员工满意度下降、社区反对企业的活动、企业的公众形象受损等。环境风险包括企业活动对环境造成的负面影响、企业对自然资源的过度使用、企业的碳排放超过法规要求等。经济风险包括企业的社会责任活动增加了企业成本、企业社会责任活动影响了企业的盈利能力、企业的社会责任活动导致企业失去了商业机会等。企业通过风险评估，了解这些风险的可能性和影响，以便制定有效的风险管理策略，包括改变企业的活动、采取措施减少风险的可能性或影响、接受风险并准备应对风险的影响。

机会包括通过企业的社会责任活动提高企业的公众形象、通过企业的社会责任活动吸引和留住员工、通过企业的社会责任活动开发新的商业机会等。企业需要通过机会评估，了解这些机会的可能性和价值，以便制定有效的机会利用策略，包括改变企业的活动、采取措施增加机会的可能性或价值、接受机会并准备利用机会的价值。

评估风险与机会

联合利华：在企业社会责任方面的表现一直备受赞誉。联合利华的"可持续生活计划"就是一个很好的例子，该计划旨在通过改善健康、环境影响和生活质量来增加公司的社会影响力。联合利华通过该计划对其业务的社会和环境风险进行全面评估，并识别了可以通过其社会责任活动来抓住的机会。例如，联合利华认识到其供应链中棕榈油生产对环境的破坏性影响，设定棕榈油可持续性政策。

然而，这样的可持续发展目标对联合利华的采购和生产提出了不小的挑战，更有可能在销售方面承担风险。可持续棕榈油圆桌倡议被认为是可持续棕榈油认证的黄金标准，但其认证机制却因存在严重的缺陷和弱点而受到批评，认证棕榈油所采用的供应链认证模式将认证和未认证的棕榈油混合在一起，加大了人们了解这些原料油来源的难度。该行业的供应链普遍缺乏透明度，许多厂商无法追溯大部分棕榈油的来源。这种现状导致厂商和消费者都难以判断棕榈油在生产过程中是否符合环境保护、社会责任和经济规范等方面的要求。

正是因为存在这些问题，联合利华开始越来越多地依靠自己的措施。其中就包括通过新的公司政策和数字创新，将人工智能、地理空间数据和区块链技术结合在一起，优化采购实践。这些举措都侧重照亮所谓的"第一英里"——棕榈油种植、采收、运输和加工的关键阶段——以加强监控，并使得可持续棕榈油在供应链上可被追溯。

（1）通过使用新技术如人工智能、地理空间数据和区块链，优化其采购实践。联合利华与各种技术提供商合作，使用卫星、全球定位系统和其他数字工具来追踪棕榈油的来源，并在整个供应链上实现更高的透明度和可追溯性。

（2）到2021年，联合利华采购的棕榈油中有90%经过可持续棕榈油圆桌倡议的认证，其中大部分获得的是"质量平衡"类型的认证，但其认识到仅依靠认证是不够的。联合利华在认证的基础上采取了额外的措施，如2022年联合利华启动了采购网络的重新设计，减少了供应商数量，简化了监控过程，加强了监测和管理，从而确保更全面地实现可持续采购。

（3）联合利华与多方伙伴合作，开发可以造福整个行业的新方法，并在景观层面上投资。到2023年，联合利华已经在印度尼西亚和马来西亚投资了五个"辖区景观"，提供了与供应链之外的各类利益相关方合作的机制，当地政府、小型农户、民间社会组织和私营部门的代表通常都包括在内，共同对"辖区景观"进行监测。

通过上述措施和战略，联合利华面对供应链系统的复杂和巨大风险，在努力兑现零毁林供应链的承诺，朝着实现其零毁林目标迈进。

5. 程序与控制

企业需要制定一系列的社会责任活动规划、实施、监控和改进程序，以及对这些活动的质量和效果进行控制的措施。

（1）制定明确的社会责任政策和目标，并将这些政策和目标纳入其业务策略和运营中。企业对业务的社会和环境影响进行全面评估，以确定其社会责任的重点领域和目标。

（2）制定和实施一系列的程序和措施，以确保其社会责任活动的有效实施。这些程序和措施包括对企业的社会责任活动进行规划、实施、监控和改进的程序，以及对这些活动的质量和效果进行控制的措施。

（3）定期监控社会责任活动的效果，以确保这些活动符合社会责任政策和目标。定期监控的内容包括对企业的社会责任活动的质量及效果进行定期审计和评估。

（4）根据社会责任活动的监控结果，对这些活动进行持续的改进，包括对企业的社会责任政策和目标进行定期审查和更新，以反映企业社会责任的变化。

企业实施社会责任

Patagonia 是一家美国户外服装公司，自 1973 年成立以来，一直把可持续发展作为其核心业务战略，并在其许多创新举措和长期承诺中得到了体现。Patagonia 的目标是使用 100%可再生和可循环利用的原材料生产产品，这体现了公司对减少环境影响的承诺。

Patagonia 致力于制造持久耐用的产品，并提供维修、转售和回收服务，鼓励消费者负责任地购买和使用。公司每年回收近 10 吨装备并修补约 5 万件服装，运营着北美最大的服装修理厂，不仅减少了废物，也延长了产品的使用寿命。

公司投入了数十年时间和数百万美元资金在全球范围内支持环保事业，开展和推广公益活动。Patagonia 创立了"为地球捐出 1%"这个企业联盟，致力于将 1%的利润捐赠给环保组织，该联盟自 2002 年成立以来，已筹集超过 3 亿美元。通过创意广告和影响力电影等方式，提醒公众时装业对环境的影响，促使人们重新考虑消费行为。Patagonia 一直毫不犹豫地支持可持续创新，并在其品牌营销活动中传递这一理念。在 2011 年感恩节，Patagonia 推出了一条名为"不要买这件夹克"的广告，旨在提醒客户时装业对环境的影响和关注消费者过度浪费的问题。

Patagonia 还是投资再生商业模式的初创企业，以实现将再生有机农业作为其服装和食品的原材料的计划。2022 年，该公司的创始人捐出了价值 30 亿美元的公司所有权，宣布未来公司的所有利润将用于资助应对气候变化和保护荒野的工作。

Patagonia 的这些努力表明，为了实现社会责任的承诺，企业需要长期坚定地把各项承诺贯穿在生产、销售、营销、回收等各个环节，并不断对标自己的目标，在每个环节去实施和监控，以兑现社会责任的承诺。

6. 性能评估和报告

为了方便了解社会责任活动的效果，以及需要改进的地方，企业需要定期评估和报告社会责任活动的性能。

（1）定期评估企业社会责任活动的性能，以确保这些活动符合社会责任政策和目标。例如，评估社会责任活动对财务状况的影响，包括社会责任活动的成本和收益；评估社会责任活动对环境的影响，包括社会责任活动的能源消耗、废物排放和碳排放等；评估社会责任活动对社会的影响，包括社会责任活动对员工福利、社区发展等的影响。

（2）定期报告社会责任活动的性能，以便了解社会责任活动的效果，以及需要改进的地方。例如，在年度报告中报告社会责任活动的性能，包括社会责任活动的成本和收益、社会责任活动对环境的影响及对社会的影响等。

7. 持续改进

企业社会责任管理体系应该是一个持续改进的过程。企业不断地评估其社会责任活动的效果，以及寻找改进机会以实现社会责任目标。

（1）通过多种方法来评估其社会责任活动的效果。企业可以通过对社会责任活动的财务性能、环境性能、社会性能等进行评估，了解其社会责任活动的效果；企业还可以通过获取利益相关者的反馈，了解社会责任活动是否满足利益相关者的期望和需求。

（2）改进社会责任活动。企业可以通过对社会责任政策和目标进行定期审查和更新，以反映业务环境和社会责任的变化；企业还可以通过对社会责任活动的规划、实施、监控和改进的程序进行改进，以提高其社会责任活动的效果。

通过持续改进，企业可以不断提高社会责任活动的效果，以实现其社会责任目标。这不仅可以帮助企业提高社会影响力，也可以帮助企业提高其竞争优势，以实现其商业目标。

三、企业社会责任管理组织结构

企业在内部设立社会责任管理组织的形式可以是设立专门部门，也可以分散到具体事业部中。例如，索尼公司在董事会内设立了专门负责企业社会责任的部门，遵循董事会及执行官制定的基本方针执行所负责的业务。通用汽车公司在其各个部门设置了企业社会责任职能，负责通用汽车可持续发展战略在中国的管理。这表明通用汽车公司将企业社会责任的实施分散到了各个部门，而不是集中在一个专门的企业社会责任部门。住友电工在资材部设置了联合推进室，负责企业社会责任的管理。这表明住友电工将企业社会责任的管理集中在一个专门的部门，而不是分散到各个部门。

1. 欧美企业社会责任管理组织

（1）董事会决策模式：企业在董事会层面设立专门的委员会来负责企业社会责任事项。这种模式的优点是可以确保企业社会责任的决策在最高层面得到重视，有利于企业从战略层面考虑和处理社会责任问题。此外，董事会成员通常具有丰富的经验和广阔的视野，他们的参与可以提高企业社会责任决策的质量。然而，这种模式的缺点是决策流程较慢，因为所有的决策都需要经过董事会的审议和批准。

（2）董事会承担、经理决策模式：董事会在职能中明确要承担企业社会责任，但在操作上将企业社会责任的具体事务授权给管理层负责。这种模式的优点是可以提高决策的效率，因为管理层通常对公司的日常运营和具体事务有更深入的了解和更快的反应能力。此外，这种模式也有利于企业社会责任的实施，因为管理层可以直接指导和监督相关部门和机构的工作。这种模式的缺点是降低企业社会责任在公司战略决策中的地位，因为管理层的决策更多地受到短期利润和业绩压力的影响。

2. 日本企业社会责任管理组织

（1）日本企业的社会责任推进体系一般采用"企业社会责任推进委员会+企业社会责任推进部"的架构。这种架构既保证了企业社会责任对企业高层管理的重视和决策，又保证了企业社会责任的日常运营和实施。企业社会责任推进委员会是一个高层管理和协调机构，一般由总裁负责，成员包括各副总裁、业务部长，负责制定企业社会责任的战略目标和政策。企业社会责任推进部则是一个日常办事机构，负责企业社会责任的具体实施和运营。

（2）企业社会责任推进部门并非具体的社会责任实践部门，而是推动企业社会责任实践的管理部门。这意味着企业社会责任推进部门的主要职责是协调和推动各业务部门和辅助支持部门的企业社会责任实践，而不是直接进行企业社会责任实践。这种模式有利于整合企业资源，提高企业社会责任实践的效率和效果。

（3）日本企业在各业务群组和辅助支持部门配备了企业社会责任兼职人员，一个部门设置一名企业社会责任推进负责人（企业社会责任担当）和一名企业社会责任推进联络人。这种模式有利于提高员工的企业社会责任意识，增强员工的参与感，也有利于企业社会责任的具体实践和推进。

（4）每个月都召开"企业社会责任推进担当者会议"，讨论企业社会责任如何与各业务、各部门的具体工作相结合，如何有效地推进企业社会责任工作。这种模式既有利于保持企业社会责任工作的连续性和系统性，也有利于及时发现和解决企业社会责任实践中的问题。

总的来说，日本企业的企业社会责任管理模式和形式具有高层决策、内部协调、员工参与、定期会议和内生动机等特点，这些特点有利于提高企业社会责任实践的效率和效果，也有利于提高企业的社会责任意识和形象。

3. 中国国有企业社会责任管理组织

中国企业在内部设立企业社会责任组织的模式取决于企业的具体情况，包括企业的规模、业务性质、企业文化、治理结构等因素。在实际操作中，很多企业会采取一种混合模式，即在董事会层面设立专门的委员会来负责企业社会责任的战略决策，同时设立专门的企业社会责任部门或跨部门的企业社会责任协调小组来负责企业社会责任的具体实施。

（1）企业设立专门的企业社会责任部门来负责企业社会责任的具体事务，优点是可以提高企业社会责任的专业性和效率，因为专门的企业社会责任部门通常具有更专业的知识和技能，以及更明确的责任和目标。

（2）企业设立一个跨部门的企业社会责任协调小组或委员会，由不同部门的代表组成，共同负责企业社会责任的决策和实施。这样做的优点是可以整合企业的资源，提高企业社会责任的全面性和协调性。

第二节　企业社会责任的履行

企业应该从经济责任、法律责任、伦理责任和自愿性慈善责任四个方面，选择符合企业实际情况的途径和方法承担社会责任。

一、企业履行经济责任的途径

合理追求利润是企业的首要责任，也是企业承担其他社会责任的前提条件。

1. 创造和积累利润，为社会创造财富

企业承担经济责任是企业社会责任的基础和前提，而创造和积累利润，为社会创造财富则是企业承担经济责任的重要途径。企业作为经济组织，其首要目标是创造和积累利润。利润不仅是企业生存和发展的基础，也是企业创新和扩大再生产的重要源泉。只有通过创造和积累利润，企业才能有足够的资金进行研发投入，提升产品和服务的质量，扩大生产规模，提高市场竞争力，从而实现可持续发展。企业承担对股东的责任又尊重股东的权利，向其提供真实的经营和投资信息；对股东的资金安全和收益负责，企业从事任何投资必须以能让股东获利为前提。

企业通过创造和积累利润，不仅可以实现自身的发展，也可以为社会创造财富。首先，企业通过支付税收，为政府提供财政收入，支持公共服务和社会福利的提供。其次，企业通过提供就业机会，提高员工的收入和生活水平，促进社会就业和消费。再次，企业可以通过投资和采购，带动上下游产业的发展，促进经济的增长。最后，企业可以通过创新和研发，推动科技进步和产业升级，提高社会的生产力和生活质量。

只有实现了经济责任，企业才有可能承担其他的社会责任，如环保责任、员工责任、消费者责任等。企业在承担经济责任的过程中也需要考虑和平衡其他社会责任，企业在追求利润的同时，不能损害环境，侵犯员工权益，欺诈消费者。

2. 提供充分的就业机会和平等发展机会

企业承担经济责任的一个重要途径是提供充分的就业机会。企业提供就业机会的方式有多种，包括扩大生产规模、开发新的市场、创新产品和服务、提高生产效率等。企业在提供就业机会时会面临一些挑战，如人才短缺、就业市场竞争、劳动力成本上升、法律和政策的变化等。企业需要通过有效的人力资源管理，提高员工的技能和能力，提高生产效率，降低劳动力成本；通过积极的市场策略，吸引和留住优秀的人才，提高企业的竞争力；通过持续的学习和适应，应对法律和政策的变化，避免法律风险。为人们提供就业的知识技能培训，鼓励、帮助失业人员独立自主地从事经济活动；通过对企业职工进行培训，提高员工的工作技能，为员工提供平等的职业升迁机会；帮助和支持其他企业发展壮大，增加就业岗位，缓解社会就业压力。

企业提供平等的就业机会，意味着企业在招聘和录用员工时以及在员工的晋升和发

展过程中，不因性别、年龄、种族、宗教等因素歧视任何人。就业机会平等是企业社会责任的基本要求，也是许多国家和地区劳动法规的明确规定。企业遵守法律规定，不仅可以吸引和留住各种背景和能力的员工，还可以增强企业的多元性和创新性，提高企业的竞争力。晋升机会平等是实现员工公平和满意度的关键。企业提供平等的晋升机会，不仅可以激励员工的积极性和创新性，提高员工的工作效率和质量，也可以提升企业的形象和声誉，增强企业的吸引力和留住力。企业可以通过制定公平和透明的招聘和晋升政策，确保所有员工都有平等的机会；企业可以提供多元化和包容性的工作环境，尊重和接纳各种背景和能力的员工；企业可以提供持续的培训和发展机会，帮助员工提升技能和能力，实现职业发展。

3. 提供产品和服务，保护消费者权益

企业提供安全可靠的产品，是企业承担经济责任的基本要求。企业在生产和销售产品时，需要确保产品的质量和安全，满足消费者的需求和期望，遵守相关的法律和规定。企业在销售产品后，需要提供有效和满意的服务，解决消费者的问题和困难，满足消费者的需求和期望。企业保护消费者权益意味着在生产和销售产品、提供服务的过程中，需要尊重和保护消费者的权益，遵守相关的法律和规定，实现公平和公正的交易。

企业在提供安全可靠的产品和优质的售后服务时会面临一些挑战，如产品质量和安全的问题、服务质量和效率的问题、消费者需求和期望的变化、法律和规定的变化等。企业需要通过有效的质量管理和服务管理，提高产品的质量和安全，提高服务的质量和效率；企业需要通过持续的学习和适应，了解和满足消费者的需求和期望，应对法律和规定的变化。

4. 履行税收责任

在企业的经济行为中，缴纳税款是企业履行社会责任的基本方式之一。企业应按照法律规定，诚实守信地缴纳税款，为国家和社会的公共服务和发展作出贡献。首先，税收是国家的重要财政收入来源，是国家实施公共政策、提供公共服务、保障社会稳定的重要资金保障。企业按照法律规定缴纳税款，不仅是企业遵守法律、履行法律责任的表现，也是企业对社会的重要贡献。其次，企业诚实守信地缴纳税款，可以提升企业的社会信誉，展示企业的诚信和责任，提升企业的社会形象，赢得社会的信任和尊重。最后，税收是国家提供公共服务、实施公共政策、推动社会发展的重要资金来源。企业缴纳税款，可以为国家和社会的公共服务和发展提供资金支持，推动社会的进步和发展。

5. 投资研发和创新

企业通过投资研发和创新，可以推动科技进步，提高生产效率，开发新的产品和服务，满足社会和消费者的新需求，推动社会的经济发展。

（1）投资研发，开发新的产品和服务，提高产品和服务的质量和性能，满足消费者的需求。投资硬件和软件的研发，投资新的生产工艺和技术的研发，投资新的管理方法

和模式的研发。

（2）进行创新，提高生产效率，降低生产成本，提高产品和服务的竞争力。包括技术创新，如开发新的生产技术，引进新的生产设备；管理创新，如实施精益生产、算法驱动决策等；市场创新，如开发新的市场，开发新的销售渠道等。

（3）将研发成果转化为实际生产力。将研发成果应用于生产实践，将研发成果转化为产品和服务，将研发成果转化为专利和知识产权等。

（4）进行合作和联盟，共享资源，共担风险，共享利益。包括与其他企业进行技术合作，与科研机构进行研发合作，与供应商和客户进行市场合作等。

二、企业履行法律责任的途径

1. 遵守法律法规

首先，遵守法律法规是企业合法经营的基础。企业作为社会的一部分，其经营活动必须在法律法规的框架内进行。遵守法律法规，可以保证企业的经营活动符合社会的规范和要求，避免违法行为导致的法律风险和经济损失。其次，法律法规是社会对企业行为的基本要求，是企业履行社会责任的最低标准，可以保证企业的经营活动对社会的影响在可接受的范围内。再次，遵守法律法规是企业获取社会信任和支持的重要方式。企业遵守法律法规，可以展示企业的诚信和责任，提升企业的社会形象，赢得社会的信任和支持。最后，法律法规是社会对企业行为的规范和约束，是企业实现持续发展的重要保障。企业遵守法律法规，可以保证企业的经营活动在合法和可持续的基础上进行，有利于企业的长期发展。

（1）《公司法》是规定公司设立、运营和解散等方面的法律，是企业运营的基础。企业需要遵守《公司法》的规定，包括公司的设立、股东权益、公司治理、财务管理等。

（2）税法是规定企业税务的法律，包括企业所得税、增值税、消费税等。企业需要按照税法的规定，诚实守信地缴纳税款，为国家和社会的公共服务和发展作出贡献。

（3）《环境保护法》是规定企业环保责任的法律，包括废弃物处理、环境污染防治、环境影响评价等。企业需要遵守《环境保护法》的规定，保护环境，实现可持续发展。

（4）《劳动法》是规定企业与员工关系的法律，包括工资待遇、工作时间、劳动合同、劳动保护等。企业需要遵守《劳动法》的规定，保护员工权益，实现和谐劳动关系。

2. 遵守行业规定

除了国家法律法规，企业还需要遵守行业的规定和标准，这些规定和标准是行业内部对企业行为的约束和规范，是企业在特定行业内进行经营活动的基本要求。具体如下。

（1）质量标准是对产品或服务的质量进行规定的标准，包括产品的性能、规格、安全性、可靠性等方面的要求。企业需要遵守相关的质量标准，以保证其产品或服务的质量达到行业的要求。例如，制造业企业需要遵守 ISO 9001 质量管理体系标准，食品企业需要遵守 HACCP（hazard analysis and critical control point，危害分析及关键控制点）食品安全管理体系标准等。

（2）安全标准是对产品或服务的安全性进行规定的标准，包括产品的安全设计、安全使用、安全警告等方面的要求。企业需要遵守相关安全标准，以保证其产品或服务的安全性。例如，电子产品企业需要遵守 UL（Underwriter Laboratories Inc.）安全认证标准，化工企业需要遵守 REACH（Registration，Evaluation，Authorisation and Restriction of Chemicals）标准等。

（3）环保标准是对产品或服务的环保性能进行规定的标准，包括产品的环保设计、环保生产、环保使用等方面的要求。企业需要遵守相关的环保标准，以保证其产品或服务的环保性能。例如，电子产品企业需要遵守《关于限制在电子电气设备中使用某些有害成分的指令》（Restriction of Hazardous Substances，RoHS），汽车企业需要遵守欧洲排放标准等。

（4）行业规定是行业协会或行业组织对行业内企业行为的规定，包括行业的经营规则、行业的道德规范、行业的服务标准等。企业需要遵守相关的行业规定，以保证其经营活动符合行业的规范和要求。例如，金融企业需要遵守银行业协会的行业规定，广告企业需要遵守广告业协会的行业规定等。

3. 尊重和保护知识产权

企业在运营过程中，应尊重和保护自身和他人的知识产权，包括商标、专利、版权、商业秘密等。

（1）商标是企业的重要标识，是企业品牌的重要组成部分。企业应尊重他人的商标权，不得侵犯他人的商标权。同时，企业也应保护自身的商标权，通过注册商标、维护商标权等方式，保护企业的品牌价值。

（2）专利是企业技术创新的重要成果，是企业竞争优势的重要来源。企业应尊重他人的专利权，不得侵犯他人的专利权。同时，企业也应保护自身的专利权，通过申请专利、维护专利权等方式，保护企业的技术创新成果。

（3）版权是企业创作的文学、艺术等作品的权利。企业应尊重他人的版权，不得侵犯他人的版权。同时，企业也应保护自身的版权，通过注册版权、维护版权等方式，保护企业的创作成果。

（4）商业秘密是企业的重要资产。它包括企业的生产方法、销售策略、客户信息等。企业应尊重他人的商业秘密，不得侵犯他人的商业秘密。同时，企业也应保护自身的商业秘密，通过签订保密协议、加强内部管理等方式，保护企业的商业秘密。

4. 履行合同义务

企业在与供应商、客户、员工等签订合同时，应严格履行合同义务，保障合同的执行。

（1）在签订合同时，确保自身能够遵守合同的所有条款。合同条款包括产品或服务的质量、价格、交货日期、付款方式等内容。企业应按照合同条款提供产品或服务，按时支付款项等。

（2）采取必要的措施，保障合同的顺利执行。例如，企业应建立健全合同管理制度，对合同的执行进行监督和管理。企业还应建立有效的沟通机制，与合同的其他方进行有效的沟通，解决合同执行过程中可能出现的问题。

（3）如果合同执行过程中出现纠纷，企业要积极参与纠纷的解决。企业可以通过协商、调解、仲裁或诉讼等方式，解决合同纠纷。企业应尊重和遵守纠纷解决的结果，确保合同的公正和公平。

（4）保护自身的合同权益，包括接受产品或服务的权利、获得支付的权利等。如果合同的其他方违反合同条款，企业应采取必要的措施，保护自身的合同权益。

5. 遵守公司治理规则

企业还需要遵守公司治理的相关法律法规，保障股东权益，实现公司的良好治理。首先，公司治理是企业运营的重要组成部分，它涉及企业的决策机制、权力分配、责任划分等关键问题。良好的公司治理可以提高企业的运营效率，降低企业的运营风险，有利于企业的长期发展。其次，股东是企业的所有者，股东权益的保护是公司治理的重要目标。企业需要保障股东的知情权、参与权、收益权等基本权益，防止股东权益受到侵害。同时，保障股东权益也有利于维护企业的稳定，吸引和留住投资者，为企业的发展提供资金支持。最后，良好的公司治理可以提高企业的管理效率，降低企业的运营风险，有利于企业的持续发展。

（1）保障所有股东的合法权益，包括但不限于股东的知情权、参与权、收益权和监督权。企业需要定期向股东报告公司的经营情况，接受股东的监督和评价。

（2）实现良好的公司治理，可以提高公司的经营效率，降低公司的运营风险，提高公司的市场竞争力。良好的公司治理包括有效的股东大会、高效的董事会、独立的监事会、完善的内部控制系统、透明的信息披露机制等。

（3）建立和完善内部控制系统，以防止和发现公司的经营风险，保障公司的经营目标的实现。内部控制系统包括风险评估、控制活动、信息和通信、监督等。

三、企业承担伦理责任的途径

1. 建立企业道德规范

（1）企业价值观和使命是企业行为的指南，也是企业员工行为的准则。企业应建立一套完整的道德规范或者道德准则，明确企业的道德行为标准和道德责任，引导企业和员工的行为。明确道德行为标准，包括诚实、公正、尊重、责任等基本道德原则。

（2）明确抵制任何形式的腐败行为，包括贿赂、挪用公款、滥用职权等。企业应该建立一套有效的内部控制系统，以防止腐败行为的发生。

（3）定期对员工进行道德教育和培训，以提高员工的道德素质和道德意识。企业也需要建立一套有效的激励机制，以鼓励员工遵守道德规范。建立一套有效的监督和执行机制，以确保道德规范的实施。

（4）企业应遵守诚实守信的原则，对外提供真实准确的信息，履行承诺，建立良好的企业信誉。

2. 公平竞争，公平交易

企业在与员工、客户、供应商等所有利益相关者的交往中，都应坚持公平公正的原则，避免任何形式的歧视和不公。避免采取不正当的竞争手段，如虚假宣传、诽谤竞争对手等。这些行为不仅违反了法律，也违反了公平竞争的原则。尊重竞争对手，避免采取损人利己的行为。企业应通过提高自身的产品和服务质量，而不是通过贬低竞争对手来获取市场优势。

企业在与供应商、客户等进行交易时，应遵循公平、公正、透明的原则，避免不正当竞争，保护所有交易方的利益。企业应保护消费者的权益，提供真实、准确的产品信息，避免欺诈和误导消费者。企业应采取公平的定价策略，避免采取垄断定价、倾销等不公平的定价行为。企业的定价应基于产品的成本和价值，而不是基于企业的市场地位。

3. 关爱员工

企业应关心员工的福利，提供良好的工作环境，关注员工的健康和安全，提供员工的培训和发展机会，以实现员工和企业的共同发展。

（1）企业应提供安全、健康、舒适的工作环境，以保护员工的健康和安全，提高员工的工作效率和满意度。措施包括提供必要的设施和设备，维护良好的卫生条件，以及创建一个无骚扰和无歧视的工作氛围。此外，良好的工作环境还包括提供灵活的工作时间和远程工作的可能性，以帮助员工平衡工作和生活的需求。

（2）实施健康和安全的政策和程序，以预防工作相关的伤害和疾病。提供必要的安全培训，定期进行安全检查，以及提供适当的个人防护设备。此外，企业还应提供健康促进活动，如健康检查、健身设施和健康教育，以帮助员工维持和改善健康。

（3）提供各种培训和发展机会，以帮助员工提高知识和技能，提升工作表现，实现职业发展目标。包括提供内部和外部的培训课程，提供职业发展咨询和指导，以及为员工提供机会参与决策和创新活动。此外，企业还应提供公平的晋升机会，以激励员工提高工作表现和承担更大的责任。

（4）与员工共享成功成果，以激励员工提高工作表现和忠诚度。共享的成果包括提供公平和竞争的薪酬，提供各种福利和奖励，以及提供股权和利润分享的机会。此外，企业还应鼓励员工参与决策，尊重他们的意见和建议，认可贡献和成就。

4. 环保

（1）采用环保的生产方式，使用环保的原材料，采用低碳、低排放的生产工艺，以及使用可再生能源等。例如，企业可以选择使用可生物降解的包装材料，或者使用太阳能、风能等可再生能源进行生产。此外，企业还可以通过改进生产工艺，减少生产过程中的废弃物排放，如采用闭环生产系统，将生产过程中产生的废弃物再次利用。

（2）减少废弃物排放，包括固体废弃物、液体废弃物和气体废弃物。企业可以通过改进生产工艺，减少废弃物的产生，也可以通过废弃物回收和处理，减少废弃物的排放。

例如，企业可以设立废弃物回收站，回收生产过程中产生的废弃物，或者将废弃物送到专业的处理设施进行处理。

（3）节约资源，包括能源资源、物质资源和人力资源。企业可以通过提高生产效率，减少资源的消耗，也可以通过回收和再利用，减少资源的浪费。例如，企业可以通过提高设备的能效，减少能源的消耗，或者通过回收和再利用废弃物，减少物质资源的浪费。

（4）建立环保的企业文化，鼓励员工关注环保，参与环保活动，形成良好的环保习惯。例如，企业可以定期举办环保培训，提高员工的环保意识，或者设立环保奖励，鼓励员工参与环保活动。

（5）参与社区的环保活动，支持环保的公益事业。例如，企业可以参与树木种植、垃圾清理等社区环保活动，或者捐赠资金支持环保的公益事业。

四、企业承担自愿性慈善责任的途径

1. 社区投资

企业可以通过投资社区的基础设施建设、教育、医疗等方面，帮助提升社区的经济发展水平，改善社区居民的生活质量；积极参与社区的公益活动，回馈社区，帮助社区发展。

（1）根据自身的资源和能力，发起或参与各种公益项目。例如，企业可以与社区合作，共同举办公益活动，如环保活动、健康教育活动、文化交流活动等。这些活动不仅可以帮助社区解决一些实际问题，也可以提升企业的社会形象和声誉。

（2）通过捐赠资金和物资的方式，支持公益事业。例如，企业可以捐赠学习用品给社区的学校、捐赠生活用品给贫困家庭、捐赠设备给社区的公共设施等。

（3）组织员工参与社区的志愿服务活动。例如，企业可以组织员工参与社区的环保清洁活动、参与社区的敬老活动、参与社区的教育辅导活动等。这种方式不仅可以帮助社区，也可以增强员工的社会责任感和团队精神。

（4）利用自身的专业技术和知识，为社区提供技术支持和知识传递。例如，企业可以提供职业技能培训给社区的居民、提供健康知识讲座给社区的老年人、提供创业指导给社区的青年人等。

2. 慈善公益

企业可以组织或参与各种公益活动，如公益慈善赛事等实践社会责任，可以与非政府组织、政府机构、其他企业等进行公益合作，共同推动社会公益事业的发展。通过直接设立慈善基金或以向社会慈善机构和福利机构捐款、捐物的方式来资助社会慈善事业；以企业名义直接出资承担其他公益事业的义务，如城市绿化，修路修桥，发展医疗卫生、教育和文化事业；向突发性灾难直接提供资助或提供相关帮助。

第三节 企业履行社会责任的影响因素

企业履行社会责任的过程中受到多种因素的影响,大致分为外部因素和内部因素。

一、企业外部影响因素

1. 法律法规

国家和地方的法律法规是企业履行社会责任的基础,企业必须遵守相关的法律法规,否则会面临法律的处罚。

(1)法律法规为企业履行社会责任设定了基本的行为准则和标准。例如,《环境保护法》规定了企业在生产过程中必须遵守的排放标准和环保措施、《劳动法》规定了企业对员工的最低待遇和权益保障等,企业必须在这些法律法规的框架内运营。

(2)法律法规通过设定一系列的规定和处罚,约束企业的行为,防止企业为了追求利润而忽视社会责任。例如,如果企业违反《环境保护法》,则会面临罚款、停产、吊销营业执照等处罚,大大提高了企业忽视社会责任的成本。

(3)一些法律法规还通过设定优惠政策和奖励机制,引导企业积极履行社会责任。政府会为那些在环保、公益等方面作出突出贡献的企业提供税收优惠、政府采购优先等优惠政策。《中华人民共和国残疾人保障法》《残疾人就业条例》《国务院关于加快推进残疾人小康进程的意见》等政策文件都提到政府采购在同等条件下应当优先购买残疾人福利性单位的产品或者服务,对于安置残疾人就业具有很好的推动作用。

(4)当企业与员工、消费者、社区等利益相关者在社会责任问题上产生争议时,法律法规提供了解决争议的途径和方法,帮助各方公正、公平地解决问题。在面对劳动纠纷时,劳动仲裁和政府对劳动者的法律援助,规范了企业裁员应该按照法定程序严格执行。

2. 社会期望

社会对企业的期望也会影响企业履行社会责任的方式和程度。例如,如果社会期望企业在环保方面作出更大的贡献,企业就会在这方面投入更多的资源。

(1)社会期望形成了一种压力,促使企业履行社会责任。这种压力来自消费者、员工、社区、政府、媒体等各方面。例如,消费者更愿意购买那些注重环保、公平贸易、员工福利的企业的产品;员工更愿意为那些重视员工权益、提供良好工作环境的企业工作;社区更欢迎那些能为社区发展作出贡献的企业。

(2)企业是否满足社会期望,直接影响企业的形象和声誉。一个积极履行社会责任,满足社会期望的企业,通常能获得良好的社会形象和声誉,这对于企业的长期发展是非常有利的。

(3)社会期望也影响企业的经济效益。例如,如果企业能满足消费者的社会责任期望，则会吸引更多的消费者，提高产品销量；如果企业能满足员工的社会责任期望，则提高员工的工作满意度和效率，降低员工流动率。

（4）引导企业社会责任的方向。企业在确定自己的社会责任目标和策略时，需要考虑社会的期望和需求，以确保其社会责任活动能够满足社会的期望，实现社会和企业的共赢。

3. 行业标准

（1）行业标准往往设定了企业在某一行业中应遵循的行为准则，这些准则涵盖企业在环保、员工权益、产品质量、公平竞争等方面的社会责任。企业需要遵循这些标准，以满足行业和社会的期望。

（2）行业标准提供了评估企业社会责任表现的标准。例如，某些行业标准规定了企业在环保、员工福利等方面应达到的最低要求。企业可以根据这些标准来评估和改进自己的社会责任表现。

（3）遵守行业标准是企业在行业中保持竞争力的重要条件。如果企业不能满足行业标准，则会失去市场份额，甚至面临法律风险。大众汽车的"排放门"就是典型案例。2015年，美国环境保护局（Environmental Protection Agency，EPA）发现大众汽车在其柴油车辆上安装了能够在排放测试时作弊的软件，能在车辆进行排放测试时检测到并改变其性能，从而减少排放，使车辆看似符合排放标准。然而，在正常行驶时，这些车辆的排放量会远远超过法定标准。这一发现导致大众汽车面临了巨大的公众信任危机，同时也遭受了重大的法律后果。大众汽车不仅支付了数十亿美元的罚款和赔偿金，还被迫召回了数百万辆汽车。这一丑闻严重损害了大众汽车的品牌形象，导致其在全球市场上的销售和市场份额受到显著影响。

4. 市场竞争

（1）在激烈的市场竞争中，企业需要寻找各种方式来提升自身形象，吸引更多的消费者。履行社会责任是一种有效的方式，因为它可以展示企业的道德立场和社会责任感，从而赢得消费者的信任和支持。

（2）区分竞争优势。例如，如果企业在环保、员工福利等方面做得比竞争对手好，那么它会吸引更多的消费者和优秀的员工，从而获得竞争优势。

（3）消费者越来越关注企业是否履行社会责任，他们更愿意购买那些来自社会责任感强的企业的产品和服务。

二、企业内部影响因素

1. 企业文化

企业的文化和价值观会影响企业履行社会责任的方式和程度。例如，如果企业文化强调公益和社会责任，企业就更愿意投入资源来履行社会责任。如果企业文化强调的是诚信、公平、尊重、责任等价值观，那么企业在日常运营中就更注重社会责任，如公平对待员工、保护环境、诚实守信等。如果企业文化鼓励员工关心社会、参与公益活动，那么员工就更在工作中体现出对社会责任的关注。如果企业文化中的激励机制能够奖励那些履行社会责任的行为，那么员工就更在工作中履行社会责任。

2. 企业资源

企业的资源状况也会影响其履行社会责任的能力，包括财务资源、人力资源、技术资源和信息资源等。

（1）企业的财务资源是企业履行社会责任的基础。企业具备足够的财力资源，才能投入社会责任活动中去。例如，企业需要投入资金进行环保设施的改造，提高产品的质量和安全性，进行员工的培训和福利改善等。

（2）企业需要有一支理解并愿意履行社会责任的员工队伍。员工的素质和技能，以及对社会责任的理解和认同程度，都会影响企业履行社会责任的效果。

（3）企业的技术资源也会影响企业履行社会责任。例如，企业需要先进的技术来减少生产过程中的污染，提高资源的利用效率，开发环保和社会友好的产品等。

（4）企业需要有足够的信息来了解社会的需求和期望，了解社会责任的最新动态和趋势，以便制定和调整社会责任策略。

3. 企业战略

（1）企业的战略定位决定了企业在履行社会责任方面的重点和方式。例如，如果企业的战略定位是成为行业的领导者，那么企业会更加重视在环保、公平竞争、员工福利等方面的表现，以树立良好的社会形象和品牌声誉。如果企业的战略定位是成为低成本的生产者，那么企业会更加重视在资源利用效率、生产过程的环保等方面的表现。

（2）企业的战略目标会影响企业在履行社会责任方面的投入和努力。例如，如果企业的战略目标是实现可持续发展，那么企业会更加重视在环保、社区发展、员工发展等方面的投入和表现。

（3）企业的战略决策会影响企业在履行社会责任方面的具体行动。例如，企业在决定进入新市场、开发新产品、采用新技术等重大决策时，需要考虑这些决策对社会、环境、员工等的影响，以确保这些决策符合企业的社会责任。

（4）企业的战略执行能力会影响企业履行社会责任的效果。企业需要有有效的机制和措施来执行社会责任战略，包括社会责任的组织结构、管理体系、评价机制等。

4. 企业领导

企业领导的态度和决策会影响企业履行社会责任的方式和程度。例如，如果企业领导重视社会责任，那么企业就更加积极地履行社会责任。

（1）领导的价值观和信念对企业的社会责任有着重要影响。如果领导认为企业的目标不仅是追求利润，还包括对社会的贡献，那么他们会更加重视企业的社会责任。他们会通过自己的行为和决策，推动企业在环保、公平竞争、员工福利等方面做出积极的努力。

（2）领导的决策和策略也会影响企业的社会责任。例如，领导会决定投资于环保技术，提高企业的环保水平；提高员工的待遇，提升员工的满意度和忠诚度。

（3）领导的行为对企业的社会责任也有影响。领导通过自己的行为，可以为员工树立榜样，推动企业的社会责任文化。领导可以通过参与社区服务，展示企业对社区的关注和贡献；或者通过公开支持环保活动，展示企业对环保的重视。领导建立和维护积极的组织氛围，可以鼓励员工积极履行社会责任。例如，领导可以通过表扬和奖励那些在社会责任方面作出贡献的员工，来激励其他员工也积极参与。

第四节　企业社会责任沟通

企业社会责任沟通是企业与其利益相关方交流社会责任实践的过程。企业需要通过有效的沟通，传递其对 ESG[①]问题的态度和行动。

一、沟通的内容

企业社会责任沟通的内容主要包括以下几个方面。

（1）向内部员工和外部利益相关者清晰地传达其社会责任政策和目标，包括企业对社会、环境和经济责任的理解，以及企业在这些方面的具体目标和计划。

（2）定期报告社会责任活动的进展和结果，包括企业在环保、公平贸易、员工福利、社区服务等方面的具体行动和成果。

（3）公开和透明地报告社会责任绩效，包括企业的环境绩效、社会绩效和经济绩效。这可以通过发布社会责任报告或者在年报中包含社会责任部分来实现。

（4）诚实地向利益相关者报告其在履行社会责任过程中面临的风险和挑战，以及企业应对这些风险和挑战的策略和措施。

（5）报告其与其他利益相关者的互动情况，包括企业如何听取和回应利益相关者的期望和需求，以及企业如何与利益相关者合作以共同实现社会责任目标。

二、沟通的策略

企业社会责任沟通是一个复杂且重要的过程，如果处理得当，可以为企业带来很多积极效果，如提升品牌形象、增强社会信任、提高员工满意度等。

（1）企业在传达社会责任时，应坚持诚实和透明。无论是积极的信息还是消极的信息，都应公开透明地向利益相关方传达，避免产生误导。此外，企业需要注意不要夸大其词，避免"绿色洗刷"现象，即夸大或误导性地宣传企业的环保或社会贡献。

（2）企业在社会责任沟通中传递的信息，需要与其实际行动保持一致。如果公众发现企业的行为与其声称的社会责任不符，则会对企业的信誉造成严重损害。

（3）企业需要将利益相关方更多地参与到社会责任活动中。企业可以通过调查、访谈、研讨会等方式，了解并满足他们的期望和需求。

---

① 即 environmental，环境；social，社会；governance，治理。

（4）企业需要考虑不同地区、不同群体的文化和语境差异，确保其社会责任信息能被正确理解和接受。

（5）企业需要使用简洁明了、易于理解的语言，从而使各类利益相关方都能理解其社会责任信息。

（6）企业应定期更新社会责任信息，反馈其在社会责任实践中的进展和成果，以及对利益相关方建议和反馈的回应。这样可以提高利益相关方的满意度，也可以提升企业的信誉和竞争力。

三、沟通的途径

企业社会责任沟通是企业展示其对社会和环境责任的重视和实践的重要途径。有效的社会责任沟通可以提升企业形象、增强员工忠诚度、提高投资吸引力、增强客户满意度等。

（1）企业可以定期发布企业社会责任报告，详细介绍其在 ESG 方面的策略、行动和成果。

（2）企业可以在官方网站和社交媒体上发布企业社会责任信息，通过图文、视频等多种形式，生动展示社会责任实践情况。

（3）企业可以通过参加或主办公开论坛和研讨会，与利益相关方进行直接对话，了解其期望和关切，共享经验和成果。

（4）企业可以通过员工培训和内部沟通，提高员工社会责任意识和能力，使他们成为企业社会责任的积极参与者和传播者。

（5）企业可以通过与供应商、客户、投资者、社区等合作伙伴的直接沟通，传递其企业社会责任承诺和成果，促进整个价值链的可持续发展。

■ 本章思考题

1. 企业社会责任管理包含哪些关键要素？
2. 企业社会责任管理体系包含哪些内容？
3. 阅读相关资料，思考我国与国外的企业社会责任管理组织结构最大的区别是什么？
4. 企业如何履行社会责任？
5. 举例说明影响因素如何影响企业履行社会责任的效果？
6. 企业社会责任沟通对于企业社会责任有何影响？

■ 本章小结

本章首先介绍了企业社会责任管理的要素和企业社会责任管理体系的主要内容，以及企业社会责任管理组织结构；其次从经济责任、法律责任、伦理责任和自愿性慈善责任四个方面介绍了企业履行社会责任的途径；再次介绍了影响企业履行社会责任的外部因素和内部因素；最后介绍了企业社会责任沟通的内容、策略及途径。

第五章
企业对利益主体的责任

■ *本章学习目标*

1. 掌握企业对股东、债权人的社会责任。

2. 掌握企业对员工的社会责任。

3. 掌握企业对客户、消费者的社会责任。

4. 掌握企业对供应商的社会责任。

5. 掌握企业对资源环境、政府、社区的社会责任，了解对政府、社区的社会责任具体内容。

6. 理解并区分企业对不同利益主体的社会责任。

企业的经营状况同利益相关者的利益息息相关。对企业投入了经济及物质资源的股东、债权人等是企业获取资金的主要途径，供应商和合作伙伴是支持企业运营的关键环节。员工、客户、消费者是企业财富的主要创造者，是企业最主要的利益主体，也是企业社会责任最主要的责任对象。明确企业对利益相关主体的责任，保障各主体合法权益，对于企业的长久持续经营发展具有重要意义。

企业的经营应考虑对社会环境所产生的影响，明确环境、政府、社区对企业经营的要求，企业可采取适当的措施避免对自然环境及社会公众产生不利影响，履行社会责任的较高要求，长期来看，有助于企业打造良好的品牌形象，会对整个市场产生积极影响，因此明确企业对利益主体的责任对于企业经营具有一定的战略指导作用。

利益相关者理论主张企业不仅应为股东创造价值，还应关注和满足其他利益相关者的利益和需求。利益相关者可以影响企业或被企业的决策、政策和操作所影响。企业需要与各个利益相关者进行有效的沟通和合作，以实现企业的长期成功和可持续发展（图 5-1）。

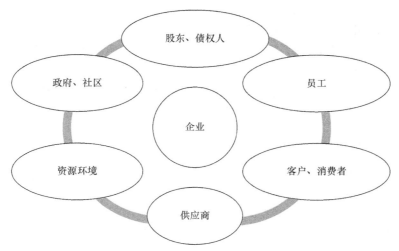

图 5-1　企业社会责任的利益主体

第一节　企业对股东和债权人的社会责任

一、企业对股东的社会责任

股东是企业最重要的利益相关者。这里所说的股东包括大股东和中小投资者，只要是对企业投入了相应经济资源的投资者都是企业的股东。企业对股东的社会责任，主要体现在以下四个方面。

1. 经济责任

企业应通过合法、公正的经营活动创造经济效益，为股东提供合理的回报。回报包括分配利润、增值股票等。企业最重要的责任是企业对股东的经济责任，即企业要保证股东利益价值的最大化、保持企业可持续增长能力。企业需要对股东投入资金的安全性、收益性和成长性负责。上市公司更是应该制订长期稳定的利润分配方案和科学合理的分红办法，以保证股东的利益。

2. 保障股东权利

股东应当享有的合法权益主要可以概括为以下几点。

（1）股东有权了解公司的经营状况，包括财务状况、经营计划、重大决策等；企业定期向股东报告经营状况，并在重大决策时向股东披露相关信息；通过信息披露，股东可以了解公司的经营状况，为投资决策提供依据。

（2）股东有权参与公司的重大决策，包括选举和罢免董事、监事，审议和批准公司的年度财务预算、财务报告等；公司应保护股东的投票权，确保股东在公司的重大决策中有足够的发言权；股东通过行使投票权，参与公司的重大决策，影响公司的运营方向。

（3）股东有权按照其所持股份的比例分享公司的利润。公司应当在取得利润后，按照法定程序和比例，向股东分配股息。

（4）股东有权请求召开股东大会，讨论和决定公司的重大事项。公司应选择合适的时间、地点召开股东大会，确保股东有充分的机会参与公司的决策过程。这是对股东参与权的保障，股东大会是股东行使权利的主要场所，应尽可能地方便股东参加。

（5）在公司解散后，股东有权按照其所持股份的比例，分享公司清算后的剩余资产。

3. 保护中小投资者利益

企业应公平对待所有股东，完善公司治理结构，确保股东充分享有法律、法规、规章所规定的各项合法权益，确保所有股东在公司中的权益得到公平对待，无论股东的持股比例大小。

公司的治理结构是一种在管理者、董事会、公司所有者，以及其他利益相关者之间进行利益分配，并且满足制度均衡的制度安排，既要保证企业的管理者从股东利益出发进行经营管理，又不能只顾个人利益，还要给予经营管理者足够的空间充分发挥其企业家才能。因此，公司一方面要建立良好的权利分配、制衡及监督机制；另一方面要保护中小股东的利益，如保证中小股东的知情权、席位、话语权，以及自由转让股份权、异议小股东的退股权等。

4. 规范信息披露

企业应提供准确、完整、及时的财务和非财务信息，使股东能够了解企业的经营状况和风险，做出明智的决策，包括定期发布财务报告、企业社会责任报告等。及时、准确地向股东披露企业信息，是公司履行对股东的社会责任中不可或缺的重要环节，尤其是在企业的重大经营决策和财务绩效方面，企业有责任将企业从事的各项社会实践活动，以及公司的经营状况、财务情况等告知股东，为股东投资决策提供及时、准确的信息。

二、企业对债权人的社会责任

债权人是指对企业有债权，即企业欠其一定的债务的个人或者组织。债务源于贷款、供应商的货款、员工的工资、税务等。债权人的范围广泛，包括银行、其他金融机构、供应商、员工、政府等。银行和其他各类金融机构是企业的主要债权人。对于大多数企业来说，银行贷款和其他金融机构的融资是企业获取资金的主要途径，用于企业的运营、扩张、研发等各种活动。相比于通过发行股票或债券等方式融资，企业通过银行等金融机构融资通常更为便捷，手续更为简单，能够更快地满足企业的资金需求。在一些情况下，银行等金融机构提供的贷款利率低于市场利率，企业更愿意选择银行等金融机构作为债权人。

股东是企业的所有者，其对企业的收益和增长有直接的利益。股东的关注点通常包括企业的盈利能力、增长潜力、市场份额、竞争地位等，关心企业的战略方向，以及这些战略如何影响企业的长期价值。

债权人的主要关注点通常是企业的偿债能力，即企业是否有足够的现金流和资产来偿还债务。债权人更加关心企业的财务状况，包括现金流量、利润、资产负债表等，也关心企业的信用等级，其会影响企业的借款成本和偿债能力。

企业对债权人的社会责任主要体现在以下几个方面。

（1）企业有责任按照约定的时间和方式偿还债务，这是企业对债权人最基本的责任。如果企业不能按时偿还债务，则会对债权人造成经济损失，甚至影响债权人的正常运营。

（2）企业有责任向债权人披露其财务状况和经营状况，以便债权人了解企业的偿债能力。

（3）企业应建立健全风险管理体系，及时发现和处理风险，减少对债权人的影响，防止风险管理不力而导致不能偿还债务。

（4）企业需要遵守与债权人签订的合同。合同是保护债权人权益的法律依据，企业必须严格按照合同的约定履行义务。

（5）企业应维护良好的信用记录，这对于债权人来说是非常重要的，因为它直接影响企业是否能够继续获得债权人的信贷支持。企业的信用评级往往是贷款参考条件。

第二节　企业对员工的社会责任

员工是企业财富的主要创造者，是企业最主要的利益主体，也是企业社会责任最主要的责任对象，保障员工的权益是企业社会责任最直接、最主要的内容。

（1）企业应公平对待所有员工，不因性别、年龄、种族、宗教或其他非工作相关的因素而歧视任何人。企业应提供平等的就业和晋升机会，让所有员工都有公平的机会展示自己的才能。

（2）企业有责任确保员工的工作环境安全，避免工作中的伤害和事故。企业应提供必要的安全培训，确保工作设备和设施的安全，以及在必要时提供保护设备。企业对那些本身具备固有伤害的工作，如化工、采矿和深海作业等，须严格按照劳动保护的有关法律规定，为员工提供符合安全健康标准的防护和条件。

（3）企业应遵守劳动法规，保障员工的合法权益，包括合理的工资、工作时间、休假、福利等。企业还应尊重员工的隐私权，不进行不必要的监控或干涉。

（4）企业应关注员工的职业发展，为员工提供定期培训受教的机会，以提高员工的专业知识和职业技能，实现职业生涯的发展。

（5）企业应提供足够的福利，包括医疗保险、退休金、带薪休假等，以保障员工的生活质量。

（6）企业应尊重员工的基本人权，不允许任何形式的虐待或剥削，包括强迫劳动、使用童工等。

（7）企业应建立一种尊重、公平、开放的企业文化，鼓励员工参与决策，提供反馈，以及表达自己的观点和建议。员工享有参加公司管理的权利，有权对公司的经营决策提出意见和建议，企业不仅要对员工参与公司管理的权利给予充分的尊重，还要为员工参与管理公司、发表意见和提出要求提供有效的渠道。

此外，对于管理层的员工，企业的社会责任更加侧重提供必要的培训和发展机会，帮助管理层提升领导能力和决策能力，以更好地履行职责；建立公正、公平的评价机制，对管理层的工作表现进行客观评价，以便给予适当的奖励或提出改进建议；提供足够的信息透明度，让管理层了解企业的经营状况和战略方向，以便他们做出更好的决策。

第三节　企业对客户和消费者的社会责任

企业对 B2B（business to business，企业对企业）和 B2C（business to consumer，企业对消费者）客户都具有一定的社会责任，本书为区分两者的不同，将前者称为客户，将后者称为消费者。企业对客户和消费者的社会责任有一些共性，但也有一些不同的地方。

一、企业对客户的社会责任

1. 产品和服务的质量

企业需要为客户提供高质量的产品和服务，高质量更多地涉及产品的性能、可靠性、兼容性等技术性的要求。

2. 诚信合作

企业需要遵守商业道德，诚实守信，遵守合同，不进行不公平的商业行为，如虚假宣传、价格欺诈等。

3. 保护客户信息

企业需要保护客户的商业信息，包括价格、技术、市场等敏感信息，不泄露给第三方。

4. 可持续供应

企业需要保证对客户的产品和服务的持续供应，避免因供应中断而影响客户的业务。

二、企业对消费者的社会责任

1. 提供高质量的产品和服务

企业应确保其产品和服务的质量，满足消费者的需求和期望，包括产品的性能、安全性、可靠性，以及服务的及时性、专业性和友好性。

2. 保护消费者的权益

企业应尊重和保护消费者的合法权益，包括知情权、自由选择权、公平交易的权利等。保护消费者的知情权和自由选择权是指为消费者提供真实、有效且全面的信息，使其能够全方位地了解企业销售的产品，消费者有权知悉相关商品和服务的真实信息，如生产日期、规格、有效期限等，从而避免受到欺诈，影响其根据个人需求做出购买选择。

消费者在购买任何产品之前都有权要求企业对其所售产品的可靠性、性能等方面提供全面真实的信息，供消费者了解，企业可以通过真实的产品广告、宣传材料和产品说明书及人员介绍等方式向消费者传递产品信息，从而促使消费者在众多商品中做出决策。消费者也有获得有效补偿的正当要求，包括对误导性说明、劣质产品或令人难以满意的服务的补偿。

3. 诚实守信

企业应遵守诚实守信的原则，不进行虚假宣传，不欺诈消费者。企业应履行其对消费者的承诺，包括产品的性能、价格、售后服务等。

4. 尊重消费者的隐私

企业应尊重消费者的隐私，不泄露消费者的个人信息。企业应采取必要的措施保护消费者的个人信息安全，主要指个人的隐私、家庭、住所或通信不受任意干预，其名誉和名声不受攻击。

企业在销售产品的过程中会获取很多消费者的个人信息，如产品消费信息和会员信息等。消费者的个人信息泄露不仅侵犯了消费者的个人隐私权，也引发了电信诈骗等严重的社会问题的发生。企业保护消费者的信息安全，除了不得擅自泄露消费者信息，还需要建立严格的信息安全管理制度，以建立企业与消费者的互相信任的基石。

5. 响应消费者的投诉和建议

企业应建立有效的消费者投诉和建议处理机制，及时、公正地处理消费者的投诉，认真听取消费者的建议，不断改进产品和服务。

消费者有权对商品、服务和消费者权益保护工作进行监督，如有权对侵害消费者权益的行为进行检举和控告，有权对保护消费者工作提出批评、建议。

第四节　企业对供应商的社会责任

供应商是为企业及其竞争对手提供各种所需要的资源的单位或个人，提供的资源包括生产所需要的原材料、设备、能源及劳务等。除了企业生产运营资源的直接提供者外，本书中的供应商的概念还涵盖分包商、分销商、加盟商、特许商等提供产品或服务的资源提供者。

企业对供应商的社会责任主要包括以下几个方面。

（1）与供应商进行公平的交易，避免滥用市场优势地位，如强制降低价格、延迟支付款项等。企业应确保与上下游合作伙伴的交易公平，不应利用市场地位进行不公平的价格压迫或者提出不合理的合同要求。

（2）尊重与供应商签订的合同，按照合同约定的条件和时间进行交易，不随意变更合同内容。

（3）保护供应商的合法权益，如保护供应商的知识产权，不泄露供应商的商业秘密等。

（4）帮助供应商提升能力，如提供技术支持、管理培训等，帮助供应商提高产品质量和服务水平，实现共同发展。

（5）鼓励供应商履行社会责任，如环保、劳工权益保护等，甚至可以在选择供应商时，将供应商的社会责任表现作为一个重要的考虑因素。

（6）企业对其供应链进行有效管理，确保供应链的合法、公正、环保，避免在供应链中出现违法、不公、破坏环境的行为。企业对供应商实行适当尽责和监督的手段，以防止供应商企业违反社会责任的政策和承诺。供应商为企业提供各种生产经营所需要的资源要素和服务，如原材料、能源、设备等，而这些资源要素的质量、价格、数量、供应原材料的时效都对企业所生产产品的质量、成本、生产效率以及整个后向关系的企业产生最直接的影响。为了保证产品的质量水平及保障消费者的权益，企业对供应商的选择和监督极为重要。

第五节　企业对资源环境、政府及社区的社会责任

一、企业对资源环境的社会责任

企业除了要考虑投资人的利益和企业其他利益相关方的利益之外，还应考虑经营活动对资源环境产生的影响，应考虑并采取适当的措施避免对自然环境及社会公众产生不利的影响，包括造成社会公害环境污染、资源浪费等问题。在法律要求之外，企业还具有自觉履行保护环境、注重节约资源、实施清洁生产、保护环境、预防污染、保护生态等不具有强制性的道德义务，这是履行社会责任的较高要求。

（1）企业有责任保护自然环境，避免其经营活动对环境造成不利影响。减少污染，合理利用资源，保护生态系统，以及采取措施减少对气候变化的影响。企业应当尊重自然，爱护自然，合理地利用自然资源，避免掠夺式地开发利用自然资源。

（2）企业应当以绿色价值观为指导，实施绿色管理，积极倡导绿色生产和绿色消费。提高技术含量，降低污染指数，开发有效的环境评估系统，科学计算社会环境成本，倡导绿色消费理念。绿色价值观是当今环保事业的新型价值理念，它以人与自然的和谐为宗旨，号召尊重自然、爱护自然、与自然和谐相处，反对破坏自然和谐的任何态度和做法。

（3）企业应当将绿色审计作为企业管理的一部分，积极实施企业环境社会责任管理。绿色审计就是把环境因素作为企业管理的重要内容，衡量企业的环境绩效。

（4）企业应当在环保方面发挥带动作用，积极参与和开展环境公益活动。企业一方面可以参加各种环境公益行动，如支持环境教育，提升整个社会的环保意识；另一方面可以从事环境补偿活动，提高自然环境的持续能力，如改善运营地的生态环境。

（5）节约资源是企业的一项重要社会责任实践。企业必须落实"开发节约并重节约优先"的原则，履行相关法律、法规的要求。

（6）减少污染排放，减少环境影响。企业的环境责任要求企业一方面按照有关法律、法规合理利用资源，减少对环境的污染；另一方面，要求企业承担由企业造成的资源浪费和环境污染的相关治理费用。

企业对资源环境的社会责任不仅仅是法律的要求，更是企业自我约束和自我提升的表现。在全球环境问题日益严重的今天，企业对环境的社会责任更显重要。企业应当积极履行这些责任，以实现可持续发展，为社会作出更大的贡献。

二、企业对政府的社会责任

政府为企业的发展提供了良好的宏观环境，企业的发展离不开政府的支持和社会的认可；反过来，社会繁荣和国家进步也需要企业不断创造社会财富和国际竞争力，企业负有服务于政府和社会的重任。

如果企业能够承担更多的社会责任，将有利于企业营造良好的宏观空间，自身的发展就有了更多的切实保障。这就要求企业扮演好社会公民的角色，自觉按照政府有关法律、法规的规定，合法经营，照章纳税，完善内部责任治理，承担社会的责任和义务，并接受政府的监督和依法干预。

企业对政府的社会责任主要表现为以下几个方面。

1. 合法经营，守法合规

企业的合法经营是指企业要按照国家有关法律、法规和前置审批条件在行政管理机关登记注册的具体范围内从事生产经营活动。合法经营主要包括两个部分：一是守法合规；二是反腐败与反商业贿赂。

（1）企业在运营过程中，必须严格遵守国家的法律法规。这些法律法规为企业的运营提供了基本的规则和指导，企业必须在这些法律法规的框架内进行经营活动。如果企业违反了这些法律法规，则会面临罚款、吊销营业执照甚至刑事责任等严重后果。

企业要做到守法合规，需要构建一个有效的守法合规的管理体系，确立企业的行为准则和设立守法合规的管理部门。组织人员全面梳理与企业运营相关的法律法规、道德规范，制定企业的行为准则，牵头组织全员的守法合规教育，为企业经营中遇到的法律问题提供指导和咨询，对守法合规情况进行监督等。

（2）腐败与商业贿赂事件会严重损害企业形象和政府声誉，侵蚀公众利益。企业在经营过程中，必须坚决反对任何形式的腐败和商业贿赂行为，包括但不限于贿赂公职人员、商业伙伴或客户，以获取不正当的商业利益。企业需要建立健全反腐败和反商业贿赂制度，对所有员工进行反腐败和反商业贿赂的培训，并严格执行这些制度。如果企业或员工涉嫌腐败或商业贿赂，则会面临严重的法律责任，包括罚款、刑事责任甚至被禁止参与公共招标等。

企业必须通过加强管理者教育，开展覆盖全员的培训，制定预防机制、监督机制和惩罚机制来规范管理者和员工行为，防止商业贿赂的不良事件。企业有必要对容易产生腐败、发生贿赂的业务环节（如采购部门、销售部门、财务部门的某些工作环节）进行梳理，设置防范的关键点，加强这些关键点的控制和监督，并开展定期或不定期的自查、自纠工作。例如，华为在其官方网站上明确表示，公司在各国有关公平竞争、反贿赂/反腐败的法律框架下开展业务，将公司的反贿赂和反腐败义务置于公司的商业利益之上，确保公司业务建立在公平、公正、透明的基础上。

2. 依法纳税

企业依法纳税是企业对政府的基本社会责任之一。纳税不仅是企业公民的基本义务，也是维护自己合法权益的保障。企业应当积极响应国家税收政策的要求，向政府和社会承担责任。同时，企业也应以纳税人的高度责任感，监督国家税务机关的执法行为，保障纳税人的合法权利。

企业依法纳税，不仅是对政府的社会责任的体现，也是对社会公众的责任。通过依法纳税，企业为政府提供了运行所需的财政资源，也为社会公共服务的提供作出贡献。同时，依法纳税也是企业展示其社会责任感和公民意识的重要方式，有助于提升企业的社会形象和公众信任度。

三、企业对社区的社会责任

社区是若干社会群体或社会组织聚集在某一个特定地域范围内自然组织形成的一个生活上相互关联的大集体。社区是企业赖以生存的外部生活环境过程中的重要组成部分，是企业的根基所在，对企业的长远生存要求与未来发展战略有着重大的战略影响与作用。企业的全部生产及经营服务活动主要依赖于整个社区的综合社会服务功能，如水电燃料供应、交通物流、治安巡逻保卫、消防及卫生医疗等；社区氛围内形成的社区人员素质、文化传统都对企业的员工素质发展和个人价值观养成有一定的影响。良好舒适的企业社区环境条件和众多高素质的社区人群将是促进企业进一步发展成长的有利条件。

企业积极承担社区责任可带来可观的直接效益。企业员工积极参与各类社区活动，充分履行起企业的"社会公民"服务的企业职责，对社会文明的和谐、进步和繁荣发展起到积极的作用。

1. 社区投资建设

企业可以通过投资社区项目，如教育、医疗、环保等，来改善社区的基础设施和公共服务，提升社区的生活质量。企业为社区建设所做出的努力逐渐转化成一笔无形资产对促进企业的长远永续经营及良性发展产生了不可估量的作用。

企业可以通过提供技术支持、培训等方式，帮助社区发展，提升社区的竞争力。例如，某互联网企业积极主动地参与社区的建设活动，利用自身拥有的先进知识技术优势来发展社区各类先进文化教育事业，帮助吸纳农村外来人员的安置就业，救助经济困难的残疾人员，帮助农村失学儿童返学等系列活动，不仅在推动当地社区经济的建设繁荣方面作出较大的贡献，而且能为实现企业的长远经营和发展规划打下良好的基础。

2. 参与社区活动

企业可以通过参与社区活动，如志愿者服务、赞助社区活动等，来增强与社区的联系，提升社区的凝聚力。企业应当开展有组织的志愿者活动，服务于社区，并支持员工自发的志愿者活动。

企业支持员工志愿者活动的原则：一是除企业计划的工作时间和社会贡献活动外，在尊重员工参与自由的基础上对志愿活动进行支援；二是在员工专注于志愿活动时管理层必须充分理解其意义，给予时间考核等方面的支持，创造良好的氛围。凭借志愿活动，员工可以建立与当地社会的联系，实现从企业人到社会人的转变，从中也体现出自身更多的价值。通过与需要帮助的人接触，有助于提高员工对社会工作的积极性。

3. 社区公益

企业可以通过捐款、捐物、公益活动等方式，回馈社区，帮助社区的发展。企业的无偿性捐赠通常被称为企业的慈善性公益，是指企业负责人自愿将自己的财、物全部或者选择性地赠送、捐献给与本人所在企业并没有产生直接利益关系的其他利益受赠者，用于从事慈善或者公益事业方面活动的行为。企业捐赠作为中国民间慈善的主体，在过去解决了许多政府"想不到""做不好""做不了"的事情，对构建和谐社会作出巨大的贡献。企业慈善公益对社会具有更强的号召力和影响力，能改善全社会的慈善公益氛围。如果将慈善公益与企业自身经营相结合，发挥企业的技术和资源优势，在赢得社会高度赞誉的同时，能为企业带来更高的美誉度，增强企业的持续竞争力。

公益爱心捐赠活动作为企业发展非常重要的一项社会责任实践，应当予以重视。首先，建立企业捐赠预算制度，明确对企业所捐赠财产的主要领域分类，编制每年分配的全部捐赠费用预算。其次，企业要主动了解当地社区需求，优先解决居民最关心、最迫切的困难。最后，企业还需确保其捐赠和资助的项目是切实可行的，把捐赠财物用到实处。

■ 本章思考题

1. 企业对股东应尽哪些社会责任？
2. 为增加对员工的社会责任执行力度，企业应如何完善企业制度？
3. 企业对客户、消费者应尽的社会责任有何异同点？
4. 如何在法律层面维护企业对供应商的社会责任？
5. 如何理解"当今企业对环境的社会责任更显重要"？

■ *本章小结*

　　本章介绍了企业对不同利益主体的社会责任，利益主体包含股东、债权人、员工、客户、消费者、供应商、环境、政府、社区等，企业对各种利益相关者均负有经济责任、信息披露义务等，要努力确保利益相关者的权益受到保护。本章对企业应当积极履行的各项责任做出明确说明，并指出相应行为的目标及作用。

第六章

企业经营管理中的社会责任

■ **本章学习目标**

1. 掌握企业产品生产与定价的伦理问题与社会责任。
2. 掌握市场营销、企业服务的伦理问题与社会责任。
3. 掌握人力资源招聘、员工培训与发展的伦理与社会责任。
4. 了解绩效管理中的伦理与社会责任。
5. 掌握薪酬与福利管理、员工关系管理的伦理与社会责任。
6. 了解离职与解雇涉及的伦理与社会责任。
7. 掌握企业财务管理中的伦理与社会责任。

企业的经营管理与商业活动中蕴含较多的伦理问题与社会责任，这些问题均会在细节之处影响企业的长久发展。经济利益的多与少会驱使出现伦理与道德问题，在一定程度上左右企业的决策与选择，对于产品、服务、内部人力资源管理与财务管理体系均蕴含道德风险因素。明确企业在经营管理中的社会责任，可使企业在面对这些伦理问题风险时，精准地判断可能存在的问题，秉持诚信、公正和负责任的原则，规避不稳定因素，于企业来讲至关重要。企业应遵守相关规定，避免各环节出现伦理问题，完善内部责任监管，提高企业承担相应社会责任的水平和质量。

第一节　产品和服务管理中的伦理问题与社会责任

一、企业产品生产的伦理问题与社会责任

1. 产品质量与安全

在产品质量与安全方面，企业会涉及以下伦理问题。

（1）为了降低成本或追求利润，企业选择使用次品或低质量材料来制造产品，导致产品质量低下，缺乏耐久性，甚至对消费者的健康和安全构成威胁。

（2）企业夸大或虚假宣传其产品的质量，以吸引消费者购买。它误导了消费者，使其对产品的性能、耐用性或其他特性有错误的期望。

（3）企业忽视对产品进行充分的测试和质量控制措施，以节省时间和成本，导致产品质量不稳定，存在缺陷或安全隐患，从而给消费者带来损害。

（4）企业隐瞒产品存在缺陷或安全问题，以避免声誉损失或法律责任。但对消费者的健康和安全构成潜在风险，并剥夺了其做出知情决策的权利。

（5）企业在面对产品安全风险时，选择不公正地分配这些风险。将高风险产品推向弱势消费者群体，或将安全风险转嫁给供应链的其他环节。这种行为是不道德的，违背了平等和公平的原则。

（6）企业在产品质量问题出现后采取不负责任的售后服务和保修政策。包括拖延处理、不履行保修承诺、违反消费者权益等行为，损害消费者的利益。

这些伦理问题都涉及企业在产品质量方面的诚信、透明度和责任。企业应该确保产品质量符合适用的标准和法规，提供真实准确的产品信息，积极解决产品质量问题，并对消费者承担适当的责任。同时，企业还应建立健全的质量管理体系，加强内部监督和控制，以确保产品质量的持续改进和优化。企业在产品质量与安全方面应履行的社会责任如下。

（1）企业应确保其产品质量符合适用的标准和法规，并提供安全可靠的产品给消费者。企业需要进行充分的产品测试和质量控制，以确保产品的性能和安全性。同时，企业应提供真实准确的产品信息，以便消费者能够做出知情决策，并建立健全的售后服务和保修政策，以满足消费者的合理需求。

（2）企业应意识到其产品质量对公众安全的重要性，特别是在涉及生命健康的领域，如医疗器械、食品和药品等，企业需要确保产品的质量和安全性，并与监管机构合作，遵守适用的法规和标准，以保障公众的健康和安全。

（3）企业在产品质量方面还应该关注环境可持续性。这意味着企业需要采取措施减少产品制造和使用过程中的环境影响，如降低能源消耗、减少废弃物和污染物排放等。企业还可以通过设计和推广可持续产品，如环保包装、再生材料等，为可持续发展作出贡献。

（4）企业在产品质量方面必须遵守产品安全和质量相关的法规和标准，不进行虚假宣传，不隐瞒产品缺陷或安全问题，并履行与消费者之间的合同和承诺。

逃避监管，终酿事故

2019 年 12 月 16 日，某省 A 县 G 煤矿发生重大煤与瓦斯突出事故，造成 16 人死亡。该矿为乡镇煤矿，设计生产能力为 15 万吨/年（拟整合重组为 45 万吨/年，开采设计方案还未批准），鉴定为低瓦斯矿井。经事故调查组认定，这起事故是一起责任事故，事故的直接原因是：G 煤矿 21202 运输巷掘进工作面地质构造煤发育，具有煤与瓦斯突出危险性；掘进时未采取针对性的防突措施，未消除煤层突出危险；综掘机截割煤诱导煤与瓦斯突出。事故暴露出的主要问题：

一是 G 煤矿未按要求进行瓦斯等级鉴定，在井下出现明显突出预兆后，未重新测定瓦斯参数，也不按照突出煤层管理、采取防突措施，冒险蛮干。

二是 G 煤矿故意隐瞒瓦斯真实情况。不按规定悬挂甲烷传感器，且用塑料袋包裹或用煤泥封堵甲烷传感器进气口。当监控系统发出瓦斯超限报警信号时，监控员就拔掉数据传输线。

三是 G 煤矿在有明显突出预兆的情况下，未下达撤人作业命令。2019 年 11 月中旬以来，21202 运输巷、回风巷瓦斯频繁超限，并出现响煤炮、顶钻、夹钻、喷孔等明显突出预兆的情况下，仍违章指挥工人冒险作业。

四是 G 煤矿技术管理、安全管理混乱。未开展地质基础工作，未及时发现 21202 运输巷煤层赋存情况变化；违规将工程承包给不具备资质的 A，A 又将井下采掘工程转包给不具备资质的 B；特殊作业人员配备严重不足、无证上岗；拒不执行监管指令，违法违规组织生产。

五是煤矿上级公司 X 公司安全管理不到位。对所属煤矿无实际管理权，未做到真控股、真投入、真管理。未履行公司安全生产监督职责，对 G 煤矿长期存在的违法违规生产和重大隐患，未采取有效手段进行监督并跟踪整改落实到位。

六是中介机构出具的鉴定结论失真。某学院在 G 煤矿 C3 煤层煤与瓦斯突出危险性评估及瓦斯基础参数测定工作中，评估人没有到 G 煤矿现场，现场施工的测压孔直径、长度及封孔长度均未达到测定方案要求，压力表读数观测时间和取样方式也不符合要求，聘用的现场人员做假数据，导致测定的参数及评估结论失真。

七是 A 县工业与科学技术局安全监管工作不到位。对 G 煤矿违法违规生产行为，未及时制止和查处；发现煤矿未执行停止掘进的监管指令后，未采取措施督促煤矿落实监管指令；对驻矿安监员入井检查次数、夜班入井检查次数和列席煤矿早调度会次数均不满足履职要求的情况失察。

八是 A 县委县政府落实安全生产党政同责、一岗双责方面存在差距。对煤矿日常监管和行业管理方面的人员配备不足，煤矿安全监管工作弱化。防范和化解 30 万吨/年以下煤矿在退出前疯狂突击生产的重大风险存在差距；推进煤矿整合迟缓。

九是 G 煤矿所属地方能源局煤矿安全监管工作弱化。对 G 煤矿所属地方煤炭产业发展规划，特别是 30 万吨/年以下煤矿分类处置、有序退出相关工作，实施进展缓慢。

从制度上看，国家对煤炭行业的安全生产高度重视，有着极其详细的规章。然而在巨大的利润面前，某些规章制度实际上成了一种摆设。企业想办法逃避监管，地方单位安全责任落实不到位，最终酿成了特大事故。"生命诚可贵"，以生命换取企业的利润做法，是法律所不容的，更是企业社会责任沦丧的后果。G 煤矿的矿难以血的代价警示我们要时刻关注生产安全，关注企业社会责任。

思考题：企业忽视社会责任将造成什么样的危害？

资料来源：国家矿山安全监察局官方网站。

2. 产品设计

在产品设计方面，企业面临以下伦理问题。

（1）在数字化产品设计中，企业需要处理用户的个人数据和隐私信息。伦理问题出现在企业如何收集、使用和保护这些数据上。企业应该遵循适用的隐私法规，明确告知用户数据收集和使用的目的，并采取适当的安全措施保护用户数据不被滥用或泄露。

（2）避免歧视性设计，即在设计中排斥或不公平地对待特定群体，包括基于种族、性别、年龄、残疾或其他特征的偏见性设计，导致不平等和不公正的待遇。

（3）产品设计对社会产生广泛的影响，包括经济、环境和文化层面。企业应该考虑其产品设计对社会的影响，并努力最大限度地实现积极的社会效益。这涉及减少资源消耗、降低环境影响、促进可持续发展，以及尊重和保护当地社区和文化。

（4）企业在产品设计过程中忽视用户需求和安全问题，如缺乏用户研究和测试导致产品不符合用户期望或存在安全风险。

在面对这些伦理问题时，企业应该秉持诚信、公正和负责任的原则，确保产品设计符合道德和社会价值观，同时满足用户需求，尊重用户权益，并考虑产品对社会的影响，企业需要承担以下社会责任。

（1）关注用户的需求和体验，确保产品设计能够满足用户的期望，并提供良好的用户体验。例如，关注产品的易用性、功能性、可靠性和可访问性等方面，以提供积极的用户满意度。

（2）关注产品的生命周期影响，包括原材料采集、制造过程、使用阶段和废弃处理等，努力降低资源消耗、减少废弃物和污染物排放，推动可持续发展的目标。

（3）确保产品对所有用户群体都具有可访问性和包容性。产品设计不应歧视特定群体，而应考虑到不同群体的需求和特殊要求，以实现社会公平性和包容性。

（4）关注数据伦理和隐私保护，尤其在企业的产品设计涉及人工智能和大数据应用时。企业应当确保数据收集和使用符合适用法规和隐私原则，以及避免人工智能算法的偏见和歧视。

（5）符合适用的安全标准。企业应进行充分的产品测试和质量控制，以降低产品存在安全隐患的风险，从而提供安全可靠的产品给消费者。

3. 产品包装

在产品包装方面，企业面临以下伦理问题。

（1）过度包装。企业出于营销目的或提高产品形象而过度包装产品，这违背了可持续发展原则，并对环境造成负面影响。

（2）虚假宣传。企业在产品包装上夸大产品的性能、效果或功效，误导消费者，损害消费者权益，并破坏市场的公平竞争。

（3）应考虑废弃物的处理。如果企业没有采取措施减少包装废弃物的数量或没有提供有效的回收和再利用方案，就会导致资源浪费、环境污染，并对社会造成不必要的负担。

（4）企业选择使用对环境有害的材料或不可降解的材料，就会面临伦理问题。

（5）产品包装应提供准确、清晰和易读的信息，以便消费者了解产品的成分、用途、警示和安全指南等重要信息。企业有责任确保包装的安全性和信息披露符合适用的法规和标准，以保护消费者的权益和安全。

在面对这些伦理问题时，企业应该采取以下措施。

（1）采取可持续包装设计和实践，减少包装废弃物的数量和环境影响；选择环保材料、降低包装的规模和复杂性，鼓励包装的回收和再利用及推动包装的循环经济。

（2）在包装设计中合理使用资源，并尽量减少资源的消耗；优化包装材料的使用、减少能源消耗、降低废弃物产生，以实现资源的有效利用。

（3）为消费者提供准确、清晰和易读的产品包装信息，包括产品成分、用途、警示和安全指南等重要信息，从而保护消费者权益，确保用户能够正确使用产品。

（4）确保产品包装的安全性，符合适用的安全标准和法规，避免使用对消费者健康有害的材料，提供安全警示和指导，以及在可能存在安全隐患的情况下主动采取措施保护消费者的安全。

月饼盒如此包装到底是"买珠"还是"买椟"？

2022年8月31日，浙江省平湖市市场监管局纠正平湖市独山港镇A超市销售月饼包装层数违反限制商品过度包装强制性国家标准行为。

经查，平湖市独山港镇A超市2022年8月31日销售规格名称为"星光璀璨月饼（礼盒装）"的盒装月饼，标称净含量为880克，生产日期为2022年8月22日。包装共计4层，该月饼由内至外包装分别为：第一层为单个月饼独立塑料袋包层；第二层为纸盒及铁盒包层（每盒月饼共有6个，其中纸盒装4个，铁盒装2个）；第三层为整体纸盒包层；第四层为人造革盒包层。

不符合GB 23350-2021《限制商品过度包装要求　食品和化妆品》国家标准关于包装层数"月饼包装层数不应超过三层"的规定要求。当事人的上述行为违反了《中华人民共和国固体废物污染环境防治法》禁止过度包装的规定，构成未遵守限制商品过度包装强制性标准的行为。

8月31日，平湖市市场监管局依据《中华人民共和国固体废物污染环境防治法》第一〇五条规定，责令当事人立即改正，当场将上述月饼作下架处理。经9月5日复查，该月饼礼盒已下架。

过度包装不仅浪费资源，还会增加垃圾的数量和处理难度，对环保构成负面影响。作为企业，应该采取更环保的包装策略，以减少对环境的影响。过度包装会误导消费者，使他们认为产品的内在价值更高。企业应该更加注重产品的质量和实用性，而不是通过华而不实的包装来吸引消费者。

案例来源：《市场监管总局曝光一批商品过度包装、"天价"月饼典型案例》，http://finance.people.com.cn/n1/2022/1001/c1004-32538610.html，2022年10月1日。

4. 强制性产品淘汰

在强制性产品淘汰方面，企业涉及以下伦理问题。

（1）如果企业生产的产品被认定为不符合安全标准或对消费者健康有潜在风险，但企业选择不主动淘汰这些产品，就涉及伦理问题。企业有责任保护消费者的健康和安全，应积极响应监管机构的要求进行淘汰。

（2）强制性产品淘汰对企业的经济利益和员工就业造成影响。企业需要平衡产品淘汰的需求与员工和企业的经济福祉之间的关系，采取合适的措施，以最小化淘汰带来的负面经济和社会影响，并提供适当的支持和转型机会给受影响的员工。

（3）强制性产品淘汰涉及产品回收和处理。企业应对产品进行合理的回收和处理，以减少废弃物的产生和对环境的负面影响，采取环境友好的回收方法推动材料的再利用和循环利用，并确保符合适用的环境法规和标准。

在应对这些伦理问题时，企业应以公正、负责任和可持续的方式行事。包括与监管机构合作，确保产品符合适用的法规和标准，同时采取适当的措施处理产品淘汰带来的经济和社会影响。透明度、合理性和社会公正是企业在强制性产品淘汰中解决伦理问题的关键。

（1）企业应确保产品符合适用的安全标准和法规，以保护消费者的健康和安全。如果产品被认定为不符合安全标准或存在潜在风险，企业有责任主动淘汰这些产品，并采取适当的措施保护消费者权益。

（2）企业在强制性产品淘汰中应承担环境责任，采取合理的产品回收和处理措施，以减少废弃物的产生和对环境的负面影响。企业应推动材料的再利用和循环利用，确保符合适用的环境法规和标准。

（3）在强制性产品淘汰中应保持透明度，并与消费者、利益相关者和监管机构进行积极的沟通。向消费者提供准确和充分的信息，解释产品淘汰的原因和背后的法规要求，并与利益相关者进行对话和合作，以确保透明和公正的决策过程。

二、产品定价的伦理问题与社会责任

产品定价的伦理问题主要分为两种，一种是企业的定价行为损害公平竞争，主要包括垄断定价、串通定价、歧视性定价、掠夺性定价；另一种是企业的定价行为对最终消费者产生影响，主要包括虚假定价。这些定价行为统一构成了企业在对产品进行定价时的不道德行为，也是企业缺乏社会责任的表现。

1. 垄断定价

垄断定价是企业在市场上拥有垄断地位时，通过设定高于市场竞争水平的价格来获取不正当的利润。企业拥有市场垄断地位时，滥用其权利来设定过高的价格，以获取不正当的利润，违背了公平竞争原则，损害了消费者的利益，并限制市场的多样性和创新。垄断定价通常发生在企业独占某个市场或行业、不存在有效竞争或存在高度限制竞争的情况下。

垄断定价的特点是企业可以通过控制供给量或市场准入，操纵产品或服务的价格。企业在垄断定价下通常面临较少的竞争压力，可以通过提高价格来实现更高的利润水平。垄断定价的影响是消费者在面对缺乏替代选择的情况下，往往需要支付更高的价格购买产品或服务。这将导致消费者权益受损，市场效率降低，以及创新和竞争受到抑制。

从垄断定价的角度谈企业社会责任，涉及企业在市场占据主导地位时对其定价权力的负责任使用。垄断或市场主导地位本身并不违法，但利用这种地位进行不公平定价或排挤竞争则有违商业伦理,甚至可能违反《反垄断法》。作为有意识承担社会责任的企业,应遵守《反垄断法》和相关的行业规范,避免利用市场主导地位进行不公平定价或限制市场竞争。处于市场主导地位时,企业有责任确保其产品和服务的定价是公平和合理的,不应利用其地位对消费者或供应商施加不公平的价格压力,避免通过不公平的定价策略排挤竞争对手,从而确保市场的健康和创新能力。企业应考虑消费者权益,避免利用市场主导地位过度提高价格,从而损害消费者利益,在制定定价策略时也考虑供应商和监管机构的意见和需求。

2. 串通定价

串通定价是两个或多个竞争对手在市场上共谋,以协商一致的方式设定产品或服务的价格,违反了公平竞争原则,破坏了市场竞争的自由和公正性。串通定价通常发生在竞争对手之间,它们本应在市场上相互竞争,通过价格、产品差异化或其他手段争夺消费者。然而,当这些竞争对手达成非法协议或垄断联盟时,他们会协商并共同决定设定的价格,以限制市场竞争并获得不正当的利益。

串通定价的行为通常具有以下特征:竞争对手通过非正式的沟通渠道或私下会面来协商定价,以避免被监管机构察觉;竞争对手之间达成协议,共同制定价格策略,以实现共同的经济利益;串通定价的参与者会将他们的定价行为协调在一起,以维持固定的价格水平,限制价格的波动性。

串通定价的目的是限制竞争,稳定或提高市场价格,并确保参与者能够获取不正当的利润。然而,这种行为损害了消费者的利益,剥夺了消费者的选择权,阻碍了市场效率和创新的发展。串通定价被视为反竞争行为,在许多国家和地区受到法律的严格禁止和处罚。有意识承担社会责任的企业,不仅追求利润最大化,还需承担维护市场竞争、保护消费者权益和促进整体经济健康发展的责任。串通定价往往导致价格人为提高,损害消费者的购买力,企业应避免这种对消费者不利的行为,提供合理价格和高质量的产品或服务。

虽然串通定价可能短期内为企业带来利润,但长远看可能损害企业的声誉,引起监管机构的处罚,消费者信任度下降。企业应通过提高产品质量、创新和效率来竞争,而不是通过串通定价来获得市场优势,在定价和市场策略上应保持开放和透明,避免秘密协议或不正当的商业行为,以防止串通定价等反竞争行为的发生。

3. 歧视性定价

歧视性定价是指企业根据个人特征、群体属性或其他因素,对不同的消费者或消费群体采取不同的定价策略。这种定价策略基于个体或群体的特征而不是产品或服务的实际成本或市场需求,从而导致价格的不公平差异。歧视性定价基于以下因素。

(1)企业根据个人的性别、种族、年龄、地理位置或收入水平等特征,对不同个体采取不同的定价策略。例如,对于同一产品或服务,企业对不同性别或年龄段的消费者收取不同的价格。

(2)企业针对特定的消费群体,如学生、老年人、残疾人等,设定不同的定价策略,针对特定群体提供折扣或优惠价。

（3）企业根据消费者的历史购买行为或消费模式，对其采取不同的定价策略。例如，企业根据消费者的购买频率或购买金额设定个性化的价格，出现互联网上各类购物平台"杀生""杀熟"的现象。

歧视性定价将引发伦理问题，因为它违背了公平竞争和平等交易的原则。它导致不同消费者在相同产品或服务上支付不同的价格，剥夺了消费者的公平权利。

从歧视性定价的角度来讨论企业的社会责任，涉及企业在定价决策中对不同的消费者群体是否采取平等和公正的态度。企业应对所有消费者公平对待，定价策略是基于成本、市场竞争和其他合理因素，而非消费者的个人身份或背景，避免基于性别、年龄、种族、地理位置等因素进行不公平的价格歧视。

有时歧视性定价是合法的，如基于不同成本结构或市场需求的合理差异定价。在这种情况下，企业需要确保歧视性定价不违反法律，并且能够合理地解释和证明与产品或服务的实际差异相关。

4. 掠夺性定价

掠夺性定价是指企业以低于成本或低于可持续利润水平的价格出售产品或服务，以迫使竞争对手退出市场或限制其市场份额，从而实现市场垄断或垄断类似的地位，并获得高额利润。它是一种竞争策略，旨在驱逐竞争对手并增强企业在市场上的控制力。

掠夺性定价的目的是通过短期的亏损，达到长期的市场控制和利润最大化，导致市场的不稳定性、限制竞争、损害消费者利益，甚至阻碍创新和市场的健康发展，长期看可能导致整个行业的创新和多样性受损。掠夺性定价的行为虽然可能短期内给消费者带来低价的好处，但长期来看会损害市场的健康和消费者的利益，因为它导致市场竞争减少。长期来看，消除竞争可能会导致价格上涨和选择减少，最终损害消费者利益。

企业有责任确保其竞争行为是公平和合法的，采取可持续的商业策略，在定价决策中考虑长期的市场健康和公司声誉。通过合法、公平的竞争手段来赢得市场份额，而不是通过损害市场结构和消费者利益的不当定价策略。

5. 虚假定价

虚假定价是企业在定价过程中使用虚假或误导性的手段，以误导消费者或其他市场参与者，损害市场的公正性和透明度。

（1）企业在销售产品或服务时标示高于实际价格的原价，以营造折扣或优惠的假象，以促使消费者购买，旨在欺骗消费者，使其误以为正在享受折扣或获得特殊待遇。

（2）企业宣传折扣或促销活动，但实际上价格并没有实质性降低，或者企业通过其他方式提高了产品或服务的实际价格，使消费者误以为他们在获得特价或优惠，实际上他们支付的价格与平常没有优惠。

（3）企业故意提供虚假的价格信息，包括价格标签、广告或销售人员的陈述，以误导消费者，对产品价格进行虚假宣传，隐藏附加费用或服务费用，或提供虚假的价格比较信息。

　　虚假定价违反了消费者权益的保护和市场诚信的原则,误导了消费者的购买决策,剥夺了他们做出知情选择的权利,并损害了市场的透明度和信任。在虚假定价方面,企业应承担以下社会责任。

　　(1)企业应确保定价信息真实、准确和透明,避免虚假宣传和误导消费者。价格标示应清晰明了,消费者能够清楚了解产品或服务的实际价格和相关费用。

　　(2)企业应尊重消费者的权益,提供真实、详尽和准确的产品定价信息,确保消费者能够做出知情的购买决策。企业应提供透明的退款和售后服务政策,以保护消费者的利益。企业应以诚实、透明和负责任的方式定价产品,确保消费者能够获得真实和合理的交易。

三、市场营销的伦理问题与社会责任

　　不同的产品和行业会选择不同的销售渠道组合,以最大化产品的可及性和销售效果,同时也就面临不同的伦理问题。

　　1. 电子商务的伦理问题与社会责任

　　随着互联网的普及,电子商务成为越来越重要的销售渠道。通过电子商务平台,如在线商店、电子市场或电子商务网站,消费者可以在网上浏览、选择和购买产品。在电子商务销售渠道中,企业面临以下几个伦理问题。

　　(1)电子商务涉及大量的个人数据和交易信息的收集和处理。企业应承担保护消费者隐私和数据安全的责任,确保适当的数据收集、存储和使用措施,并遵守适用的隐私法规。保护消费者的个人数据和隐私,采取适当的数据安全措施,遵守相关隐私法规和标准。明确数据收集和使用目的,获得消费者的同意,确保数据的安全性和保密性,并避免未经授权的数据泄露或滥用。

　　(2)企业在电子商务平台上进行宣传和营销时,面临虚假宣传和欺诈的诱惑,提供虚假的产品描述、误导性的价格信息、虚构的用户评价等,以获得不当的竞争优势。企业应确保提供安全、诚信和可靠的电子商务平台,保护消费者的权益。提供真实、准确和详尽的产品信息,遵守相关法规和标准,提供透明的交易和支付流程,以及建立有效的客户服务和投诉处理机制。

　　(3)电子商务使消费者无法亲自检查产品,依赖于线上信息和图片进行购买决策。线上信息的真假和详略都是商家可以自行编辑确定的,图片内容、视频音频等也可以通过合成或人工智能的方式生成,存在很大的道德风险空间。企业应避免使用虚假宣传、价格欺诈、滥用市场支配地位等不正当竞争手段。同时,企业应尊重知识产权,不侵犯他人的商标权、专利权和著作权等。

　　(4)电子商务平台上存在假冒和侵权产品的风险,企业无法保证供应链的透明度和合规性,也有可能存在侵权行为。企业应采取措施防止销售和推广这些产品。

　　(5)电子商务平台使用人工智能和算法来推荐产品、个性化广告等。然而,这些算法可能存在偏见和歧视,如性别歧视、种族偏见等。企业应审查和监控算法的行为,确保公正、平等和无偏见的推荐和个性化服务。

2. 零售渠道中的伦理问题与社会责任

传统的实体零售店铺包括百货商店、专卖店、超市、便利店等。消费者可以直接在这些店铺购买产品。在零售渠道中，企业面临多种伦理问题。

（1）广告的真实程度、虚假标价、产品信息是否全面、产品质量等，都关系到消费者的权益保护。企业在零售店铺销售产品时，应确保产品的真实性和质量，提供准确的产品描述和规格，避免虚假宣传，确保产品符合承诺的质量标准，以免误导消费者和损害消费者权益。

（2）零售店铺要确保定价的公正性，不应利用信息不对称或市场垄断地位来设定过高的价格，损害消费者的利益。同时，企业也应避免采取不正当手段，如价格歧视或欺诈性定价，以保持公平竞争和价格透明。

（3）夸大产品功能、隐瞒重要信息或使用其他欺骗性手段都会使得消费者权益受损。企业在销售过程中应避免对产品或服务做出不实的承诺，比如保证不切实际的效果或提供不可能实现的优惠。避免使用压力销售或利用消费者可能不了解的信息进行销售，不应利用消费者的无知或恐惧来促使其购买。

3. 产品分销渠道的伦理问题与社会责任

分销渠道主要是指产品从生产商到消费者手中所经过的所有中间商连起来形成的通道。企业可以通过与经销商或代理商建立合作关系，由经销商或代理商负责销售和分销产品。分销渠道中的不同成员之间的目标和利益不同，因此很可能会存在冲突，如果缺乏监督机制，那么就会出现伦理问题。

（1）违背合同契约。各个分销渠道的成员通常会根据自己的利益采取合同形式规定各个成员的权利和义务。但是，个别分销商违反合同的规定，或者损害另一方的利益。企业与分销渠道的成员建立合作伙伴关系，应遵守合同约定、诚信原则。企业应提供适当的培训和支持，确保分销渠道的成员了解产品、了解市场需求，并提供必要的市场营销和销售工具。

（2）转嫁渠道成本。在分销渠道模式中，各成员主要依靠差价来获取利润，但个别成员通过虚假广告、生产商返利、补贴、资助等方法获取利润。企业应确保定价公正合理，不利用市场支配地位损害其他成员的利益，不进行不正当的价格歧视、价格欺诈或其他垄断行为。

（3）流通假冒伪劣产品。假冒伪劣产品在生产环节中被生产出来，许多各分销渠道的成员为了赚取高额利润，批发、销售和流通假冒伪劣产品，严重违背了市场营销伦理、扰乱市场的秩序。企业应确保产品在分销渠道中的质量和安全，确保产品符合适用的质量标准和法规，采取适当的质量控制措施，如检验、测试和认证。企业还应建立有效的质量反馈机制，及时处理消费者的投诉和质量问题。

4. 产品直销的伦理问题与社会责任

产品直销是企业通过销售代表或个人销售人员直接向消费者推销和销售产品。这种销售模式通常涉及面对面的销售和直接交流，如家庭聚会、销售展示或网络直销。在产品直销渠道中，企业可能会面对以下伦理问题。

（1）使用欺诈手段和虚假宣传来吸引消费者，夸大产品的功效、效果或性能，隐瞒产品的缺陷或副作用，以及提供虚假的推销活动或促销信息。个别直销企业销售假冒、伪造或低质量的产品，这些产品与原始产品外观相似，但质量和性能不符合标准。

企业应该践行诚实和透明的销售原则，销售代表提供准确的产品信息和实际的销售条件，不夸大产品效果或误导消费者。

（2）个别直销企业采用高压销售技巧，通过不断的电话推销、恶意劝说或利用消费者的弱点来迫使消费者购买产品，不尊重消费者的意愿和自主权，违反了保护消费者权益的原则。

企业在销售过程中应该尊重消费者的选择和隐私，不对消费者施加不适当的压力或利用其不了解情况而诱导消费。避免采取误导性或侵入性的营销技巧，特别是在社交媒体和网络平台上的直销。

（3）个别直销企业以传销的形式进行经营，以招募下线成员和建立层级式组织为目的。这种非法传销模式依赖招募更多的下线成员来获取收益，而不是真正依靠产品销售。非法传销模式存在金字塔骗局的风险，给参与者和消费者带来经济损失。

负责任的企业应该对新加入者、参与者都诚实透明，应该确保销售代表充分了解所销售的产品和合规的销售实践，避免误导性地宣传和销售，加入的销售人员是依据产品销售来完成业绩，而不是依靠发展更多下线来完成业绩。

（4）个别直销企业夸大销售业绩和收入水平，以吸引更多的销售代表加入。他们误导潜在销售代表，让他们相信可以轻松获取高收入，但实际上很难达到所承诺的收入水平。

负责任的营销策略是给销售代表提供公平和合理的工作条件，包括透明的报酬结构和公正的奖励体系。

5. 销售人员的伦理问题

销售人员的职业道德和社会责任是其在日常工作中应遵守的一系列原则和标准，旨在确保他们的行为对客户、公司、同事和社会整体具有积极的影响。销售人员在工作中可能存在以下伦理问题。

（1）销售人员使用虚假信息、夸大产品的功效或效果，或故意隐瞒产品的缺陷或副作用，以误导潜在客户，促使客户购买产品。

销售人员应该提供准确、全面的产品信息，不夸大或误导其功效和效果，如实告知产品的可能缺陷或副作用，不隐瞒重要信息，确保所有的宣传材料和销售陈述都是基于事实和真实的数据。

（2）高压销售和操纵。销售人员采用高压销售技巧，如强迫性销售、过度劝说和操纵客户的决策过程，以达到销售目标。销售人员采用不公正的定价策略或套路销售手段，如误导性定价、隐瞒真实价格、制造紧急情况促使客户购买等。

销售人员应该避免采用强制性或过度劝说的销售技巧，不制造虚假紧急情况或使用误导性定价策略，尊重客户的购买决策过程，提供必要信息，但不施加不适当的压力。

（3）销售人员面临利益冲突的情况，如个人利益与客户利益之间的冲突。他们倾向于推销自己能够获得更高回报的产品或服务，而不是根据客户的需求和利益提出建议。销售人员过度推销产品或服务，超出客户的实际需求和预算范围，对客户施加过多的压力，导致客户感到不舒服或后悔购买决策。

销售人员应该识别和管理任何可能的利益冲突，确保客户利益优先。基于客户的实际需求和利益推荐产品或服务，而不是基于个人的回报，不过度推销产品或服务，避免导致客户超出预算或购买不必要的商品。

（4）销售人员以提供回扣或贿赂等方式来获取销售机会或获得更大的利润，违反了商业道德和反腐败政策。

销售人员应该遵守商业道德，拒绝提供或接受任何形式的回扣或贿赂，遵循公司和行业的道德准则，在所有交易中保持透明和公正。

（5）销售人员在未经客户授权的情况下使用客户的个人数据或商业信息，未经授权的数据使用侵犯了客户的隐私权，违反了数据保护和隐私保护的原则。

销售人员应该尊重客户数据隐私和保护个人信息，仅在获得客户授权的情况下使用其个人数据或商业信息。遵守数据保护法规和公司的隐私政策，保证客户信息的安全，防止未经授权的访问或泄露。

销售人员应始终坚持职业道德的原则，尊重客户，保持诚信，遵循法律法规，确保他们的行为对客户、公司和社会产生积极影响，不仅能够增强客户信任，还能提升企业的声誉和获得长期成功。

四、企业服务的伦理问题与社会责任

1. 售后服务中的伦理问题与社会责任

售后服务是指制造商和分销商向消费者销售产品（或服务）后，向消费者提供的各种服务。售后服务的内容主要包括为消费者调试和安装产品、根据消费者需求进行相关的技术指导、供应产品零部件、定期维修和维护、电话回访或上门回访、对产品实行三包以及处理投诉和解答消费者问题等。售后服务涉及与现有客户的营销关系，如建立客户数据库、客户满意度调查等。在售后服务中，有两个主要的伦理问题。

（1）通过各种手段规避合同约束。产品售后服务的相关内容主要是通过正式合同的形式确立的，但个别企业为了自身利益，瞒天过海，不履行合同的责任，损害消费者的利益。

（2）售后服务收费不合理。个别企业利用消费者缺乏技术知识来欺骗消费者，而售后服务的各种费用令人惊讶。事实上，无论是完全免费的售后服务还是有偿的售后服务，最重要的都是在服务之前要诚实，并有一个合理的收费标准，让消费者可以根据自己的

实际情况选择和购买售后服务。

　　要想创造良好的营销伦理环境，还需要各方的共同努力，除了政府要加大监管力度，完善相应的法律法规，消费者要提高维权意识，企业还需承担相应的责任，不能为了获取利益而损害消费者或其他利益相关者的利益。

　　2. "霸王条款"的伦理问题和社会责任

　　霸王条款是在合同中，一方以其相对优势地位，将不公平或不合理的条款强加给另一方的行为。一些企业单方面制定的不平等合同、通知、声明和贸易或工业惯例通知，主要是为了逃避法律义务、减少自身责任，而这种霸王条款限制了消费者权利，严重损害消费者利益。

　　为避免霸王条款对企业和消费者的伤害，企业应承担以下社会责任。

　　（1）企业应遵循诚信原则，在合同中提供透明、准确和清晰的条款，避免使用不公平、欺诈或误导性的条款，确保消费者对合同条款有充分的理解。尊重消费者的权益，遵守相关法律法规，如《中华人民共和国消费者权益保护法》（简称《消费者权益保护法》）。不应利用霸王条款剥夺消费者的权利，包括退货、维修、退款等权益。

　　（2）企业确保产品符合承诺的质量标准，不得通过霸王条款转嫁产品质量责任给消费者，如将产品质量问题归咎于消费者的使用或处理方式。

　　（3）应建立有效的投诉处理机制，及时回应消费者的反馈和投诉。对于存在霸王条款的问题，应采取积极的解决措施，修订合同条款，并赔偿受影响的消费者。

第二节　人力资源管理中的伦理问题与社会责任

　　人力资源管理模块通常涉及招聘与入职管理，包括招聘流程管理、候选人筛选、面试安排、录用决策和入职手续等；培训与发展管理，包括员工培训计划、培训资源管理、培训活动组织、员工发展计划和绩效评估等；绩效管理，包括目标设定、绩效评估、绩效反馈、绩效奖励和绩效改进等；薪酬与福利管理，包括工资结构设计、薪酬核算、绩效奖金、福利政策制定等；员工关系管理，包括员工满意度调查、员工沟通、员工关怀、冲突解决和劳动关系管理等；离职管理，包括离职流程管理、离职面谈、离职调查和离职手续办理等。在人力资源管理的各环节中都有可能出现伦理问题，企业需要承担相应的社会责任。

一、人力资源招聘的伦理问题与社会责任

　　1. 招聘管理中的伦理问题与社会责任

　　招聘管理中的伦理问题主要是指企业人力资源管理人员在进行员工招聘时，利用他们职务的权力，对应聘者采取不公平、不公正对待。它的主要表现有招聘过程中寻租、个人偏见、用人唯亲、性别歧视、不公平的岗位门槛等，违背了企业招聘应遵循的公平、

公正、公开的基本原则。

（1）企业在招聘广告或招聘信息中夸大或歪曲职位的内容、待遇或发展前景，误导求职者。

（2）企业在招聘流程中缺乏透明度，不提供足够的信息给求职者，如隐藏关键信息、隐瞒薪资待遇或其他重要条件等。为了吸引优秀的人才进入企业，企业的人力资源招聘人员在面试时往往会夸大企业的"光辉形象"，隐瞒企业中存在的问题，误导应聘者的求职选择。

（3）企业基于性别、年龄或其他个人特征进行招聘歧视，不公正地对待某些求职者。企业在招聘的岗位要求环节设置了违反伦理原则的门槛，如性别歧视，对年龄、健康、户籍等的限制等。

（4）企业人力资源招聘人员在人员任用上有一定的决定权，容易导致他们的寻租行为，收受应聘者的贿赂，或者录用自己的亲戚朋友，使其他应聘者处于不平等的竞争地位。

（5）企业或招聘人员提供虚假的求职者评价或背景调查结果，以歪曲候选人的能力或背景。

（6）企业或招聘人员在面试或评估过程中不公正地对待某些求职者，如提出不合理的问题、偏向特定候选人或扭曲评估结果等。在面试环节，面试官对应聘者的评价容易受个人喜恶和偏见影响，每个人都存在知觉偏见，面试官也不例外，当应聘者的自身条件或表现引起面试官的选择性偏见时，会出现对应聘者的不公正对待。

招聘是企业面向社会的一个窗口，每一个应聘者都应当被看作企业的客户，双方是在一个平等的平台上自由合作，对应聘者的不礼貌和不重视都是人力资源管理伦理问题的具体表现，招聘过程设置的公正、合理程度体现的是企业伦理价值观高低，公平的选拔机制会影响新员工对企业文化和价值观的理解和认同，即使应聘者被淘汰了，他们也会认为受到了公正的待遇，对企业的社会影响也是积极正面的宣传，否则，受到不公平待遇的应聘者会传递企业的负面信息，影响企业的人才引进。

在人员招聘的环节，企业需要承担的相应社会责任包括以下方面。

（1）确保招聘过程中平等和公正的机会，不歧视任何求职者，不因性别、种族、宗教、年龄等个人特征而做出不公正的招聘决策。企业应重视社会多样性和包容性，积极创造一个多元化和包容的工作环境，避免歧视和偏见。

（2）提供准确、完整和透明的招聘信息，确保求职者了解职位要求、工作条件、薪资待遇和职业发展前景等重要信息，避免误导和虚假宣传。

（3）妥善处理求职者的个人信息，保护其隐私权，并遵守相关法律法规，确保数据安全和保密。

（4）尊重候选人的权益，如尊重其自由意愿、保密需求、面试过程中的尊严和个人隐私等。

（5）诚实、真实地对待求职者，不提供虚假信息或承诺，不利用招聘过程中的信息优势进行不正当竞争。企业应反对腐败行为，确保招聘过程的廉洁和道德，不接受或提供贿赂，遵守反腐败法律法规。

2. 入职和试用期的伦理问题

在员工入职和试用期环节，企业或人力资源管理部门涉及以下不道德行为。

（1）设置过长的试用期。用人单位可以与员工约定试用期，但试用期的最长期限不得超过 6 个月。试用期期间，用人单位有权解除劳动合同，但必须支付相应的经济补偿。一些企业故意设置过长的试用期，超过法律规定的最长期限，以延长员工的试用期时间，以此获得更多的灵活性和权力。

小　知　识

劳动合同期限

劳动合同期限三个月以上不满一年的，试用期不得超过一个月。

劳动合同期限一年以上不满三年的，试用期不得超过两个月。

三年以上固定期限和无固定期限的劳动合同，试用期不得超过六个月。

同一用人单位与同一劳动者只能约定一次试用期。

以完成一定工作任务为期限的劳动合同或者劳动合同期限不满三个月的，不得约定试用期。

试用期包含在劳动合同期限内。

劳动合同仅约定试用期的，试用期不成立，该期限为劳动合同期限。

（2）企业或人力资源管理部门在员工入职时提供欺骗性的雇佣合同，包含与之前承诺不符的条款或条件。企业在招聘阶段向试用期员工承诺较高的薪资待遇，但在入职后恶意降低薪资，欺骗员工的期望和信任。

（3）企业或人力资源管理部门在试用期内不公正地解雇员工，违背诚实信用原则，如没有提供充分的培训支持或提前通知，或根据不合理的标准评估员工表现。

（4）企业或人力资源管理部门在试用期内不公正地评估员工表现，基于个人偏见、主观评价或其他不合理的标准，导致不公正的结果。企业在试用期结束时进行虚假评估，故意贬低员工的表现以合理化解雇员工，或者对员工的评估不客观、不公正，违背了公平原则。

（5）企业或人力资源管理部门在试用期内刻意设置员工之间的竞争，以促使他们相互竞争或妨碍彼此的发展，以便选择或保留特定员工。

（6）企业利用试用期的弱势地位，以低薪资待遇压榨员工，从而降低劳动力成本。将试用期员工与正式员工在薪资待遇上区分对待，导致不公平和不平等的情况，违背了诚实信用和平等原则。

企业应当遵循职业道德和法律规定，提供公平、合理的薪资待遇，尊重员工的劳动价值和权益。在试用期期间，员工应享有与正式员工相当的薪资待遇，以确保公正和公平。企业应遵守劳动法律法规，包括试用期的最长期限、薪资待遇、解雇程序等方面的规定，确保符合法律的合法性和合规性。此外，企业还应承担相应的社会责任。

（1）企业应诚实、真实地对待员工，提供准确、完整和透明的信息，如工作职责、待遇、福利和发展机会等，避免虚假宣传或误导。

（2）确保试用期员工与正式员工在权益和待遇上的平等和公正，不歧视或区别对待员工，遵守诚实信用原则和平等就业原则。劳动者在试用期的工资不低于本单位同岗位最低档工资或者劳动合同约定工资的百分之八十，并不得低于所在地的最低工资标准。

（3）为试用期员工提供必要的培训和支持，帮助他们适应工作环境、了解职责，并提供适当的培训资源和指导。企业应为员工提供良好的发展机会和职业发展规划，帮助员工提升能力和技能，并建立公平的晋升机制和薪资体系。

（4）企业在试用期内应基于客观、公正的标准评估员工表现，避免个人偏见和主观评价，确保评估结果的公平性和准确性。企业在解雇试用期员工时应遵守法律规定和程序，提供充分的培训支持和提前通知，以确保公平和诚实的解雇过程。

二、员工培训与发展的伦理问题与企业社会责任

1. 员工开发培训中的伦理问题

在员工培训方面，企业或人力资源管理部门面临很多两难境地，大多数的员工培训工作其实是没有办法立竿见影改善企业绩效的，培训工作的投入和产出也是没有办法量化衡量的。在人力资源开发的整个过程中都有可能存在方向偏颇和资源分配不合理的情况。

（1）企业或人力资源管理部门浪费培训资源，如组织不必要或无效的培训活动，浪费时间和资金，没有实质性地帮助员工发展。企业组织不必要的培训活动，即使员工并不需要这些培训内容或技能。这种情况下，培训活动只是为了填补培训计划或预算，而不是为了满足员工的实际培训需求和发展目标。企业组织的培训活动，其内容并不实用或与员工的工作职责和发展需求不相关。这样的培训活动不仅浪费了时间和资源，还无法为员工提供实际的技能提升或职业发展的支持。

（2）在培训机会的分配上存在不公平，偏向某些员工或特定群体，而忽视其他员工的培训需求，不是根据员工能力和发展需求进行公正的选择。企业不公平地分配培训资源，资源被浪费在少数员工身上，而其他员工无法获得必要的培训机会。这些不道德行为浪费了企业的培训资源，包括时间、金钱和人力。它们也给员工带来负面影响，包括失望、缺乏职业发展机会和培养感，影响员工的动力和工作满意度。

2. 员工职业生涯发展中的伦理问题

员工的职业生涯发展是员工在职业生涯中通过不断学习、成长和提升自己的技能、知识和经验，实现个人职业目标和追求更高级别、更具挑战性或更具满足感的职业发展。它涉及员工在职业生涯中的不同阶段所面临的学习、成长、晋升和转换等方面的发展。员工的职业生涯发展对于个人的成长和满足感至关重要，同时也对企业的成功和持续发展起到关键作用。在员工的职业生涯发展方面，企业面临一些伦理问题。

（1）企业存在薄弱的晋升机制与不公平或不透明的晋升标准，导致优秀的员工无法得到公正的晋升机会，或者晋升过程中存在人际关系或其他不正当因素的干扰。企业在

职业发展信息上缺乏透明度，不提供足够的职业发展机会和内部晋升的信息，导致员工无法做出明智的职业决策。

（2）上级恶意遏制员工的职业发展，不给予充分的发展机会、培训资源或挫败员工的职业发展计划，以保持其低级别或低薪水的状态。上级有意不给予员工充分的发展机会，如不安排或推荐他们参与重要项目、工作团队或领导岗位，从而阻碍员工发展到更高级别的职位。这种行为限制了员工的职业发展和提升机会，使他们无法实现个人潜力。上级故意不提供员工所需的培训资源，如不授权培训经费、不批准参加专业培训或会议等。这样的做法限制了员工获取新知识和技能的机会，使他们无法跟上行业发展的步伐，从而影响职业发展。上级采取故意的行动或不作为，以挫败员工的职业发展计划。包括故意给予错误的指导或反馈、不提供必要的资源和支持，或故意给员工设定不切实际或难以达到的目标。这样的行为阻碍了员工实现职业目标和成长，使其处于低级别或低薪水的状态。

（3）企业不提供平等的职业发展机会，限制员工的职业成长。最常见的是性别和年龄形成的职场歧视。例如，对女性员工限制晋升机会，给予男性员工更多的培训和晋升机会，或者基于性别偏见进行薪资差异对待。歧视年长员工，认为他们缺乏创新能力或适应性，从而限制他们的晋升或培训和发展机会，互联网行业中的"35岁现象"或"45岁现象"就是年龄歧视的表现。歧视年轻员工，认为他们缺乏经验或稳定性，从而限制他们的晋升和挑战性的工作机会。

（4）企业缺乏为员工提供发展规划和职业咨询的支持，不给予指导或帮助员工制定个人职业发展目标和路径。不当的职业生涯管理会对员工的职业生涯发展造成阻碍，破坏员工的动力和信任，对企业形象和员工关系产生负面影响。企业应该确保在员工的职业发展方面遵循职业道德，提供公正、公平和透明的发展机会，重视员工的职业发展和成长。

3. 企业承担促进员工培训与发展的责任

企业在员工培训与发展方面应该承担以下社会责任。

（1）企业应确保所有员工都有平等的培训机会，不论其性别、种族、年龄、宗教或其他个人特征。不应因个人特征而限制或歧视员工的培训参与和发展机会。

（2）企业应合理规划和有效利用培训资源，确保培训活动有助于员工的能力提升和职业发展。避免组织不必要或无效的培训活动，浪费时间和资源。根据员工的职业发展需求和工作要求，设计符合实际需要的培训计划。培训内容应与员工的岗位职责和发展目标相匹配，为员工提供实际有用的知识和技能。确保培训活动的质量和效果，对培训机构和培训师资质进行评估和选择，提供有效的培训方法和教学资源，以确保员工从培训中获得实质性的收益和成长。

（3）提供职业规划和发展支持，帮助员工了解自己的职业目标和发展路径，提供职业咨询和指导。

（4）企业应该建立公平的晋升和晋级机制，根据员工的能力、贡献和潜力，提供公正的晋升机会，不因性别、种族、年龄等个人特征而歧视员工。鼓励和支持内部员工在组织内部晋升和跨部门发展，提供适当的岗位竞争和职位调动机会，使员工能够获得更广泛的经验和发展机会。

三、绩效管理中的伦理问题与社会责任

在绩效管理中，企业管理常会面临一些两难问题和伦理挑战。绩效评估需要在评估准确性和主观性之间找到平衡。管理者需要依据客观的绩效指标和数据进行评估，同时也要考虑如员工特质、团队合作等主观因素。管理者面临评估准确性和公正性之间的两难选择，因为主观因素引入偏见或不公平。绩效管理需要同时考虑个人绩效和团队绩效。有时，个人绩效与团队绩效存在冲突。管理者需要平衡对个人贡献的认可与团队合作的重要性，避免过度关注个人绩效而破坏团队合作。从商业伦理的角度来看，绩效管理涉及公平和公正的原则。管理者需要确保评估过程公正，避免偏见和歧视。然而，由于主观评估的存在，实现完全公正是困难的，因此管理者面临确保公正与评估准确性之间的伦理挑战。绩效管理涉及奖励和认可高绩效员工。这也可能引发公平性问题，如如何平衡不同层级和不同团队之间的奖励差异，以及如何公平地分配有限的奖励资源。

在绩效管理中，企业会面临以下伦理问题。

（1）企业或管理层基于主观评估或个人偏见对员工进行评估，而不是基于客观的标准和绩效指标，导致不公正的绩效评估结果，剥夺员工应得的认可和奖励。

（2）负责考评的管理层在绩效评估中恶意降低员工的评级或奖金，无视其实际绩效，以节约成本或限制员工的职业发展。设置不合理、难以达到的绩效目标，将员工置于不公平的压力之下，以此为借口降低评级或限制奖励。

（3）企业缺乏透明度和沟通，未向员工清晰地说明绩效评估的标准、过程和决策依据，导致员工对绩效评估的不公平感和怀疑，破坏员工的信任和积极性。

（4）过于强调个人绩效，而忽视团队的绩效和合作，导致员工之间的竞争和利益冲突，破坏团队合作和组织的整体绩效。

这些问题对员工和组织都带来负面影响，破坏了员工的动力和工作满意度，影响组织的员工关系。为了避免这些问题，企业应该建立公正、透明和有助于员工发展的绩效管理制度。包括制定明确的绩效标准和指标，提供及时和具体的反馈，鼓励员工的发展和成长，并确保绩效评估过程的公平性和透明度。同时，应该培养多样性和包容性的文化，重视团队绩效和协作精神，以实现整体组织的成功和可持续发展。

（1）企业应确保绩效管理过程公平和公正。建立明确的评估标准和指标，确保评估过程中没有歧视或偏见，以及对员工进行公正的评估和奖励。制定公开透明的绩效评估政策和流程，向员工解释评估标准和决策依据，确保员工对评估过程有信任和参与感。

（2）企业应建立良好的反馈和沟通机制，及时向员工提供明确的绩效反馈，帮助他们了解自己的绩效状况和改进方向。企业应鼓励开放和双向的沟通，促进员工与管理者之间的交流，以解决问题、分享意见和提供建议。

（3）平衡绩效管理与员工福祉之间的关系，确保绩效评估不仅关注结果和成果，还要关注员工的健康、工作环境和工作生活平衡。企业应鼓励员工的全面发展，关注员工的福祉和幸福感，而不仅仅关注短期绩效表现。

四、薪酬与福利管理中的伦理问题与社会责任

1. 薪酬管理中的伦理问题

企业需要在绩效和公平之间寻求平衡。一方面,企业需要通过薪酬激励高绩效员工,以激发员工的动力和努力工作;另一方面,企业也要确保薪酬制度公平,避免过大的薪酬差距和不公正的待遇。这会导致管理者面临如何公正地评估和奖励员工的问题。企业需要平衡内部公平和外部公平。内部公平是指企业内部员工之间的薪酬公平,即同工同酬。外部公平是指企业与同行业或同地区其他企业之间的薪酬公平,即员工在同等条件下与市场上其他同类岗位的薪酬水平相当。企业的薪酬水平既要保持内部公平,又要在外部市场保持竞争力。企业在薪酬管理中需要平衡激励员工和控制成本的关系。激励高绩效员工需要提供较高的薪酬待遇,这也增加了企业的成本负担。因此,企业需要在激励员工的同时,控制薪酬成本,以确保企业的经济可持续性。在薪酬管理中,企业会出现以下不道德行为。

(1)企业基于性别、种族、年龄、宗教或其他个人特征进行薪酬歧视,不提供平等的薪酬待遇。薪酬歧视是企业在制定薪酬政策和实施薪酬决策时,对员工提供不平等的薪酬待遇。每位员工都应该根据其工作内容、工作贡献和绩效表现来确定薪酬水平,而不应受到个人特征的影响,员工付出了相同的努力和贡献,却因个人特征而受到薪酬的不公平对待,是不道德的行为。

(2)缺乏透明度和沟通,未向员工清晰地说明薪酬制度和决策依据:一是导致员工对组织的信任度下降,对组织的决策过程产生怀疑,破坏员工与管理层之间的合作和团队精神,影响组织的整体绩效和效率。二是降低员工的薪酬动机和激励,当员工无法理解薪酬决策的依据和逻辑时,对提高工作绩效和努力工作的动力减弱,进而增加员工流失率,高员工流失率会给组织带来招聘和培训成本的增加,同时也影响组织业务稳定性。

(3)操纵薪酬制度和分配是指企业有意识地将薪酬资源偏向某些员工或特定群体,忽视其他员工的贡献和价值,导致被忽视的员工获得不公正的薪酬待遇。当员工意识到薪酬分配不公平时,会产生不公平感和不满情绪,认为自己的工作和贡献被忽视,而其他人却获得了特殊待遇。不公平感会降低员工的工作动力、投入度和工作满意度,进而影响员工的绩效和组织整体绩效。操纵薪酬分配导致人才的流失和员工的离职。优秀的员工会感到被低估和不公正对待,他们会寻找其他机会离开组织,导致组织丧失关键人才,增加招聘和培训的成本,并影响组织的业务稳定性。当员工感到他们的薪酬和奖励与他们的工作表现不匹配时,工作动机和努力会下降。如果员工看到其他人获得了不公正的薪酬待遇,他们会对工作失去热情,并减少工作投入。这将对员工的工作表现和组织的整体绩效产生负面影响。员工之间会感到竞争和敌对,破坏组织的合作文化和团队精神,导致内部的不信任和矛盾。

(4)企业存在不合理和不公正的薪酬差距,使高层管理人员和普通员工之间的薪酬差异过大。不合理的薪酬差距会使员工对薪酬体系的公平性产生怀疑,降低员工的工作动力和满意度,影响组织内部的和谐与凝聚力;影响员工的积极性和工作热情,破坏团队的合作精神,对组织的整体绩效产生负面影响;难以吸引和留住人才,增加招聘和培

训的成本，影响组织的创新和竞争力，影响组织的业务稳定性。

（5）企业在绩效评估和薪酬关联上存在不恰当的做法。其一，企业过度依赖主管的主观评估，而缺乏客观的绩效指标和数据支持。主管的个人偏好、情感和人际关系对评估结果产生不正当的影响，导致不公正的薪酬分配。其二，企业没有明确和具体的绩效指标，或者指标不与组织目标和战略一致。缺乏明确的指标会导致评估过程的主观性和不一致性，增加了薪酬分配的不确定性和不公正性。其三，企业在薪酬分配中，薪酬差异与员工的绩效关联不明确或不公正。有些员工的薪酬与其绩效不成比例，导致高绩效员工没有得到应有的奖励，或低绩效员工得到不合理的薪酬待遇。不适当的绩效评估和薪酬关联导致薪酬分配的不公平。员工感到他们的薪酬与其工作表现和贡献不相符，从而降低工作动力和满意度。员工的士气下降，影响员工的积极性和工作热情，员工之间的合作和团队精神也会受到影响。

2. 企业在薪酬管理中的社会责任

企业应该坚持平等就业和薪酬原则，制定公平和透明的薪酬政策，根据员工的工作表现和贡献来确定薪酬水平，而不受个人特征的影响。通过建立公正的薪酬体系，企业能够促进员工的工作动力和满意度，维护良好的员工关系，增强组织的可持续发展和社会责任。

（1）确保薪酬管理的公平性和平等性，避免基于性别、种族、年龄、宗教或其他个人特征实施歧视性薪酬待遇。企业应制定公正的薪酬制度和政策，确保员工在相同工作岗位和相同工作贡献下获得相等的薪酬。公平薪酬是指员工在相同岗位上根据其工作贡献和能力获得相等的薪酬待遇。平等薪酬是指不论员工的性别、种族、年龄等个人特征，相同工作岗位下的员工获得相等的薪酬待遇。

（2）确保薪酬管理的透明度和有效沟通。企业应向员工提供透明的薪酬信息，包括薪酬结构、薪酬范围和薪酬调整的依据，使员工能够理解薪酬体系的运作，并为他们提供机会提出疑问或建议。透明薪酬制度能够增加员工的信任和满意度，减少薪酬不公平的感受，同时促进组织内部的公平和合作。企业应与员工进行个体化的薪酬沟通，帮助他们了解自己的薪酬水平、发展机会和提升途径。与员工建立积极的对话和反馈机制，可以提高员工对薪酬决策的理解和接受度。

（3）建立有效的绩效管理体系，将薪酬与绩效挂钩，确保薪酬分配与员工的工作表现和贡献相匹配。通过明确的目标设定、定期的绩效评估和及时的反馈，企业能够客观地评估员工的绩效，为薪酬决策提供可靠的依据。薪酬决策应基于客观标准和评估结果，避免主观偏见和歧视。定期审查和评估薪酬制度，确保其与组织目标和员工贡献相一致。通过绩效管理和发展，企业能够激励员工，提高员工的工作动力和满意度。

（4）确保薪酬差距的合理性和公正性。合理的薪酬差距反映了不同岗位和层级之间的工作价值和责任差异。薪酬差距应基于客观的评估和标准，如工作职责、技能要求、绩效表现等，而不是基于个人喜好或偏见。公正的薪酬差距应确保高层管理人员的薪酬与其领导能力和组织绩效相关，同时员工的薪酬待遇与其工作表现和贡献成正比。

（5）企业应严格遵守相关的劳动法律法规，确保薪酬管理的合法性和合规性。企业应了解和遵守国家和地区的劳动法律法规，包括最低工资标准、工时规定、加班工资等相关规定。企业还应确保薪酬管理与劳动法律法规的一致性，并及时调整薪酬政策和实践，以满足法律要求。

（6）遵循道德规范，树立良好的企业道德，坚持正直、公正、诚信和透明的原则。在制定薪酬制度时，要平衡内部公平（员工之间的薪酬公平）和外部公平（与市场薪酬水平的相对公平性）。薪酬管理应符合道德要求，避免利用薪酬操纵个人利益或损害员工权益。

3. 员工福利方面的伦理问题与企业社会责任

在员工福利方面，企业会出现以下不道德行为或伦理问题。

（1）在福利待遇上存在不公正的差异，如不同岗位、不同级别的员工享受不同的福利待遇。这导致员工之间的不满和不公平感，削弱组织内部的凝聚力和合作精神。

（2）滥用福利资源，将其用于不当目的或个人私利。例如，将福利资源用于特定员工或高层管理人员私人，而忽略其他员工的需求。这种滥用导致资源的浪费和员工对福利制度的不信任。

（3）在福利保障方面存在薄弱环节，无法提供员工所需的基本福利保障。例如，不提供合适的社会保险和公积金、企业年金计划或其他社会保障福利，使员工面临风险和不确定性。一些企业在福利使用上设置不合理的限制，限制员工享受其合法的福利权益。例如，限制员工的年假或病假天数，或者设立过多的福利使用限制，使员工感到受限和不满。

不公正的福利待遇、滥用福利资源和缺乏透明度等问题会导致员工对福利制度的不满和不公平感，进而降低员工的士气和工作动力，导致员工流失和难以吸引优秀人才。员工会寻找能够满足他们福利需求的组织，而不愿意留在福利待遇不公平或不合理的企业。因此，企业需在员工福利管理中承担应尽的责任，有以下几点。

（1）确保福利待遇的公平性和平等性，避免歧视性的福利差异。提供透明的福利信息和制度，确保员工了解自己的福利权益，建立有效的沟通渠道。

（2）提供合理的福利保障，满足员工的基本福利需求。在企业经济条件良好的情况下，可以给员工补充商业医疗保险等。

（3）遵循道德规范，不滥用福利资源或限制员工福利权益。关注员工的福利需求变化，及时调整福利制度和政策，以适应员工的个人和职业发展需求。

五、员工关系管理的伦理问题与企业社会责任

1. 工作安全

在工作安全方面，企业存在以下不道德行为或伦理问题。

（1）企业忽视或减少必要的安全措施，以降低成本或提高效率，导致员工面临危险和伤害的风险，违背了保护员工生命和健康的伦理原则。

（2）企业不为员工提供充分的培训和教育，使员工缺乏必要的安全意识和知识，不

知道如何应对潜在的危险和风险，增加工作事故发生的可能性。

（3）企业隐瞒或不报告发生的安全事故，以避免承担责任或不良影响，甚至对报告安全问题的员工进行惩罚或报复，以遏制员工的举报行为。安全问题得不到及时解决，企业生产则会给员工的安全健康带来风险。

（4）设置过长的工作时间或不合理的工时安排，导致员工疲劳和工作失误的风险增加。这将危及员工的安全，并违背了维护员工福利和工作生活平衡的伦理原则。

（5）在紧急救援和应急准备方面投入的资源和精力不足。这导致在紧急情况下无法及时采取有效的措施，保护员工的安全和生命。

不道德的工作安全管理导致员工面临安全风险和危险，危及员工的生命和健康。忽视安全问题和不充分的培训导致员工对工作环境的不满和士气下降，影响工作积极性和工作质量。不遵守安全法律法规和伦理要求导致企业承担法律责任。因此，企业在工作安全管理中应承担以下社会责任。

（1）确保员工的安全和健康，提供必要的安全设施和措施，降低工作风险和危险。

（2）为员工提供充分的安全培训和教育，提高员工的安全意识和知识水平。

（3）企业应建立安全报告和反馈机制，鼓励员工积极参与安全管理，及时报告安全问题和隐患。对报告安全问题的员工进行保护，防止任何形式的报复或惩罚行为。

（4）制订有效的紧急救援和应急准备计划，培训员工应对紧急情况的能力和方法，并确保及时的救援和支持。

2. 工作压力

高压的工作环境是指员工在工作中面临持续的压力和紧迫感，需要承担过多的工作量、高强度的工作要求或繁重的工作任务。高压力工作的情形如下。

（1）员工需要处理大量的工作任务和项目，工作量超出其合理的能力范围，员工时间不足，难以有效分配和完成工作，从而增加工作压力。

（2）员工需要经常加班或在非工作时间完成工作任务。长时间的工作和缺乏休息时间会增加员工的身体和心理负担，导致疲劳和工作不平衡。

（3）员工需要在高强度的工作环境下工作，如迅速做出决策、处理复杂的问题或应对紧急情况，员工需要承受较大的心理压力和工作负荷。

（4）员工面临不合理的工作期望和目标，如企业要求在短时间内完成过多的任务或实现过高的绩效目标，员工感到无法达到要求，增加了工作压力。

（5）员工在工作中缺乏必要的支持、培训和资源，无法有效应对工作挑战，感到无助和不满。

（6）员工面临不良的工作环境，如存在恶劣的人际关系、缺乏团队合作或不良的管理风格，增加员工的工作压力和不安全感。

企业应该关注员工的工作负荷和压力，提供必要的支持和资源，促进工作与生活的平衡，以创造积极健康的工作环境。

（1）企业应提供健康、安全的工作环境，确保员工的身心健康得到保护。具体包括合理的工作时间安排、休假政策和应对工作压力的支持。

（2）鼓励和支持员工实现工作生活平衡，通过灵活的工作安排、弹性工作制度和健康促进计划来满足员工的需求。

（3）提供必要的培训和支持，包括心理健康支持、压力管理培训和工作技能提升等方面的支持，帮助员工有效管理工作压力，提高工作效率和适应能力。

（4）树立积极健康的组织文化，倡导员工关爱和支持的价值观。通过领导者的榜样作用、奖励和认可制度，培养团队合作和互助精神，形成良好氛围的工作环境。

3. 工作场所监控

对工作场所实行监控可以帮助企业确保工作场所的安全。

需要注意的是，监控工作场所必须遵守法律法规和道德准则，并确保员工的隐私权受到尊重和保护。在进行监控时，企业应该明确告知员工监控的目的和范围，并建立透明的监控政策。同时，企业应合理使用监控数据，确保数据的保密性和安全性，避免滥用员工的信息。工作场所监控涉及以下伦理问题。

（1）工作场所监控侵犯员工的隐私权。员工有权享有一定的私人空间和隐私，在工作环境中应该得到尊重和保护。过度或不合理地监控侵犯员工的个人隐私，如对员工的通信、行为和个人活动进行过度监视。

（2）员工知道自己被不断监控引发心理上的负担和压力，感到缺乏隐私和自由，导致紧张、焦虑和疲劳等负面心理影响。

（3）监控系统和收集的数据被滥用或误用，涉及员工个人信息的泄露、数据被用于其他目的或被不当使用。滥用监控数据侵犯员工的权益和导致信任的破裂。

企业在采取工作场所监控措施时，应认真考虑这些伦理问题，并采取措施确保监控的合法性、透明性和公正性。企业应制定明确的监控政策，遵守法律法规，并尊重员工的隐私权和个人权益。此外，与员工进行沟通，解释监控的目的和必要性，以增加员工的理解和接受程度。

4. 职场骚扰

职场骚扰是指在工作场所中，一个人或一群人对他人进行不受欢迎的、有意的、反复发生的侵害、冒犯或恐吓的行为。这些行为是言语上的、身体上的、心理上的或社交上的，目的是使受害者感到不舒服、受辱、屈辱或在工作中受到不公平的待遇。职场骚扰出现在不同的形式和场景，包括但不限于以下几种。

（1）言语骚扰，包括言语上的侮辱、嘲笑、恐吓、贬低或挑衅，可能是直接的，也可能是通过传闻或传言进行的。

（2）身体骚扰是身体上的侵害或不适，如不适当地接触、拥抱、触摸，以及不受欢迎的性行为。性骚扰是与性有关的不受欢迎的行为，包括言语上的性暗示、性挑逗、性骚扰或要求进行性行为，以及其他不恰当的性行为。

（3）对个人进行心理或情感上的伤害，如恐吓、羞辱、威胁、排斥或社交孤立。

（4）通过电子邮件、社交媒体、手机短信等数字渠道进行的骚扰行为，如恶意诋毁、谩骂、散布谣言等。

职场骚扰对受害者造成严重的心理和情感伤害，同时也对工作环境产生负面影响，影响员工的工作积极性和工作效率。职场骚扰是一种不道德的行为，企业应该承担以下社会责任。

（1）制定明确的零容忍政策，明确禁止职场骚扰行为，并将其纳入员工手册或公司规章制度中。同时积极执行这一政策，确保所有员工都受到平等的保护。一旦发现职场骚扰行为，企业应该立即采取行动进行调查，并对行为不端的员工进行纪律处分，包括警告、停职、辞退等。

（2）建立安全和保密的投诉机制，使员工可以自由报告职场骚扰行为，而无须担心报复或负面后果。该机制应该保护员工的隐私和权益，并及时对投诉进行调查和处理。

（3）为受到职场骚扰的员工提供支持和帮助。包括提供心理咨询服务、调整工作安排、转移工作岗位等，以帮助他们渡过难关并恢复到正常工作状态。

5. 劳动关系

当前灵活就业群体成为劳动力市场相当大的构成部分，包括临时工，雇佣合同期限较短的员工，通常是为了应对季节性或临时性的工作需求而招聘的；合同工，根据特定项目或任务签订合同的员工，合同期限通常较长，但有一定的终止时间；兼职工，只在一部分时间内工作的员工，通常是每周或每月工作时间较短，不是全职雇员；自由职业者，独立工作，为不同的客户提供服务，没有长期雇佣关系的个人；平台工作者，通过互联网和通信技术与平台企业进行合作，完成一定的订单或任务，不受雇于任何平台，只是用平台获取工作任务。灵活就业的发展趋势是多样化和数字化。随着科技的进步，越来越多的工作可以在互联网上完成，远程工作、自由职业和独立工作的趋势将继续增加。数字平台的兴起和发展也为灵活就业群体提供了更多机会，如共享经济平台、在线自由职业平台等，让人们可以更方便地寻找短期项目和零工。另外，灵活就业也将在特定行业和职业领域继续蓬勃发展，如创意产业、科技领域、教育培训、咨询等。

灵活就业群体的劳动关系与传统的劳动关系在多个方面存在明显的区别。

（1）传统的劳动关系通常是长期的雇佣合同，员工与企业建立稳定的雇佣关系，合同期限较长。灵活就业群体通常是根据特定项目或任务签订合同，合同期限较短，几周、几个月，甚至更短的时间。

（2）传统的劳动关系要求员工在固定的工作时间和工作地点内进行工作。灵活就业群体通常具有更大的工作灵活性，可以根据自己的时间安排和地点选择进行工作，包括远程工作、自由职业等。

（3）传统的劳动关系通常享有完整的社会保障和福利，如养老保险、医疗保险、失业保险等。灵活就业群体难以获得完整的社会保障和福利，需要自行购买或依赖其他方式来满足保障需求。

（4）传统的劳动关系通常有固定的绩效考核和晋升制度，员工的晋升和薪酬涨幅较为稳定。灵活就业群体通常没有固定的晋升通道，他们的薪酬或在平台企业上的晋级更多地依赖于项目完成情况和客户评价。

（5）传统的劳动关系通常具有较高的工作稳定性，员工有较低的失业风险。灵活就业群体由于项目性质，工作稳定性较差，面临不断找寻新项目和客户的压力。

（6）对企业来说，传统的劳动关系通常意味着较高的雇佣风险和成本，雇佣员工需要承担一定的固定成本。灵活就业群体相对于企业来说具有更低的雇佣风险和成本，可以根据项目需求来灵活调整人力资源的使用。

总的来说，传统的劳动关系更加稳定、长期和固定，注重员工的稳定性和安全感；灵活就业群体的劳动关系更加灵活、临时和项目化，注重灵活性、自主性和适应性。在平台经济兴起、灵活就业扩张的劳动力市场趋势下，涉及灵活就业形势的企业劳动关系管理面临以下伦理问题。

（1）灵活用工和缩短雇佣期导致员工面临不稳定的雇佣关系，频繁换工作或短期合同的现象增多，导致员工感受到不安全感和不公平感，影响员工对企业的忠诚度和投入程度。

（2）不同员工之间的薪酬和福利差异较大。临时工、合同工或兼职工获得较低的薪资和较少的福利，而正式员工则享受更多的福利和保障，引发员工间的不满和不公平感。

（3）灵活用工和短期合同模式的员工难以获得完整的社会保障，增加了员工的风险和不稳定性，同时也加重了社会对于劳动者的支持压力。

企业在灵活用工和劳动关系管理方面需要认真思考和解决这些伦理问题。重视员工的福祉、平等和安全感，同时平衡企业的灵活性和长期可持续发展，是企业在当前劳动力市场背景下所面临的重要挑战。企业应该确保灵活就业群体的员工享有基本的劳动权益和福利，包括合理的工资待遇、工作时间的合理安排、社会保障和福利的保障等。

六、离职和解雇涉及的伦理问题与责任

员工离职是员工主动选择结束与企业的雇佣关系，提出辞职或自行终止劳动合同，通常是出于个人原因或职业发展考虑，如找到更好的工作机会、家庭原因、个人发展需要等。企业解雇，即裁员，是企业作为雇主，决定结束与员工的雇佣关系，通常是因为员工的表现不佳、企业经济状况不好、组织重组或其他业务原因。企业解雇员工时需要遵循相关法律法规和劳动合同的规定，通常需要提前通知员工，给予合理的解雇通知期限或经济补偿。

在员工离职和企业解雇员工的过程中，企业涉及以下伦理问题。

（1）在解雇员工时，如果企业没有充分提供给员工改进的机会或没有按照合理的程序进行解雇，会导致员工感到被不公平地对待。不公正的解雇和人事决策，包括恶意解雇、任意降薪、违法裁员等，违背了员工的权益和法律法规。

（2）有些企业或领导使用胁迫或威胁手段，强迫员工离职，或者给予员工极端不利的条件，包括威胁解雇、工作安排不合理、剥夺员工福利待遇等，使其主动离职。这种做法不仅对员工当前的职业生涯造成负面影响，还可能影响其未来的职业发展。

（3）在员工离职过程中，如果企业没有按照合理的程序进行办理，就会导致员工在权益保障上遇到困难。例如，企业不按照相关法律法规或劳动合同规定提前通知员工离职，或者没有支付员工相应的经济补偿，员工的经济权益受到损害。又如，企业未按时将员工的离职信息报送给社保部门，或未及时为员工缴纳社会保险，导致员工在社保待

遇上出现空白期或延误。再如，企业不愿意提供工作证明，对员工的求职和职业发展产生不利影响。

（4）某些行业或企业涉及知识产权和商业机密保护，员工在离职后面临知识产权保护和保密义务方面的问题。如果企业未妥善处理员工的知识产权问题，就会导致员工在未来的就业中受到限制或产生纠纷。

在员工离职和解雇方面，企业应承担以下社会责任。

（1）企业应提前通知员工有关离职的决定，并向员工详细解释离职的原因和处理办法。充分的沟通可以减少员工对离职决定的不满和误解，保持良好的劳动关系。应尊重员工的选择和决定，不采取胁迫、威胁等不道德手段迫使员工离职。

（2）遵守国家和地区的相关劳动法律法规，按照合同约定和法律规定支付员工应得的离职补偿金和福利待遇，确保员工的合法权益。

（3）企业可以提供一定的职业咨询和就业指导，帮助员工顺利转换到新的职业岗位，有助于员工顺利进行职业转型，减少失业对员工的不利影响。企业应主动为员工提供离职证明、工作证明和推荐信，帮助员工在求职过程中证明自己的工作经历和能力，为员工的职业发展提供支持。

第三节　企业财务管理中的伦理问题与社会责任

一、财务管理工作的诚信与合规

1. 财务信息披露

财务信息披露是企业向投资者、债权人、员工和其他利益相关方公开财务信息的过程。在披露财务信息时，企业应当遵循一些基本的道德规范，以确保信息的准确性、透明度和公正性。

（1）遵循相关的财务披露法规和会计准则，确保披露的信息符合法律要求。披露的财务信息必须真实、准确、完整，不得隐瞒重要信息或误导投资者和其他利益相关方。不偏袒特定群体或个人，公平对待所有利益相关方，确保所有人都能获得相同的信息。披露的财务信息应与过去的信息和其他公开信息保持一致，避免矛盾和混淆。

（2）应当及时披露财务信息，不拖延或操纵披露时间，以确保利益相关方能够及时了解公司的财务状况。

（3）保护敏感的财务信息，避免未经授权的披露，防止内部消息泄露。

（4）对于涉及利益冲突的情况，应进行透明披露，以避免潜在的道德和法律问题。

企业财务信息披露涉及的伦理问题如下。

（1）企业在处理财务数据时，选择性披露以改善企业的形象或满足股东的预期，涉及对真实性和准确性的商业伦理挑战。当企业面临不同的利益冲突和市场压力时，其倾向于披露一些有利的信息，而对不利的信息进行隐瞒或模糊处理，企业希望塑造积极的形象，吸引投资者和其他利益相关方对企业持有积极看法。为了改善企业形象，其选择披露那些显示业绩良好、增长迅速的信息或其他积极信息，而忽略一些负面的信息。

　　根据不同的投资者需求，企业向不同的投资者群体提供不同的信息。例如，对于长期投资者，企业更倾向于披露与长期发展有关的信息，而对于短期投资者，则更倾向于披露与当期业绩直接相关的信息。企业在竞争激烈的市场中会选择不披露或延迟披露一些敏感信息，以保持竞争优势。为了规避法律风险或不良的影响，企业会对这些问题进行选择性的披露。但选择性披露通常是不道德的，违反了透明度和公平性的原则及金融监管机构的规定。选择性披露财务信息会导致信息不对称，从而使投资者和其他利益相关方陷入误导。

　　（2）企业有时会受到股东或上级管理层的压力，希望实现特定的财务目标或满足预期，从而操纵财务数据。例如，上市公司不顾自身经营的实际情况，为保住配股资格和不被特别处理，粉饰财务会计信息，骗取配股资格，更有甚者与投资机构相互勾结，欺骗中小投资者，故意制造虚假财务会计信息，给中小投资者带来巨大损失。

　　（3）现行的上市公司财务信息披露机制要求公司财务部门在每个会计年度上交财务信息报告，面向大众披露内部信息。财务信息的及时披露对企业及其利益相关方都非常重要。及时披露财务信息可以增加企业的透明度，让投资者和其他利益相关方了解企业的真实状况，有助于建立信任，使投资者更愿意持有股票、债券或其他金融工具，并吸引更多的投资者参与。投资者能够及时获取关键数据，更好地了解企业的财务状况和业务表现，做出更明智的投资决策，减少信息不对称和投资风险。

　　在现实中仍然存在一些财务信息披露不及时的情况：企业经营不善或面对财务困境，担心披露财务信息影响股价或投资者信心；企业为了满足投资者对盈利的期望，选择延迟披露财务信息，以便有更多时间改善业绩或调整财务报表；企业有一些敏感的商业信息，不希望过早披露给竞争对手。

　　企业在财务信息披露方面需要承担的社会责任如下。

　　（1）遵循相关的财务披露法规和会计准则，确保披露的信息符合法律要求。上市公司还需要遵守证券交易所的上市规则和监管机构的披露要求。企业财务信息披露必须准确、真实、完整，确保财务报表反映了企业真实的财务状况和业绩表现，确保没有虚假陈述或重大遗漏，以免误导投资者和其他利益相关方。

　　（2）提供透明的财务信息，让投资者和其他利益相关方了解企业的经营情况和风险。不偏袒特定群体或个人，公平对待所有利益相关方，确保投资者都能获得相同的信息。

　　（3）应当及时披露财务信息，不应该拖延或操纵披露时间，以确保投资者和其他利益相关方能够及时了解企业的财务状况。

　　（4）企业应建立强大的内部控制机制，确保财务信息的准确性和可靠性，防止数据操纵或错误披露。企业应积极配合审计师和监管机构的审计和监督工作，接受独立审计和监管，确保财务信息的合规性和可靠性。

2. 财务管理工作

企业在财务管理工作中涉及的伦理问题如下。

　　（1）企业领导层受到业绩激励计划的影响，他们的薪酬和奖金与企业的财务表现直接相关。这将导致领导层过度强调财务目标，为了获得更高的奖励而选择性披露或操纵财务数据，而忽视其他重要的非财务指标。

（2）企业在短期内面临股东和市场的压力，希望实现快速的回报。这将导致企业关注短期利益，不顾长远发展，从而采取不负责任的财务决策，牺牲了真实性和准确性。

（3）企业财务管理人员在做出财务决策时，面临各种道德风险：操纵财务信息，虚增收入、减少费用或夸大资产价值，以改善企业的财务表现，违反会计准则和法律法规；操纵财务报表、违反税务法规或其他金融监管规定；滥用这些权限，泄露内部信息，或利用企业资源谋取个人利益。

为了应对这些商业伦理挑战，企业需要承担多方面的责任。

（1）建立严格的内部控制机制，包括财务审核、审计、风险管理等，以确保财务信息的准确性和真实性。领导层和财务管理人员应遵守内部控制政策，防止信息操纵和财务舞弊。

（2）设计合理的激励计划，使领导层和财务管理人员的奖励与长期业绩和可持续发展相关联，而不仅仅是短期财务指标，减少过度强调短期利润的风险。重视非财务指标的监测和评估，不仅关注财务绩效，还要关注企业的社会责任、员工满意度、环境影响等方面的表现，有助于实现长期持续发展和平衡的业绩表现。

（3）加强对领导层、财务管理人员和员工的道德教育和培训，强调诚信、透明度和公平性的重要性，增强道德意识和职业操守。

（4）加强对财务决策的监督和审计，确保决策的合规性和公正性。定期进行独立审计，避免信息操纵和违规行为。

二、税务合规性

税务合规是指企业按照相关的税法、税收政策和税务规定，合法合规地履行纳税义务的过程。税务合规是一种法定责任和义务，确保企业遵守税收法规，按照法定期限和要求报送税务申报和缴纳税款，避免违法行为和税务争议，维护税收秩序和公平竞争环境。按照税法规定，企业需要按期报送纳税申报表，将应纳税款和享受的税收优惠明确列示，向税务机关申报纳税义务。按照纳税申报结果，企业在规定的时间内缴纳应纳税款，确保及时足额地缴纳税款。企业在关联交易中需要合理确定交易价格，以防止转移定价问题，确保交易价格符合公平市场价值。在符合条件的情况下，企业可以享受税收减免和优惠政策，但需要确保符合相关规定，避免不当利用或滥用优惠。

在税务合规方面，企业存在以下道德风险。

（1）在纳税申报和缴纳税款时不如实地披露财务信息或故意隐瞒收入、利润或资产，以减少应纳税额度。

（2）不遵守税收法规和规定，错误解释税法、误解规定、未及时更新法规变化，以及违反税务申报和缴税的时间要求等。

（3）利用法律漏洞和税收优惠，以合法的方式减少应纳税额度。虽然税务规避是合法的，但如果滥用和过度使用涉及道德问题。

（4）通过非法手段和欺诈手段，故意避开纳税义务，以躲避应缴纳的税款。

（5）通过虚假交易和虚构业务来操纵财务信息，减少应纳税额度，如虚假发票、假合同等。

（6）对于跨国企业来说，税务合规风险更加复杂，面临在不同国家之间合理规划税务的压力，而涉及涉嫌跨国逃税或避税的问题。

为了降低税务合规风险，企业应该建立健全税务管理体系，确保税务申报的准确性和及时性。建立健全税务合规管理机制，确保纳税申报和缴税的过程符合法规要求，制定明确的纳税申报流程，加强内部审计和监督，确保税务合规。

企业应该持续跟踪税收法规的变化，及时调整财务和税务策略，遵守相关税收规定，避免不必要的税务风险和罚款。由专业税务顾问或会计师团队提供咨询和指导，确保企业合法合规地履行税务义务。坚持诚信和透明的原则，对税务信息进行真实、准确和透明的披露。不隐瞒收入、利润或资产，不进行虚假交易或虚构业务。加强内部控制和审计，定期进行独立的税务审计，确保纳税申报的准确性和合规性。

三、资金合法性

资金合法性是指企业所持有、使用、流动和支配的资金来源是合法、合规的，并且用途符合相关法律法规和商业道德的要求。资金不合法涉及非法来源、非法用途、虚假交易、挪用资金、洗钱等行为。如果企业资金的来源或用途不合法，会导致法律责任、财务损失、声誉损害，甚至犯罪指控。例如，金融行业涉及大量资金的流动和交易，管理不善或缺乏有效监管，容易出现资金挪用、洗钱、虚假交易等问题；地产行业涉及大量的资金投入和回报，由于房地产市场的复杂性，容易出现虚构交易、非法融资等情况；医疗保健行业涉及大量的医疗费用和保险理赔，存在虚假报销、医疗诈骗等问题；互联网和科技行业的快速发展和资金需求，容易吸引投机资金和非法融资；跨国贸易和国际业务涉及不同国家的法律法规，存在税务规避、非法资金流动等问题；农村地区存在非正规金融渠道和非法融资的情况；娱乐行业的高额投资和资金流动，导致虚构交易、非法融资等问题。

在资金合法性方面，企业面临一些道德风险。这些风险涉及资金来源、使用和流向的合法性和透明性：非法资金来源，如洗钱活动、贪污受贿所得、走私资金等。资金用途不当，如将企业资金用于非法用途、个人消费或其他不当用途。资金流向不透明，即难以追踪和了解资金的具体流向和用途。企业通过虚构交易等手段，伪造资金流动，以掩盖非法或不当资金的来源和用途。企业管理层或员工面临资金挪用的风险，将企业资金用于个人目的，损害公司和股东的利益。高层管理人员滥用职权，将企业资金用于私人交易或投资，违背了职业操守和商业伦理。

为了应对这些道德风险，企业需要承担的社会责任如下。

（1）遵守所有适用的法律法规和合同规定，确保资金的来源和用途符合法律要求。企业应该对供应商和合作伙伴进行审查，确保与合规的企业合作，避免涉及非法资金。

（2）建立健全内部控制机制，包括资金管理、财务审核、审计等，确保资金的合法性和透明性。企业应该建立透明的财务报告和披露机制，及时向投资者和其他利益相关方披露资金来源和用途。定期进行合规审计和监督，确保资金的合法性和合规性。

（3）加强员工的道德教育和职业操守培训，增强员工对资金合法性的认识和意识。

四、其他财务伦理问题与社会责任

1. 融资风险

在融资活动中企业存在的不道德融资行为如下。

（1）企业通过虚假陈述、虚构业绩等手段误导投资者，使其对企业进行投资。

（2）企业内部人员利用未公开信息进行交易，从中获取不当利益。

（3）企业或金融中介机构通过操纵市场、拉抬股价等手段，制造虚假的股票价格信号，诱骗投资者进行投资。

（4）企业通过向早期投资者支付高额回报来吸引更多投资者，但实际上是用后期投资者的资金来支付早期投资者的回报，从而形成庞氏骗局。

（5）企业通过提供虚假或非法的担保手段来获取融资，欺骗债权人或投资者。

对于这些不道德融资行为，企业需要承担以下社会责任。

（1）企业应按照相关法规和规定，及时、准确地披露信息，确保投资者获得充分的信息，做出明智的投资决策。

（2）企业应建立健全内部控制机制，严格落实相关规定，防止内部人员滥用职权和进行不当融资行为。

此外，监管机构应加强对融资活动的监管和执法力度，严惩不法行为，保护投资者利益。提高投资者对不道德融资行为的认识，加强投资者教育，使其能够警惕和防范潜在的风险。

2. 企业重组兼并

企业重组和兼并存在一些道德风险，这些风险涉及各方利益的平衡、信息透明度、诚信和合法性等方面。

（1）在企业重组和兼并过程中，各方拥有不同的信息水平，从而导致信息不对称。如果一方有意隐瞒或扭曲信息，则导致其他方做出错误的决策，损害利益相关者的权益。

（2）企业重组和兼并中会涉及多方利益，存在利益冲突。例如，个别企业管理层推动兼并的出发点并不是企业的长远利益而是个人利益。个别企业管理层偏袒某些利益相关方，将其利益置于其他方之上，从而造成不公平的待遇。

（3）企业在重组或兼并过程中采用不道德、欺诈或非法手段来达到不正当目的的行为。例如，软敲诈是一些投机者表面上装出要收购企业的样子，与该公司的管理层接触，要求该公司以高价回购其股票，从而获得非法利益。又如，金降落伞是在兼并过程中，兼并者向被兼并企业的管理层保证如果兼并成功，被解雇的管理层会得到高额补偿。再如，企业管理层杠杆收购，管理层设法筹集资金，买断企业的股票，使公众公司变为私人公司。

（4）企业表面上宣布有意收购目标企业，但实际上并不打算进行真正的兼并，而是以此为借口实施其他不当行为。

对于企业重组和兼并涉及的伦理问题，企业应建立健全内部控制体系，确保信息准确、透明，并防止信息不对称和财务欺诈；提供充分、及时、准确的信息披露，确保所有利益相关方能够了解企业的真实情况，避免信息不对称；公开明确兼并的目标和动机，避免产生误解或不当猜测，增加各方的理解和支持；管理层应坚持诚信原则，恪守道德伦理，不采取欺诈、不公平竞争或不当手段来进行兼并。

■ 本章思考题

1. 企业如何对产品生产与定价的伦理问题承担责任？
2. 新型销售方式为企业带来了哪些新挑战？
3. 人力资源管理过程中，企业如何保障员工权益？
4. 良好的薪酬管理与绩效管理应具备哪些要点？
5. 企业的财务管理面临哪些社会责任？

■ 本章小结

本章首先介绍了产品和服务管理的伦理问题与社会责任，包括企业产品生产、产品定价、市场营销及企业服务的伦理与社会责任；其次介绍了在人力资源管理中的伦理与社会责任，包括人力资源招聘、员工培训与发展、绩效管理、薪酬与福利管理、员工关系管理及离职与解雇涉及的伦理与社会责任；最后介绍了企业财务管理中的伦理与社会责任，表述了财务信息诚信问题、税务合规性、资金合法性及其他的财务伦理问题。

第七章
公司治理中的伦理与责任

■ 本章学习目标

1. 掌握委托–代理、股权结构产生的伦理问题。
2. 掌握交易成本、外部性产生的伦理问题。
3. 了解公司内部治理机制的构成。
4. 掌握股东大会、股权结构等治理机制与企业社会责任的作用关系。
5. 了解公司外部治理机制的构成。
6. 掌握资本市场、劳动力市场等治理机制与企业社会责任的作用关系。
7. 理解企业社会责任对公司治理能力的提升影响。

公司治理是管理和监督公司运营的体系，其中会存在伦理问题与道德风险，这不利于保证公司在股东、管理层、员工和其他利益相关方之间的利益平衡。为实现公司长期稳健的发展，熟知公司治理中存在的委托–代理等问题，形成公司的内部治理结构，解决公司内部的代理问题，保护股东和其他利益相关者的利益，会提高公司的经营效率和价值。同时，明确企业的外部治理结构同社会责任间的关系，在资本市场、劳动力市场得到正向反馈，影响其吸引人才与资源的能力。完善的公司治理机制可以通过保障各利益相关者的权益，来构建良好的企业社会责任体制。

鼓励公司履行企业社会责任是习近平法治思想的重要组成部分，为落实新发展理念，构建多赢共享的公司利益共同体，促进企业对社会责任的履行，保证企业的长期发展，在公司治理的过程中应当嵌入企业社会责任。

第一节　公司治理中存在的伦理问题

现代企业制度大多是公司制，其发展和演变是一个漫长且复杂的过程。早期的企业主要以个人所有和以家族企业为主导。在古代社会，许多商业活动由个人或家族掌控，生产与销售由同一人或家族完成。这种制度的优势在于管理简单、灵活性高，但随着经济活动的扩大和复杂化，个人所有和家族企业面临资源有限、传承难题等问题，人们开始倾向于结成合伙来共同经营企业。合伙制度将多个合伙人的资金、技能和资源结合在一起，分担风险与责任。这种制度的优势是合伙人之间的密切合作，但存在合伙关系不稳定、决策难以达成一致等问题。为了解决合伙制中的问题，并更好地满足日益复杂的商业需求，现代公司制度逐渐形成。公司制度的主要特点是有限责任和股份制度。公司能够通过向公众发行股票来筹集资金，实现规模化经营，吸引更多投资者参与。此外，公司的法人地位使其具有独立性，方便资产管理和企业传承。

　　随着现代公司治理制度的出现，公司出现了股权结构分散化、所有权和经营权分离的现象，公司治理问题成为一个重要的议题。公司治理是管理和监督公司运营的体系，目的是确保公司在股东、管理层、员工和其他利益相关方之间的利益平衡，以实现公司长期稳健的发展。公司治理中存在的伦理问题见表 7-1。

表 7-1　公司治理中存在的伦理问题

类别	产生的伦理问题
委托-代理	利益不一致、信息不对称
股权结构	股权高度集中、内部人控制、股权激励
交易成本	不公平交易、滥用优势资源
外部性	对资源环境的外部性、对社会公众的外部性

一、委托-代理产生的伦理问题

　　产权理论认为，产权的存在和分配方式对资源的使用和分配有着重要影响。产权的明确性和保护程度会影响个体的经济行为和激励机制。如果产权不明确或者保护不力，那么个体没有足够的动力投资或者提高效率；反之，如果产权明确且得到良好保护，那么个体就有更大的动力进行投资和创新。公司的所有者（股东）拥有公司的产权，但公司的日常运营通常由职业经理人进行。这就导致产权的分离和控制的分离。作为所有者，股东关心的是公司的长期利益，而职业经理人更关心他们的个人利益，如短期的业绩奖金。这种分离导致经理人为了追求个人利益，而做出损害公司长期利益的决策，如过度追求短期利润，忽视长期的研发投入，或者进行不道德的商业行为。

　　委托-代理理论是关于在信息不对称的情况下，一个人（代理人）如何代表另一个人（委托人）的行为的理论，常常用于解释公司内部的管理问题，即公司的所有者（股东）和公司的经理之间的关系。股东（委托人）和经理人（代理人）之间存在信息不对称。经理人通常比股东掌握了更多的信息，他们会利用这种信息优势，为自己牟取私利。例如，通过内幕交易获取利益，或者通过操纵财务报告来提高自己的业绩奖金。这些行为都是对股东利益的侵害，也是严重的伦理问题。如何设计一个合适的激励机制，使代理人的行为能够最大限度地符合委托人的利益，需要解决两个主要问题：一是激励问题，即如何激励代理人为委托人工作；二是风险分担问题，即如何在委托人和代理人之间合理分担风险。

在公司治理中，根据产权理论和委托–代理理论，会涌现一些伦理问题和道德风险。

1. 利益不一致的伦理问题

公司的股东（委托人）将决策权委托给公司的管理层（代理人），但管理层为了自身利益而追求不符合股东利益的行动。管理层作为代理人存在自身利益与股东利益不一致的情况，从而采取不道德的行为，如贪污、欺诈、操纵财务报表等，以获取个人利益。当管理层同时持有公司股份或拥有其他与公司竞争的利益时，管理层在决策时偏袒自身利益，而不是优先考虑股东的利益。公司的股东通常无法直接参与日常经营和决策过程，而是依赖董事会和监管机构来监督管理层。如果监督机制不完善，管理层可能滥用权力，采取不道德的行为而不能被及时制止和追责。

公司通常通过薪酬激励与绩效挂钩的方式来激励管理层为公司创造价值。然而，如果薪酬激励机制设计不当，则会导致管理层有可能采取不道德手段来提高公司业绩，具体如下。

（1）管理层通过各种手段操纵财务报告，如提前确认收入、推迟确认成本、过度资本化等，使公司的财务状况看起来比实际上更好。这种行为不仅违反了会计准则，而且会误导投资者和其他利益相关者做出错误决策。

（2）管理层过度投资，即投资那些在短期内带来收益，但在长期内可能无法带来持续收益的项目。这种行为会损害公司的长期利益，甚至导致公司的财务危机。

（3）管理层忽视风险管理，即过度追求收益而忽视风险，导致公司承担过大的风险，甚至可能导致公司的破产。

（4）管理层忽视公司的社会责任，如环保、公益等，损害公司公众形象，甚至可能导致公司面临法律风险。

（5）管理层利用他们掌握的内部信息进行内幕交易，如利用尚未公开的、能够影响证券价格的内部信息进行证券交易。

为了防止这些情形的发生，企业应该建立有效的公司治理机制和内部控制机制，如建立独立的董事会和审计委员会，以监督管理层的行为；设计合理的薪酬激励机制，激励管理层关注公司的长期利益；加强信息披露，以提高公司的透明度。同时，公司也应该积极履行社会责任，以赢得公众的信任和支持。

2. 信息不对称的伦理问题

信息不对称是指在经济交易中，交易的一方拥有比另一方更多或者更准确的信息。信息不对称有可能导致市场失灵，如导致逆向选择和道德风险。逆向选择是在交易发生之前就存在的信息不对称。例如，在二手车市场中，卖方通常比买方更了解车辆的状况。这导致只有质量较差的车辆在市场上出售，因为买方担心买到质量有瑕疵的车辆，只愿意出较低的价格，而卖方不愿意将质量好的车辆在这个价格下出售。

道德风险是在交易发生之后出现的信息不对称。常见的情形如下：在委托–代理关系中，代理方违背委托方利益最大化目标，为自己牟取私利。例如，建筑单位不按图纸要求施工，偷工减料，使委托人被迫承担更大的风险；在金融市场上，借款人违反借款协议，私下改变资金用途，滥用借入资金；在保险市场上，投保人因投保而放松对已投保的财产监护的警惕性，避免发生事故的积极性也大为减弱；在医疗保险中，保健对象由于享受统筹医疗而小病大养、无病呻吟，使医疗费飙升；在劳动力市场上，劳动者受聘后实行计时工资或固定工资而偷懒、磨洋工，或把工作当休息也是时有发生的现象。

在公司治理中，信息不对称主要表现为管理层（代理人）通常比股东（委托人）拥有更多的信息，进而导致管理层利用信息优势做出不符合股东利益的决策，或者进行内幕交易等不道德的行为。

（1）在公司高管人员的选聘过程中，股东或董事会与应聘者之间存在信息不对称。由于应聘者的管理能力和生产率不能被直接观察到，股东或董事会并不清楚应聘者真实的管理能力和生产率，应聘者为取得较高职位和较丰厚的报酬，往往会夸大自己的管理能力和生产率。公司股东或董事会与应聘者之间的信息不对称造成的逆向选择问题会阻碍公司雇用合格的高管人员。

（2）高管人员与股东之间的信息不对称。公司的高管人员通常能够获取公司的详细信息，包括公司的财务状况、业务运营、市场策略、研发进度等。而股东，尤其是小股东，通常只能获取到公司公开的信息，这些信息往往较为粗略和表面。这种信息不对称导致高管人员在做出决策时，更倾向于满足自己的利益，而非股东的利益。由于公司高管人员与股东的目标函数不一致，公司高管人员会采取个人效用最大化而非股东利益最大化的行为或策略，公司股东与高管人员之间的信息不对称造成的道德风险问题会损害股东利益。

（3）大股东与小股东之间的信息不对称。大股东通常能够通过董事会等渠道获取到公司的内部信息，而小股东则往往无法获取这些信息。这种信息不对称导致大股东在做出决策时，更倾向于满足自己的利益，而非小股东的利益。例如，大股东会通过关联交易，将公司的利益转移到自己的其他企业，从而损害小股东的利益。大股东持股比例较高，具有搜寻信息的能力和激励，掌握相对较多的信息，而中小股东持股比例相对较少，在搜寻信息方面往往存在"搭便车"现象，掌握公司较少的信息，在公司内部控制问题较严重时，大股东会侵占中小股东的利益。

（4）公司与市场之间的信息不对称。公司通常比市场投资者更了解自己的经营状况和市场前景。这种信息不对称导致公司通过操纵财务报告或者发布误导性的信息来误导市场，从而获取不正当的利益。例如，公司会通过财务手段，如资本化支出、延迟确认损失等，美化财务报告，使公司的经营状况看起来比实际上更好。公司对其提供的产品或服务的信息处于优势地位，而客户和消费者则处于弱势地位。公司对其自身的环保信息处于优势地位，而社区对其环保信息则处于弱势地位。

二、股权结构的伦理问题

1. 股权高度集中

在股权高度集中的公司中，少数大股东拥有过多的权力和资源，通过操纵公司决策，获取不当利益，损害其他股东的权益，导致公司治理的不公平和道德风险。小股东在公司中的投票权有限，他们无法有效地参与公司的决策过程，或者阻止控股股东的不当行为，从而被忽视或者侵犯权益。股权高度集中存在的伦理问题如下。

（1）大股东通过关联交易或者资产重组等方式，将公司的利益转移到自己的其他企业。这种行为会损害公司和小股东的利益，甚至导致公司的财务危机。大股东将公司的优质资产以低于市场价格的价格转让给自己的其他企业，或者将自己的其他企业的劣质资产以高于市场价格的价格卖给公司。

（2）大股东利用内部信息进行内幕交易，从而获取不正当的利益。例如，大股东在公司发布重大利好信息之前购买公司的股票，或者在公司发布重大利空信息之前卖出公司的股票。

（3）大股东通过操纵财务报告，美化公司的经营状况，从而提高公司的股票价格或者获取更多的融资。例如，大股东可能会通过资本化支出、延迟确认损失等手段，提高公司的利润或者降低公司的负债。

（4）大股东利用在股东大会上的投票优势，压制小股东的权益。公司的决策偏向满足少数大股东的利益，而忽视其他小股东的权益。一些决策不是在整个公司和所有股东的最大利益下做出的，而是针对少数股东的私人利益。

（5）大股东滥用公司的资源为自己牟取私利。少数大股东利用绝对控制权，对公司的管理层和董事会施加压力，以获取个人利益。这种控制权滥用导致公司的决策过度集中，决策过程缺乏透明度和公正性，最终导致公司治理的不稳定和低效。

为了防止这些道德风险，需要建立有效的公司治理机制，包括明确的产权制度、有效的激励机制，以及透明的信息披露制度。

2. 内部人控制

在家族企业或合伙企业中，内部人控制大部分股权是一种常见的现象。一方面，这种股权结构有其特定的优势，公司的决策过程通常会更高效，大股东通常对公司有长期的投资和发展计划，这有助于公司进行长期的战略规划和投资。另一方面，公司的决策过程缺乏透明度和公正性。

（1）当内部人控制大部分股权时，他们会主导公司的决策过程，这导致决策过程缺乏透明度和公正性：偏袒家族成员或者个人朋友，而不是基于业务需要来选择最合适的人选；做出符合自身利益，但不符合公司或其他股东利益的决策。

（2）当内部人控制大部分股权时，他们会倾向于维持现状，而不愿意引入新的管理理念和技术，阻碍公司的专业化和现代化管理，影响公司的效率和竞争力；抵制引入外部专业经理人，或者抵制采用新的信息技术。

（3）如果没有明确的继承计划，则会导致家族纷争，影响公司的稳定和发展；如果继承人缺乏必要的管理能力和经验，也会影响公司的运营。

家族企业或合伙企业需要建立有效的公司治理机制，包括明确的决策程序，公正的人事制度，以及透明的信息披露制度；考虑引入外部专业经理人，以提升公司的专业化和现代化管理水平。

3. 股权激励

股权激励是一种公司向员工、管理层或关键人员提供股票或股权作为激励和奖励的制度。股权激励使员工成为公司的所有者，增强了他们对公司的归属感和忠诚度，是一种吸引和留住优秀人才的手段。受益人可以在未来根据公司业绩或特定条件行使或出售这些股权，从而分享公司的增值和成功。股权激励通常有一定的锁定期，降低员工的流动率，有利于保持公司的稳定。尽管股权激励计划有许多优势，但也需要考虑其实施的复杂性和潜在的风险。

（1）如果股权激励主要依赖短期的股票价格或者短期的财务业绩，员工会过度关注短期业绩，而忽视公司的长期发展和稳健经营。

（2）为了提高股票价格或者满足财务业绩的目标，员工会操纵财务报告，如过度资本化支出，延迟确认损失，或者使用其他的财务手段来美化财务报告。

（3）忽视公司的社会责任，如环保、公益等。这会损害公司的公众形象，甚至导致公司面临法律风险。

为了防止这些伦理问题和道德风险的发生，公司需要谨慎设计股权激励机制，确保它既能激励员工，又能保护公司的长期发展和社会责任。

三、 交易成本产生的伦理问题

交易成本是指在经济交易过程中，除了商品或服务本身的价格，买卖双方为了完成交易所需要承担的其他成本。这些成本包括寻找交易伙伴的成本、谈判和达成交易的成本、制定和执行合同的成本及监督和执行合同的成本等。科斯认为企业的存在和规模是由交易成本决定的。如果在市场上进行交易的成本（即交易成本）高于在企业内部进行交易的成本，那么企业就有存在的理由。换句话说，企业是一种降低交易成本的机制。奥利弗·威廉森进一步发展了交易成本理论，认为交易的特性（如交易的频率、不确定性、资产特异性等）会影响交易成本，从而影响企业的界限和组织结构。他提出"交易成本经济学"的框架，用来分析和解释企业的存在、企业的界限、契约的设计、公司治理结构等问题。

从交易成本的角度分析，现代的公司治理会存在以下几种伦理问题和道德风险。

1. 不公平交易

在市场经济中，企业的目标通常是追求利润最大化。当企业拥有市场优势或信息优势时，它们会利用这些优势进行不公平的交易，从而获取超额利润。这种行为会损害其他市场参与者的利益，引发伦理问题。

（1）利用市场优势进行不公平交易。在某些市场中，企业由于规模、技术、品牌等因素占据了市场的主导地位。由于供应商通常比较分散，没有足够的议价能力，企业利用其市场优势压低供应商的价格，获取超额利润，从而损害了供应商的利润，甚至会导致供应商无法维持正常的生产和经营，进一步加剧市场的不公平。

（2）利用市场优势提高消费者的价格。当企业拥有市场优势时，消费者通常没有足够的选择。这种情况下，企业会提高价格，从而获取超额利润。这种行为不仅损害了消费者的利益，而且会导致市场的失灵。

（3）利用信息优势进行不公平交易。企业通常比消费者或供应商拥有更多的信息，有时会进行欺诈或误导的行为。企业会利用消费者对产品质量信息的不了解，故意隐藏产品的缺陷。例如，一些汽车制造商隐瞒汽车的安全问题，或者电子产品制造商隐瞒产品的耐用性问题。企业也会利用消费者对产品性能信息的不了解，夸大产品的性能。例如，一些健康食品或保健品企业宣称其产品具有神奇的治疗效果，或者一些科技产品企业夸大其产品的技术性能。企业会利用消费者对价格信息的不了解，进行欺诈定价。例如，企业在原价的基础上人为提高价格，再进行打折，让消费者误以为自己得到了实惠。

直播电商行业的快速发展改变了传统的供应链和销售模式，主播与供应链之间的关系变得复杂而微妙。这种关系既像一对"老夫老妻"般亲密，又充满斗争和博弈。主播需要优质的产品来维持其影响力和销售业绩，而供应链则需要主播的流量和影响力来推动产品销售。直播电商的兴起让一些头部主播获得了较大的市场影响力，有时会使他们在与供应商的关系中占据较强的地位，可能导致对品牌商的压制。在中国几个大的电商平台上的头部主播对商品的定价有很大的影响力。主播追求销量和利润，有时可能会牺牲产品质量，有时会压低价格。

品牌商可能为了短期销量而迎合主播的需求，但长期来看，这可能不利于品牌的健康发展。主播同样需要考虑长期声誉而非仅仅追求短期利益，应当关注产品质量和消费者利益，而品牌商则需要在维护自身权益的同时，寻找合适的主播合作伙伴，以实现双方的长期共赢。直播电商行业的未来发展需要建立在相互尊重、公平合作的基础上。

2. 滥用优势资源

在市场经济中，企业的行为不仅影响自身的利润，也影响其他市场参与者的利益和整个市场的公平性。当企业拥有市场优势或资源优势时，它们会滥用这些优势，进行不道德的行为。

（1）利用市场地位排挤竞争对手。占据了市场主导地位的企业面对竞争对手时，会利用其市场优势，采取各种手段排挤竞争对手。

（2）利用技术优势侵犯用户隐私。一些科技企业会利用其技术优势，收集和使用用户的个人信息，而不充分告知用户或未经用户同意。在互联网行业，尤其是在一些拥有大量用户的平台上，一些企业利用其技术优势和市场地位通过设置对用户不利的服务条款，来获取和使用用户的个人信息。

四、外部性产生的伦理问题

外部性是经济活动对其他人或者其他经济活动产生的、未经市场交易的影响。这种影响可能是正面的，也可能是负面的。如果经济活动产生的影响是正面的，为正外部性。例如，企业投资在研发上会产生新的技术或者知识，会被其他企业或者个人所使用，从而提高他们的生产效率或者生活质量。这种研发活动对其他企业或者个人产生了正面的影响，即正外部性。如果经济活动产生的影响是负面的，为负外部性。例如，工厂在生产过程中排放了污染物，会对周围环境和居民的健康产生负面影响。生产活动对环境和居民产生了负面的影响，即负外部性。由于外部性的存在，市场可能无法有效地配置资源，政府需要进行干预。

1. 对资源环境的外部性影响

（1）企业在生产过程中排放了污染物，对环境和公众健康产生负面影响，损害了公众的利益，而这些损害并没有被市场交易所反映。有的企业在生产过程中会排放污染物，包括空气污染物（如二氧化碳、硫氧化物、氮氧化物等）、水污染物（如重金属、有机污染物等）和固体废物，对环境质量造成严重影响，损害生态系统的健康，同时也对人类健康产生影响。

（2）企业在生产过程中过度消耗自然资源，如水资源、矿产资源、森林资源等。过度消耗会导致资源枯竭，破坏生态平衡。企业的一些活动会直接破坏生态环境，如开采活动会破坏地貌，造林活动会破坏原有的生态系统，工业活动会破坏土壤结构等，对生物多样性产生影响，影响生态系统的稳定性。

（3）企业在生产过程中会产生噪声和光污染，如工厂的机械噪声、夜间的灯光等，对周围环境和生物产生影响，如影响人类的生活质量，干扰动物的生活习性等。

（4）企业的一些活动，特别是能源密集型活动，会排放大量的温室气体，进而对全球的生态系统和人类社会产生深远影响。

企业需要认识到这些对资源环境的外部性影响，并采取措施减少其对环境的负面影响，如采用更环保的生产技术，提高资源利用效率，减少污染物排放等。同时，政府也需要通过制定环保法规，提供环保激励，进行环保监管等手段，来引导企业采取更环保的行为。

2. 对社会公众的外部性

企业对社会公众的外部性体现在社会秩序、公共健康等方面。共享单车作为一种新型的出行方式，已经在全球范围内得到了广泛应用。共享单车产生了一些正外部性：共享单车为城市居民提供了一种新的、便捷的出行方式，特别是在短途出行和"最后一公里"出行上，共享单车可以有效地填补公共交通和私人交通之间的空白。通过鼓励更多的人使用共享单车，可以减少对私人汽车的依赖，从而有助于缓解城市的交通拥堵。相比于汽车，共享单车是一种更环保的出行方式，不会排放尾气，可以减少空气污染。然而，共享单车的运营也产生了一些负面的外部性：大量的共享单车占用公共空间，包括人行道、公园等，影响其他市民的正常通行。一些用户在使用共享单车后随意停放，影响城市的交通秩序。政府和企业需要采取一些措施来管理和减轻共享单车的负面外部性，制定和执行共享单车的停放规则，建立共享单车的回收和维护体系，推动共享单车的技术创新等。

企业的产品或服务对公共健康的影响也可视为外部性的例子。烟草公司生产和销售的产品——香烟,已被科学研究证实可能会对吸烟者的健康产生严重影响,包括肺癌、心脏病、慢性阻塞性肺病等。烟草公司的经营活动对公众健康产生了负外部性。当消费者购买和使用香烟时,他们并没有充分考虑到香烟对自己和他人健康的影响,或者他们并不完全了解这些影响。市场交易并没有充分反映香烟对公共健康的影响。对于这种负外部性,政府通常会采取一些措施来进行干预:对烟草产品征收高额的税收,以此来提高香烟的价格,减少香烟的消费;通过立法限制烟草广告的发布,禁止在公共场所吸烟,以此来保护公众的健康。

第二节　公司内部治理机制与企业社会责任

公司内部治理机制主要包括以下几个方面。

(1)股东大会是公司最高权力机构,股东通过股东大会行使对公司的决策权。股东大会的主要职责包括选举和罢免董事,审议和批准公司的年度报告、财务预算、利润分配方案等。股权结构(包括股权的分散程度和股东的类型)也会影响公司的内部治理。

(2)董事会是公司的决策机构,负责制定公司的战略方向,监督管理层的工作。董事会的成员通常包括执行董事和非执行董事。

(3)管理层负责公司的日常运营,执行董事会的决策。公司通常会通过薪酬政策、股权激励等方式,激励董事会成员和管理层为股东创造价值。内部控制系统包括风险管理、内部审计、合规管理等,旨在确保公司的经营活动符合法律法规和公司政策,防止欺诈和错误。

(4)监事会或审计委员会,负责监督公司的财务报告过程,确保公司的财务信息的准确性和完整性。

一、股东大会、股权结构与企业社会责任

1. 股东大会与企业社会责任

股东大会的决策对公司的经营和发展有着重要影响,在企业社会责任中扮演着重要的角色。首先,股东大会对公司的经营策略和方向有着决定性的影响。股东大会可以通过选举董事会成员,间接地影响公司的经营策略和方向。董事会成员通常负责制定公司的战略方向,监督管理层的工作。股东大会通过选举董事会成员,可以确保公司的经营策略和方向符合股东的利益。其次,股东大会对公司的财务状况有着重要的监督职责。股东大会需要审议和批准公司的年度报告和财务预算,有机会对公司的财务状况进行审查。如果公司的财务状况出现问题,股东大会可以通过否决年度报告和财务预算,迫使公司的管理层改正问题。最后,股东大会是推动公司履行社会责任的重要力量。股东大会可以通过决议,要求公司在经营活动中考虑社会和环境因素,如股东大会可以要求公司采取更环保的生产方式,或者更公正的劳动条件。

2. 股权结构与企业社会责任

股权结构，即公司股份的分配和控制方式，对企业社会责任有着重要影响。股权结构决定了公司决策的权力分配，从而影响公司的经营策略和行为，包括其对社会和环境责任的承担。一般来讲，股权结构主要包括以下几个方面。

1）股权集中度

股权集中度是公司股权在股东中的分布情况，是少数股东持有的股份占公司总股本的比例。如果公司的大部分股权集中在少数股东手中，那么股权集中度就很高；反之，如果公司的股权分散在大量股东手中，那么公司的股权集中度就很低。从股权集中度方面可将股权结构分为三种类型：一是股权高度集中，绝对控股股东一般拥有公司股份的50%以上，对公司拥有绝对控制权；二是股权高度分散，公司没有大股东，所有权与经营权基本完全分离、单个股东所持股份的比例在10%以下；三是公司拥有较大的相对控股股东，同时还拥有其他大股东，所持股份比例为10%~50%。

股权集中度高意味着公司的控制权主要集中在少数股东手中，对公司治理和企业责任有其特定的利弊。股权集中度高的公司，决策过程通常更快，在需要快速做出决策的情况下，如面临市场变化或危机时，是一个重要优势。大股东通常更关注公司的长期发展，更愿意进行长期投资，如研发和扩张，这对公司的长期发展是有利的。但是，股权集中度高有可能导致小股东的权益得不到充分保护。大股东会利用控制权做出主要符合自己利益的决策，而忽视小股东的利益。如果大股东只关注经济利益，而忽视社会责任，那么公司会做出损害社会和环境的决策。

2）控股股东

控股股东是持有公司足够多的股份能够对公司决策产生重大影响的股东。控股股东的存在和其持股比例，是股权结构的重要组成部分。控股股东通常对公司决策有重大影响，包括选举董事会成员、决定公司策略、批准重大交易等。如果控股股东的决策符合公司的长期利益和社会责任，则有利于公司的发展。如果控股股东的决策主要出于其自身的短期利益，那么会损害公司的长期利益和社会责任。

控股股东有能力和动机对公司的管理层进行监督，防止管理层的滥权行为。这有利于保护公司的利益和实现良好的公司治理。如果控股股东滥用权力，如通过关联交易等方式侵占公司的利益，就会损害公司的利益和社会责任。如果控股股东重视社会责任，那么公司会更愿意承担社会责任。

3）机构投资者

机构投资者（如养老基金、保险公司、共同基金、对冲基金等）通常拥有专业的投资团队和丰富的投资经验。机构投资者通常更关注公司的长期发展和价值创造，较少追求短期的股价波动，而是更关注公司的基本面，如盈利能力、市场地位、创新能力等。

机构投资者通常具有专业的投资分析能力，可以深入研究公司的财务报告、业务模式、竞争环境等，从而更准确地评估公司的价值。通过专业的投资分析，有助于发现公司的问题，推动公司改进治理，提高经营效率。机构投资者通常会积极参与公司治理，如参加股东大会、提出建议、投票等。

机构投资者通常更关注公司的社会责任。一方面,社会责任有助于公司的长期发展,提高公司的声誉,吸引更多的客户和员工;另一方面,机构投资者也面临来自投资者和公众的压力,要求他们投资符合社会责任的公司。机构持股比例高的公司,更可能采取符合社会责任的经营策略。

4)股权制衡

股权制衡是指公司中存在可以相互制约的股东群体,以防止任何股东或股东群体滥用权力。股权制衡是指公司中没有绝对的大股东,多个大股东之间相互制衡。这可以防止任何股东滥用权力,有利于保护小股东和其他利益相关者的利益。例如,如果一个股东试图推动对其有利但对其他股东不利的决策,其他股东可以通过投票反对这个决策,从而保护自己的利益。股权制衡也有利于推动公司履行社会责任。因为股东之间的制衡可以防止公司做出损害社会利益的决策。例如,如果一个股东试图推动对环境有害的项目,其他股东可以通过投票反对这个项目,从而保护社会的利益。

股权制衡有可能导致公司治理的混乱和低效。因为每个股东都试图推动自己的决策,从而导致公司决策的延迟或冲突。如果股东之间的竞争过于激烈,就会导致公司的短视行为,损害公司的长期发展和社会责任。

二、董事会与企业社会责任

董事会是公司治理的关键组成部分,在公司治理和企业责任中起着至关重要的作用。董事会负责制定公司的重大决策,包括公司的战略方向、财务决策、人力资源决策等,对公司的经营活动和社会责任有直接影响。例如,董事会可以决定公司是否投资环保项目,或者是否采取公平的雇佣政策。董事会负责监督公司的管理层,确保他们的行为符合股东和其他利益相关者的利益。如果管理层的行为不符合股东的利益,或者违反了社会责任,董事会可以更换首席执行官或其他高级管理人员。董事会负责确保公司的信息披露是准确和透明的。这对于保护投资者的利益,以及满足社会对公司行为的期待,都是非常重要的。

董事会的效果取决于其结构和运作方式。例如,如果董事会的成员都是公司的内部人员,他们会偏向保护管理层,而不是股东或其他利益相关者。因此,董事会需要有独立的外部董事,他们可以提供不同的观点,帮助董事会做出更好的决策。董事会内部划分出二级专门委员会,包括薪酬委员会、审计委员会、提名委员会等向董事会负责,也有助于提高决策水平。

1. 董事会成员结构

董事会的成员结构对董事会治理效率产生直接影响。董事会成员的构成通常包括以下几类:执行董事,通常是公司的高级管理人员,如首席执行官、首席财务官等,负责公司的日常运营和管理,同时在董事会中参与决策,对企业社会责任的履行影响最为直接;非执行董事,通常包括公司的创始人、大股东、前高级管理人员等,不参与公司的日常运营和管理,但在董事会中参与决策,监督公司的运营,并提供独立的意见。独立董事,是非执行董事的一种,通常是具有专业知识或经验的外部人士,如学者、律师、会计师等，在公司中没有任何职务，也不是公司的员工或股东，他们可以提供独立的、客观的意见。此外，董事会还包括其他类型的董事，如名誉董事（通常是公司的创始人或前高级管理人员，在董事会中没有投票权，但可以提供意见和建议）、顾问董事（通常是具有专业知识或经验的外部人士，在董事会中提供咨询和建议，但没有投票权）等。各类型的董事会成员对公司治理有多方面的影响。董事会成员的专业知识、经验和背景多样性可以提高决策的质量。执行董事通常对公司的运营有深入的了解，能够提供实际的建议和指导；非执行董事和独立董事可以从更广阔的角度提供独立的意见和建议，有助于避免集体思维和过度自信的问题。非执行董事和独立董事的存在有助于提高董事会对管理层的监督效果，从独立的角度对管理层的决策进行质疑和挑战，防止管理层滥用权力或做出损害股东利益的决策。董事会成员的独立性和多样性可以提高公司的透明度，增强公众对公司的信任。

除了董事身份类别构成多样外，董事会还包括成员背景的多样化，包括性别、年龄、种族、教育背景、职业背景等多元性，这有助于董事会做出全面、平衡的决策。董事会治理行为会受到董事会成员的专业知识背景和过往的经验影响，如会计专业背景的董事会较关注企业财务报告的披露、具有法律背景的董事较关注企业经营的合法性、过往有在大型国有企业担任高管的董事会较注重企业社会责任的实施。构建一个多元化、独立性强的董事会，对于提高公司治理质量，保护股东和其他利益相关者的利益，以及推动公司履行社会责任，都是非常重要的。

2. 领导权结构

董事会领导权结构，主要是指董事长和总经理两个职位是分离还是合一。它关系到公司的决策效率、内部监督机制及公司的社会责任。一方面，董事长和总经理分离可以提高公司的内部监督效果。董事长主要负责公司的战略决策和董事会的运作，而总经理则负责公司的日常运营。董事长可以从一个更独立的角度对总经理的工作进行监督，防止总经理滥用权力或做出损害股东利益的决策。另一方面，董事长和总经理合一可以提高决策效率。董事长兼任总经理，对公司的运营和决策有更大的控制权，可以更快地做出决策，尤其在面临紧急情况或需要快速反应的时候。此外，这种结构也可以减少公司内部的冲突和矛盾，提高公司的运营效率。

对于企业社会责任，董事长和总经理的角色也有所不同。总经理通常更关注公司的经济效益，而董事长则需要考虑更广泛的利益相关者。因此，如果董事长和总经理分离，董事长会更积极地推动公司履行社会责任。总的来说，董事长和总经理是分离还是合一，没有统一的答案，需要根据公司的具体情况来决定。

3. 二级专门委员会

董事会下设的二级专门委员会如下：审计委员会，主要负责监督公司的财务报告过程，包括审查公司的财务报告、内部控制系统，以及与外部审计师的关系，对于保证公司财务报告的准确性和透明度，防止财务欺诈行为有重要作用；薪酬委员会，主要负责制定和审查公司的高级管理人员薪酬政策，包括薪酬水平、薪酬结构和激励机制等，对于激励管理层提高公司业绩有重要作用；提名委员会，主要负责推荐董事会和高级管理人员的候选人，以及审查公司的领导层计划，对于保证公司领导层的质量和连续性有重要的作用；社会责任或者企业公民行为委员会，负责监督公司的社会责任活动，包括环保、社区关系、员工福利等方面，对于推动公司履行社会责任，提高公司的社会声誉有重要作用。

二级专门委员会的设立，有助于提高董事会的工作效率，因为它们可以专注于处理特定的问题，而不需要占用全体董事会的时间。同时，二级专门委员会也有助于提高董事会的决策质量，利用专门的知识和技能，深入研究特定的问题；还有助于提高公司治理的透明度，因为它们需要定期向全体股东报告其工作结果。

三、 监事会结构与企业社会责任

监事会是公司治理结构的重要组成部分，主要负责监督公司的运营和管理，保护股东和其他利益相关者的权益。监事会的主要职责之一就是监督公司的高级管理层，确保管理层的决策和行为符合公司的战略目标，符合股东的利益，符合法律法规的要求。如果管理层存在滥用职权、贪污腐败、内幕交易等不道德的行为，监事会有责任揭露这些行为，保护公司和股东的利益。监事会需要定期向股东和公众报告他们的工作情况，包括对公司的监督情况、公司的经营状况等，有助于提高公司治理的透明度，增强公众对公司的信任。

监事会成员通常独立于公司管理层，从独立的角度对公司的运营和管理提供意见和建议，帮助公司改进治理，提高经营效率。监事会和独立董事都有监督公司运营和管理的职责，但角色和职责有所不同。监事会主要负责监督公司的运营和管理，保护股东和其他利益相关者的权益；而独立董事在董事会中提供独立的、客观的意见，帮助公司做出更好的决策。一般来说，公司章程有明确规定，监事会有权对公司的财务报告、内部控制系统、合规性等进行审查，对公司的高级管理层进行评估和监督；而独立董事的职责主要是在董事会中提供独立的意见和建议，他们没有直接的管理职责，也没有对公司的运营和管理进行审查的权力。监事会的成员通常是独立于公司管理层的，他们可能是公司的股东、员工代表或外部专家；而独立董事则必须是完全独立于公司的人士，他们不能是公司的员工或股东，与公司或公司经营管理者没有重要的业务联系或专业联系。

总的来说，监事会在遏制董事会及管理层滥用职权等方面起到一定作用，从而保护了其他利益相关者的权益，对企业履行社会责任有着积极作用。

四、高管激励与企业社会责任

1. 股权激励

高管的激励主要是通过股权激励实现的。股权激励是一种企业用以激励员工、管理层或者合作伙伴等提高工作效率和效果的方式，通过将公司的股权或者股权相关的权益赠予或者以低于市场价格出售给他们，使他们在享受公司发展带来的经济利益的同时承担一定的经营风险。股权激励主要有以下几种形式。

（1）股票期权：公司给予员工一种选择权，即在未来的某个时间，以预先确定的价格处理公司的股票。股票期权通常分为购买期权和出售期权。购买期权赋予持有者在未来以预定价格购买股票的权利，出售期权赋予持有者在未来以预定价格出售股票的权利。公司通常会将股票期权作为一种激励方式授予员工，尤其是高级管理人员，将员工的利益与公司的利益紧密地绑定在一起。这种机制鼓励员工努力工作，提高公司的业绩，以提高公司的股票价格。但股票期权会鼓励员工过度关注短期的股票价格，而忽视公司的长期发展。

（2）股票赠予：公司直接将股票赠予员工，员工立即成为公司的股东，让员工直接分享公司的利润，增强员工对公司的归属感和忠诚度。股票赠予的方式通常有两种：一种是无条件的股票赠予，员工无须满足任何条件即可获得股票；另一种是有条件的股票赠予，员工需要满足一定的工作表现、服务年限或者公司业绩等条件，才能获得股票。股票赠予简单直接，员工可以直接获得公司的股票，而无须承担购买股票的成本。

（3）股票购买计划：员工可以在公司设定的购买期内以折后价格购买公司股票，这样可以激励员工，也可以帮助公司筹集资金。员工可以选择每个工资周期扣除一定比例的工资用于购买股票，这部分工资通常是在税前扣除的。员工成为公司的股东可以增强员工的归属感和忠诚度。然而，员工购买的公司股票也可能会贬值，存在一定的风险。

（4）限制性股票：公司在员工满足一定条件的情况下赠予员工股票，但不能随意出售或转让股票。限制性条件包括服务年限（即员工必须在公司工作一定的年数）、业绩目标（如公司的销售额或利润达到一定的水平）、股价等。它可以激励员工长期为公司工作并提高业绩，帮助公司留住关键员工为公司的长期成功作贡献。然而，员工会因为公司的业绩不佳而无法获得股票的所有权，限制性股票的价值取决于公司股票的市场价格，如果市场价格下跌，员工会面临损失。

（5）股权信托：公司将股票放入信托，信托的受益人可以是员工或者其他人，主要是用作员工退休福利。

高管持股和员工持股是目前常用的激励方式，可以将高管利益与公司利益紧密绑定，激励高管为公司的长期发展作出贡献。在一定程度上解决委托人与代理人利益不一致的问题，降低了委托-代理所产生的一系列的伦理问题和道德风险。但如果高管持有大量股权，可能会削弱其他股东和利益相关者的影响力，导致公司治理的不公平。在实际经营管理中，高管更有可能选择保守的经营战略来降低财务风险，出于财务保护的动机可能会使其管理者为避免因承担企业社会责任行为而引起的成本支出及潜在的风险，表现出较差的社会责任。

对公司负责任的高管在接受股权激励时，应当增强对公司的忠诚度，以公司的长远利益为出发点，避免仅关注短期利润，应该关注公司的可持续发展，并做出有利于公司长期健康发展的决策。高管在利用其股权时，应避免利益冲突，特别是在涉及内部信息交易时，应严格遵守相关法律法规和公司政策。作为负责任的委托-代理方，公司在实施股权激励计划时，应确保流程的透明度和公正性，对所有受益者公平。

2. 其他激励方式

除了股权激励，企业还有薪酬、奖金、福利待遇等激励高管减少短期行为的办法。基本工资、奖金、津贴等薪酬激励通常与高管的职责、业绩及市场行情高度相关，根据公司的业绩设定奖金，以激励高管提高工作效率和效果。企业一般会设定一些 KPI，根据高管达成指标的程度给予奖励。为了形成长期的合作关系，企业通常还会提供一定的福利待遇，包括医疗保险、退休金计划、假期、教育培训等，提高高管工作满意度。各种激励方式的目的是通过将高管的收入与公司的业绩挂钩，使高管有动力追求公司的最大价值，使高管的利益与股东的利益更加一致。

在实施绩效薪酬、奖金、福利待遇等高管激励措施时，薪酬和福利待遇的不公平分配可能导致内部不满和低效率。如果高管的薪酬远高于普通员工，或者高管享有特别优厚的福利待遇，可能会影响员工的士气和工作动力。如果薪酬和福利制度缺乏透明度，可能会引起内外部利益相关者的质疑和不信任。如果奖金和福利待遇与高管的真实绩效不匹配，即使在公司业绩不佳时，高管仍然获得高额奖金，会导致资源浪费和不公平现象。高管为了实现个人薪酬和奖金目标，可能会做出损害公司长期利益的决策。例如，为了达到短期业绩目标，牺牲长期研发投入、忽视环保或者违反道德规范。

为了减少这些道德风险和伦理问题，企业应该建立一个综合的、平衡的激励机制，既考虑短期业绩，也注重长期可持续发展，并且确保激励措施的公平性、透明度和与公司整体目标的一致性。薪酬应与高管的工作绩效和对公司贡献成正比，同时考虑到公司的整体财务状况和普通员工的薪资水平。奖金和福利待遇应与高管的真实绩效相匹配，避免因绩效评估不准确而导致不公平现象。设计激励方案时，不应过分侧重短期业绩，而应将重点放在公司的长期发展和可持续性上。设定与长期业绩相关的 KPI，如创新成果、市场份额扩展、环保和社会影响等，来鼓励高管做出有益于公司长远发展的决策。

第三节　公司外部治理机制与企业社会责任

公司治理和企业社会责任受到资本市场、劳动力市场和产品市场等诸多外部因素的影响。资本市场通过价格机制、融资机制和并购机制等方式，投资者的压力、市场的奖励和惩罚机制，以及公司融资和并购的需求对公司治理和企业社会责任产生影响。企业的公司治理和社会责任表现会得到劳动力市场的反馈，影响其吸引和保留人才的能力。在产品市场中，公司的管理和社会责任表现会影响消费者的选择和公司的竞争地位。

一、资本市场与企业社会责任

资本市场是影响公司治理和企业履行社会责任的重要外部条件，有效的资本市场主要在三个方面对公司治理产生影响：一是资本市场的融资机制，投资者可以选择投资的企业；二是价格机制，传达公司经营信息，降低股东对管理层的监督成本；三是并购机制，通过外部压力提高公司治理的效率。

1. 投资者的选择

资本市场的投资者根据资金的多寡分为机构投资者和个人投资者。考虑到成本，个人投资者一般不会直接去监督企业，而是要求提供详细的财务数据，同时依靠证券市场的管理规范保证信息畅通、及时更新和公平交易。大部分情况下，个人股东是"用脚投票"，在公司管理经营不善时卖出公司股票。一般而言，机构投资者投资资金量大、收集和分析信息的能力强、注重资产的安全性。在持股比例较小时，机构投资者对于经营不善的上市公司也会"用脚投票"。但持股比例较高时，机构投资者的售出行为会影响股票价格，进而影响自身的市场表现，由于机构投资者持股量大，其监督成本相对于监督收益是可接受的。机构投资者将企业社会责任的各种因素作为评估企业状况的评价标准，通过量化评估，将其应用于投资决策中。因此，机构投资者更有动机监督企业的经营管理状况，主动采取策略帮助上市公司改善公司治理水平，成为公司外部治理的一个重要方式。

作为公司股东，投资者有权在股东大会上对公司重大决策进行投票，选举董事会成员、决定分红政策，推动公司改善治理和履行社会责任。大型机构投资者也可以直接与公司管理层沟通，提出他们对公司治理和企业责任的看法和建议。"负责任投资"的策略强调在投资决策中考虑 ESG 因素，投资者会更倾向选择投资有良好公司治理和社会责任的公司。

2. 股票价格

公司的经营信息可以被编码到股票价格中，为投资者提供了关于企业的经营信息。基于"有效市场假说"，在一个有效的市场中，所有可获得的信息都已经反映在股票价格中。如果一家公司的管理层表现优秀，将通过公司的盈利状况、增长前景等信息反映出来，并且这些信息会被市场快速消化，股票价格上升；相反，如果管理层表现不佳，如公司的财务状况恶化或者出现丑闻等负面信息，这些信息也会被市场迅速反应，股票价格下跌。股东可以通过观察和分析股票价格的变动及市场上的其他信息，来判断公司的经营状况和管理层的表现。这种方式显著降低了股东对管理层的监督成本，但市场并不总是有效的，信息的传播可能会被扭曲或延迟，而且市场价格还可能受到投机和操纵的影响。股票价格也只是在一定程度上反映了公司经营信息，股东和其他利益相关者仍然需要通过与其他方式相结合评价公司治理和企业社会责任的履行情况。

3. 并购活动

并购是两个或多个商业实体为了实现规模经济、市场扩张、获取关键技术、提高市场竞争力等目的，通过法律手段达成的合并或收购活动。合并是两个或多个公司合并为一个新的公司，原公司停止存在，其资产、负债、权利和义务由新的公司承接，通常发生在业务、产品线或市场相似的公司之间，目的是扩大规模、减少竞争或实现经营效益。收购是一家公司（收购方）购买另一家公司（被收购方）的全部或大部分股权，从而取得其控制权，帮助公司快速扩张，获取新的技术或市场，或者消除竞争对手。通过并购活动，可以实现资源的重新配置，提高企业的运行效率。

（1）并购活动会对公司产生外部压力。如果公司的业绩不佳或者公司治理存在问题，更易受到其他公司的收购。促使公司改善其治理结构和运行效率，以避免被收购。潜在的收购者会因为看到目标公司的潜力或者改革空间，而有动力收购并改革这家公司。

（2）收购公司通常会对被收购公司进行深度审查，然后根据自己的经营策略和能力，对被收购公司的资源进行重新配置。收购公司会根据自己的治理模式和经验，对被收购公司的治理结构进行改革，以提高公司的运行效率。

（3）并购过程通常需要大量的信息公开和交流，提高公司的信息透明度。被收购公司需要公开大量的财务和运营信息，以便潜在的收购者做出决策。信息公开有助于提高公司治理的透明度，外部的股东和监管机构可以更好地监督公司。

在并购后，新的管理层会将他们的价值观和责任观念带入公司，影响企业的社会责任实践。并购活动也会影响企业与其利益相关者的关系。如果并购活动导致员工被裁员或者福利削减，就会引发社会关注和批评，影响企业的社会责任表现。如果收购了一家在环保或者劳工权益方面有问题的公司，那么收购公司需要负责解决这些问题，以满足社会责任的要求。如果并购活动使公司获取了更多的资源，那么公司有能力做更多的社会责任投入；反之，如果并购活动使公司资源紧张，那么公司需要减少在社会责任方面的投入。

二、劳动力市场与企业社会责任

1. 经理人市场

良好的公司治理和企业社会责任可以帮助企业在竞争激烈的劳动力市场中吸引和保留优秀的人才。经理人市场竞争激烈，只有在企业管理和业绩上表现出色的职业经理人才能在竞争中脱颖而出。经理人市场强调的是结果和业绩，即以成败论英雄。如果高层管理者能够带领企业取得良好的业绩，那么他将得到市场的认可和奖励，包括更高的薪酬和更好的职业发展机会；反之，如果他的表现不佳，他会受到惩罚，包括失去工作和职业发展机会。优胜劣汰的机制鼓励高层管理者提高管理水平和业绩，有效地约束高层管理者的行为，更关注企业的长期健康发展，而不是短视的利益追求。

企业可以在职业经理人市场上选择那些既具备强大的商业技能，又有强烈的社会责任意识的职业经理人。这些经理人可以把企业的社会责任理念融入企业的战略规划和日常管理中，推动企业更好地履行社会责任。作为企业的决策者和领导者，职业经理人的言行会影响企业的员工、客户和其他利益相关者。如果职业经理人积极推动和参与社会责任活动，则会有助于塑造企业的社会责任形象。

企业的社会责任活动反映了企业的价值观。如果企业的声誉较好，可以吸引更多的优秀职业经理人；反之，企业可能会失去吸引和保留优秀职业经理人的能力。

经理人市场的发育程度越高，企业在履行社会责任时越积极。在经理人市场较完善的地区，高层管理者面临的竞争相对激烈，其为保持自身的竞争力会减少谋求自身利益的行为，最大限度地发挥个人才能来提升公司业绩，维护利益相关者的权益；发育良好的外部经理人市场能够为企业进行人才评估提供更多的参考标准，缓解信息不对称问题，从而更精准地筛选高素质管理者。

2. 雇主形象

现在的求职者更倾向于选择具有良好社会责任形象的企业，以满足他们的价值观和对工作的期待。如果企业具有良好的社会责任形象，能更轻松地吸引和保留优秀的员工，降低企业的招聘和人力资源管理成本。

企业的社会责任形象不仅可以吸引人才，还可以帮助企业保留现有的员工。当员工看到他们的企业正在为社会作出积极贡献时，会感到满意和自豪，从而增强对企业的忠诚度和归属感。良好的社会责任形象可以提升员工士气，使其感到工作有价值，从而提高工作满意度和工作效率。

三、产品市场与企业社会责任

产品市场是企业出售产品或劳务的场所，产品市场的竞争情况对企业履行社会责任有一定的影响。产品在市场上的竞争情况一定程度上可以反映高层管理者的能力和认真程度。

1. 对公司治理的影响

（1）在激烈的产品市场竞争中，企业必须建立有效的治理机制来提升公司的运营效率。如果管理者不能做到这一点，则可能会失去职位，他们通常会为企业谋取利益，以避免企业倒闭。此外，为了在竞争中立于不败之地，管理者还需要制定符合企业社会责任的管理策略。

（2）市场竞争能有效地解决代理问题，因为市场竞争会淘汰那些效率低下的公司。在高度竞争的产品市场中，企业需要不断创新以保持竞争优势，管理层决策者更重视投资研发和创新活动，使其更偏向长期稳定地发展，通过产品和服务的创新为社会贡献价值。产品市场的竞争会促使企业更加关注消费者需求和权益，因为只有提供质量高、符合消费者期待的产品，才能在市场上立足。产品市场竞争能对公司的内部治理机制产生压力，推动公司改善其治理结构，提高经营效率。

2. 对社会责任的影响

（1）竞争激烈的市场需要企业有更强的社会责任意识，因为消费者更愿意购买那些有社会责任的企业的产品。高层管理者为了增强企业在产品市场上的竞争力，会更积极地履行社会责任，向外界传递利好消息。消费者对企业的社会行为有更敏感的反应，他们会用自己的钱对企业进行"投票"。因此，企业必须成为一个有道德的企业公民，提高企业社会责任的履行水平。

（2）产品市场竞争程度越高，公司越倾向于承担更多的社会责任。社会责任的履行能提升企业的声誉，增强消费者对企业产品的信任，从而提高企业的市场份额和竞争力。

而在竞争较小的市场中，企业没有太大的生存压力，因此，即使企业积极承担社会责任，也不会明显改善企业的经营状况，因此，它们没有强烈的履行社会责任的动机。

高度的市场竞争促使企业在治理结构、产品创新、消费者权益保护、环保等方面做出积极的改变和投入，提升整体竞争力和社会影响力。产品市场的竞争能激发管理者的动力，推动企业提升其治理机制，同时也会推动企业提高其社会责任意识，从而增强企业的竞争力，提升企业的市场地位。

四、法律制度与社会舆论对企业履行社会责任的约束

1. 法律制度对企业履行社会责任的约束

法律责任要求公司在生产经营中要遵守法律法规的相关规定，如依法纳税履行对政府的社会责任，遵守《劳动法》的规定履行对职工的社会责任，等等。相关法律制度越完善，公司履行社会责任的法律约束性就越强，承担的社会责任就会越多。公司治理的多个机制的有效发挥都根植于外部制度环境，如外部的资本市场上、经理市场和产品市场上，完善的监管制度能够保证良好的市场体系，从而直接或间接地影响企业高管履行社会责任的行为。

（1）法律制度是公司治理的基础，公司治理主要是通过规则和制度来进行管理的过程。法律规定了公司治理的基本框架和要求，包括公司的股权结构、决策过程、透明度、责任和问责制度等。对违反这些规定的处罚也是法律规定的，为公司治理提供了基本的遵循和强制机制。法律还规定了公司内外部利益相关者的权利和义务，如股东、董事、管理层和职员的权益，以及公司对环境和社区的责任等，是公司承担社会责任最强有力的约束力。

（2）法律制度为公司社会责任的履行提供了基本的指导和强制性标准。《环境保护法》要求公司必须遵守环保标准，《劳动法》规定了公司对员工的权益保障等，规定了公司在生产经营过程中必须遵守的社会责任基准。

（3）法律制度也对资本市场、产品市场和职业经理人市场等产生影响，从而间接地影响公司治理和社会责任。证券法规定了公开透明的信息披露制度，从而确保了资本市场的公正性和公平性。《反垄断法》保障了产品市场的公平竞争，为公司履行社会责任提供了良好的竞争环境。

尽管法律制度为公司治理和社会责任的履行提供了框架和指导，但同时也提出了挑战。法律对某些问题的处理会引发道德或社会责任的争议，企业必须时刻警惕法律责任的最低标准不应成为其社会责任的最高目标。环境法规设定了企业排放污染物的最大限度，企业应当主动采取行动，尽可能减少其对环境的影响。法律通常规定了最低工资、工作时间等基本劳工权益，企业应该提供更好的薪酬福利、工作环境和职业发展机会，尊重员工的权益。

2. 社会舆论对企业履行社会责任的约束

现代社会的信息传播速度极快，媒体在塑造和传递企业形象、影响消费者和公众的

观念中发挥了关键作用。当媒体关注并积极报道企业履行社会责任的行动，如可持续发展实践、对员工的优良待遇、对社区的贡献等，企业可以获得更高的公众知名度和正面形象，这可能进一步吸引投资者、消费者和优秀人才。媒体也是公众监督企业行为的重要渠道。当企业行为不当时，媒体会揭露这些行为，引发公众的质疑和不满，进而对企业造成负面影响。这种舆论压力可以使企业产生改变不良行为的动机，推动其更好地履行社会责任。

随着舆论监督和民众意识的提升，企业需要对社会的贡献和责任有更深入的理解和重视。社会舆论对企业的行为、态度，以及企业与社会之间的关系有着显著的影响。如果企业未能满足社会舆论对其责任的期望，则可能会面临严重的声誉危机。企业对社会责任的态度和行为将直接影响公众对其品牌形象的看法。社会舆论对企业的期望和压力，会推动企业在其战略决策中考虑到社会责任。例如，公众会要求企业在环保、社区投入、员工福利等方面采取更为积极的政策。

媒体和公众对企业的监督，也促进了企业社会责任的发展。在公众的期望和压力下，许多企业开始更加重视社会责任，并将其融入企业战略和日常运营中。同时，许多企业也开始公开发布社会责任报告，以便公众可以了解和监督其社会责任的实践和进展。

第四节　基于企业社会责任的公司治理能力的提升

鼓励公司履行企业社会责任是习近平法治思想的重要组成部分，为落实新发展理念，构建多赢共享的公司利益共同体，促进企业对社会责任的履行，保证企业的长期发展，在公司治理的过程中应当嵌入企业社会责任，分别针对企业内部的激励约束的制度安排和外部的资本市场、劳动力市场、产品市场及国家法律和社会舆论。

一、公司内部治理

1. 股权结构

（1）优化股权结构。公司股权集中度高时，持股比例高的大股东积极参与公司决策能够缓冲部分中小股东"搭便车"行为带来的不利影响。但是，过于集中的股权容易造成"一股独大"的情形，会损害中小股东的权益，因此要保持适当的股权分散度来加大对企业行为的监督，避免大股东侵害中小股东权益。企业应该从自身的经营情况出发，综合考虑市场因素，合理规划股权集中度，调整股权结构，合理分配股权，确保各利益相关者的权益得到保护，同时也有利于公司治理的民主化。

（2）外部股东往往能带来新的观点和经验。在必要的时候引入外部股东，有助于提高公司的决策水平，提供更严格的监督，促使公司的决策更加客观和公正。

（3）公司在设计股权结构时，应该充分考虑权益投票机制的影响，以确保公司的稳定性。

（4）在资本市场进行公司股权交易时要防止恶意收购，面对恶意收购可以采取"毒丸计划""白衣骑士"等办法。"毒丸计划"又称股东权利计划，当公司遇到恶意收购时，若收购方占有的股份超过一定阈值，公司会增发低价的新股，来保证自己的控股权，即公司通过摊薄股权，加大收购方的收购成本，从而阻止收购方控股。"白衣骑士"策略是在公司面临恶意收购时，引入一个友好的第三方公司或投资者，收购部分或全部股权来保护公司免受敌意收购的影响，引入的这个第三方通常被称为"白衣骑士"。"白衣骑士"与目标公司有良好的关系，愿意帮助目标公司保留独立性，并且收购条件相对友好，不会对公司现有管理层或发展战略造成过度干扰。这是较为常见的反对恶意收购的办法，当一家企业面临不怀好意的收购方试图低价强行收购时，目标公司主动寻找"白衣骑士"。"白衣骑士"提供更有利于目标公司的条件来接管股权，从而阻止恶意收购者的计划。这个策略不仅能保护目标公司的利益，还能为其争取更有利的谈判空间。

2. 董事会结构

1）优化董事会规模与结构

确定合适的董事会规模，既要保证决策的科学与效率，也要确保对管理层的监督，公司可以根据行业特征、企业规模、董事会结构、经营状况等来确定合理的董事会规模。目前有些中国企业内部董事占比较大，过高的内部董事比例会影响企业绩效的提升，因此要适当降低企业内部董事的比例，提高独立董事的比例，吸收一些年轻的专业人才。

2）独立董事

独立董事独立于公司任务，对于公司决策能够做出独立判断。中国上市公司独立董事中大部分是具有深厚科研背景，但不善于管理，难以在实际的企业治理过程中发挥参与决策的职能。适当调整独立董事的人员构成，如增加企业社会责任专业领域的人员，能够有利于在事前做好管理。

3）专业委员会

在董事会设立社会责任委员会，由专业人士对公司决策进行研究并提出建议，同时做好对企业社会责任履行的常态化监管。社会责任审计人员应该来自非政府组织和其他民间团体，使利益相关者能真正参与到对信息质量的监督过程中去，保证公司披露的社会责任审计信息真实可靠、可以减少舞弊行为，从而降低企业丑闻发生概率，提高公司的社会公众形象，也更好地落实社会责任。在董事会设立专门的战略委员会，将公司战略目标与社会责任战略管理紧密联系起来，通过在战略规划中公司资源的分配决策同社会责任战略保持一致，实现公司的可持续发展。

3. 监事会结构

建立高效的监督机制是公司治理必然会面对的问题，监事会作为企业的重要监督组织，在一定程度上能够抑制代理成本，减少"内部人控制"现象。在一定范围内扩大监事会规模和提高监事会会议次数，不但能够增强监督力量，更好地履行监督职能，保证公司正常有序地经营，还能尽可能地避免错误决策以及滥用职权等现象。同时，需严格对监事会人员的选用，适当增加员工参与监事会的机会，重视监事会人员对社会责任的理解，增加监事会的独立性，提高监督效率。

4. 高管激励

对高管的激励和约束机制是公司治理机制中缓解委托−代理问题的一个渠道。高管激励的条件应该是多样化的，但目前普遍存在的激励条件就是与企业经营业绩挂钩，而有效的激励机制应该着眼于长期指标，从不同的角度考虑，形成综合的高管业绩考核体系。那么，可以在对高管激励的考核体系中加入企业社会责任绩效的因素，形成更全面的高管激励机制，提高高管对企业社会责任的关注程度，有利于企业更好地履行企业社会责任。

二、公司外部治理

1. 资本市场

在资本市场上，可以在企业融资环节加入对社会责任的评估。例如，在企业的信贷融资中，金融机构已经开始对企业进行"绿色信贷"评估，将企业在环保方面的情况纳入征信评价系统；在股权融资市场，可以将企业的社会责任活动纳入股权融资、再融资的审批体系中，通过融资审批、融资成本等来引导企业社会责任行为方式的建立；在投资者的评价标准中，要强化企业社会责任的内容，不能仅仅集中在经济因素、财务绩效等方面。除了股票市场，银行信贷和机构投资者等也应在投资项目的评估过程中强化社会责任标准，推动企业社会责任的履行。

2. 劳动力市场

1）完善经理人市场体系建设

培育与发展经理人市场的总体目标是逐步建立统一、开放、完备、规范的经理人市场。在国家宏观调控下，实现经理人自主选择企业，企业自主选择经理人，推动经理人市场建设，还要注重对职业经理人的信用制度的建立健全。首先，经理人市场存在的前提是有一定规模的职业经理人，因此要增加培养经理人人才的投入，构建权威的资格认证体系和有效的评价机制，运用制度规范引导经理人行为、提高经理人素质，不断提高经理人资源供给的数量和质量。其次，为经理人营造公平竞争的市场环境，发展大规模的经理市场。再次，在企业内部要建立和完善与职业经理人引入机制的配套制度，避免因为内部制度的欠缺阻碍了外部机制的运行。最后，健全相关的法律法规，在职业经理人市场促进中介机构的发展，为市场交易提供法律保障和信任基础。在经理人市场建立完善过程中，也需要协调匹配相关的劳动人事制度、社会保险制度等，建立和完善相关中介机构。在进行高管聘任时，政府应该减少委派和直接任命，不要过多行政干预，鼓励通过外部市场招聘，直接从经理人市场中选聘适合企业经营发展的管理者人选，为经理人市场的发展创造良好的环境。

2）加快建立对国有企业管理者的激励和约束机制

有效的激励和约束机制是充分调动高层管理者提高企业绩效和履行社会责任积极性的有效手段。如果没有正确使用约束和激励机制，很容易出现所谓"内部人控制"问题，甚至有一些企业高层管理者做出假公济私、贪污腐化等损害企业利益的行为，反而加大代理成本。建立对企业高层管理人员的高效约束和激励机制的常用办法是把他们的收入与其经营业绩直接挂钩。市场经济国家通常会根据经理人市场上由竞争所形成的价格，对企业高管实行年薪制。对企业高管人员而言，年薪制既增加了动力又加大了压力，体现了高风险、高回报、责任、风险、利益相一致的原则，这也将高管个人利益和企业长远利益相关联，能够有效地约束和激励高管人员；年薪制促使经营者向职业化角色转化。此外，可以在管理者的评价体系中加入对企业社会责任的考量，激励管理者积极作为，促进企业承担社会责任，管理者为了在求职市场上提高个人的竞争力，也会丰富自己的工作内容，促进企业承担社会责任。

除了完善建设经理人市场，在普通员工的劳动力市场中，企业应该为劳动者提供完善的保障，不歧视劳动力市场中的一些弱势群体。

3. 产品市场

1）加强市场竞争管理

保证产品市场的竞争性，同时规范行业竞争，形成企业间的良性竞争关系，防止价格战等恶性竞争现象。产品市场对企业履行社会责任的影响主要来自公众对企业社会责任的关注。在竞争激烈的产品市场上，消费者和供应商在评估交易对象时会考虑企业社会责任。为了保证企业在市场上的竞争力，企业管理人员会将企业社会责任纳入公司战略中。但是，当企业间竞争过于激烈，出现恶性竞争时，企业的资源会投入竞争之中，从而没有能力承担社会责任，导致企业社会责任的缺失。因此，政府部门也要监管产品市场，既要保证一定的竞争程度，同时防止出现恶性竞争行为。在修订产品市场竞争的相关法律法规时，要统筹兼顾各部法律，如《反不正当竞争法》《反垄断法》《公司法》《公司治理准则》之间的衔接，从而更好地发挥市场竞争机制在促进企业社会责任履行方面的作用。

2）强化企业服务意识

竞争激烈的产品市场上，企业会努力创新、加强管理、降低成本，从而实现企业资源的高效配置。企业要想在激烈的市场竞争中占有优势地位，必须努力提高自身产品的竞争力，强化服务意识，积极履行社会责任，在社会公众心中树立良好的企业形象。

4. 国家法律与社会舆论

1）完善国家法律制度

法律是政府进行社会管理的重要手段之一，也是企业履行社会责任的依据。《公司法》要求企业必须承担和履行社会责任，但没有做出详细规定，应该细化这些规定，对企业履责范围、履责方式及奖惩措施做出明确规定，为企业承担社会责任提供可参照的依据，并画出红线。同时，要考虑法律条文与《消费者权益保护法》《劳动法》《环境保护法》等法律之间的衔接，形成完善的法律法规体系，同时在企业社会责任相关法律执行与落实方面要加强监督与管理。

2）完善媒体行业舆论监督作用

新闻媒体应该正确引导社会舆论，发挥其传播力、引导力、影响力和公信力，缓解市场中的信息不对称现象。各大新闻媒体应该承担起责任，向社会公众提供真实可靠的信息，在报道内容上加大对社会责任内容的关注度，对企业产生舆论上的压力或激励，使企业能够更有动力承担社会责任。但媒体行业的外部监督功能难以全面发挥，忽视了对部分行业的信息披露。为此，要加强对媒体行业的规范管理，完善惩罚机制，更好地发挥媒体行业作为外部监督机构的作用。

相比一般的媒体报道，负面报道往往更能吸引热度，为媒体行业赚取商业利益。对于企业而言，负面报道会让企业更主动地去履行社会责任，但也使企业的形象和价值受损。因此，新闻媒体应该以公平公正价值判断，传播和报道新闻事实，有力地发挥出负面新闻对于促进企业社会责任履行的作用。

■ 本章思考题

1. 公司治理存在哪些问题？这些问题会造成怎样的后果？
2. 公司内部治理机制会如何影响企业社会责任？
3. 公司外部治理机制会如何影响企业社会责任？
4. 企业社会责任通过何种机制影响公司的治理能力？

■ 本章小结

本章主要介绍公司治理中的伦理与责任问题。首先介绍了公司治理中存在的问题，包括委托-代理、股权结构、交易成本、外部性所产生的伦理问题；其次介绍了公司内外部治理机制与企业社会责任履行之间的关系；最后介绍了如何基于企业社会责任改善公司治理机制。

第八章
企业社会责任与可持续发展

■ *本章学习目标*

1. 掌握企业可持续发展观的概念。
2. 了解可持续发展观与低碳经济的提出过程。
3. 理解企业可持续发展观的内涵。
4. 掌握企业可持续发展观的影响因素。
5. 理解可持续发展对企业履行社会责任的影响与意义。

在现代市场经济社会中，企业的可持续发展继承了可持续发展思想的核心，在追求经济利益维持自身生存的同时，也要追求社会事业，扩大企业价值，促进企业外部环境的稳定，还要保护和改善所有人类赖以生存和发展的生态环境，实现经济、社会和环境协调、可持续的发展。企业可持续发展既反映了企业的成长性，也体现出其可持续性，因此对企业发展格外重要。

企业社会责任与可持续发展关系密切，企业承担社会责任是追求可持续发展的内在动力。企业可持续发展是企业社会责任的目标与要求，也是企业社会责任的本质。在全球化和信息时代，企业与社会之间的联系更加紧密，企业的行为和决策对社会和环境产生的影响也更加明显。因此，企业应当认识到自身的社会责任，并将其融入企业的战略和运营中，以实现经济效益、社会效益和环境效益的统一，推动企业可持续发展，并为全球可持续发展作出贡献。

第一节 企业可持续发展观

一、可持续发展观

可持续发展观是实现人类全面且持续发展的高度概括，旨在追求生态、经济和社会复合系统的健康、稳定和持续的和谐发展，是世界各国人民生存和发展的共同选择。

1. 可持续发展观的提出

在中国古代思想中，许多理念和观念可以体现可持续发展的元素，虽然当时没有现代可持续发展理念的系统性表达，但这些思想仍然包含对环境、社会和经济的平衡和协调的关注。和谐思想强调人与自然、人与人之间的和谐相处，人应该尊重自然、顺应自然规律，避免过度开发和破坏环境，以确保人类社会和自然环境的和谐共生。中庸之道强调"不偏不倚"，在各个方面寻求平衡，社会秩序和经济发展注重稳健发展，避免极端的追求，从而保持社会的稳定发展和可持续性，不可竭泽而渔，强调资源的合理利用和保护，提倡避免过度开发和消耗资源，以确保资源的可持续利用和社会的长期繁荣。

进入工业化社会之后，人类遭遇了人口爆炸增长、资源过度开发、生态环境污染等一系列世界性的环境问题，可持续发展的问题引起了世界广泛关注。1987年，世界环境与发展委员会在《我们共同的未来》（*Our Common Future*）报告中首次提出可持续发展观。全球在可持续发展领域进行了多次会议和报告，推动了这一概念的发展和演变。1992年的地球峰会，也称为联合国环境与发展大会，通过了《21世纪议程》（*Agenda 21*），包括一系列行动计划，旨在实现可持续发展目标。2000年，联合国通过的8个全球性目标，即千年发展目标，包括减贫、教育、性别平等等领域的目标，进一步强调了可持续发展的重要性，并将其融入全球发展议程中。2012年，联合国的可持续发展峰会通过了《我们要的未来》（*The Future We Want*），强调可持续发展、绿色经济和消除贫困的目标。2015年，联合国通过包括有17个目标和169个具体指标的可持续发展目标，涵盖经济、社会和环境等多个方面，将可持续发展观落实到具体的行动计划中，为全球的可持续发展提供了重要的框架和指导。各类全球性、地区性和行业性的会议和报告，推动了可持续发展理念在各个领域的传播和应用。

可持续发展观不仅是一种理念，也是一种行动指南，影响着政府、企业和个人的决策和行为，内涵包括如下。

（1）可持续发展观强调不仅关注经济增长，还需要考虑社会公平、环保、文化传承等多方面的问题。要求综合性地看待发展的各个方面，避免单一目标的追求而忽略其他方面的影响。可持续发展观主张经济、社会和环境三个方面之间的平衡与协调，在追求经济与社会进步的同时，需要以自然承载能力为限。经济增长应该与社会公平和环保相结合，形成良性循环。

（2）可持续发展着眼于长远未来，注重代际公平。要求当前世代满足自身需求的同时，不应损害未来世代的发展机会和资源利用权益。

（3）可持续发展强调资源的合理利用和保护。资源不是无限的，应该避免浪费和过度消耗，推动发展方式转型，采用更加环保和高效的方式利用资源。

（4）可持续发展强调环境的保护和可持续利用。发展过程中应该尽量减少对自然环境的破坏，保护生态系统的完整性和多样性。

可持续发展观最初产生于自然环保危机意识，旨在追求人与生态自然之间的良性循环，而后随着经济社会不断发展和人类认识的日益深化，进一步融入了经济、社会与环境协调的概念。随着可持续发展理念的不断推广、国际范围内环保意识的兴起与深化，以及国内政府对生态环境的积极干预和公众环境意识的逐步提高，人类开始反思和总结粗放型经济发展模式的弊端，各国对实现可持续发展的目标达成了共识，并实施相关政策与法律，激励与监督社会个体为实现集约型经济发展而改变经济行为。可持续发展是全球性的挑战，需要国际社会共同合作。各国应该共同努力，分享经验和资源，共同应对全球性的环境和社会问题。

2. 低碳经济的提出

低碳经济是在生产和消费过程中，减少温室气体排放，降低碳足迹，以减缓气候变化并实现资源高效利用的经济模式，旨在将经济增长与碳排放削减解耦，通过推动清洁能源、绿色技术和低碳产业发展，实现经济的绿色、可持续发展。

低碳经济的提出和发展是全球应对气候变化挑战的一项重要举措。通过推动低碳经济的发展，实现经济的绿色、可持续增长，既有助于应对气候变化，减缓全球变暖的速度，又能促进经济的创新和升级，为人类社会的可持续发展作出积极贡献。

低碳经济对企业经营和企业发展提出了多重要求，以适应全球可持续发展的趋势和环保的需求。企业需要采取措施降低碳排放量，包括优化生产过程、改进能源使用效率、推广清洁能源应用等。企业应积极投入绿色技术研发与应用，寻求低碳和环保的生产工艺和产品，提高资源利用效率，减少碳排放，并为企业带来竞争优势。优化资源利用，减少资源浪费和消耗，实现资源高效利用，包括能源、原材料、水等的利用。企业应鼓励并采用可再生能源，如太阳能、风能、水能等，降低对传统高碳能源的依赖，推动清洁能源的发展。与供应商合作，共同推进低碳经济，选择低碳和环保的供应链合作伙伴，从源头上降低碳排放。低碳经济是未来全球经济的发展方向，企业应当积极践行低碳理念，转变发展方式，实现经济增长与环保的双赢。

二、企业可持续发展的内涵

企业可持续发展是指企业在经济、社会和环境三个方面取得平衡和协调，以确保企业的持续经营和发展，并同时对社会和环境产生积极影响。这就要求企业在追求经济效益的同时，积极履行社会责任、保护环境、促进社会公平，以及长期稳定地利用资源，从而实现对未来世代的传承。企业层面的可持续发展要求企业不仅关注短期的经济利润，还要考虑长远的社会和环境影响。

（1）企业追求良好的经济业绩和盈利能力，确保企业的持续经营和增长，是企业可持续发展的基础，只有在经济方面获得稳健的发展，企业才能继续履行社会责任和环保义务。

（2）企业应当积极履行社会责任，关注员工权益，保障员工的合理权益和福利待遇，同时尊重消费者权益，提供安全可靠的产品和服务。企业还应支持社区发展，回馈社会，关注弱势群体，积极参与社会公益活动。

（3）企业需要注重环保，减少资源消耗，降低碳排放，防止环境污染，推动清洁生产和绿色经营。为实现可持续发展，企业需要不断创新，采用新技术和新模式，提高资源利用效率，改善产品和服务质量，推动经济转型和升级，努力实现生态平衡和资源的可持续利用。

从企业自身发展的角度，可持续发展涵盖保持创新和学习活动、提高资源利用效率、扩大企业规模以实现稳定经济利益等方面，是企业在竞争激烈的市场中保持竞争力和持续增长的关键手段。从可持续发展观的角度来看，企业的可持续发展不仅应该超越仅追求经济利益的可持续，还需要综合考虑环境和社会发展的可持续。企业除了追求经济效益和规模持续增长外，还应该注重社会责任和环保，以实现企业与社会、环境的协调发展。可持续发展强调了企业作为社会的一部分，对社会和环境负有责任。企业应积极履行社会责任来回馈社会，关注员工、消费者和供应商的权益，推动社会公平与福祉的提升。同时，企业也要意识到自然环境是企业生存的最外层屏障，应该注重资源的高效利用，控制环境污染，以保护环境和可持续发展。这样的可持续发展目标不仅有利于企业自身的长期繁荣，也对社会和环境产生积极的影响，促进了整体社会的可持续进步。

第二节　企业可持续发展的影响因素

企业可持续发展既反映了其成长性，也体现了其可持续性。这意味着，企业经营能力的提升并非一种偶然性的或短暂性的现象，而呈现长期的稳定趋势。影响企业可持续发展能力的因素很多，既包括微观层面企业内部的经营策略与管理能力，也包括宏观层面企业外部所面对的纷繁复杂的经济、社会和自然因素。

一、企业层面的因素

1. 企业的经营理念

企业的经营理念是管理者经营企业、追求企业绩效的核心思路，关乎企业的价值观、对组织环境的认知及诸多利益相关者的看法。企业的经营理念决定了企业的发展目标、行为准则和利益诉求，直接关系到企业在经济、社会和环境层面的表现，对企业的可持续发展有重要作用。

（1）企业的经营理念确定了企业的发展目标。如果企业将经济效益视为至高无上的目标，往往会忽视社会和环境的影响，盲目追求短期的利润，而忽视了长期的可持续发展。如果企业将社会责任和环保纳入经营理念中，将可持续发展视为核心目标，那么企业在决策和规划中会更注重综合效益，追求经济、社会和环境的协调发展。

（2）经营理念为企业内部提供了行为准则。若企业的经营理念强调诚信、社会责任和环保，员工将会更倾向于积极履行社会责任，关注员工福利，推动环保措施。

（3）经营理念决定了企业在资源配置上的倾向。如果企业重视创新和绿色技术发展，将资源用于推动清洁能源和低碳产业，那么企业的可持续发展将会更具长远性和竞争力；相反，如果企业只追求短期利润最大化，则会过度消耗资源，影响可持续发展。

（4）经营理念塑造了企业的核心价值观和企业文化。如果企业文化中强调可持续发展的理念，员工将更容易认同并投身于企业的长期发展，从而形成企业的长远战略和发展规划。一些互联网公司大力鼓吹加班文化，以员工个人利益的牺牲来谋求更高的企业收益，如此透支人力资源也是一种短视的行为。

如果企业将可持续发展作为经营理念的重要组成部分，将经济、社会和环境的利益纳入考虑，积极履行社会责任，那么企业将更有可能在长期发展中取得持续的成功。这种经营理念不仅有助于企业在市场上取得竞争优势，还能为社会和环境作出积极贡献。

2. 企业的管理制度

管理制度涉及企业的组织结构、管理层的决策风格、激励机制、企业文化等方面，它们共同塑造了企业的运作方式和管理效率，直接关系企业在长期发展中的表现。

（1）有效的管理制度可以帮助企业优化资源配置，提高资源利用效率。合理的组织结构、科学的流程设计和高效的决策机制，能够让企业迅速做出决策并迅速行动，从而提升生产效率和竞争力。此外，透明的激励机制和科学的绩效评估，有助于激发员工的积极性和创造力，从而更好地发挥人力资源的潜力。

（2）合理的管理制度可以促进企业内部不同层级和部门之间的协调与沟通。良好的组织结构和流程设计能够消除信息壁垒，使企业各个部门能够更好地协同合作，避免资源浪费和重复劳动，提高整体运作效率。

（3）良好的管理制度应当能够平衡企业的短期经济利益和长期可持续发展目标。适当的激励机制和绩效考核，能够避免管理层因过度追求短期利润而忽视长期发展。

（4）企业的管理制度直接影响着资本市场和社会对企业的看法。投资者和社会大众更加关注企业的社会责任和可持续性表现。一个拥有良好管理制度的企业，能够更好地获取资本市场的支持和信任，从而获得更好的融资条件和发展机会。

（5）合理的管理制度有助于企业降低经营风险。通过建立风险评估机制和应对预案，企业能够更好地应对外部环境变化和挑战，增强自身的适应能力和抵御风险的能力。

3. 企业的技术水平与创新能力

企业的技术水平是制约与推动企业发展最主要因素之一，在知识经济时代，这一特征的重要性更为突出。创新是企业整合生产要素、生产条件及组织战略管理的技术资源，决定了企业的核心竞争力，是企业可持续发展的内在要求。

（1）技术水平和创新能力决定了企业的竞争优势。拥有先进技术和持续创新的企业能够不断推出具有差异化的产品和服务，吸引更多客户并抢占市场份额。企业能够在激烈的市场竞争中保持竞争力，实现持续增长。技术水平的提高和创新能力的强大可以帮助企业提高生产效率和资源利用效率。新技术和创新方法能够改进生产工艺，降低生产成本，提高产出质量，促进企业实现资源的最优配置，从而增强营利能力。

（2）市场是动态的，技术水平和创新能力决定了企业是否能够适应市场的快速变化。只有具备强大的创新能力，企业才能及时应对市场的挑战和变化，保持灵活性和适应性。创新能力对于推出新产品和服务至关重要。随着市场需求和消费者喜好的不断变化，企业必须具备快速研发新产品的能力，以满足市场需求，扩大市场份额。

（3）创新能力也包括对外部资源的合理整合和利用。企业需要与合作伙伴、供应商和科研机构等建立良好的合作关系，共同开展创新活动。技术水平和创新能力的强大可以为企业带来更多的合作机会，拓展更多的资源渠道。

企业的技术水平和创新能力是企业可持续发展的重要保障和动力，决定了企业的竞争力、效率、适应性，帮助企业在不断变化的市场中保持持续增长，实现长期发展。

4. 企业的利益相关者

企业实现可持续发展，以企业保持核心竞争力为依托。对一个企业而言，竞争力是企业经营的前提条件，是企业素质的表现形式，是影响企业可持续发展的重要基础。企业竞争力是一个企业在市场竞争中赖以生存和发展的内在基础和条件，决定了企业在市场竞争中的地位。传统的企业理论遵循"股东至上"的逻辑，将追求股东利益最大化视为企业的目标，但在全球化的市场经济条件下，企业在生产经营过程中受到来自制度环境、投资者、社会公众等方方面面的影响越来越大，片面地追求股东利益最大化，忽视其他主体对企业寄予的期望，将失去企业稳定发展的基础。实际上，企业与各利益相关者是利益共同体，一方面，企业从各利益相关者中获取优质资源和良好的经营环境，奠定可持续发展的物质基础，包括各投资者的资本或资源投入、员工的人力资本投入、消费者和供应商的市场资本投入、政府的公共资本投入及社区和公众的社会资本投入等。这样能够保证企业经营所需的资源，降低企业社会成本，提高员工生产效率，改善与政府部门关系及增强品牌满意度。另一方面，诸多利益相关者期望企业对其投资予以相对等的回报，尽到必尽或应尽的义务，实现双方甚至是经济社会的共赢局面；否则，企业将受到法律制裁、声誉败坏、消费者抵制等惩罚，极大地削弱企业竞争力，不利于企业的可持续发展。将与利益相关者的良性互动转化成企业稳定的竞争力，是实现企业可持续发展的关键。这一重视各利益相关者利益，维护长期合作关系的方式，具有丰富的企业社会责任的思想。

企业通过承担社会责任与其供应商构建、发展和改善关系，从而为形成与提升企业竞争力、促进可持续发展奠定良好的基础。企业在与供应商共同承担并完成既定业务或交易的过程中，与供应商之间增进了解、促进沟通、加深信任、形成命运共同体的意识，结成一个整体强化彼此的合作关系，实现共同发展。企业通过履行对其供应商的社会责任，使供应商享有对企业的包括经营、管理在内的知情权和监督权等权利，从而在企业经营业绩良好的情况下，确保可以有效激励供应商与企业保持长期而稳定的伙伴关系，避免机会主义行为的出现，进而降低企业的交易成本；而当企业的经营活动出现问题时，企业也应及时向包括供应商在内的利益相关者披露相关信息，这有利于避免问题随着产业链扩散，对其他合作厂商造成影响。企业与供应商应遵循平等交易、互利交换、诚实守信、公平交易的原则，从而避免各方受到短期利益的诱惑，公平对待交易对方，而不应当通过走捷径、降低成本等做法来损害对方的利益，进而促进有关各方实现利润的最大化，这样可以降低企业搜寻新的供应商等的交易成本，从而增强企业竞争力。

企业的消费者资源是其在生产经营过程中所拥有的最宝贵的资源，消费者不仅是企业的商品和服务价值实现的最终决定者，也是创造新需求的来源，是企业可持续发展的载体。如果企业失去了消费者的信任，也就失去了赖以生存的基础。因此，如果企业重视对消费者的责任，不但可以有效地吸纳消费者资源，还能够极大地提升自身的竞争力。通常而言，招揽新消费者的成本是留住老消费者成本的若干倍，因为一个高度忠诚的消费者将为企业带来诸多好处，如更多地购买企业的新产品、提高购买产品的等级、提高品牌的人际宣传等。老消费者对新消费者的宣传是企业传播效果最好的广告，在人际关系的担保下，新消费者会忽视与企业竞争的品牌和广告，信任企业的产品，并降低了对其他产品的价格敏感程度，从而降低交易成本。企业通过提高服务质量、建立规范的消费者投诉与反馈系统、建立消费者管理制度等方式强化与消费者的关系维护，可以增强消费者对企业的信任与双方之间的友好沟通。因此，消费者资源不仅是企业经营利润的重要来源，其与企业之间存在的潜在纽带，也是影响不同企业间竞争力差别的重要因素。

政府在企业发展过程中的重要性同样是不言而喻的。企业通过履行义务，遵守法律和各项规章制度，既可以有效地规避因逃避责任所受到的惩罚与违反政策规定所遭受的制度成本，也可以赢得政府机构的信任和好感，从而营造出有益于企业发展和竞争力提升的外部环境。

社会公众是企业发展中不可忽视的利益相关者，公众对企业的印象、看法等同样会影响企业长远的发展，这也构成企业长期生存和发展的外部环境。任何明智的企业都不会忽视社会公众的作用，在当今时代，信息网络高速发展，信息传播速度的提高，使媒体的影响力大大增强，提高了社会舆情对企业的影响力度。例如，产品质量问题、企业压榨员工、偷税漏税等问题一旦在网络平台发酵，将给企业形象带来巨大的负向冲击，甚至引发全民抵制。反过来，企业通过积极承担社会责任的方式，在媒体的正向宣传下，能够更有利于向公众传达企业的价值观，提高企业的知名度和美誉度，提升企业形象进而起到宣传的作用从而在无形之中提升企业的竞争力。例如，杜邦公司作为一家主营化工产品的企业，认为企业宗旨是实现可持续发展，一直致力于保护环境等公益活动，让公众切实地感受到杜邦企业关怀环境和可持续发展宗旨的诚意；阿里巴巴、京东等利用电商平台充分挖掘海量用户数据，针对性地帮助农业劳动者线上零售，既拓宽了农产品的销售渠道，提高了农产品的销售数量，促进了农业劳动者生活水平的提高，又提升了消费者的消费品质，进一步稳固了品牌的良好口碑，保证需求源源不断。

二、经济层面的因素

1. 市场环境

市场环境是企业生存和发展的前提，市场规模的大小和供求的持续性对企业的可持续发展能力产生重要影响。

（1）市场需求是企业生存和发展的基础。如果企业的产品或服务无法满足市场的需求，无论其技术水平多么先进，都无法取得成功。了解市场需求、把握市场趋势，并不断满足消费者的需求，是企业可持续发展的重要保障。市场规模的大小直接影响企业的发展空间大小，较大的市场规模意味着更多的消费者和销售机会，有利于企业扩大业务范围和提升经济规模。

（2）供应市场提供了企业所需的生产要素和资源支持。如果供应市场的资源充足且高效，企业能够更好地获取资金、技术、人才和原材料等，有助于提高生产效率和产品质量，从而促进可持续发展。

（3）市场环境决定了企业所处的竞争环境，市场环境的竞争程度直接影响到企业的市场份额和盈利能力。如果市场竞争激烈，企业需要具备更强的竞争力和创新能力，才能在激烈竞争中立于不败之地。市场环境的监管程度对企业的经营和发展有重要影响。合理的市场监管可以维护公平竞争环境，防止垄断和不正当竞争，有利于企业公平竞争和发展；而过度或不合理的监管给企业发展带来限制和不确定性。

企业需要密切关注市场的变化和需求，灵活调整经营策略和创新能力，适应市场竞争和资源配置的变化，积极参与和引导市场监管，在不断变化的市场环境中保持持续增长和发展。

2. 经济形势

企业生存在经济系统中，任何企业都无法脱离其所存在的特定时代背景、特殊的经济发展形势。经济形势对企业的生存、发展和经营策略产生直接而深远的影响。

（1）经济形势影响消费者的购买力和消费意愿，进而决定了市场的需求量和结构。经济繁荣时，消费者信心高涨，市场需求旺盛，有利于企业销售和利润的增长；而经济衰退时，消费者紧缩开支，市场需求下降，企业面临销售不振和盈利压力。

（2）影响企业的资金来源和融资成本。经济繁荣时，融资渠道更为畅通，资金成本相对较低，企业容易获得资金支持；而经济衰退时，融资难度加大，资金成本上升，企业面临资金短缺和融资困难。

（3）经济形势对企业的生产成本和供应链管理产生影响。原材料价格和人力成本等因素随经济形势波动，直接影响企业的生产成本和盈利水平。

此外，全球经济一体化加速，经济形势对国际市场和供应链的影响也更加显著。在经济转型和信息网络时代，新兴技术和产业崛起，为企业提供了拓展业务和发展新产品的机会。在经济繁荣期，企业更倾向于扩大投资，拓展业务和市场份额。而在经济衰退期，企业更加谨慎，减少投资风险，优化内部资源配置。

三、社会层面的因素

1. 政策法律环境

（1）政策与法律法规规定了企业的行为底线，影响着企业的经营决策。市场的自由是有限制的自由，企业的经营活动会受到来自政策与法律的规范与约束，在政策与法律禁止的领域开展经营活动，将会受到法律和政府部门的制裁，进而阻碍了企业的可持续发展。例如，《劳动法》对企业在用工过程中的权利与义务进行了细致的规定，并对违反用工责任的行为做出相应的惩罚措施，企业若罔顾法律规定，贪图短暂的利润而损害劳动者的利益，需要付出更多的赔偿，大大提高经营成本。又如，在数字化时代，围绕数据安全，政府出台了一系列保护网络安全、个人隐私的法律法规，限制以互联网业务为主的企业。若企业对数据的搜集与利用程度超过了法律规定的界限，侵犯公民甚至整个社会的合法权益，必将受到法律的严厉惩罚，并失去社会公众与政府的信任，可持续发展无从谈起。

（2）完善的政策与法律是保障企业在实现可持续发展过程中采取正当竞争与不被侵犯合法权益的基础，为实现企业生命周期的相对稳定提供支持。例如，财政、信贷、人才激励等产业政策，营造出符合经济发展水平和产业发展规律的产业发展大环境，为企业的发展注入动力，对推动企业可持续发展具有关键作用；自主知识产权是企业宝贵的无形资产，知识产权保护法的健全能够有效打击盗用知识产权的行为，避免企业正当权益遭受侵犯，促进企业的健康发展，同时对企业积极主动的创新行为形成侧面激励，提升企业的竞争力。

2. 营商环境

营商环境指企业在市场经济活动中所面临的制度性因素和条件，包括影响企业生产经营决策的外部激励与约束机制。

（1）优化的营商环境为企业提供了法律保障和产权保护，企业在市场经济活动中享有合法权益，同时增强企业家的安全感和信心。合理的法律环境有利于规范企业行为，维护公平竞争，提高市场效率。政府提供高效便捷的政务服务和支持性政策，有助于降低企业的交易成本和行政负担，提高企业运营效率，增强企业的发展动力。

（2）营商环境中稳定的金融服务和多元的融资渠道为企业提供了充足的资金支持，有利于企业进行投资和扩大经营规模，促进企业的可持续发展；相反，融资难、融资成本高等不良金融环境限制企业的发展空间。

（3）良好的营商环境为企业提供了成本低廉的基础设施和公共资源，有助于降低企业生产成本，提高产能利用率，提升企业的市场竞争力。良好的营商环境将吸引更多创新型企业进入市场，推动技术进步和产业升级，提高企业的市场竞争力，促进企业的长期稳健发展。

（4）优化的营商环境有助于提高企业的公司治理水平，促进企业内外部治理机制的有效运行，减少内部损耗和不必要的博弈，增强企业的信心和发展动力，推动企业的可持续发展。

优化的营商环境为企业提供了稳定的制度保障、多元的融资渠道、成本低廉的基础设施和公共资源、高效便捷的政务服务等，有助于降低企业的交易成本，提高企业的竞争力，增强企业的信心和发展动力，从而推动企业实现可持续发展。因此，政府和相关部门应积极改善营商环境，提供更加有利于企业发展的政策和服务，为企业的可持续发展创造良好的外部条件。同时，企业也应根据营商环境的变化，灵活调整经营战略，提高适应能力，以确保在不同的经济和市场环境下都能够持续成长和发展。

四、自然层面的因素

1. 自然资源

资源为企业的可持续发展提供物质基础，直接影响着企业的运营效率、成本控制、市场竞争力及环境责任等方面。

（1）自然资源，如土地、水、能源等，是企业生产过程中的基本要素。企业在生产过程中需要利用这些资源进行原材料采集、生产加工等。如果自然资源供给受限，企业面临生产瓶颈，影响企业规模和产能的扩张。

（2）自然资源在企业的生产过程中通常涉及一定的成本，如能源费用、原材料采购成本等。随着资源稀缺性的增加，资源价格上涨，企业生产成本上升，从而影响企业的盈利能力和竞争力。

（3）许多自然资源是不可再生的，企业在使用这些资源时应承担相应的环境责任。合理利用自然资源、推进循环经济、降低对环境的影响等，都是企业可持续发展的重要方面。自然资源的稀缺性和有限性促使企业寻求创新的解决方案，如推进循环经济、开发替代资源、提高资源利用效率等。随着全球对环境问题的日益关注，企业需要转型向绿色低碳发展，降低对有限资源的依赖，提高能源和资源利用效率，加大对可再生能源的开发和应用。这对企业进行技术创新、改进生产工艺、实施节能减排等方面提出了新的要求。

合理利用资源、开展绿色创新、增强环境责任，是企业实现可持续发展的关键路径。企业需要根据资源的特点和供需状况，制定相应的战略，采取可持续的经营模式，在资源有限的情况下保持稳健地发展。

2. 环保

环保法规日益严格，对企业的环境影响评估、排污许可、废物处理等提出更高要求。企业如果不能合规运营，会面临罚款、停产整顿等处罚，甚至会导致企业经营受到严重影响。因此，企业为实现可持续发展，就需要积极采取环保措施，降低环境风险。环保意味着对资源的合理利用和节约，以及对排放和污染的减少。企业如果不能高效利用资源、降低能源消耗，将面临日益增加的生产成本。同时，环保设施的投资与运维也增加了企业的经营成本。通过环保技术和管理的创新，企业可以实现资源节约，提高效率，降低成本。在全球绿色转型的浪潮中，环保成为吸引投资者、合作伙伴和客户的重要因素。拥有良好的环保记录和技术优势的企业，更容易获得政府支持、融资渠道及国际市场机会。同时，跨国企业也更愿意与环保意识强的企业进行合作，提高企业在全球价值链中的地位。

环保已经成为社会关注的焦点，企业的环保行为直接影响着公众对其品牌形象和声誉的评价。积极参与环保活动，采取绿色生产方式，推广可持续产品，将增加企业的社会认同感，提升品牌价值；相反，被曝光为环境污染的企业将面临声誉危机，导致销售下降、客户流失等问题。

环保是企业可持续发展的重要保障。通过环保措施，企业能够降低对环境的影响，减少资源的浪费，确保企业在长远发展中不受资源短缺和环境污染的制约。环境友好型的企业将更具有抵御外部环境变化的能力。积极履行环保责任，拥抱绿色转型，推动环保技术和管理创新，不仅有利于企业提升竞争力和降低风险，更是企业在未来可持续发展的必由之路。

第三节　可持续发展推动企业履行社会责任

一、可持续发展是企业履行社会责任的动力

企业履行社会责任以可持续发展与和谐共存为前提，要求企业在实现经营目标，追逐利润、对股东利益负责的同时，还应履行对其他利益相关者的社会责任，最终目的是为人类自身发展服务。企业可持续发展是企业与经济、社会和环境复合系统的整体协调发展，在满足当代人需要的同时，不危及后代人满足需要的能力，在保证自身生存发展的同时，不以环境资源、社会公平等为代价，寻求自身发展与社会经济可持续发展目标的多方共赢。

企业社会责任围绕利益相关的社会主体和环境而得以履行，企业可持续发展聚焦人如何在与经济、社会和环境的互动中实现需要满足的永续性。企业可持续发展是企业履行社会责任的目标与要求，也是企业社会责任的本质。

企业可持续发展和承担社会责任的共同目标都是追求长期稳健的经济发展，保护环境和社会利益，以实现整体的持续繁荣，同时相互促进、相辅相成。企业社会责任的履行不仅有助于企业在社会中获得更广泛的认可和信任，还能增强企业的可持续发展能力。通过积极履行社会责任，企业可以树立良好的品牌形象，吸引更多的消费者和投资者，提高企业的市场竞争力。企业社会责任的履行也有助于改善环境、保护资源、提高员工的福利，这些都对企业的可持续发展产生积极影响。在全球绿色发展和责任意识不断增强的趋势下，社会和消费者对企业的社会责任要求越来越高。只有企业积极响应社会责任，注重环保、社会公益和员工权益，才能赢得社会的认可和支持，获得更广阔的发展机遇。积极履行社会责任也有助于预防和减少潜在的社会风险，保护企业的声誉和利益，为企业的长期可持续发展奠定基础。

在全球化和信息时代，企业与社会之间的联系更加紧密，企业的行为和决策对社会和环境产生的影响也更加明显。企业应当认识到自身的社会责任，并将其融入企业的战略和运营中，以实现经济效益、社会效益和环境效益的统一，推动企业可持续发展，并为全球可持续发展作出贡献。

海尔的希望工程项目

海尔集团第一座工业园从 1995 年正式落成，也就是这一年，海尔集团捐资 38 万元援建了第一所海尔希望小学——莱西武备海尔希望小学，从而拉开了海尔集团在全国乡村地区援建希望小学的序幕。海尔集团用于社会公益事业的资金和物品总价值已达 6 亿

余元。截至 2023 年 6 月，集团累计投入超过 1.34 亿元，共计援建了 385 所希望小学，1 所希望中学，覆盖全国 26 个省（自治区、直辖市）。

海尔集团的希望小学工程一直跟科技和社会发展保持同步。2022 年海尔集团推出"追光计划"，关怀孩子的身心健康以及梦想启迪。首期科普活动采用云体验新模式，线上线下同频共振，让知识传递没有边界。2023 年 6 月 1 日，高坝海尔希望小学竣工暨"海尔科技少年创新大赛"启动仪式正式举行，并发布"希望小学公益升级计划"。在这所学校里，海尔打造了智慧教室、健康饮水角、健康呼吸空间等智慧场景，为学校师生带去了智慧健康的全新体验。这是海尔"智慧校园升级计划"的首个样板。从 2023 年开始，在每年捐助 600 万元新建 20 所希望小学的基础上，海尔集团与海尔教育发展基金会还将投入 200 万元，为 10 所海尔希望小学升级智慧校园，用智慧场景为孩子带来舒适美好的教育环境。

思考题：海尔集团长期坚持公益活动，改善乡村地区办学条件，对海尔的品牌的可持续影响力有什么影响？

资料来源：https://www.haier.com/csr/project-hope/?spm=net.crs_pad.hg2020_sr_hope Project_20221122.3.

二、企业履行社会责任是可持续发展的途径

1. 企业履行社会责任，赢得良好的内外部环境

企业承担社会责任，有助于得到利益相关者的支持，使企业、政府和社会之间形成良性互动。

（1）积极履行社会责任能够树立企业的良好声誉与品牌形象。消费者更倾向于选择对社会和环境有积极影响的企业，企业履行社会责任有助于增加顾客忠诚度和拓展市场份额，提高企业的品牌价值，增强企业的市场竞争力。企业社会责任承担水平可以成为区分企业优劣的信号，向社会展示企业家的使命感和责任感，有助于树立企业正面品牌形象，提升企业的声誉与消费者的信任与忠诚度，为企业带来良好口碑、优质的资本投入及更少的政府干预，进而提高企业的经营效率和对激烈竞争环境的适应能力。因此，企业履行社会责任在改善竞争环境方面最具成本收益。

（2）企业社会责任的履行能够获得员工、投资者、供应商、社区居民等利益相关者的支持和认可。员工更愿意为有社会责任感的企业工作，投资者更愿意投资具备良好社会形象的企业，供应商更愿意与负责任的企业建立合作关系。这些支持将为企业提供稳定的人才、资金和资源支持，有利于企业长期发展。

（3）企业履行社会责任有助于减少潜在的法律、环境和社会风险。遵守法律法规、重视环保、关注员工健康与安全等措施能够降低企业面临的诉讼、罚款和声誉损失等风险，确保企业在长期运营中更稳健。在经济全球化的背景下，企业面临的更是国际范围的竞争环境，出口产品受到绿色环保意识逐渐强烈的发达国家消费者的考验，国际市场对企业的社会责任和产品的环保、安全和卫生提出了更高的要求。企业积极承担社会责

任，协调内部劳动秩序，提高生产效率和产品质量，同时积极承担对环境、社会和利益相关者的责任，向国际市场传递高价值产品和高责任感企业的信号，增加企业的无形资产，减少产品出口过程中的障碍性因素，从而突破国外贸易壁垒和市场壁垒。

企业社会责任的相关实践有助于企业寻求内部环境的公正与有序，创造民主、可持续的工作场所、社区与环境，减少外部环境的阻力。将推行社会责任纳入企业发展战略，平衡企业和社会的发展利益，能帮助企业获得竞争优势，实现企业可持续发展。

企业声誉与品牌形象受损带来的损失

A 公司是一家全球著名的手机生产厂商，其手机业务覆盖全球 100 多个国家，销售量巨大。但是 A 公司由于管理不善，屡次出现产品质量问题，手机业务蒙受了巨大的损失。工厂生产的手机不合格率达到 10% 以上，且使用期内的体验效果也被消费者屡屡诟病，用户怨声载道。

随后，A 公司面临严重的声誉危机。A 公司并没有迅速做出积极的回应，矢口否认产品质量问题是手机出现故障的原因，并且公布一系列生产参数、标准。但消费者丝毫不买账，纷纷开始要求零售商退货退款，局面一度失控。

为了挽回损失，A 公司宣布开始在部分地区进行产品召回，并且承认手机在生产过程中存在一定的原材料问题。但 A 公司并没有做到一视同仁，对于其最大的消费市场却矢口否认存在相同的问题，不对其产品进行召回和补偿。此声明一出，导致消费者强烈的不满，随后一段时间，A 公司的产品仍屡屡出现事故，甚至持续出现了手机爆炸的安全事故，使 A 公司的手机销量呈直线下降。最终，A 公司无可奈何地宣布全球召回已售问题手机，并进行相应赔偿。

信誉一旦失去便很难再挽回，尽管事件已经过去了两三年，但 A 公司的手机销量再也无法回到当初的盛况了。

（笔者根据相关资料整理）

思考题：是什么原因导致 A 公司的盛况一去不复返了？

2. 企业履行社会责任，形成独特的资源优势

积极履行社会责任需要企业不断创新和改进自身的产品和生产过程，以减少对环境的负面影响。这种创新能力也将转化为企业在市场上不断更新的竞争优势，推动企业不断发展。

（1）企业承担社会责任为企业可持续发展提供物质资源保障。企业作为有机社会整体的成员之一，能够从社会获取生产资料进行产品加工，获取利润。企业的利益来源始于社会生态系统，也应肩负起保护和改善环境的责任，维持社会生态系统的生存和发展。企业基于履行社会责任的需要，从投入来说，企业应当选择可循环使用的资源或可再生性的原料，减少资源的浪费，并节约生产成本；从生产过程来说，企业应当通过积极创新，采取新工艺、新技术，提高资源的转化率，减少污染的排放，节约治理污染物的直接成本，减少污染排放对社会产生的负外部性；从产出来说，企业生产绿色产品可满足

消费者的安全需要，提升消费者的满意度，从而获得更高的经营效益。因此，企业承担社会责任既体现在为社会环境提供物质资源，也体现在为企业持续获取生产资料奠定基础，从而推动企业社会责任与可持续发展的良性循环。

（2）企业积极承担对内部员工的责任，秉持以人为本的管理原则，注重劳动条件的改善、劳动权益的保护及公平权，保证劳动者的工作与收入相平衡，能提高员工的组织认同与长期忠诚度，保证组织内部环境和谐，从而使员工有充分的动机发挥主动性与创造性，提高生产效率。企业为员工提供舒适的工作环境、物质精神奖励和各项福利政策，不仅可以提高员工工作投入度和劳动产出，激发创新意识，为企业带来更大经济收益，也使企业和员工有足够的意愿和物质资本进行人力资本投资。在巩固企业劳动力队伍的同时，吸引外部劳动力市场的优秀人才加入，保证企业人才储备源源不断、与时俱进。

（3）企业承担社会责任为企业可持续发展提供社会资源保障。社会资源是社会环境的组成客体，也是与企业发展相关的利益主体。企业充分尊重消费者，有助于提高企业声誉从而扩大企业价值；在与商业伙伴的合作中，认真遵守行业规范、履行双方契约，共担责任、共享利益，构建良好的合作关系网；协同社会其他成员共同解决社会面临的问题，创造一个安定团结、国富民强的社会状态；等等。

企业社会责任对企业可持续发展能力的制约作用主要体现在企业因逃避社会责任而受到来自社会互动系统的惩罚，使企业的经验效率降低、经营成本提高、经营环境不稳方面。其中，众多的利益相关者对企业行为的制约具有重要影响。企业忽视员工的需求与权利，强迫员工进行超时劳动、克扣员工工资奖励、漠视员工的身体健康等行为，不仅会遭到员工直接的不满与抵抗，挫伤员工的工作积极性，从而影响生产效率，也会受到国家法律的制裁；企业忽视向消费者提供高质量产品和优质服务的社会责任，侵犯消费者的权益，将失去消费者的信任与光顾，从而失去企业利润的直接来源；企业若忽视对投资者或股东的责任，遭到其出售股票的反抗措施，会使企业的市场价值下降；企业若忽视了对债权人和供应商的社会责任，则面临合作伙伴丢失、资金链和产品供应链中断等生存困境。来自政府部门的环境监测、污染处罚等一系列环保规制，也会影响企业的生产经营决策。在此预期下，对企业可持续发展能力的担忧将倒逼企业反思承担社会责任的意义，在思想和行动上由消极被动向积极主动转变，进而为企业的可持续发展能力续航。

3. 企业社会责任与市场失灵、政府失灵

外部性导致的"公地悲剧"是市场解决环境问题时失灵的表现。假设企业是追求利润最大化的理性"经济人"，那么针对外部性问题的解决思路有两种：一是通过市场调节，二是进行政府干预。虽然这两种方式在一定程度上解决了环境资源负外部性问题，但还是存在以下局限性。

首先，市场调节所需具备的条件，如完善的产权制度、合理体现价值的市场价格体系等，在现实中往往难以具备。例如，大气、公海、臭氧层等资源与环境的产权无法明确界定，而有些资源的产权虽然可以界定，但需要付出很大的交易成本（如污水排放）。环境与资源价格的定价因素极为复杂，既要考虑有形因素，又要考虑无形因素（如生物

多样性的效应），要合理体现其价值非常困难。

其次，政府通过直接管制和经济政策激励两种方式进行的干预，也面临一系列条件的制约。政府直接管制面临着管制者与管制对象信息不对称所造成的管制成本居高不下，甚至管制失效的问题。当企业以利润最大化为唯一目标而政府强调社会利益时，两者目标的差异可能导致行为冲突，引发"政府管制博弈"。经济政策在决策和实施时存在的时滞以及寻租活动，也会导致政策失效。

企业社会责任可在不同层面上弥合市场失灵和政府失灵。企业社会责任兼顾企业利益与社会利益，将经济、社会和环境问题融入企业决策之中，在解决企业的外部性问题、降低政府监督成本，从而推进可持续发展方面具有独特作用。企业社会责任的引入为解决市场失灵和政府失灵的问题提供了一种新的途径。通过履行社会责任，企业不仅能减轻外部性问题对社会的负面影响，还能在可持续发展中发挥积极作用。

（1）企业社会责任的自律作用。企业社会责任促使企业自觉地减少污染物排放和保护生态环境，减少了政府的干预和监管成本，使企业在环保方面具有更强的主观意愿。这种自觉行为并非受到外部强制，而是出于企业对社会利益的考虑。

（2）企业社会责任的渗透作用。企业社会责任融入企业文化和发展战略，潜移默化地影响每个成员的价值观。如果每位企业成员都树立可持续发展的意识，就会自觉遵守规章制度和配合环保措施，减少企业内部的管理成本。

（3）企业社会责任的激励作用。企业社会责任是一个与企业渐进式发展交融互动的演变过程，具有可重复性和积累性的特征，会影响一代又一代企业成员，为企业改进技术、提高资源利用效率和控制污染提供持续的激励。企业社会责任成为引领企业长期行为的基本准则和培育企业长期价值的基本手段。

三、可持续发展视角下推动企业履行社会责任

企业存在最本源的动机是实现企业利润的最大化与长久发展，当企业利益与社会利益发生冲突时，企业无法完全将社会福利最大化作为发展目标。除非企业能从承担企业社会责任中获利，否则企业主动承担社会责任的动机是不充足的，也无法仅仅通过自律和道德来约束自身的社会失责行为。在具体的实践层面，推动企业承担社会责任，需要借助政府、公众、非正式组织等其他外部力量，对企业行为进行监督与约束，形成企业社会责任实践的内部与外部双重机制、硬约束与软约束并重的企业社会责任管理系统，从而实现企业可持续发展。

1. 企业加强社会责任认知，建设良好的内部环境

企业积极主动地履行社会责任，使企业社会责任与可持续发展相互促进，形成良性循环。建立科学的社会责任管理体系，使企业社会责任成为企业长期发展的内在动力，为企业可持续发展提供坚实支持。

首先，强化企业社会责任理念并根植于企业文化，将社会责任融入经营管理，实现经济价值与社会价值的有效契合。企业管理者应发扬企业家精神，意识到企业与社会相互依存的关系，积极承担社会责任，并将这种价值观内化于企业文化核心思想，形成良

好的企业氛围。

在新业态下，强化合作共赢意识并将多方利益相关主体纳入企业社会责任实践目标。新业态中的社会问题往往更为复杂多样，涵盖范围广泛，如数字隐私保护、数据安全、信息泄露等问题。企业需要面对这些新问题，积极应对挑战，不断寻求解决方案。新业态的发展往往以科技和创新为驱动力，企业履行社会责任需要在科技进步和商业模式创新的基础上，寻求更高效、可持续的解决方案。新业态往往具有跨界特点，涉及不同行业、领域的合作。企业履行社会责任需要积极寻求跨界合作，推动各方资源的整合，实现共赢。新业态下企业履行社会责任更加注重社会价值的创造与共享，强调多方利益相关者的参与和共赢，需要积极回应社会问题和挑战，并在科技、创新、合作等方面发挥积极作用，以实现企业的可持续发展。

其次，将企业社会责任纳入企业战略管理层面，贯穿企业愿景和发展决策过程，在做出经营决策时，把社会成本和社会效益纳入评估范围。建立健全企业社会责任治理与监督结构，确保权力分配相互制衡，实现有效监督与持续推进。构建流程化管理，使企业社会责任从目标确定到应急措施的实施都有章可循，确保社会责任有序履行。

2. 政府规制与引导，营造良好的外部环境

加强企业社会责任立法与执法是推动企业履行社会责任的重要手段，为企业提供明确的法律规范和硬性约束，促使企业主动承担社会责任。在企业经营涉及的法律法规中，明确企业在经济、环境、社会等方面的责任和义务，规范企业行为，与现有的法律法规相衔接，形成完整的企业社会责任法律体系。对现有的法律法规进行修订和完善，增加对企业社会责任履行的规定和要求。例如，加强对互联网平台企业的监管，规范其信息安全、劳工权益等方面的行为。政府部门应加大对企业社会责任的执法力度，特别是对侵害劳动者权益、环境污染、偷税漏税等行为进行严厉处罚。除了加强对失责企业的处罚，也要适时给予社会责任履行优秀企业相应的奖励和激励措施，激励更多企业积极履行社会责任。

政府加大对企业社会责任的激励与引导，激发企业承担社会责任动机。首先，政府应秉承可持续发展的理念，制定并出台促进经济、社会和环境健康相协调的产业政策，为企业可持续发展战略树立目标。其次，完善企业社会责任激励机制，对积极承担社会责任的企业予以奖励。例如，通过制度的形式对主动参与慈善公益事业、节能减排完成"碳中和"目标的企业提供税收优惠政策等。政策激励与企业的惩罚规制互补，促进企业履行社会责任达到最优效果。同时，政府应积极探索制度创新。例如，为了实现"碳达峰"目标与"碳中和"愿景，中国政府通过碳市场给企业碳排放予以配额，但当企业实际的排放超过其所拥有的配额时，则可以通过碳交易市场机制购买其他市场主体的剩余配额，在宏观层面有效限制碳排放的总量，是减少温室气体排放、推进绿色低碳发展的一项重要政策工具。最后，加强企业社会责任的教育与宣传工作，如通过举办企业家论坛、联合政府对企业负责人进行培训等措施，多方面提高企业决策、管理与执行人员企业社会责任认知，从而增强企业履行社会责任的自觉性；帮助改进工作方法，使之融入企业经营管理流程，增强企业承担社会责任的自发性。

3. 社会畅通监督渠道，督促企业承担社会责任

非政府组织加大社会责任意识宣传，充分发挥督促企业履行社会责任的作用。非政府组织发源于群众，服务于群众，通过集结公民社会力量，成为相关利益群体的发言人与权益维护者。相对于政府，非政府组织更贴近群众，能充当群众与政府、市场和企业沟通的桥梁，其传达的信息也更易被群众吸收，从而使非政府组织能够深入政府不能涉及的层面。因此，非政府组织可以利用这一优势，举办各种有益于企业社会责任普及的群众活动，使社会责任意识和可持续发展理念深入人心，同时，代表利益相关者群体的意志，积极监督企业履行社会责任。消费者协会、环保协会和第三方评估机构等非政府组织，可以凭借其对所在领域的专业化能力，充分识别并分析企业履行社会责任的情况，代表公众对企业失责行为进行追责，捍卫公众的利益，督促企业履行社会责任。

新闻媒体的监督也是一种对企业形成"软约束"的途径，为公众提供了反馈企业失责信息的平台，并将企业在履行社会责任过程中出现的问题与获得的成果公之于众，使企业行为被放大。媒体报道既能扩大企业拒绝承担社会责任的成本，也增强了企业承担社会责任的正面影响力，媒体应当对不履行社会责任、不作为的危害公共利益的企业进行曝光和批评，引起社会公众和有关部门的重视，同时也对积极履行社会责任的企业进行大力宣传和表彰，鼓励企业更多履行社会责任。鉴于媒体监督的作用，企业将有意识地修正自己的行为。

社会公众是接触企业产品与行为的直接主体，也是承担企业不履行社会责任损害的利益主体之一。无论企业是通过售卖不达标产品直接侵犯消费者利益，还是拖延薪酬、强制加班等侵犯劳动者权益，又或是违法排污间接影响周边居民身体健康等，都离不开社会公众利益受损的范畴。因此，社会公众在与企业互动的经济活动中，应对自身的权益保护持有敏感性，一旦发现企业有侵犯自己权利的失责行为，应主动捍卫自己的权利，及时向政府、非政府组织或媒体寻求帮助。这既是对企业的有效监督，也是帮助企业提高经营质量和服务水平的有效举措，为促进企业可持续发展献出宝贵力量。

■ 本章思考题

1. 梳理企业可持续发展观的提出过程。
2. 举例说明，各因素如何影响企业可持续发展观。
3. 在可持续发展视角下，如何推动企业履行社会责任？

■ 本章小结

本章首先介绍了可持续发展观的提出过程与其内涵；其次介绍了企业可持续发展观在企业、经济、社会、自然等层面的影响因素；最后介绍了可持续发展与企业履行社会责任之间的关系。

第九章
企业社会责任信息披露

■ **本章学习目标**

1. 掌握企业社会责任信息的披露动机与披露形式。
2. 了解国际标准的企业社会责任信息披露内容。
3. 熟悉国内标准的企业社会责任信息披露内容。
4. 掌握企业社会责任信息披露的影响因素。
5. 掌握企业社会责任信息披露的积极及消极影响。
6. 了解中国企业社会责任信息披露现状与发展。

　　企业社会责任信息披露是指企业基于某种动机，将内部的社会责任及其实施情况用文字、图片等加以描述，以报告的形式向外部利益相关者披露出来的过程。随着政府关于企业社会责任信息披露的相关文件的出台，越来越多的企业将发展目光聚焦于自身的社会责任信息披露工作。无论采用何种形式，透明、准确、全面地披露社会责任信息对于企业建立良好的社会形象，增强公众信任和支持都至关重要。

　　明确现行条件下对于企业社会责任信息披露内容的要求，熟悉影响企业社会责任信息披露的内外部因素，能够指引企业正确看待披露社会责任信息的行为，掌握好积极与消极影响间的平衡，发挥社会责任披露特有的优势，进一步提升企业社会责任工作质量。

第一节　企业社会责任信息披露动机和形式

一、披露动机

　　1. 外部动机

　　1）外部性问题引起的规范压力

　　外部性问题引起的规范压力是社会对企业行为进行规范和监管的压力。在竞争激烈的市场环境中，部分企业为了祈求短期利益，可能会出现外部性问题，即为了企业的自有利益，做出损害大众利益的行为，如污染物与有害气体的排放、对不可再生资源的浪费、水资源和大气的污染、生物多样性的破坏等不利于环境与生物可持续发展的行为。这些行为会严重影响公众的生命健康及全社会的稳定发展，也不利于经济的长期可持续发展。此时，对于企业要提出更高的社会责任要求，政府、法规及相关社会团体会对企业的信息披露加以约束，以直接监督和制止可能出现的企业外部性问题，减少不安全生产对社会和生态造成的破坏。社会和政府往往会采取措施来约束和规范企业的行为，其中包括要求企业披露其社会责任信息，以增加透明度，追求可持续发展，并避免损害公众利益。

政府和法律制度在企业社会责任信息披露方面发挥着至关重要的作用。通过建立相关法律法规和规章制度，政府可以强制企业按照一定标准披露其社会责任信息。这有利于提高企业的社会责任意识，有助于公众和利益相关方更好地了解企业的社会影响。

政府和法律制度的制定和执行能够为企业提供明确的指导和规范，使企业能够更加自觉地履行社会责任，并对信息披露做出及时、准确、全面的回应。完善的法律体系及制度环境会对上市公司责任信息披露造成制度压力，尤其是环境相关的披露规定，作为外部性的最大体现，针对环保的制度压力可以促进企业环境信息公开质量的提高。究其原因，企业面临制度压力和不确定性时，往往倾向于模仿其他公司的平均水平（即市场平均水平），最终促使企业以平均披露水平为最低目标，在制度动因和制度压力下形成企业责任信息披露意愿，提升信息披露质量水平。因此，企业社会责任信息的自愿披露程度与企业社会责任披露的相关监管要求会呈现显著正相关的关系，制度压力会成为企业社会责任信息披露的强劲动因。

2）市场信息不对称引起的"逆向选择""道德风险"压力

信息不对称产生的"逆向选择""道德风险"也是部分企业力图利润而导致的不稳定发展因素。

对于消费者而言，企业为避免外部性而承担的额外成本以及主动担当的社会责任均会影响企业的总利润，但该部分信息很难完全被消费者及利益相关者所知晓，获得更少信息的消费者对于企业定价的预期会远低于产品实际质量所对应的价值，这种不理解、不认同会驱使消费者避开生产高价优质产品、极具责任感的企业，转而选择接受生产低价格、低质量产品的企业，收缩对高质量价值商品、优质企业的需求，造成"逆向选择"。当该部分产品及其生产企业在市场上被挤出后，市场中的企业会选择降低企业的社会责任感，减少低外部性优质产品的供应，导致资源配置越来越偏离优化，就形成了"道德风险"，不利于社会的长期稳定发展，造成更加严重的市场及社会安全问题。

对于投资者而言，上市公司披露负面的非财务信息会使投资者认为企业的管理和运营存在严重缺陷，从而减少甚至取消对企业的投资。当企业面临这种情况时，为保证资金链的完整，通常不会向外部利益相关者披露自身的负面消息，或者选择规避重点，将负面消息弱化处理。在面对处理过后的披露信息时，投资者无法完全了解企业社会责任的履行状况，因而无法正确把握公司的经营现状，这很容易引起"逆向选择"问题，导致投资者错过具有良好社会责任感的企业，给社会和民众造成损失。虽然目前中国实行强制披露制度，但对于披露要求和程度并没有进行严格规定，因此企业往往会采用有选择性的披露方式，以确保其利益不会损失，这种有选择性的投机披露行为往往会引起"道德风险"。

企业责任信息披露是应对交易各方信息不对称的主要方法，可以缓解由信息不对称引起的"逆向选择""道德风险"问题。为符合社会主流价值观，使产品定价与企业所承担的成本相契合，政府和公众会督促企业做出相应的信息披露决策。企业在信息披露中承担的责任不仅是应对信息不对称的必要手段，也是企业与利益相关者之间建立信任的桥梁。将社会责任相关信息以透明、准确的方式传递给公众，是企业社会责任管理的核心工作之一，需要通过企业社会责任报告来完成。针对可能存在的信息不对称，社会责任报告无疑是向利益相关者提供履行社会责任证明的最佳载体。发布企业社会责任报告，向公众阐明企业所承担的社会责任成本，可以有效地解决信息不对称问题，增强企业与利益相关者之间的相互理解与认同，从而减少对公共利益的损害以及由此产生的一系列问题。

2. 内部动机

1）道德动机

儒家思想体系中，以"仁"为核心的价值观强调博爱、厚德、公平、诚实、守信、文明、和谐、民主、法治等，对中国人的价值观念产生深远影响。在儒家传统伦理思想的指导下，企业管理者被要求互爱、互助、互信、互赢、互存，强调个体应该体现"己欲立而立人，己欲达而达人""己所不欲，勿施于人"的道德观念。企业管理者以追求道德品质为荣，将履行社会责任看作一种道德伦理责任，激励着他们从事对社会有益的事情。《公司法》明确规定企业必须遵守法律、行政法规，遵守社会公德、商业道德，诚实守信，接受政府和社会公众的监督，承担社会责任。这一法规要求企业将社会责任融入经营全过程，实现自身和企业应有的社会价值。此外，通过制定伦理管理规范，企业可以避免不道德和违法现象的发生。

这种儒家传统文化及国家背景下对企业家道德的要求，有助于企业管理者形成正确的企业经营观与营商价值观，督促企业管理者认真遵循儒家价值观，以人为本，热心公益，奉献社会，践行企业家应该肩负的社会责任和道德义务。企业家自身的道德自律性是企业履行社会责任和进行社会责任信息披露的道德动机的基础。

2）工具性动机

工具性动机是指企业将社会责任信息披露行为视为一种谋求私利的手段和工具。在社会责任履行和信息披露均缺乏高度发展的情况下，想要实现企业利益的最大化，社会责任信息披露是最有利可图的工具。因此，工具性动机在现实中更为普遍，常得到企业更多的关注。关于工具性动机，可以从以下管理学理论维度进行分析。

从资源依赖理论来看，企业为达到经营目标，要寻求稳定掌握关键资源的方法，这需要依靠影响这些资源供应的组织。但与长期持续经营有关的资源往往并不为企业所拥有，为获取更多数量资源及更稳定的资源供给渠道，管理层倾向于利用捐款等慈善行为获取地方政府好感与青睐，树立良好的社会责任担当形象，依靠政府获取更多的财政支持和政治资源，以维持和扩大企业经营，提高企业对关键资源的可获得程度。除寻求政府财政支持外，企业还会积极披露社会责任信息，力图寻求银行贷款支持，进一步缓解融资压力。民营企业和上市时间较短的企业会加大企业社会责任信息披露力度，提高信息披露质量,以寻求金额更大、利率更低、期限更长的银行贷款,并以高质量的社会责任信息披露为企业赢得银行贷款的优惠程度。

从利益相关者理论来看,企业所做出的企业决策与利益相关者有密切关系。企业要管理好与利益相关者关系,将其置于政策和决策框架内,以实现企业目标。企业管理层需要在年报和社会责任报告中主动披露社会责任信息,以提高报告的透明度和有效性,帮助利益相关者及时了解企业的经营管理动态,降低管理层引起的代理成本。如果一家企业履行了其社会责任,却没有向外界披露,或者披露不完整、不准确,将直接破坏取得的社会责任活动成果。因为外部的利益相关者会将他们收到的信息作为判断依据。因此,企业应积极发布社会责任报告,加快信息沟通频率效率,维护好与利益相关者之间的"多边契约",满足股东、供应商等利益相关者的知情权,保证提供资源的"契约"各方均享有平等对话的权利。

从组织合法性理论来看,要求企业主动或按照法律法规相关指示的要求披露、公布有关环保、慈善活动等行为的社会责任信息,积极践行和披露社会责任,并及时出具可鉴证性报告,以满足组织的合法性要求,向同行及上级组织证明其具备合理合法的组织结构和行为作用机制,这有利于企业获得更多的媒体关注度,树立适应外部环境的良好社会形象,提升自身竞争力和影响力,降低组织的声誉风险。

从可持续发展理论来看,企业要主动发布可持续发展报告,表现出企业可持续发展的良好预期。在企业的经营管理过程中,管理层及股东等会不断权衡进行社会责任信息披露所需的成本及其带来的收益。企业社会责任信息披露水平越高,则越能向外界传递积极的经营发展信号,提升企业的整体声誉水平,并切实提高企业的绩效与所获利润。因此,企业的社会责任信息披露会间接影响整体的收入、成本及运营效率,最终影响利润与分红等。企业在此过程中,会不断衡量成本和收益间的关系,如果收益高于成本,企业自然会积极主动披露其社会责任信息情况,会将长期经营、持续发展作为披露社会责任信息的动机。

从信号传递理论来看,该理论主要关注管理层分享信息的意图,以及市场、利益相关者和社会等各方面如何接收信号。信息不对称引起的潜在冲突,可以通过企业向不同利益主体发送相关的、高质量的信号缩小信息差距。企业会将企业社会责任信息的披露作为一种信号,旨在披露企业相关信息,向外界传递企业经营状况,以期在竞争激烈的行业中占据优势地位,达成利益目的。企业披露社会责任具体信息是向外界传达的积极信号,表明企业经营状况良好,有持续经营的稳定性,能传递良好的企业社会责任,增加了消费者对企业持续提供高质量产品和服务能力的信任。这有助于改善企业在各种利益相关者眼中的社会形象,直接提高企业在整体行业中的声誉,缓解部分负面信息对企业的不良影响,并最终通过获得消费者的信任和反馈来增加企业的利润。

二、披露形式

企业披露社会责任信息的方式多种多样,可以根据自身情况和目标受众,选择适合的披露方式。不同企业会采用不同的披露形式来满足投资者、消费者、员工和社会公众的不同需求。无论采用何种形式,透明、准确、全面地披露社会责任信息对于企业建立良好的社会形象，增强公众信任和支持至关重要。

（1）企业社会责任报告。企业可以撰写年度或定期的社会责任报告，详细介绍企业在环境、社会、经济等方面的责任履行情况，通常包括企业的社会责任目标、政策、措施、成果和未来计划。企业的年度报告中通常会涵盖一些社会责任信息，如对环境影响的风险和管理措施、员工培训和福利、社会公益捐赠等。社会责任报告是我国企业使用最广泛的一种形式。企业社会责任报告是企业根据其所履行的社会责任的理念、战略、方式方法，以及市场绩效、社会绩效及环境绩效等影响，基于企业自身发展需求进行系统的梳理和总结，从而向利益相关方出具的一份报告，是企业进行非财务信息披露的重要载体，是企业与利益相关方沟通的重要桥梁，也是企业将信息高效传达给外界的渠道。企业社会责任报告具有一定的针对性，体现了企业对社会责任信息披露的重视程度；企业发布独立报告，以便有关各方能够准确、明确地获得所需信息。

（2）财务报表。企业在财务报表中也可以披露一些与社会责任相关的信息，如在管理层讨论和分析中对社会责任活动的描述。

（3）公司网站信息公示。企业可以在其官方网站上公示社会责任相关信息，如社会责任报告、可持续发展计划、公益活动等。

（4）新闻发布和媒体报道。企业通过新闻发布会、新闻稿、媒体采访等方式向公众披露其社会责任举措和成就，还可以通过社交媒体平台，如微博、微信等，与公众分享社会责任相关信息。

（5）广告和宣传。企业可以将其社会责任行动融入广告和宣传活动中，向公众展示其社会责任形象。

（6）可持续发展指数和评级。一些投资机构和评级机构会对企业的社会责任表现进行评估和排名，企业可以通过参与此类评级和指数活动来向投资者和公众披露其社会责任绩效。企业可以积极参与行业协会、社会组织和倡议，与其他企业和利益相关方一起推动社会责任的实践和信息共享。

（7）参与公益活动。企业可以参与各种公益慈善活动，如捐赠资金、物资，支持社区项目等，这些行为本身就是一种社会责任信息的披露。

（8）利益相关方要求的报告。一些投资者和机构对企业的社会责任履行情况有较高的关注，要求企业提供 ESG 报告，涵盖 ESG 等方面的信息。例如，供应链企业往往被要求提供透明度报告以证明供应材料的安全性和价格公平，经销商企业往往被要求提供合规性报告以证明其在采销过程中符合相关法律法规。

第二节　企业社会责任信息披露内容

受应用主体、研究理念、个人意识等差异性影响，不同国家对企业社会责任报告披露内容的要求并不一致。国际上比较通用的指导企业披露社会责任的文件包括 GRI《可持续发展报告指南》、联合国全球契约、ISO 26000 社会责任指南等。

根据中国企业特色与中国国情，2006 年深圳证券交易所发布《深圳证券交易所上市公司社会责任指引》，2007 年国务院国有资产监督管理委员会发布《关于中央企业履行社会责任的指导意见》等相关政策的出台推动了中央企业社会责任报告的发展。上海证券交易所、中国科学研究院分别在 2008 年、2009 年发布了《上海证券交易所上市公司环境信息披露指引》《中国企业社会责任报告编写指南》，更是对企业披露社会责任做了详细引导。目前国内上市公司的企业社会责任信息主要依据深圳证券交易所和上海证券交易所发布的关于上市公司社会责任指引选择性披露。

一、国际标准和指南要求披露的内容

GRI 的《可持续发展报告指南》是全球最广泛应用的可持续发展报告框架之一，要求企业在经济、环境和社会等方面披露详细的指标和数据，涵盖广泛的可持续发展主题。ISO 26000 是国际标准化组织（International Standard Organization，ISO）发布的社会责任指南，强调企业应该在社会责任的 7 个核心主题下采取行动，包括组织治理、人权、劳工实践、环境、公平经营、消费者问题和社区参与。联合国全球契约的 10 个原则涵盖人权、劳工权利、环保和反腐败等方面，要求企业在这些方面采取行动并进行相应的披露。此外，还有一些有侧重点的信息披露标准，如在行业上侧重制造业，在内容上侧重劳动权益等国际标准和指南。这些国际标准和指南在披露的内容上虽然有一些差异，但都强调企业在社会责任方面的透明度和责任感。企业在选择适用的标准和指南时，应考虑自身的行业特点、业务范围和利益相关方的需求，以确保披露的内容符合相关要求，并能够有效地传达企业的社会责任实践和绩效。企业还可以综合运用多个标准和指南，根据自身情况进行综合披露，以提供更全面和深入的社会责任信息。以《可持续发展报告指南》为例，要求企业披露的主要信息如下。

（1）报告的组织和报告的范围，包括报告的时间期间、涉及的业务和地区等。

（2）报告组织的名称、性质、所有权结构、地理分布等基本信息。

（3）组织的可持续发展战略、政策和管理体系，以及高层领导对可持续发展的承诺。

（4）对组织和利益相关方最重要的可持续发展主题，分析利益相关方的需求和期望。

（5）组织的财务绩效，包括收入、利润、投资等。

（6）组织的环境影响，包括能源消耗、碳排放、水资源利用等。

（7）组织在社会方面的表现，包括员工情况、劳工权益、供应链管理、社区关系等。

（8）组织对供应链的管理和监督，确保供应商遵守社会责任标准。

（9）产品或服务的可持续性影响和质量信息。

（10）组织反腐败和合规经营的政策和措施。

（11）展望未来，说明组织在可持续发展方面的发展规划和目标。

二、国内标准和指南要求披露的内容

1. 证券交易所对社会责任信息披露的共同要求

为适应建设和谐社会的需要，促进上市公司强化社会责任意识和积极承担社会责任，中国的三大证券交易所分别出台且持续更新关于企业信息披露的文件。

上海证券交易所：成立于 1990 年 11 月，是中国最早成立的证券交易所，总部位于上海。主要负责交易 A 股和 B 股，发布了关于上市公司信息披露的规则，包括年度报告、半年度报告、季度报告等内容，要求上市公司按照规定的时间和格式披露相关信息。

深圳证券交易所：成立于 1990 年 12 月，总部位于深圳。主要负责交易中小企业板股票（创业板）和中小板股票，发布了上市公司信息披露的管理办法，规定了上市公司信息披露的内容、要求和流程；发布了针对创业板和中小企业板上市公司的信息披露指引，强调了对这些公司的特定要求和重点关注的问题。

香港联合证券交易所：主要负责交易香港股票、债券和衍生品等，发布了关于上市公司信息披露的规则，涵盖财务报告、公司治理、内幕消息披露等方面的要求；引入了 ESG 方面的报告要求，鼓励上市公司披露相关的可持续发展信息。

2019 年，国际证监会组织发布声明，考虑到可能对发行人的业务运营、投资者的风险回报及其投资和投票表决产生重大的短期和长期影响，尽管 ESG 优列为非财务事项，但依旧有必要在披露对投资者决策关系重大的信息中纳入 ESG 事项。基于《上市公司治理准则》，各大证券交易所 ESG 信息披露逐渐趋于强制化。

综合来看，上海证券交易所、深圳证券交易所、香港联合证券交易所虽然对 ESG 信息披露要求不同，但都没有对报告具体的编制格式做出具体要求。在披露的信息内容上，虽然表述各有不同，但都对环境污染防治、排污信息、节能减排、社会公益事业、职工权益、供应链管理、客户和消费者权益、投资者关系、内部审查与风险分析、公司治理架构等做出披露要求（表 9-1）。

表 9-1　中国三大证券交易所 ESG 信息披露共同点

环境	社会责任	公司治理
污染防治 排污信息 节能减排	社会公益事业 职工权益 供应链管理 客户和消费者权益	公司治理架构 投资者关系 内部审查与风险分析

2.《深圳证券交易所上市公司社会责任指引》

深圳证券交易所于 2006 年 9 月正式颁布实施《深圳证券交易所上市公司社会责任指引》，建议上市公司自觉承担社会责任，主动披露上市公司社会责任报告，并不作强制性规定。该指引从以下五个方面阐述披露内容与建议，包括股东和债权人权益保护方面；职工权益保护方面；供应商、客户和消费者权益保护方面；环保与可持续发展方面；公共关系和社会公益事业方面（表 9-2）。虽然深圳证券交易所对上述内容采取了自愿性披露原则，但纳入"深证 100 指数"的上市公司需单独披露报告。披露社会责任报告的公司，内容至少应当包括关于职工保护、环境污染、商品质量、社区关系等方面的社会责任制度的建设和执行情况；履行社会责任存在的问题和不足、与本指引存在的差距及其原因；改进措施和具体时间安排。

表 9-2 《深圳证券交易所上市公司社会责任指引》披露内容

类别	披露内容
股东和债权人权益保护方面	（1）完善公司治理结构； （2）召开股东大会，促使更多股东得以行使其权利； （3）按照有关法律法规对可能影响股东和其他投资者投资决策的信息积极进行自愿性披露，公平对待所有投资者，不得进行选择性信息披露； （4）保护股东利益，积极回报股东等
职工权益保护方面	（1）依法保障职工合法权益； （2）建立健全劳动安全卫生制度，保障职工拥有安全的工作和生活环境； （3）不得克扣、拖欠劳动者工资或变相降低职工的工资支付和社会保障待遇； （4）建立职业培训制度，为职工发展提供机会； （5）确保职工在公司治理中享有充分的权利等
供应商、客户和消费者权益保护方面	（1）上市公司应对供应商、客户和消费者诚实守信，不得欺骗、侵犯他们的权利； （2）确保提供商品或服务的安全性； （3）对商品或服务存在严重缺陷的要及时纠正、告知消费者和有关主管部门等
环保与可持续发展方面	（1）上市公司应根据其对环境影响制定相关环保政策； （2）应尽量采用资源利用率高、污染物排放量少的技术和工艺； （3）排放污染的公司，应按要求申报登记，负责治理等
公共关系和社会公益事业方面	（1）上市公司在经营活动中应考虑社区利益； （2）在能力范围内积极参加社会公益活动等

3. 《上海证券交易所上市公司环境信息披露指引》

上海证券交易所对 ESG 披露信息基本参照中国证监会公布的《年报准则》《上市公司治理准则》制定，出台了《上海证券交易所上市公司环境信息披露指引》（表 9-3）。该指引要求上证公司治理板块的样本公司、发行境外上市外资股的公司及金融类公司这三类上市公司必须披露社会责任报告，并鼓励其余公司主动披露社会责任报告。该指引倡导上市公司增强作为社会成员的责任意识，积极承担社会责任，落实可持续发展及科学发展观，促进公司在关注自身及全体股东经济利益的同时，充分关注包括公司员工、债权人、客户、消费者及社区在内的利益相关者的共同利益，促进社会经济的可持续发展。引导上市公司积极履行保护环境的社会责任，促进上市公司重视并改进环保工作，加强对上市公司环保工作的社会监督。在披露具体内容方面，上市公司可以根据自身特点拟定社会责任报告。2020 年上海证券交易所《上市公司定期报告业务指南》进一步指出，企业要注意在社会责任报告中单独、重点披露履行精准扶贫社会责任情况，并由董事会单独进行审议。

表 9-3 《上海证券交易所上市公司环境信息披露指引》披露内容

类别	披露内容
社会可持续发展	（1）员工健康及安全的保护； （2）对所在社区的保护及支持； （3）对产品质量的把关等

续表

类别	披露内容
环境及生态可持续发展	（1）如何防止并减少环境污染； （2）如何保护水资源及能源； （3）如何保证所在区域的适合居住性； （4）如何保护并提高所在区域的生物多样性等
经济可持续发展	（1）如何通过其产品及服务为客户创造价值； （2）如何为员工创造更好的工作机会及未来发展； （3）如何为其股东带来更高的经济回报等

4. 香港联合证券交易所《环境、社会及治理报告指引》

早在 2014 年，香港特区政府就发布《公司条例》，港股上市企业必须披露 ESG 相关信息。首先，香港联合证券交易所依照 GRI 准则就汇报的通用标准做出"强制披露"的硬性规定。其次，对于 ESG 相关信息的披露，香港联合证券交易所采取了"不遵守就解释"准则。根据香港联合证券交易所《环境、社会及治理报告指引》，企业须在财年结束后 5 个月内刊发 ESG 报告，并且鼓励企业寻求第三方机构进行鉴定。香港联交所对企业社会责任的信息披露内容要求见表 9-4。

表 9-4　香港联交所对企业社会责任的信息披露的内容要求

类别	披露内容
环境相关的政策和合规情况	（1）排放（如温室气体排放、水和土壤污染等）； （2）资源使用（如能源、水、包装材料等的使用）； （3）环境和自然资源（如企业对环境和自然资源的影响）
社会方面的披露	（1）雇佣和劳工准则，如工作条件和保障、健康与安全、发展和培训、劳动标准等； （2）运营实践，如供应链管理、产品责任、反腐败、保护消费者权益等； （3）社区，如社区参与、投资和影响等
ESG 相关的治理结构	如何识别、评估和管理 ESG 相关的风险

第三节　企业社会责任信息披露影响因素

一、外部影响因素

1. 法律制度与环境

法律制度与环境对企业的社会责任信息披露产生深远的影响。

（1）法律制度和相关法规规定了企业应该履行的信息披露义务，明确了信息披露的范围、内容和时间要求。这些法律法规为企业提供了明确的指引，敦促企业履行社会责任信息披露的义务。完善的信息披露制度和规范会对企业施加一定压力，促使企业自觉构建合理的内部治理体系，并提高社会责任信息披露的数量和质量。

（2）适宜的法律环境有助于构建企业社会责任履行的外部强约束机制，确保企业履行社会责任的相关披露。通过规范相关的行业法律条文，制定相应的监督保护措施，可以为公司治理营造良好的氛围，提高公司履行社会责任的积极性。此外，严格的法律环境能够从国家、政府、市场等多个方面对上市公司的行为形成强约束，减少法律法规不健全、执行不力导致企业社会责任绩效缺失的问题。

（3）良好的法律环境有助于推动社会责任的立法和落实，促进企业主动披露社会责任信息。如果法律法规对企业的社会责任有明确规定，并设立相应的处罚机制，企业将更加积极地履行社会责任，并自觉披露相关信息。良好的法律环境能够维护市场秩序的规范，对信息披露提出更严格的要求，保护利益相关者的权益。

2. 政治关联

企业政治关联一般是指企业与政府部门或拥有政治权力的个人之间形成的非正式、特殊的联系关系，具体的表现形式：企业高层管理人员及大股东有在政府部门就职的经历，企业通过公益事业及人际关系网络建立的与政府的关系，企业高管参与政治议事等。作为处于经济转型时期的发展中国家，政治关联始终存在，并不断影响着各类企业的行为。政府和企业存在着密切的联系，政府通过税收优惠、市场准入等渠道掌握着企业赖以生存和发展的重要资源，作为企业与政府进行沟通的重要途径之一，政治关联会对企业价值形成直接的影响。为进一步维护政治关联，企业所进行的相关的社会责任行为会影响整体的企业社会责任信息披露情况。以慈善活动为例，为了建立并维护与政府的政治关联，企业会有倾向性地进行更多的慈善活动，这直接影响企业承担社会责任的其他方面，包括企业的社会责任信息披露。

这一影响机制根据企业控股情况的差异有着不同的表现形式，国有控股企业的政治关联代表了政府加强对企业的干预。非国有控股企业会主动寻求政治关联，希望政治关联高管的政府背景能为企业创造价值。不同的动机使政治关联在国有控股企业和非国有控股企业中产生不同的影响。在政府干预程度较高的地区，政治关联的非国有控股企业更愿意披露其社会责任信息，而政治关联的国有控股企业的社会责任信息披露则会较少。在政府干预程度较低的地区，政治关联对企业的社会责任信息披露的影响效果会略有降低。

3. 文化氛围

企业的文化氛围是一种无形的、非制度化的精神引导和约束，可以通过潜在的影响力和感染力熏陶全体员工，使之自觉形成与企业相同的价值观。企业文化氛围对企业社会责任信息的披露具有正向、积极的影响作用。

（1）企业文化所蕴含的价值观和道德规范会潜移默化地影响企业高层管理人员及员工的行为和决策。若企业文化强调诚信经营、以人为本、维护利益相关者权益等核心价值观，企业会更倾向于主动履行社会责任，并愿意披露相关的责任信息。这种文化氛围鼓励企业在追求自身利益的同时，考虑社会公众的期望和需求，推动企业更积极地承担社会责任，并将其披露给外界。

（2）企业的文化氛围与其公信力和声誉息息相关。若企业倡导诚信、负责任的文化，其公信力和声誉在社会上会更受认可。在这种情况下，企业会更加注重社会责任的履行，并愿意主动披露相关信息，以增加透明度和建立良好的企业形象。

（3）文化氛围对企业的社会参与和慈善行为有着重要影响。若企业文化强调人与人友爱互助、回馈社会等价值观，企业会更倾向于积极参与公益活动、投身慈善事业，履行企业社会责任。这些社会参与和慈善行为通常会通过信息披露向外界传递，从而进一步增强企业的社会责任形象。

（4）企业文化氛围影响着内部合作和沟通的方式。若企业鼓励员工积极合作、共同追求共同目标，并倡导开放和透明的沟通氛围，员工会更愿意分享企业社会责任信息，将其传递给外界。企业文化氛围往往受到领导层的示范和激励机制的影响。若企业领导层以身作则，注重社会责任的履行并将其视为企业文化的重要组成部分，员工会更加认同企业的社会责任观念，并愿意通过信息披露向外界传递这种观念。

二、内部影响因素

1. 公司特征

在企业主动披露社会责任信息的内部影响因素中，公司特征具有极其显著的作用，具体包括公司性质、公司规模、公司财务等特征。

（1）公司性质。我国的大部分上市公司均为国有控股企业，与民营企业或外资企业相比，国有控股企业，特别是大型国有控股上市公司承担了更多的社会责任，披露企业社会责任信息的意愿更为强烈，对外披露的社会责任报告的质量更高。究其原因，是国有控股企业在追求利润最大化目标的过程中，承担了更多的社会期望和责任义务，如保障企业就业、维护社会稳定、保护资源和环境等，而较少关注企业社会责任信息披露本身的成本和收益。同时，国有企业的实际控制人普遍不担心企业承担履行社会责任的成本。

（2）公司规模。公司规模与企业社会责任信息披露呈正相关的关系。因为大型公司在市场上占据核心市场地位，会吸引相关的政府监管机构、协会组织、媒体记者及其他社会团体的关注。政府和公众对大型企业的社会责任期望值较高，这会促使大型企业在利用自身规模优势带来收益的同时，努力承担相应的社会责任。一旦大型企业的行为违反了社会利益，其将受到更大程度的关注和惩罚，与小型企业相比容易招致更大的损失。从责任成本的角度来看，企业越大，越倾向于积极履行社会责任并自愿披露企业社会责任信息。

此外，因为大型公司具有较大的社会影响力和组织关联性，所以大型公司更有可能利用社会责任活动和社会责任披露来提高企业的声誉。知名企业往往在互联网和公司年报中更加注重通过社会责任活动来提升企业整体形象，积极地披露企业社会责任信息。

（3）公司财务。不同的财务状况与盈利水平也会对公司公开披露社会责任信息产生不同的影响。良好的财务状况与企业社会责任信息披露正相关，因为盈利能力好的公司较于财务状况差的公司有更强的承担社会责任的能力，一些有能力、有意愿承担社会责任的公司为了将自己与不承担社会责任或承担较少社会责任的企业区分开来，并反映自己的"优秀业绩"，通常会披露更为充分、全面的企业社会责任信息。社会责任信息披露会随着公司社会绩效的增加而增加，公司愿意报告"好消息"，信息披露在很大程度上会成为是"自我赞美""自我宣传"的一种手段。

2. 公司治理

公司治理的目标是有效降低企业的代理成本，保护股东的合法权益，与企业进行社会责任信息披露的目的相适应。公司治理的主要特点是由股东会、董事会、监事会和管理层组成的公司治理结构的内部治理。公司治理结构与水平会成为影响企业社会责任信息披露的企业内部因素。

（1）公司治理结构是企业内部权力关系的安排，包括股东大会、董事会、监事会和管理层等。良好的公司治理结构有助于保护投资者权益，提高信息披露的透明度和质量。董事会是企业战略决策的主要机构，董事会的决策和监督能力直接影响企业信息披露的完整性和准确性。董事会成员的背景、经验和独立性对信息披露决策具有重要影响。

（2）股权结构是公司所有权的分布情况。股权高度集中的公司通常由少数大股东掌控，这可能导致大股东更倾向于追求短期利益，而忽视其他利益相关者的权益，从而限制企业社会责任信息披露的深度和广度。股权分散的公司面临代理问题，董事会和高管更加关注长期利益，提高信息披露的透明度。

（3）高管层的特征包括个人能力、背景、道德和价值观等。高管层的能力和道德水平直接影响信息披露的质量和真实性。拥有丰富经验、优秀背景和道德良好的高管倾向于更加积极主动地履行社会责任，并主动进行信息披露。

（4）公司治理文化是公司内部对治理问题的认识、价值观和行为准则。如果公司内部注重公司治理的重要性，并强调透明度、诚信和社会责任，那么信息披露将会更加全面和真实。

公司治理在内部治理结构、股权结构、高管层特征、公司治理文化和外部监管等方面对企业的信息披露产生重要的影响，良好的公司治理有助于提高企业信息披露的质量和透明度，推动企业更加主动地承担社会责任并进行信息披露。

第四节　企业社会责任信息披露评价

一、企业社会责任信息披露的积极影响

1. 减轻信息不对称现象

市场上的信息不对称情况会产生逆向选择和道德风险。企业的社会责任披露行为可

以填补社会公众的信息沟通空白，满足利益相关者的信息需求，减轻市场中各主体的信息不对称。企业发布的社会责任报告会涉及经济、环境、劳工、产品、利益相关者权益保护、公共关系和社会公益事业等多个方面，使消费者、投资者对企业运营模式、成本–收入平衡状况有清晰的认知，减小双方信息差，有利于企业生产更加环保、更适应社会要求的高质量、低外部性的产品，向公众展示企业的社会担当及长期发展意愿，促使有道德感的投资者为企业的社会责任行为提供投资与帮助。社会责任信息披露切实表现出企业的大局观和全局意识，让公众见到了企业的全新一面，从而可以更好地认识企业全貌，这有助于减少资本市场上的价格误差，减少"劣币驱逐良币"等不利于市场资源高效配置的现象，增强市场的整体运转能力。

2. 提振投资者的信心

社会责任信息披露与企业投资效率正相关。积极披露社会责任信息，能体现企业的良好经营状态，为股东、投资者提供可供参考的信息，形成良好的利润增长预期。一份公开度更高、内容更详细、披露更真实的报告会引起利益相关者的积极反馈，增加股东满意度，影响投资者投资决策，增强投资者对企业未来发展的信心，使投资者对投资该企业更感兴趣。高质量的企业社会责任信息披露可以增加投资者对企业的信任度与认可度，企业的融资约束也会得到有效缓解。投资者不断减少决策成本和预期风险，投资者的信心反馈会向发展前景更好的公司发出积极的信号，使具有增长潜力的企业更有可能进入资本市场进行交易，企业股票交易量增加，继而影响企业股价，公司股价上涨趋势显著，企业价值提升的同时也为整个股市营造了好的氛围与环境。

3. 降低企业的违约风险

违约风险，又称信用风险，是企业未履行约定合同义务而造成经济损失的风险，即受托人无法履行还本付息义务，导致信用发行人预期收益与实际收益出现偏差的可能性，是金融风险的主要类型。对于企业的债权人而言，企业披露社会责任信息，能降低企业的违约风险。企业披露的社会责任报告能体现出企业的财务与经营管理现状，改善信息不对称程度，让债权人能更全面、更迅速地知晓企业存在的一些问题，提前做好企业的风险预判，避免企业的违约风险决策给债权人带来金钱上的重大损失，维护债权人的合法权益。对于企业的投资者而言，在做出投资决策或构建投资组合时，不仅要关注年报等数据的披露，还要增加对企业社会责任信息披露的关注。企业应当审慎地做出债务融资决策，积极践行和披露社会责任，综合评判企业发展现状，充分考虑企业违约风险的影响因素，不断增强自身的盈利能力和经营水平，以此降低企业的债务违约风险，进而实现价值的提升，确保投资者个人投资资金的安全。当信用评级的方式无法预测违约风险或预测程度有限时，可以将企业社会责任披露的评级要素纳入风险预警模型中，避免遗漏影响企业未来经营状况的潜在因素，提高评估结果的完整性与精确性，防止企业的违约给投资者造成损失。

4. 树立企业良好声誉

高质量的企业社会责任信息披露有利于树立积极履行社会责任的企业形象。企业社会责任信息的披露是识别企业财务报告质量的一种方式，展示报告信息的可信度及履行社会责任的真实性。投资者和监管部门通常将社会责任信息披露作为财务报告质量的评估指标之一，这不仅降低了信息筛选成本，还能反映企业的经营和财务状况，从而为监管部门的监督管理提供依据，同时为投资者的投资决策提供支持。公众和监管部门通常对自愿披露社会责任报告的公司持积极态度，会给予它们更多的关注和支持，激发它们继续披露社会责任的热情。为获得更多的关注，企业不断发布高质量社会责任报告，这成为企业披露社会责任信息的一种动因。企业认识到社会责任报告的信号传递作用，不断增强自愿披露意识，通过社会责任信息的披露建立对外的良好声誉。例如，在资源型企业中，企业的环保导向会向公众及利益相关者传达对公共环境负责任的信号，这有助于企业吸引更多的政府资金支持及民众支持。企业对社会责任活动的自愿披露有助于为企业树立良好声誉，增加企业正向收益，促进企业的长久健康可持续发展，积极的态度会间接影响其余企业，为整个社会经济的良性循环打好基础。

二、企业社会责任信息披露的消极影响

1. 企业经营管理成本增加导致收益下降

企业在承担和披露社会责任时可能面临运营成本上升的风险，成本增加可能削弱其市场竞争力，从而对企业的收益产生不利影响。企业的社会责任活动本质上来看还是慈善活动，以承担社会责任为主要目的，并不是完全基于利益考虑所做出的商业行为。虽然对外披露社会责任信息可在多方面间接性地提升企业的声誉，收获利益相关集团的资金、补贴，以及投资者和股东的新投资，但该部分收益不一定可以超过承担的社会责任成本。企业在与经营范围无关的领域进行社会责任活动支出，或者支出金额远超企业可负担的最佳平衡值，这就降低了企业资源使用效率，增加了企业经营管理成本，成本与收益难以达成平衡，不利于企业价值的长期增长。

2. 不真实披露行为导致公众的错误决策

由于社会环境与舆论要求企业发布社会责任报告，但并未对信息披露的具体的内容加以法律的严格制约，企业在信息披露过程中会出现过度披露和披露不足两种极端情况。如果人为加工的过度披露被当作企业社会责任的完整披露，则导致政府机构和监管机构及相关组织对企业的经营状况和披露做出错误判断，增加交易成本，甚至导致资源的不合理配置，造成经济损失。

企业社会责任信息的不足披露也是较为严重的问题。企业为展示其优势的一面，故意隐瞒负面信息。如果仅仅将披露企业的社会责任活动解释为良好的社会责任表现，将直接导致投资者、消费者等公众对公司做出错误的判断，误导投资者对其投资潜在长期风险的考虑。由于这种掩盖效应的影响，公众的行为决策可能会出错，从而引起严重的错误投资决策，造成公众的损失。

另外,由于企业管理层与企业目标存在不一致的情况,可能会出现委托-代理问题引起的社会责任信息披露不完全。许多企业的高层管理者会利用企业社会责任来提升个人声誉,促进个人职业发展,因而会积极披露企业社会责任,但披露的具体内容仅限彰显个人能力与品德的好消息,同时尽量模糊消极信息。企业管理层的不诚实披露将会损害股东的利益及企业利润,不利于企业绩效的提高及长期可持续发展。

三、中国企业社会责任信息披露现状与发展

企业的社会责任披露行为是一把双刃剑,存在积极影响与消极影响。如何平衡两种效应,发挥社会责任披露特有的优势,对新时代的政府及企业提出了新的发展要求。

1. 完善制度建设,规范企业社会责任信息披露

近年来,我国陆续推出了《深圳证券交易所上市公司社会责任指引》《上海证券交易所上市公司环境信息披露指引》《中国企业社会责任报告编写指南》等指示文件,以及一系列政策数据公布标准,旨在规范企业的社会责任信息披露内容,为投资者提供必要的决策依据。尽管国家出台多个文件将社会责任信息披露放在重要位置,但对规范内容与实施细节的要求还停留在较为模糊的阶段,相关部门对信息披露的规定并未完全统一,没有明确规定企业应该如何公开社会责任信息。企业出于对利益的考虑,会选择披露积极的社会公益、捐赠和碳排放等内容,而不体现实质性的信息,披露水平和质量仍有较大的提升空间,缺乏披露细节、流程等方面的具体阐述。因此,十分有必要建立完善的针对上市企业的社会责任信息披露制度,以此来规范企业社会责任义务的执行。

为推进信息披露的合理化、规范化、全面化,相关部门应从维护社会利益的角度出发,不断完善相关法律法规,在制度层面加强监督管理,建立切实可行的标准细则,使任何规定有章可循,明确规范的关键内容和主要形式,进一步强化企业社会责任方面的信息披露,并出台更详细、更全面的信息披露准则。相应的政府监管部门应为信息披露工作制定明确的指导方针,并且规范不同企业统一的披露形式,使众多企业的形式和框架一致,从而在一定程度上限制企业的信息披露自由度,督促企业增加会计数据类信息的披露,明确披露内容的准确性、可查性,使披露有据可依。在不断强调具体细节的同时,还要强调披露的质量,引导更多企业规范和披露高质量信息,使大众能够更准确地掌握企业履行社会责任的情况。政府应该建立一个标准化的信息披露评估体系,使同行业内不同企业的信息披露具有可比性,并通过设定统一披露标准和合理的评价指标规范企业信息披露程序。在规范企业社会责任信息披露的基础上,促进评级机构对企业社会责任信息披露进行审查和评级,以增强披露的真实性和准确性,并通过市场化手段,以高标准严要求提升信息披露质量,加强企业社会责任管理和信用管理水平。另外,政府部门可依据相关条例或者规定,对企业发布的责任报告随机抽检,利用数字化搭建平台,对企业发布的数据进行全方位监督,使企业更加重视社会责任信息公开工作,对报告内容进行第三方审验,尤其针对制造业、医药行业等特殊行业,加大监管力度,并建立跟踪反馈机制。

2. 完善企业内部治理机制，增强企业披露意识

企业要建立健全企业内部治理机制，加强内部控制制度建设，综合考虑股东、管理层、投资者和其他利益相关者之间的协调。在面临复杂的现实情况时，考虑选取社会责任问题专家、学者、高校教授作为决策过程中的企业顾问，或者在董事会席位中安排专门负责企业社会责任问题的董事，认真参考专家及董事意见，以实际举措加强管理层对企业社会责任意识问题的重视程度，规范管理层的披露质量。同时，企业可以明确社会责任行为主体的企业责任与强化内部社会责任管理、监督制度，将社会责任意识深刻融入企业文化中，切实提高各位管理人员的责任意识，有利于企业社会责任的长期披露发展。通常情况下，企业具有的社会责任意识越强，其在报告中对社会责任信息披露的内容也将更全面，整体质量也将越高。

3. 企业着眼于同行业发展，适应发展态势

行业内的企业社会责任信息披露存在显著的同群效应。当政府没有制定严格的规范标准时，在某种程度上，同行业其他公司的行为决策会有一定的参考价值，会间接约束行业内企业。企业可以根据这一参考标准调整披露决策，减少信息差距，通过同行之间的沟通和交流，不断提高披露信息的数量及质量，减少信息披露不完整带来的潜在风险，保护和提升企业声誉，以确保企业在行业之中获得源源不断的竞争优势。但企业也不必付出太多成本或占用太多资源来履行和披露其社会责任，综合考虑企业实力，量力而为地履行和披露社会责任，方为最佳举措。

在制定社会责任战略时，企业管理者应评估情况，适当借鉴同行的行为决策，在履行社会责任的同时积极披露相关信息。企业可以尝试从外部约束和内部激励两个方面入手，双管齐下。企业要紧跟行业发展态势，适应行业披露要求，与同行共同提高行业信息披露的充分性和有效性，争取在行业内成为优秀企业，发挥"行业标杆"的示范作用及带动效应，扩大企业社会责任的竞争优势，并通过媒体、舆论等宣传提升企业自身的形象，在增加各种经济效益的同时促进整个行业的健康发展。政府在政策方面适当给予相关支持，促成企业间相互的友好竞争，形成独特的品牌和文化效应，构成行业良性循环，最终促进社会福利的优化。企业要将内部管理体系同外部发展相联系，以合适的内部治理机制应对外部行业压力。企业应积极支持专业人员参与培训，使员工形成良好的知识体系并掌握数据分析技能，进一步提升管理层进行社会责任活动时所需的知识和技能，为编制社会责任信息披露报告奠定良好的理论基础。企业应在同行业建立良好的社会关系，完善内部控制体制，在追求利润的同时兼顾预防和控制生产经营风险。

■ 本章思考题

1. 企业社会责任信息的披露包含哪些动机？
2. 企业社会责任信息的披露有几种形式？哪一种更为常见？
3. 请试着比较国际标准与国内标准下的企业社会责任信息披露内容的不同。
4. 如何理解"企业的社会责任披露行为是一把双刃剑"？

■ *本章小结*

　　本章的主要内容为企业社会责任信息披露，首先介绍了企业社会责任信息的披露动机与披露形式；其次介绍了国际标准与国内标准下的企业社会责任信息披露内容；再次介绍了企业社会责任信息披露的内部及外部影响因素；最后对企业社会责任信息披露进行评价。

10 第十章
企业社会责任报告

■ 本章学习目标

1. 掌握企业社会责任报告的内涵及特点。
2. 理解企业社会责任报告的作用。
3. 掌握企业社会责任报告的内容与结构。
4. 了解企业社会责任报告编写与发布。
5. 熟悉企业社会责任报告审验。

企业社会责任报告作为以透明度、可核实性和综合性为特点的一种报告形式，已经成为企业与利益相关者交流互动的重要工具，同时也是企业核心业务价值与战略的重要组成部分。了解企业社会责任报告的内容与结构，以及编写原则与流程等，明确责任报告的发布、改进与审验，向利益相关者公开更加透明的信息，对企业的社会责任提出更高的要求。

通过发布社会责任报告，企业可以向公众和利益相关者展示其对社会和环境的承诺，展示其负责任的企业形象，从而赢得信任和好评。企业社会责任报告的编制和发布过程本身就是一个学习、讨论和改进企业社会责任概念的过程。通过这种方式，企业内部能更好地理解和传播企业社会责任的概念，推动企业在社会责任方面形成一种共识和价值观。

第一节 企业社会责任报告概述

随着社会经济的不断发展和进步，人们对企业的社会作用开始产生更高的关注和期望。利益相关者希望企业在社会责任方面更加透明，并对企业的社会责任提出更高的要求。企业社会责任报告的发展历史经历了从简单宣传到规范化和标准化的过程，逐渐形成了以透明度、可核实性和综合性为特点的报告形式。

20 世纪 80 年代末和 90 年代初，一些企业开始意识到社会责任的重要性，并主动公开宣传自己的社会责任行动。最初的报告主要是企业自愿发布的简单文本形式，内容较为简单。随着社会对企业社会责任关注度的增加，越来越多的企业开始编制更为系统和完整的企业社会责任报告。报告内容逐渐扩大到企业的经济、社会、环境方面，包括企业治理结构、员工权益、环保、慈善捐赠等内容。为了统一企业社会责任报告的标准和指南，国际上相继出台了一系列与企业社会责任报告相关的指南和标准，为企业社会责任报告提供了更为系统和全面的框架，帮助企业更好地衡量和展示其社会责任成绩。之后，利益相关者希望企业的报告能够真实反映企业的社会责任行动，不仅是宣传性的内容，还要有数据支撑和实际成效。越来越多的企业开始将企业社会责任报告与企业的财务报告相结合，形成综合性报告。随着信息技术的发展，一些企业开始利用数字化技术，如大数据分析、人工智能等，对企业社会责任进行更深入的评估和跟踪，使企业社会责任报告更加精准和科学。

世界上最常见的企业社会责任宣传形式是发布企业社会责任报告（或可持续性报告）。企业社会责任报告是披露企业社会责任履行情况的主要手段，与财务报表相对应。企业从经济角度披露可持续发展企业的战略、行动、成果和未来目标，并采取定性和定量相结合的方法对企业社会责任信息进行集中披露。同时，以书面和电子形式发布的企业社会责任报告的内容和结构必须符合某些国际规范和标准。

一、企业社会责任报告的内涵

企业社会责任报告是企业向社会公众和利益相关者公开披露企业在社会责任履行方面的行动、成就和目标的一种重要文献。

（1）明确企业的社会责任理念和价值观，通常包括企业的社会使命、愿景和价值观等。

（2）详细阐述企业在社会责任方面的目标和战略，是企业社会责任行动的指导方针，包括关注的重点领域、具体计划和措施。

（3）向公众和利益相关者公开披露企业在社会责任履行方面的具体绩效和成果，包括环保、社会公益、员工权益保障、供应链管理等方面的数据和实际成效。

（4）公开说明企业在社会责任履行过程中面临的风险和挑战，并介绍企业的应对措施和改进措施，展望未来，提出企业在社会责任履行方面的长远规划和发展目标。

企业社会责任报告的目的是通过透明披露，向社会和利益相关者展示企业的社会责任履行情况，倡导企业持续改进和创新，积极履行社会责任，加强与公众和利益相关者之间的信任和沟通。它是企业是否履行企业社会责任的一种表述和方法，其性质不等同于企业的年度财务报表，而是一种非财务会计报表。

根据反映程度是否全面，企业社会责任报告可分为广义的企业社会责任报告和狭义的企业社会责任报告。广义的企业社会责任报告包括企业对社会承诺的一个或多个方面的所有类型的报告。这些报告可以是单一的社会责任报告，如环境报告、环境健康和安全报告、社会报告等，也可以是综合报告，如可持续发展报告、企业社会责任报告、企业责任报告、企业公民报告及社会和环境报告等。这些报告都反映了企业在特定领域或方面的社会责任履行情况。狭义的企业社会责任报告通常是指以正式形式全面反映企业对社会的所有责任的报告。这种报告是综合性的，涵盖企业在多个方面的社会责任履行情况，包括环保、社会公益、员工权益、供应链管理、公平竞争、企业治理等方面。这样的报告能够全面展示企业在社会责任方面的综合表现，为公众和利益相关者提供全面了解企业社会责任履行情况的依据。

二、全面企业社会责任报告的特点

全面的企业社会责任报告涵盖更广泛的内容，主要涵盖经济、社会、环境等方面，通常涉及企业价值观和使命、公司治理、产品和服务、客户群体、环境健康和安全、供应商、社区、公益性企业等。全面的企业社会责任报告具有以下特点。

（1）不仅涵盖企业在环境方面的责任履行情况，还包括社会和经济方面的表现。它跨越了不同维度，全面反映了企业对环境、社会和经济的承诺和实践，包括详细的数据和信息，不仅展示了企业的成绩，也公开了企业所面临的挑战和困难。

（2）不仅仅关注股东和投资者的需求，更注重其他利益相关者的参与。它倾听和反映了多方利益相关者的意见和期望，形成了多方共识。

（3）不仅以定性的方式描述企业的社会责任实践，还采用了定量指标来衡量和评估企业的社会责任绩效。通过定量数据的支持，报告更加客观和可量化。

（4）全面的企业社会责任报告是一个长期追踪的过程，记录了企业在社会责任方面的发展历程，企业可以展示其在社会责任履行方面的持续进步和改进措施。

（5）不仅关注社会责任的合规履行，还强调创新和持续改进。企业在报告中展示了在社会责任方面的创新实践和领先地位，同时公开了自己的短板和不足，以便引导进一步的改进。

（6）超越了法律对企业社会责任的最低要求，它是企业自愿公开和主动履行社会责任的表现。通过报告，企业展示了自己在社会责任方面的愿景和担当，主动承担更多的社会责任。

全面的企业社会责任报告不再是简单地履行社会责任的一个附加项目，而是成为企业的一种战略性举措。它不仅仅是对外展示企业形象和价值观的重要工具，更是对内促进企业改进和创新的驱动力。

三、企业社会责任报告的作用

企业社会责任报告从最初关注环境话题扩展到更广泛的社会问题，已经成为企业与利益相关者沟通的渠道，也是企业保护声誉和形象的手段。如今，社会责任报告不仅是信息披露工具，更是公关工具。

（1）发布企业社会责任报告有助于为企业树立良好的企业形象和声誉。社会和利益相关者越来越关注企业的社会责任履行情况，对企业的道德和伦理要求日益提高。通过发布社会责任报告，企业可以向公众和利益相关者展示其对社会和环境的承诺，展示其负责任的企业形象，从而赢得信任和好评。

（2）企业社会责任报告的编制和发布过程本身就是一个学习、讨论和改进企业社会责任概念的过程。通过这种方式，企业内部能更好地理解和传播企业社会责任的概念，推动企业在社会责任方面形成一种共识和价值观。企业社会责任报告代表了一种新的内部对话机制，它将财务、开发、营销、人力资源和其他职能部门战略性地结合在一起，有助于企业内部各部门之间更好地协调合作，共同推动企业社会责任履行。

（3）发布社会责任报告可以实现企业信息的全面、定期披露，防止因信息意外或提前披露而造成不必要的损失，从而提高企业的财务稳定性。企业社会责任报告有助于降低企业的财务风险和不确定性，吸引投资者和资本市场的信任。企业社会责任报告通过提供全面的企业信息，帮助企业与外部利益相关者建立信任。公众和利益相关者更倾向于与负责任的企业合作，购买其产品和服务，从而增加企业的市场份额和盈利能力。

第二节　企业社会责任报告的结构与内容

一、企业社会责任报告的结构

1. 回答的问题

企业社会责任报告主要是向外界利益相关方揭露企业的相关信息，充分体现了企业的社会责任，因此，企业社会责任报告需要回答以下五个问题。

（1）企业社会责任（what）。一是由角色定位定义的使命、责任或义务。企业在经济发展和全球发展中发挥着重要作用，明确了企业必须承担的责任和使命。二是对利益相关者的具体责任。企业社会责任报告通常揭示对股东、消费者、员工、供应商和社区等利益相关者的具体责任。三是具体责任，按不同性质划分，如经济责任、法律责任、道德责任等。

（2）企业履行社会责任的动机（why）。一是企业价值取向的提升。例如，法国电力集团认为积极履行社会责任是其主要使命。它的价值观侧重全面履行社会责任，强调尊重人、尊重环境、平衡表现、团结和诚信。二是企业成功的客观需要。例如，《Bayer可持续发展报告》提出了拜耳对成功实现商业效率、环境效率和社会责任的和谐的定义。拜耳坚信，只有可持续经营的公司才能成功。公司有责任使用技术和商业专业知识造福人类，遵守社会责任承诺，为环境的长期可持续发展作出积极贡献。

（3）企业如何履行其社会责任（how）。企业履行社会责任的方式通常包括公司治理、相关方的参与、企业社会责任指标及评价结果。例如，法国电力集团履行社会责任的方式包括公众参与、对话建设和利益相关者参与机制，完善公司治理机制，加强全体员工社会责任培训，开发社会责任管理系统和实施工具等。

（4）企业履行社会责任的成绩（performance）。企业履行社会责任的有效性，即企业的有效性业绩通常表现在经济、社会和环境方面。它可以定性或定量描述，所披露的信息可以与企业之前的结果进行比较，也可以与其他企业进行比较。

（5）规划企业社会责任的未来（plan）。除了披露企业社会责任的过程和结果，企业社会责任报告还应明确设定行动目标，并据此规划未来社会责任的方向。中长期社会责任计划能够体现企业是如何将社会责任融入发展战略的。

2. 结构类型

一份比较完整的社会责任报告应该涵盖较全面，即能够全面反映企业履行社会责任时产生的影响。社会责任报告根据侧重点不同，或者业绩描述的形式不同，可以选择不同的报告结构。企业社会责任报告的结构形式如图 10-1 所示。

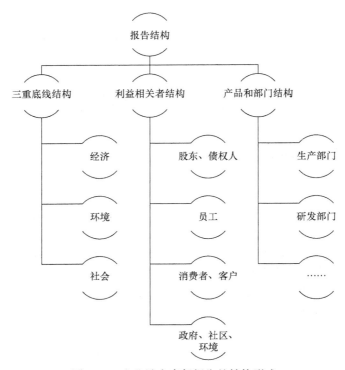

图 10-1　企业社会责任报告的结构形式

1）三重底线的结构

这种报告结构是基于埃尔金顿提出的三重底线理念而构建的企业社会责任报告结构。三重底线强调企业在履行社会责任时不仅要关注经济效益，还要考虑社会和环境绩效。因此，企业社会责任报告的结构应该包括经济、环境和社会三个方面。

经济层面主要关注企业的经济表现和贡献。报告包括可量化的经济数据，如财务指标（营业收入、利润、投资回报率等）。同时，还会考虑非数据指标，如客户满意度、市场份额等。这些经济指标反映了企业的营利能力和经济效率，是企业可持续发展的基础。

环境层面主要关注企业的环境绩效和对环境的影响。报告包括资源效率、能源保护、废物管理、减排措施等环境指标。企业应向外部利益相关者披露商业活动对环境的影响，展示企业在环保方面的努力和成果。通过关注环境层面，企业可以提高环境意识，促进可持续发展，同时也树立了负责任的企业形象。

社会层面主要关注企业在社会方面的责任履行。包括员工的责任，即关心员工的薪酬、福利和权益保护；对政府的责任，即合法纳税和遵守相关法规；向消费者提供优质产品和服务的责任；对商业伙伴的责任，包括公平管理和公平竞争；参与各种公益慈善活动。这部分反映了企业在不同利益相关者之间建立良好关系的努力和目标，有助于提升企业的社会声誉和公众认可度。

2）利益相关者的结构

企业社会责任报告的利益相关者结构是一种将企业的社会责任行动按照不同利益相关者的期望和需求进行分类和呈现的报告方式。许多公司将其企业社会责任分解为对不同利益相关者期望的回应和行动，强调了企业与利益相关者之间的互动和沟通，帮助企业更好地满足不同群体的需求，加强企业与社会各方面的合作和共赢。利益相关者结构的企业社会责任报告通常涵盖：消费者，涉及产品和服务的质量、安全、价格、透明度和可持续性等；员工，包括员工福利、薪酬、职业培训和发展、工作环境、员工权益保障等；投资者，涉及企业的财务表现、投资回报、风险管理、企业治理等；商业伙伴，涉及供应链管理、合作伙伴关系、公平竞争等；政府，涉及遵守法律法规、缴税和税收合规等；非政府组织，涉及与非政府组织的合作、社会公益项目、环保等；媒体，涉及信息透明度、公关管理等；社区，涉及社区责任、社区支持和公益活动等。

3）按产品和企业部门划分的结构

按产品和企业部门划分的结构是企业社会责任报告的一种常见方式，它将企业的社会责任行动和可持续发展解决方案按照产品和不同业务部门进行分类和呈现。这种结构的特点如下。

第一，突出其产品在可持续发展方面的贡献。企业可以详细介绍各类产品在资源节约、环保和社会效益等方面的特点和优势，展示产品如何帮助减少能源和资源的使用，降低碳排放，提高生态效率。

第二，有助于更全面地呈现企业不同业务部门的社会责任实践。不同业务部门面临不同的社会和环境挑战，采用这种结构可以使企业有针对性地解决各个业务部门的可持续发展问题，并确保各业务部门都在社会责任方面作出贡献。

第三，使利益相关者更好地了解企业在不同产品和业务部门上的社会责任表现。利益相关者可以更直观地了解企业在特定产品或部门方面的社会和环境影响，从而更准确地评估企业的社会责任履行情况。

第四，企业可以根据自身的产品组合和业务结构，选择适合的分类方式，使报告更加符合企业的实际情况，更具针对性和可操作性。通过对不同产品和部门的可持续发展解决方案的总结和评估，企业可以发现改进的空间，推动产品和业务的持续创新，实现更好的社会和经济效益。

3. 文本构成

企业社会责任报告的结构可以根据不同企业的需求和报告目标而有所变化，报告文本的基本结构见表10-1。

表 10-1　报告文本的基本结构

项目	内容
封面与概要	封面通常包含企业名称、报告标题、发布时间等基本信息； 概要部分是对整个报告内容的简要介绍，包括企业的社会责任理念、重点实践领域和取得的成就等
公司简介	介绍企业的基本情况，包括公司背景、组织架构、主要业务、经营范围等，有助于读者了解企业的背景和规模
战略与管理	阐述企业的社会责任战略和管理体系，包括企业的社会责任愿景、目标和计划，涉及企业对社会责任的整体规划和组织实施
利益相关者参与	介绍企业与各类利益相关者的合作与沟通情况，强调企业与利益相关者的互动与共赢
环境责任	详细描述企业在环保方面的努力和成果，包括节能减排、资源利用、废物管理、环保项目等
社会责任	介绍企业在社会方面的责任履行，涉及员工权益保障、员工培训与发展、公益慈善活动、社区支持等方面的实践
经济责任	阐述企业在经济方面的责任表现，包括企业的经济绩效、税收贡献、产业支持等，反映企业的商业价值和贡献
绩效与评估	展示企业在社会责任方面的绩效数据和具体指标，通过数据展示企业的社会责任履行成果和效果
成就与挑战	总结企业在社会责任方面取得的成就和面临的挑战，客观反映企业的优势和不足
履行透明度	强调企业在社会责任履行过程中的透明度，包括信息披露、社会责任报告的发布频率等
未来规划	展望企业未来在社会责任方面的发展规划，明确企业的目标和承诺
报告结语	由企业高层领导或负责人撰写的结语，对报告内容进行总结和回顾

企业社会责任报告的结构主要围绕企业的社会责任实践和表现展开，以客观、全面的方式反映企业在社会、环境和经济方面的责任履行情况。这样的结构有助于读者全面了解企业的社会责任行为，并对企业的可持续发展做出评估和判断。

国家电网 2020 年社会责任报告结构

一、致辞

二、公司概况

（1）主要经营指标。

（2）组织机构。

（3）2020 年部分履责荣誉和奖项。

三、履职意愿

（1）公司定位。

（2）公司战略。

（3）公司"十四五"发展思路和总体布局。

四、履责行为

（1）全面落实党中央决策部署。

（2）坚持绿色发展，服务"碳达峰、碳中和"目标。

（3）改革攻坚开新局，提质增效育新机。

（4）全力保电保供保安全，推动电网高质量发展。

（5）负责任地对待每一个利益相关方。

（6）服务"一带一路"建设。

（7）透明运营和接受社会监督。

五、履责绩效

（1）经济绩效。

（2）社会绩效。

（3）环境绩效。

（4）"十三五"绩效

六、履责承诺

（1）2020 年承诺。

（2）2020 年践诺。

（3）2021 年承诺。

（4）国家电网有限公司各省公司 2021 年特色承诺。

七、附录

（1）联合国"全球契约"行动绩效。

（2）GRI 内容索引。

（3）香港联交所《环境、社会及管治报告指引》数据指标。

（4）公司参加的主要社团组织。

（5）利益相关方沟通与参与。

（6）实质性议题分析。

（7）报告概况。

资料来源：http://www.cfie.org.cn/index/information/show/id/1973.html.

二、企业社会责任报告的内容

企业社会责任报告的内容可分为企业管理、经济责任、社会责任、环境和资源责任四个类型。

1. 企业管理

企业管理的内容涵盖企业内部的治理结构和管理体系，主要包括价值观、企业社会责任理念、企业战略、组织结构、公司治理及利益相关者等。

（1）企业通常会介绍其使命、愿景、战略和核心价值观。使命是企业存在的目的和社会责任的阐述。愿景是企业对未来的愿景和愿望。战略是企业为实现使命和愿景而制定的长期目标和计划。核心价值观是企业坚持的价值观念，这些价值观会影响企业的决策和行为。

（2）企业的社会责任理念，是企业对社会和环境承担的责任和义务的表述。企业会阐述其对可持续发展、社会公益和环保的承诺，并将这些理念融入企业的经营和决策中。

（3）制定和实施的战略计划，包括经济、社会和环境三方面的目标和措施。企业说明如何在经营过程中平衡利润和社会责任，以实现可持续的发展。

（4）企业的组织结构和公司治理机制，包括董事会成员的背景和构成、高管团队的组织结构、董事会与高管层的权力分配，以及决策层与执行层之间的沟通机制。这些信息的透明度有助于利益相关者了解企业的决策过程和权力分配。

（5）企业介绍与利益相关者的关系和互动方式，以及如何积极回应他们的关切和需求。

2. 经济责任

经济责任的内容关注企业在经济方面的行为和影响，包括财务状况、盈利能力、投资和创新、税收遵从等，同时介绍企业对供应链伙伴、员工和其他利益相关者的经济影响。

（1）披露财务状况和盈利能力，包括企业的营业收入、利润、利润率等财务数据。通过公开财务信息，企业向利益相关者展示其盈利情况，反映企业的经济健康状况。

（2）对投资和创新的承诺和实践。投资包括研发和技术创新、生产设施和设备的更新、员工培训等方面。通过持续的投资和创新，企业能够提高自身竞争力，推动产业发展，为社会创造更多价值。

（3）强调遵守税收法规和纳税义务。透明公开的税务合规信息有助于提升企业的信誉，并展示企业作为一家负责任企业履行纳税义务的承诺。

（4）企业对供应链伙伴、员工和其他利益相关者的经济影响，包括与供应商的合作关系、采购政策、员工的薪酬和福利待遇，以及对其他合作伙伴的经济支持等。与供应商的合作关系和采购政策，包括企业与供应商之间的合作模式、采购条件、交易过程等。员工的薪酬政策和福利待遇包括工资水平、绩效奖励、福利计划等。对其他合作伙伴的经济支持包括与合作伙伴共同发展、提供资金支持、技术转让等。

3. 社会责任

社会责任的内容涵盖企业对社会的责任和承诺，涉及员工福利、保障劳动权益、促进员工参与管理、支持地方社区发展、推动教育和公共福利项目等。此外，社会责任还包括企业在社会公正和人权方面的承诺和行动，以及与利益相关者的合作和对话。

（1）详细介绍企业对员工的关怀和福利措施，包括员工的健康和安全保障、工作条件的改善、培训和职业发展机会、平等和多样性的促进等。

（2）强调企业对劳动权利和员工参与的重视，包括遵守相关的劳动法律法规、保障员工的工时和工资待遇，以及尊重员工的权利和利益。同时，企业还应该鼓励员工参与决策和公司事务，增加员工在企业发展中的参与度。企业应该积极防止和纠正不公平和歧视现象，保障所有利益相关者的权利和利益。

（3）描述企业对当地社区和社会发展的支持，包括通过捐赠、社区项目和公益活动等方式回馈社会，改善当地居民的生活条件，推动社区的经济和社会发展。

（4）介绍企业在教育和公共福利项目方面的努力，包括支持教育事业、培训和技能提升计划，以及参与公共福利项目，如环保、健康、扶贫等。

4. 环境和资源责任

环境和资源责任模块是企业社会责任报告中的一个重要部分，它主要关注企业在环保和资源可持续利用方面的努力。

（1）能源消耗情况和碳排放量，包括企业在生产和经营过程中所消耗的各种能源（如电力、燃气、石油等），以及由此产生的二氧化碳和其他温室气体的排放量。企业应该努力提高能源利用效率，减少碳排放，以应对全球气候变化的挑战。

（2）对水资源的管理情况，包括企业的用水量、水资源利用效率，以及采取的水资源保护措施。企业应该关注水资源的合理利用，避免水污染，并积极参与水资源保护项目。

（3）废物处理措施，包括生产过程中产生的各类废物的分类、处理和回收利用情况。企业应该努力减少废物的产生，推动资源的循环利用，降低对环境的负面影响。

（4）环境政策和管理措施。企业应该建立和实施环境管理体系，制定环境政策和目标，确保环境合规，遵循环境法规和标准。

（5）生态保护措施包括对生态环境的保护和恢复，如植树造林、湿地保护等。绿色供应链是指在供应链管理中考虑环保因素，选择环保型供应商，推动绿色产品的生产和消费。

除了自然资源和自然环境，企业往往还会介绍所处的社会环境和社会资源。在宏观发展环境部分，企业在报告中概述本年度国内外发生的重要社会、经济、环境事件，并分析这些事件对企业经营和发展的影响。这些事件涵盖政治变动、自然灾害、经济衰退或复苏、重大环境事件等。企业通过分析这些事件的影响，为未来的决策和战略制定做好准备。企业会关注国际可持续发展议程中的重要问题，如气候变化、资源短缺、贫困与不平等、社会公正、人权保护等，并介绍对这些问题的认知和理解，阐述企业对于可持续发展的愿景和承诺。企业还会关注本行业的可持续发展现状和趋势，并介绍企业对这些趋势的应对策略，包括行业的绿色转型、节能减排措施、创新技术的应用、资源循环利用、供应链责任管理等方面。

广州极飞科技股份有限公司企业社会责任报告

2023年3月30日，广州极飞科技股份有限公司（以下简称极飞科技）发布2022年度企业社会责任报告，由中华人民共和国商务部、清华大学全球可持续发展研究院主管的《可持续发展经济导刊》担任指导单位。这是极飞科技连续第三年对外披露其在农业可持续发展领域的应用成果。

报告介绍了2022年极飞科技通过技术创新实现的多元价值落地，在提升农业生产经营效益、保障粮食安全、助力农村女性创业、激发乡村经济活力、培育智慧农业人才、推进农业"碳中和"等多方面，落实联合国可持续发展目标的行动举措和关键成果。

1. 累计服务农田面积 14.5 亿亩次

依托在自动驾驶、精准技术、智能制造等领域的研发创新实力，极飞科技构建起了以农业无人飞机、遥感无人飞机、农业无人车、农机自驾仪、农业物联网、智慧农业系统为核心的无人化农业生态，形成了软硬件结合的智慧农业产品矩阵。截至 2022 年底，极飞科技研发专利授权总数达 2141 件。

同时，极飞科技持续加大研发创新力度，在 2022 年发布了全新一代农业无人飞机产品 P100 Pro 与 V50 Pro，配合动力系统升级，搭载更强劲的睿喷与睿播系统，让其作业效率再次得到突破，为农业生产者带来更精准、高效、灵活的生产解决方案。

截至 2022 年 12 月 31 日，极飞科技在运营的农业无人化设备数量约 11 万台，累计为农民提供无人化生产服务 1.94 亿人次，农田作业面积达 14.5 亿亩次。同时，极飞科技智慧农业科技产品覆盖全球 57 个国家和地区，在多种农业场景均得到良好应用，满足了小农户、家庭农户和大农场经营者多种需求，更多农业生产者都能因此受益。

2. 减少农作物损失 1541 万吨

近年来，全球频发的气象灾害和病虫害，让农户面临的自然风险和市场风险越来越大，极大地影响着粮食产量和质量。如何有效应对气候挑战，让农业生产更具"韧性"，成为保障粮食安全的关键。

极飞科技利用全自主飞行作业的优势，帮助农户突破天气、地形的限制，及时开展高效稳定的防治措施。截至 2022 年 12 月，极飞科技与用户一起减少农作物损失 1541 万吨，可满足 3081 万人口一年的粮食需求。

3. 降低农业碳排放 140 万吨

目前，全球总人口已超 80 亿，日益增长的粮食需求与自然资源、生态环境之间的矛盾日益突出。极飞科技在推动农业生产效益提升的同时，也在农药减施、节水降碳、保护生物多样性等方面采取积极措施。

依托自动驾驶、精准喷洒和播撒方面的创新技术，极飞科技帮助全球农业生产者降低农药化肥使用量，减少资源消耗，提升农业生产的可持续性。报告披露，极飞科技共助力节约农业用水 4908 万吨，这意味着 68 万居民一年的用水量得到了保证。

在节能减排方面，除了使用电动设备替代传统农业机械，极飞科技也对传统拖拉机、收割机进行智能化改造，通过加装自动驾驶辅助设备，让农业机械在农田里实现了自动化精准作业。通过减少农业生产对化石能源的依赖，极飞科技累计降低二氧化碳排放共 140 万吨，相当于 7802 万棵树一年的固碳量。

此外，极飞科技和波士顿咨询公司联合发布了《通往农业碳中和之路》报告，为农业低碳发展绘制了一条清晰的行动路径，填补了实证研究的空白。报告以极飞科技"超级棉田"的项目实践作为农业减排标杆范例，有力地验证了农业科技助力节能减排的可行性。

在生物多样性保护方面，极飞科技的无人化技术也被应用于生态修复、外来物种防治等多个领域。例如，极飞农业无人飞机帮助四川竹农击退蝗灾，保护当地高价值竹林的产量和质量，维护乡村生态平衡；在澳大利亚、巴西和东南亚地区农场周边的水域进行杂草防治，通过使用更少的除草剂消灭杂草，避免水源污染，保护水质健康。

4. 培育智慧农业人才超 12 万人

农业的智能化、数字化发展，需要更多具备专业知识技能的农业人才作为支撑。极飞科技通过搭建农业知识服务平台"极飞学园"、培训内容线上化和视频化等形式，完善用户培训体系，普及农业知识与先进技能。截至目前，极飞科技共培训了 5007 名教员及 122 206 名农业无人化设备操作员，为农业数字化发展注入了更多新生力量。

在支持更多人才投身农业的同时，极飞科技也积极推动农村地区性别平等。来自江苏的李新玲通过极飞农业无人飞机成为村里第一位女飞手，在家乡成功创业并实现了更好的生活；来自巴西巴拉那州的玛丽安娜·罗萨斯被极飞农业无人飞机的高效作业所吸引，成立农事服务公司，带领团队为巴西的农民提供培训、植保服务，在农田上成就了另一番事业。在乡村振兴战略背景下，极飞科技通过推动数字农业技术下乡，不仅帮助降低智能化设备的使用门槛和成本，提高小农户的种植收益，还带来了更多体面的就业新机会，让不同年龄、身份和背景的人们都能在农村实现自我发展。

极飞科技在社会责任领域的实践越来越丰富。通过发布全新的农业科技产品、构建更贴近用户需求的服务体系、打造数字优粮农场、发布农业碳中和研究报告、农业科技成果出海等一系列行动，极飞科技将农业科技的价值贯穿在与利益相关方交互的方方面面，为传统农业注入了新的希望。

资料来源：https://www.xa.com/about/csr.

案例启发：

企业社会责任报告是企业根据其所履行的社会责任的理念、战略、方式方法及其市场绩效、社会绩效和环境绩效等影响，基于企业自身发展需求进行系统的梳理和总结，从而向利益相关方出具的一份报告，是企业进行非财务信息披露的重要载体，是企业与利益相关方沟通的重要桥梁，也是企业将信息高效传达给外界的渠道。对于企业来说，定期撰写并发布年度的社会责任报告，详细介绍企业在环境、社会、经济等方面的责任履行情况，披露企业的社会责任目标、政策、措施、成果和未来计划等信息，对于企业社会责任活动的进行给予极大帮助。

企业的年度报告中通常会涵盖一些社会责任信息，企业通过自身发展特点，运用自身优势，实现对环境、社会、民众的影响。企业社会责任报告具有一定程度的针对性，体现了企业对社会责任信息披露的重视程度，展现出良好的责任态度。企业披露的报告信息，会涉及经济、环境、劳工、产品、利益相关者权益保护、公共关系和社会公益事业等多个方面，使民众、政府、社会对企业运营模式与所作贡献有清晰的认知，以便减小信息差，使有关各方均能够准确、明确地获得所需消息。

高质量社会责任报告能让企业赢得更多的关注，这成为企业披露社会责任信息的一种动因，企业认识到社会责任报告的信号传递作用，不断增强自愿披露意识，可以尝试在生产经营效益、保障产品安全、助力女性就业、培育智慧人才、推进环保等多方面以创新思路开辟新的社会责任活动，通过社会责任信息的披露建立对外的良好声誉。在此过程中，抓住企业的核心竞争力极为重要，极飞科技在社会责任领域的实践探索越来越丰富，通过发布全新的农业科技产品、构建更贴近用户需求的服务体系、打造数字优良农场等一系列行动，极飞科技与其余企业的产品相区分，将农业科技的价值贯穿在与利益相关方交互的方方面面，为企业展示企业特色，披露更具价值的企业社会责任报告提供了思路。

第三节　企业社会责任报告编写与发布

一、企业社会责任报告编写指南

中国企业在编写企业社会责任报告时主要依据 GRI 标准、《上海证券交易所上市公司环境信息披露指引》、《中国企业社会责任报告编写指南》、《关于中央企业履行社会责任的指导意见》、《深圳证券交易所中小企业板上市公司规范运作指引》、《社会责任报告编写指南》、《环境、社会及管治报告指引》等。

1. GRI 标准

GRI 发布的 GRI 标准是目前最广泛采用的企业社会责任报告指南之一，也是全球最通用的可持续发展报告框架。GRI 标准涵盖经济、环境、社会等多个方面的报告要求，帮助企业全面呈现其社会责任实践和绩效。

2000 年 GRI 发布了第一代《可持续发展报告指南》（G1），2002 年发布第二代《可持续发展报告指南》（G2），2006 年发布第三代《可持续发展报告指南》（G3）。2014 年 1 月，GRI 在北京发布《可持续发展报告指南》（G4）的中文版。2016 年 10 月 GRI 发布 GRI 标准，在 2018 年 7 月全面取代旧有版本 G4。2021 年 10 月，GRI 发布新的 GRI 通用标准及行业标准。GRI 修订后的《GRI 标准 2021》于 2023 年 1 月生效。

《GRI 标准 2021》采用三个系列的模块化体系：适用于所有组织的通用标准、侧重行业特定影响的行业标准、涉及特定议题相关披露的议题标准。

1）通用标准

通用标准（G100 系列）适用于所有企业和组织，是适用于所有报告的核心准则。通用标准的组成包括基础、一般性披露和实质性议题。

基础（G101）部分介绍了编制一份符合 GRI 标准的可持续发展报告的基本原则和要求。编制报告的基本原则是准确性、平衡性、清晰性、可比性、可验证性、可持续性背景、完整性。界定内容的原则是利益相关方包容性、可持续发展背景、实质性、完整性。评价报告质量的原则是准确性、平衡性、清晰性、可比性、可靠性、时效性。

一般性披露（G102）的内容包括企业的组织概况、战略、道德和诚信、治理、利益相关方沟通及报告流程六大板块的信息，反映企业如何设定和管理可持续发展理念，为利益相关者理解企业的整体可持续发展情况提供了总体背景，是所有采用 GRI 标准披露的企业都必须回应的内容。

实质性议题（G103）主要引导企业说明其实质性议题的选择、影响范围、选择的原因及管理方法。其中管理方法涉及政策、承诺、目标、资源等一系列企业针对特定议题采取的管理措施。对于不在 GRI 特定议题覆盖范围内的议题，企业可以按照 G103 指引对于具体议题的管理方法进行披露。

2）行业标准

GRI 在 2021 年发布石油和天然气行业（GRI 11），煤炭行业（GRI 12），农业、水产养殖业和渔业行业（GRI 13）的行业标准，其他如食品和饮料、纺织和服装、银行、保险、资产管理、公共事业、可再生能源、林业及金属加工业等行业标准还在制定阶段。

GRI 行业标准是企业必须选择和遵循的，企业应采用适于所在行业的 GRI 行业标准确定实质性议题，并确定相关信息披露项。每个行业标准都对行业具体社会责任标准进行描述，并列出不同行业分类系统中的相关行业分组的标准要求。GRI 行业标准根据行业特性列举了该行业可能涉及的实质性议题，企业可参照行业标准结合自身的内外部环境识别自己的实质性议题。若企业识别出的实质性议题未被列入 GRI 行业标准，仍可以对其进行披露。

3）特定议题标准

特定议题分为经济议题（200 系列）、环境议题（300 系列）和社会议题（400 系列）。GRI 根据市场需要和利益相关者反馈，针对企业在特定方面的可持续发展表现提供了更具体和详细的指标和报告要求。经济类特定议题标准主要关注企业的经济运营和对经济的贡献。环境类特定议题标准主要关注企业的环境影响和环境管理。社会类特定议题标准主要关注企业在社会责任方面的表现和影响。各类特定议题标准的结构相近，都包括报告要求、报告建议和披露指南。报告要求是强制披露的指标，可以直观地反映企业在特定议题上的实践情况。报告建议是 GRI 鼓励企业采取的做法，一般涉及具体指标的披露口径和披露方式。披露指南对强制披露信息进行了背景和案例的说明，帮助企业更了解相关议题和指标的重要性。

4）使用方案

企业在编制可持续发展报告时，可以部分使用 GRI 中的标准，也可以完全使用 GRI 的标准。

部分使用是企业并不完整采纳 GRI 标准，而是针对特定的经济、环境、社会议题参考相应的 GRI 标准进行披露。如果企业只是部分使用了 GRI 标准，则不能直接声明其报告是按照 GRI 标准编制的。企业需要明确指出报告中引用了哪些具体的 GRI 系列标准，并说明这些标准的名称及发布年份。如果没有完整地使用任何一份标准，还需要说明参考了标准中的哪些特定内容。

完全使用是 GRI 鼓励的方法。通过完全采纳 GRI 标准，企业可以全面、均衡地展示其在可持续发展议题及其相关影响方面的实质性进展，表明企业对管理、评估和披露可持续发展议题做好了充分的准备。完全使用要求企业披露 GRI 标准要求的所有内容。如果有特定指标因为不适用、信息不可得、涉及商业机密或存在法律禁令等原因而无法披露，企业需要说明无法披露的原因。

完全使用 GRI 标准编制可持续发展报告，主要有两种实施方案：一是较为基础的实施方案——GRI 标准的核心选项。组织需要披露对其经济、环境和社会影响至关重要的信息。核心选项要求组织至少报告每个相关议题的一项指标或一项披露，从而提供对其可持续性影响的基本视角。核心选项方案适用于刚开始执行 GRI 标准或希望通过一个简化的过程来报告其可持续性绩效的企业。二是更为详细和全面的实施方案——GRI 标准的综合选项。综合选项要求组织披露更多的信息，包括所有核心选项中的要求，以及额外的标准披露，以便提供对其经济、环境和社会影响的完整和详尽视角，有助于利益相关者更全面地理解组织的可持续性绩效和影响。两种方案的选择取决于组织的特定需求、其可持续性目标的成熟度，以及它们愿意和能够提供信息的程度。核心选项提供了一个较低的入门门槛，而综合选项则提供了对组织可持续性绩效更为全面的评估。

2. 中国企业社会责任报告指南

为了更好地指导中国企业编写规范的社会责任报告，中国社会科学院经济学部企业社会责任研究中心先后发布了《中国企业社会责任报告编写指南（CASS-CSR 1.0）》至《中国企业社会责任编写报告指南（CASS-ESG 5.0）》五个版本的指南，已成为中国本土历史最久、涉及行业最多、应用最广的企业社会责任报告指南，为中国企业编写社会责任报告提供了专业参考。

《CASS-ESG 5.0》总共分为简介、ESG 报告内容体系、环境绩效指标计算、ESG 报告流程管理、ESG 报告价值管理和 ESG 报告质量评价六章内容，为中国企业编制社会责任报告提供了有效的指引。

1)"三位一体"理论模型

《CASS-ESG 5.0》在社会环境风险防范之外，强调了企业价值创造，进而构建出由治理责任、风险管理及价值创造组成的"三位一体"理论模型。以治理责任为基础，以风险管理和价值创造为两翼，形成稳定的三角结构，构成了企业社会责任工作的行动逻辑和完整生态。

治理责任是指公司合理分配股东、董事会、管理层及各利益相关方的权、责、利，建立健全相互制衡的制度体系，确保公平高效运营，包含公司治理、董事会 ESG 治理和 ESG 管理。其中，公司治理主要考察公司经营合规情况，是 ESG 与社会责任的最大差异之处；董事会 ESG 治理考察公司董事会对于 ESG 工作的参与情况；ESG 管理考察公司为确保 ESG 战略决策有效执行建立的管理体系。

风险管理包括环境风险管理和社会风险管理。环境风险管理是指公司降低生产经营对环境的负面影响，主动投身生态文明建设，包含环境管理、资源利用、排放、守护生态安全、应对气候变化等方面。社会风险管理是指公司降低生产经营对社会的负面影响，维护公司赖以生存的社会生态系统稳定发展，包含雇佣、发展与培训、职业健康和安全生产、客户责任、负责任供应链管理等方面。

价值创造包括国家价值、产业价值、民生价值和环境价值。国家价值是指公司通过服务国家战略大局创造的价值，体现在响应、贯彻、落实国家重大方针战略方面。产业价值是指公司通过服务产业健康发展创造的价值，体现在对行业发展的贡献，包含技术创新、产业链协同和产业生态培育等方面。民生价值是指公司通过服务人民美好生活创造的价值，包含促进就业、公共服务和公益慈善等方面。环境价值是指公司通过服务生态环保创造的价值，包含助力"双碳"目标和守护绿色生态等方面。

2）ESG 报告内容体系

ESG 报告应披露的具体内容，由六大维度构成：报告前言、治理责任、环境风险管理、社会风险管理、价值创造和报告后记，每个维度的指标都做了详细的指标解读。《CASS-ESG 5.0》建立接轨国际、适应本土的指标体系，对每个指标提供参考示例，让企业能够学习借鉴优秀报告的披露方式，并学到这些企业在具体指标上的优秀实践（表 10-2）。

表 10-2　ESG 报告的指标体系

要素	内容	基本要求
报告前言	报告规范、高管致辞、责任聚焦、企业简介	信息完整、准确、清晰、平衡、可比
治理责任	公司治理、董事会 ESG 治理、ESG 管理	合理分配股东、董事会、管理层的权力
环境风险管理	环境管理、资源利用、排放、守护生态安全、应对气候变化	在满足法律法规要求的基础上，降低对环境的负面影响，主动投身生态文明建设
社会风险管理	雇佣、发展与培训、职业健康和安全生产、客户责任、负责任供应链管理	降低生产经营对社会的负面影响，维护企业赖以生存的社会生态系统稳定发展
价值创造	国家价值、产业价值、民生价值、环境价值	服务国家战略、服务产业发展、服务生态文明建设、服务人民美好生活
报告后记	未来计划、关键绩效表、报告评价、参考索引、意见反馈	

企业在编制 ESG 报告时，环境风险管理维度下部分绩效指标的统计和计算难度较大，《CASS-ESG 5.0》给出了环境风险管理的部分 KPI 的数据来源及计算方法解读，为企业披露相关数据提供方法与工具。

3）ESG 报告流程

《CASS-ESG 5.0》把企业社会责任报告的流程管理分为 9 个流程要素，明确各阶段、各步骤的工作目标与重点任务，并引导公司主动参与报告评级，提升 ESG 报告质量。ESG 报告编制的具体流程如下。

第 1 步，组织。搭建起高层挂帅、关键部门参与、高效协同的组织体系，奠定 ESG 报告编制的组织基础。

第 2 步，策划。正确定位报告功能与价值，对报告编制工作进行系统谋划，确保目标明确、主题清晰、资源匹配得当。

第 3 步，识别。通过标准研究、行业对标、调研访谈等，掌握内外部利益相关方关注重点内容，依据对公司发展的重要性、对利益相关方的重要性两个维度，构建公司 ESG 重大议题矩阵。

第 4 步，研究。通过标准研究、行业对标、专家征询等，并结合公司 ESG 工作特点，制定 ESG 报告框架，构建指标体系，制作资料清单，夯实编写基础。

第 5 步，启动。召开报告编制启动会，可讲解 ESG 的发展形势及 ESG 报告的重要性、基本内容、相关标准等，并就 ESG 报告的编制思路、任务分工、进度安排等进行统一部署，向总部职能部门和下属单位下发资料清单，确保参编部门形成统一认识。

第 6 步，编制。收集整理总部职能部门和下属单位提报的相关素材，撰写报告内容，并完成报告可视化设计等工作。

第7步，鉴证。报告编制完成后，可进行 ESG 报告鉴证，如向"中国企业社会责任报告评级专家委员会"申请 ESG 报告评级。

第8步，发布。通过线上或线下渠道向社会公开报告，发挥报告沟通功能，实现与利益相关方的交流互动。

第9步，总结。以报告编制组为核心，组织报告复盘，对报告编制工作进行总结，并就报告编制过程中内外部利益相关方给予的关注、意见和建议进行梳理和反馈，实现报告编制工作闭环提升。

4）ESG 报告价值管理

《CASS-ESG 5.0》识别并归纳了 ESG 报告的功能价值，即合规管理价值、绩效改善价值、声誉提升价值，并提出实现路径与回应方法，帮助公司更好地发挥 ESG 报告的多重功能。

合规管理价值方面，政府部门出台了有关企业社会责任/ESG 的政策规定和相关指引，对公司履行社会责任提出明确要求。中国证监会、上海证券交易所、深圳证券交易所、中国上市公司协会、中国证券投资基金业协会等资本市场的监管方积极发布 ESG 相关指引文件，或在现有监管要求中加入 ESG 工作内容。面对日益严格的 ESG 监管要求，上市公司必须主动编制和发布 ESG 报告，披露 ESG 进展，及时回应监管部门各项要求，确保公司 ESG 工作的合规性。企业的实现路径包括按照监管要求，以积极的态度推进 ESG 报告编制和发布工作；参照相关部门出台的社会责任/ESG 政策、指引和规定，组织 ESG 报告内容；按照证券交易所相关标准和指引，规范披露社会、环境关键信息；就相关部门重点推进的 ESG 重大议题（如乡村振兴、"一带一路"等）进行重点阐述，或发布专项议题报告进行深入解读；接受资本市场相关主体对 ESG 报告披露信息的质询。

绩效改善价值方面，通过编制 ESG 报告，企业能够检视其在 ESG 治理与实践中的优势和短板，建立健全 ESG 治理机制与管理体系，推动 ESG 实践工作有效开展，降低业务经营的非财务风险，提升经营绩效与 ESG 绩效。ESG 报告是国内外 ESG 评级的主要信息来源，ESG 评级反映了公司治理的规范性、有效性，反映了企业社会环境风险管理水平及社会价值创造能力，是投资者衡量上市公司 ESG 绩效的重要依据，影响融资成本、品牌塑造等。绩效改善价值的实现路径包括回应投资机构、回应评级机构、鼓励员工参与报告编写、回应其他重要外部利益相关方。

声誉提升价值方面，ESG 报告提供了声誉塑造的新风口、新路径，记载着公司履行治理责任、环境责任、社会责任的绩效，是企业创造公共价值、社会价值的"成绩单"。企业借助各种平台及渠道加强与外部利益相关方的沟通交流，传播工作成效与亮点，为品牌力注入强 ESG 基因，通过 ESG 报告实现企业价值与社会价值、公共价值的链接，帮助企业在政府、新闻媒体、社会大众等面前树立良好的品牌形象。提升自身声誉的实现路径包括参与报告评级、回应新闻媒体、回应社会公众。

5）ESG 报告质量评价

《CASS-ESG 5.0》引导企业参加 ESG 报告的质量评价，从流程、内容两个维度回答什么是规范的 ESG 报告编制过程、什么是好的 ESG 报告，进而形成 ESG 报告质量标准体系。ESG 报告过程评价主要考察公司是否按照 ESG 报告全生命周期管理中的组织、策划、识别、研究、启动、编制、鉴证、发布和总结九个过程要素编制报告，以全面评价公司对 ESG 报告过程的全方位管理状况，判断是否充分发挥报告在 ESG 绩效监控、ESG 管理水平提升、利益相关方沟通等方面的功能与价值。ESG 报告内容评价主要是从实质性、完整性、平衡性、可比性、可读性、创新性多个维度进行评价。

二、企业社会责任报告编写原则

1. 内容的基本原则

《CASS-ESG 5.0》中明确了四项编写的基本原则，分别是实质性原则、完整性原则、利益相关者参与原则和可持续性原则。

（1）实质性原则强调报告内容应当真实、客观、准确，反映企业在社会责任方面的实际行动和绩效。报告不应进行虚假宣传，不隐瞒信息，不歪曲事实，确保报告的可信度和权威性。实质性原则要求企业在编写报告时要坚持客观公正的态度，实事求是地反映企业的社会责任履行情况。

（2）完整性原则要求报告内容应当全面覆盖企业在社会责任方面的实践和绩效。报告不应有意遗漏重要信息，而应当全面、细致地呈现企业的经济、环境、社会等各个方面的表现。完整性原则强调企业社会责任报告要全面、客观地反映企业的社会责任履行情况，不掩盖问题，不回避难题。

（3）利益相关者参与原则要求企业在编写报告时应当主动与利益相关者进行对话和沟通，了解其需求和期望，充分考虑其关切。利益相关者参与原则强调企业社会责任报告要满足不同利益相关者的信息需求，让报告对其有实际的价值和意义。

（4）可持续性原则强调报告内容应当关注企业的可持续发展，着眼于长远利益而非短期利益追求。报告应当反映企业在社会责任方面的持续改进和长期规划，注重可持续性的绩效和成果。可持续性原则要求企业社会责任报告不仅要展示当前的绩效，还要展望未来，提出未来改进的目标和计划。

这四项原则共同构成了企业社会责任报告编写的核心价值观和指导原则，有助于企业编写真实、全面、客观的社会责任报告，提高报告的质量和影响力。

2. 结构、形式和质量的基本原则

编写企业社会责任报告时，为确保报告的质量和影响力，报告的结构、形式和质量要求遵守平衡性原则、可比性原则、准确性原则、及时性原则、可读性原则。

（1）平衡性原则要求报告内容在呈现各方面信息时保持平衡。即使企业在某个领域取得了显著成就，也应全面反映其他方面的情况，从而呈现企业社会责任履行的整体情况。通过平衡性原则，报告能够更加客观地反映企业在经济、环境和社会层面的表现，增强报告的公信力和可信度。

（2）可比性原则要求报告内容能够与其他企业的报告进行比较。为实现可比性，报告应遵循公认的指引、标准和指标，采用行业共通的衡量方式，以便外部利益相关者对企业的社会责任绩效进行对比和评估。通过遵守可比性原则，报告能够更好地展示企业在行业中的地位和表现，促进企业间的经验分享和最佳实践传播。

（3）准确性原则强调报告内容应当真实、精确，不得误导读者。编写报告时应仔细核实数据来源，确保信息的准确性和可靠性。准确性原则有助于防止虚假宣传和误导，增强报告的可信度和权威性。

（4）及时性原则要求报告内容应当及时发布，反映企业社会责任履行情况的最新进展。及时发布报告有助于满足外部利益相关者对企业信息的需求，增强报告的实用性和时效性。及时性原则还能帮助企业及时回应社会关切，有效回应危机和挑战。

（5）可读性原则要求报告内容应当简明易懂，语言通俗，结构清晰。编写报告时应避免使用过多专业术语和复杂的数据，使报告对各类读者具有较好的可读性。可读性原则有助于提高报告的传播效果，吸引更多利益相关者阅读和理解报告内容。

遵守以上五项原则可以帮助企业编写高质量的企业社会责任报告，增强报告的有效性和影响力，实现对企业社会责任履行情况的全面、真实和客观地展示。

三、企业社会责任报告编写流程

通常情况下，企业社会责任报告由企业的可持续发展部门或类似的部门（包括环境健康安全部门、公共事务部门、人力资源管理部门、企业沟通和公共关系部门等）来编写。这些部门负责跟踪和管理企业的社会责任实践和绩效，确保企业在经济、环境和社会方面的可持续发展。它们与各个业务部门和利益相关者合作，收集和整理相关数据和信息，编制企业社会责任报告。

企业的可持续发展部门通常是与企业社会责任战略和政策制定密切相关的部门，负责监督企业社会责任目标的实现情况，推动企业在环保、社会公益、员工权益等方面的具体行动，并向利益相关者和外部发布企业社会责任报告。一些大型企业会设立专门的企业社会责任部门，该部门独立于其他业务部门，并直接向高层管理层汇报。这样的部门负责企业社会责任战略的制定、实施和监督，并负责编写企业社会责任报告。

企业社会责任报告内容广泛，涉及部门多，内容全面，企业应该组建工作组完成报告的编写。工作组需要主要企业高层管理人员的积极参与，才能编写出高质量的社会责任报告。跨部门成员组成工作组，以确保报告的完整性、专业性和平衡性。企业社会责任报告主要用于向利益相关者披露企业社会责任履行情况，如果利益相关者参与报告的编制，其可以向企业提供更有针对性的建议和意见，以提高报告的可靠性和可接受性。

负责起草社会责任报告的人通常是负责企业社会责任或可持续发展的报告工作组关键成员。一般来说，报告负责人更熟悉企业的经济、社会和环境状况，对企业社会责任的履行有更全面、深入的理解，并能直接将此信息传递给其他团队成员。报告负责人的主要任务是提出问题，避免遗漏重要信息和内容，确保报告的主要方向和质量。如果要合并企业社会责任报告或可持续发展报告和年度财务报告，公司财务部的代表将成为共同负责人。

提高企业社会责任报告的质量需要采用标准化流程，具体如下。

1. 确定报告范围

确定报告的范围和目标，明确报告的内容、目标和受众，以确保报告的有效性和可信度。

在确定报告范围时，企业需要明确报告所涵盖的内容，即报告的主题和重点关注的方面。企业社会责任报告通常涵盖经济、环境和社会三个方面，但具体内容可以根据企业的特点和利益相关者的需求而有所调整。企业可以通过与利益相关者的沟通和咨询，了解其对企业社会责任报告的期望和关注点，从而确定报告的内容范围，确保报告内容与利益相关者的关切相一致。

报告目标是企业编制社会责任报告的出发点和目标导向。企业可以通过制定明确的报告目标来指导报告编制过程，确保报告能够达到预期的效果。报告目标包括向利益相关者展示企业的社会责任实践和绩效，增加企业的透明度和公信力；满足法规要求：国有企业/上市公司等的社会责任报告一般需要及时公布，企业需要确保报告符合相应的法规标准。

受众是指报告的主要读者群体，包括企业内部的管理层、员工，以及外部的投资者、消费者、政府、非政府组织等。利益相关者是指对企业的决策和行动有直接或间接利益关系的群体，其对企业的社会责任实践和绩效持有关注和期望。企业在确定报告范围时，应充分考虑利益相关者的需求和期望，以及企业自身的社会责任实践和发展方向，从而确保报告能够真实地反映企业的社会责任努力。

XYZ公司的社会责任报告范围确定

XYZ公司是一家全球性的制药公司，拥有多个生产基地和销售网络。

1. 确定报告内容

XYZ公司首先进行了内部和外部利益相关者的调研，了解他们对企业社会责任报告的期望和关注点。调研显示，内部利益相关者更关注公司的员工福利、职业健康与安全，以及员工培训和发展；外部利益相关者则更关注公司的环保措施、供应链管理、社区参与和慈善捐赠等方面。基于这些调研结果，XYZ公司确定其社会责任报告将涵盖以下内容：

（1）经济方面，包括公司的财务表现、营收、利润、市场份额等指标。

（2）环境方面，包括公司的能源消耗、碳排放、废物处理、资源利用效率等指标。

（3）社会方面，包括公司的员工福利、培训与发展、职业健康与安全、社区参与、慈善捐赠等社会责任实践。

2. 确定报告目标

XYZ公司希望通过社会责任报告向利益相关者传递公司的社会责任理念和价值观，增强企业的社会责任形象，并促进可持续发展。为了实现这一目标，公司制定了以下报告目标：

（1）通过报告展示公司的社会责任实践和绩效，增加透明度，建立信任。

（2）通过报告反映公司的弱项和改进方向，促进企业的可持续发展。

（3）满足内外部利益相关者对公司社会责任信息的需求，建立积极的企业形象。

3. 确定报告受众和利益相关者

XYZ 公司明确了报告的主要受众和利益相关者。

（1）内部受众：公司的高层管理层、员工，以及相关部门负责人。

（2）外部受众：投资者、供应商、客户、政府机构、非政府组织和社区居民。

基于以上确定的报告内容、目标和受众，XYZ 公司开始了社会责任报告的编制工作。其采集和整理了相关数据和信息，并对公司的社会责任实践进行了评估和分析。最终，XYZ 公司发布的社会责任报告，向内外部利益相关者展示了公司在经济、环境和社会方面的表现和努力，并提供了改进和发展的建议和承诺。

（笔者根据相关资料整理）

2. 收集数据和信息

收集数据和信息涵盖企业的各个领域，包括经济绩效、环境影响、社会责任实践等基础数据和专项数据。基础数据主要包括企业社会责任、可持续发展、年度报告、信息报告等。专题信息的收集根据方案的需要有目的地收集具体问题信息，企业可以参考并部分使用 GRI 特定议题中的专题选项。收集数据过程中，企业可能会遇到指标繁多、统计口径不一致、计算逻辑不清晰等问题，尤其是对于大型企业和跨国公司，需要收集的信息可能多达几百项指标，数据收集工作量庞大。

在这一阶段，企业需要收集和整理相关的定量和定性数据，以便全面呈现企业的社会责任表现和影响。首先，企业需要明确数据来源，包括内部数据和外部数据。内部数据主要来自企业内部的各种管理系统和数据库，如财务系统、人力资源系统、生产系统等。外部数据可以通过调研、问卷调查、与利益相关者的沟通和合作等途径获得。在确定数据来源后，制订数据采集计划，明确采集的数据类型、指标和时间范围。综合考虑内外部数据的收集，并确保数据的全面性和可靠性。其次，收集经济绩效、环境影响等数据。企业通过财务报表、财务指标和业绩报告等渠道获取与经济绩效相关的数据，包括财务数据、销售收入、成本支出、利润等。通过环境监测和评估、能源管理系统、废物管理系统等途径获得与环境影响相关的数据，包括能源消耗、废物产生、碳排放、水资源利用等。通过人力资源管理系统、员工调研、社区反馈等方式获取与社会责任实践相关的数据，包括员工培训情况、职业健康与安全数据、社区参与项目等。在数据收集过程中，还要进行数据的验证和核实，确保数据的准确性和可信度。最后，分析数据，形成清晰的数据报告和图表。数据分析可以帮助企业了解自身的绩效情况，发现问题和改进方向。

3. 制定指标和标准

制定可量化的指标和标准，用于衡量企业的社会责任表现，确保数据的准确性和可比性。企业首先需要确定需要衡量的关键领域。根据关键领域设定可量化的指标，用于衡量企业在该领域的表现。例如，在环境方面，指标包括能源消耗、水资源利用、废物产生等；在社会方面，指标包括员工满意度、员工培训率、慈善捐赠金额等。这些指标应该具有客观性、可衡量性和可比性，便于企业进行数据收集和分析。指标的设定需要结合一定的标准或目标，用于评估企业的表现是否达到预期水平。标准可以是国家法律法规、行业标准、国际准则或企业自身设定的目标。例如，企业可以将能源消耗指标设定为每年降低 10%，以实现节能减排目标。

制定报告标准化的大纲可参照国内外现有权威标准索引内容，中国的企业大多参考 GRI 标准、《中国企业社会责任报告编写指南》，为了确保指标和标准的科学性和国际接轨性，企业也可以参考一些国际准则和框架。

制定指标和标准需要内部各部门的参与和讨论，确保制定的指标和标准与企业的实际情况相符，并得到相关部门的支持和认可。为了增加报告的透明度和可信度，企业还可以邀请外部利益相关者参与指标和标准的制定过程。

4. 分析和评估

对收集到的数据和信息进行深入的分析和评估，以了解企业在社会责任方面的表现和成效。

首先，企业需要对收集到的数据和信息进行整理和清洗，确保数据的准确性和完整性。之后，对数据进行统计和分析，以了解企业在各个社会责任方面的表现。数据分析可以采用多种方法，如趋势分析、对比分析、相关性分析等，以揭示潜在的问题和机遇。

在分析和评估企业社会责任报告时，主要关注以下内容：企业的财务状况和经济业绩，包括营业收入、利润、投资回报率等指标，以评估企业的经济健康状况；企业的环境绩效，包括能源消耗、温室气体排放、水资源利用等指标，以了解企业在环保方面的表现；企业在社会责任方面的具体实践，包括员工福利、社区投入、慈善捐赠等活动，以评估企业对社会的贡献；企业的创新能力和技术发展，包括研发投入、专利申请等指标，以了解企业在科技领域的表现；企业与利益相关者之间的沟通和合作，包括客户满意度调查、员工满意度调查等，以评估企业对利益相关者的重视程度。

其次，企业需要根据设定的指标和标准，对社会责任绩效进行评估，对指标达标情况进行判断，如是否实现了设定的目标和标准。评估的结果可以反映企业在社会责任方面的表现，并为制定改进措施提供依据。通过数据分析和绩效评估，发现自身在社会责任方面的优势和改进空间。优势是企业在某些方面已经取得显著成效，可以进一步加强和宣传；改进空间是企业需要改进和提高的地方，可以制订相应的改进计划。基于对优势和改进空间的认识，制定相应的改进措施，包括优化业务流程、提高资源利用效率、加强员工培训等，以不断提高社会责任绩效。

5. 制订行动计划

根据分析结果和企业的使命、愿景和价值观，确定明确的社会责任目标。这些目标应该是可量化和可衡量的，能够反映企业在经济、环境和社会方面的表现和进步。

企业应该将重点放在那些有最大影响力和战略重要性的领域，以实现最大的社会责任效益。

根据社会责任目标和优先领域，制订具体的行动计划和切实可行的措施。明确谁负责执行和推动这些行动计划，在企业内部建立相应的责任体系，明确责任主体和责任分工。为行动计划设定时间表和阶段性目标，确保计划的实施和推进。时间表应该合理，充分考虑企业的实际情况和资源限制。建立相应的监测和评估机制，定期跟踪和评估行动计划的实施效果，监测和评估的结果将为企业提供反馈和改进的依据。

XYZ 公司的社会责任行动计划

XYZ 公司是一家全球性的制药公司，致力于生产和销售医药产品。在编制企业社会责任报告时，公司领导发现该公司在环保方面尚有改进空间，如减少废物产生和提高能源效率。

XYZ 公司 2023 年的状况是：废物产生量约 500 吨，能源消耗约 50 000 千瓦时，在制订改进计划之前，XYZ 公司进行了环保评估，发现废物处理和能源利用是亟须改进的重点领域。

改进计划如下：

（1）设定社会责任目标：将废物产生量减少 20%、能源消耗降低 15%。

（2）具体措施：一是废物处理流程改进，优化废物分类和回收，采用再生材料，预计可减少 100 吨废物产生量；二是可持续包装材料，在产品包装中使用可降解材料，预计可减少 50 吨废物产生量；三是生产工艺优化，引入高效设备和节能技术，预计可降低能源消耗约 50 000 千瓦时。

（3）责任主体：设立环保委员会，由环保部门专门团队负责推动环保措施的执行和监督。

（4）时间表。

第一阶段（废物处理改进）：在未来 6 个月内实施。

第二阶段（包装材料优化）：在第一阶段完成后的 6 个月内实施。

第三阶段（生产工艺优化）：在第二阶段完成后的 12 个月内实施。

（5）监测和评估：每季度对改进措施的实施效果进行监测和评估，环保委员会负责收集数据并汇报，根据结果做出相应调整和改进。

（笔者根据相关资料整理）

6. 编写报告

在编写企业社会责任报告时，需要整合和归纳报告范围、收集的数据和信息、制定的指标和标准、分析和评估的结果，以及制订的行动计划等内容，确保报告内容准确、全面、透明，同时遵循相关的报告指南和标准，以提高报告的质量和可信度。

首先，确定报告的整体结构和内容框架。报告通常包括引言、公司概况、社会责任管理体系、社会责任实践、环境绩效、经济绩效、利益相关者参与、未来展望等部分。

在编写报告时，应根据实际情况进行适当的调整和展示。企业社会责任的风格可以是杂志式的风格，也可以是指导式的风格。杂志式报告是一种易于公众理解的写作风格，用积极的语气、一些例子、大量的照片材料和一些吸引人的故事来吸引读者的注意，更好地为读者解读报告的内容。指导式报告是官方的商业风格，语气客观中立，使用了大量的图表，避免使用照片材料。报告的篇幅偏重描述事实、决定和目标，没有过多解释。无论哪种风格，都采用清晰简洁的表达方式，易于阅读和理解，避免使用过多的行业术语和专业词汇，确保报告能够被广大利益相关者所理解。具体版面设计主要包括报告版式、封面、结构、标题、字体层级、数据和图表页边距、页码及其他等设计。基本要求是表达清楚，将材料整合整洁、整齐、有特色，使其富有层次感，使主题更有效地传递信息。

其次，根据收集到的数据和信息，编写详细的报告内容。报告内容应该客观、准确地反映企业在社会责任方面的表现和努力，包括取得的成绩和面临的挑战。报告中的数据和信息来源可信可靠，尽量使用第三方验证和认证的数据，避免虚假宣传和误导信息。在编写报告的过程中，及时征求内外部利益相关者的意见和反馈，对报告进行审查和修订。通过适当的渠道和媒体进行广泛传播，同时将报告提交给相关的报告倡议组织或政府部门进行审查和认证，增强报告的可信度和公信力。

7. 审核和验证

对报告内容进行审核和验证，确保数据和信息的准确性和可信度。第三方机构或专业人士对报告进行独立的审查和验证，以确保报告内容的准确性和完整性，并验证企业所宣称的社会责任实践是否真实存在。企业可以选择独立的第三方机构或专业咨询公司来进行审核和验证。这些机构通常拥有相关的专业知识和经验，能够客观、公正地评估报告内容。企业向审核机构提供企业社会责任报告的相关材料，包括数据、信息来源、社会责任实践的证据等。审核机构对报告内容进行全面的审查和评估，核实数据的准确性和来源，确认社会责任实践的真实性和有效性。审核过程包括与企业内部人员的面谈、实地调查及对相关文件和记录的检查。如果报告内容符合标准和要求，则审核机构确认报告的可信度和真实性，根据实际情况给出审核结果和评估报告，发放相应的验证证书或标志。同时，审核机构向企业提供改进意见和建议，帮助企业提高社会责任实践和报告质量。完成审核和验证后，企业将验证结果向外界公示和公开，以展示其社会责任的透明度和诚信度。

四、企业社会责任报告发布与改进

报告发布和改进是企业将编写好的企业社会责任报告向利益相关者发布，并与利益相关者进行有效的沟通，以便回应相关问题和接收反馈。

1. 发布途径

企业通常通过公司的官方网站、社交媒体平台、报告传媒发布会等途径发布企业社会责任报告。在报告发布前，企业可以提前通知利益相关者有关报告发布的时间和方式。

　　企业通常将社会责任报告发布在公司官方网站上，作为公开信息供利益相关者和公众查阅。一些大型企业会通过新闻发布会等媒体渠道来发布企业社会责任报告，以吸引更多的媒体关注和报道，扩大报告的传播范围，让更多的人了解企业的社会责任实践。一些企业会通过各种社交媒体平台发布企业社会责任报告，如微博、微信公众号等，吸引更多关注企业社会责任的用户，增加报告的曝光度。企业可以同时提供打印版和电子版的企业社会责任报告，以满足不同受众的需求。打印版可以在会议、活动中分发，也可以送给关键利益相关者，而电子版可以在网站上提供下载，便于更多人获取和分享。企业还可以通过电子邮件向关键利益相关者发送报告，提醒其获取和查阅最新的企业社会责任报告。同时，对于一些重要的利益相关者，企业也可以通过邮寄方式将报告直接寄送过去。

　　一些企业会将企业社会责任报告集成到其年度报告中，形成一个综合的年度绩效报告，将社会责任实践与企业的经济绩效和战略发展相结合，更好地向利益相关者展示企业的整体表现。许多公司选择每年出版一次，有些公司选择每两年出版一次。可以与其他报告（如财务报表）结合发布，以加强财务报表与社会责任报告之间的联系。

　　2. 发布频率

　　为确保社会责任报告的及时性，原则上企业应在每年 6 月 30 日之前公布上一年度的社会责任报告。一些资本市场对上市公司发布社会责任声明的时间有明确规定，通常要求与年度报告同时发布，或在发布年度报告的几个月内发布。企业发布企业社会责任报告的频率可以因企业自身情况而异，大多企业选择每年发布一份年度企业社会责任报告。年度报告通常涵盖企业在过去一年内的社会责任实践和绩效，对外披露企业在经济、环境、社会等方面的表现，以及未来的发展计划和目标。

　　社会责任实践相对稳定且实施周期较长的企业选择每两年或三年发布一次企业社会责任报告，以更加全面地展示企业在一定时期内的社会责任成果。

　　企业也会在某些特定事件或重大里程碑时刻发布特定事件或里程碑报告，重点强调该事件对社会责任的影响和企业的回应措施。例如，企业在面临重大挑战或改革时发布特定事件报告，以回应公众关切。此外，企业可以根据自身情况灵活选择发布报告的时间，如企业的大型周年纪念、国家或全球主题节日。

　　小型企业或初创企业一般根据实际情况和资源的情况不定期地发布企业社会责任报告。较大规模和影响力的企业通常会更频繁地发布报告，以满足利益相关者对企业社会责任信息的需求和关注。

　　3. 沟通改进

　　针对不同受众的特点和需求，企业可以采取相应的沟通方式和传播策略，以确保社会责任报告能够更好地传达和传播，并获得更广泛的关注和认可。普通消费者更关心企业的产品质量、安全性、环保性和社会责任。企业可以通过产品标签、官方网站、社交媒体等渠道，向消费者宣传企业的社会责任实践和环保措施，吸引消费者对公司的产品产生信任和认同。员工更关心企业的员工福利、培训机会、工作环境和发展前景。企业可以通过内部通信、员工培训、企业内部活动等方式，向员工介绍企业的社会责任政策和实践，增强员工对企业的认同感和归属感。投资者更关注企业的财务表现、战略规划和风险管理。企业可以通过年度报告、投资者关系网站、投资者会议等渠道，向投资者传递企业的社会责任表现和可持续发展战略，提高投资者对企业的信心。政府机构更关心企业的合法合规性、环保承诺和社会责任履行情况。企业可以通过政府报告、法律合规声明等方式，向政府机构展示企业的社会责任实践和社会影响，增强与政府的合作关系。非政府组织通常是社会责任的监督者和推动者，关注企业的社会责任履行情况和环境影响。企业可以主动与非政府组织进行对话和合作，接受非政府组织的监督和建议，积极回应社会关切。媒体是企业社会责任信息的传播者，关注企业的社会责任新闻和公众形象。企业可以通过新闻稿、新闻发布会等方式，主动向媒体提供关于企业社会责任的正面新闻和事件，塑造积极的企业形象。

在报告发布后，企业应当与利益相关者进行有效的沟通，积极回应利益相关者对报告内容的提问和疑虑，提供更多详细信息和数据支持，并解释企业的社会责任实践和成果。在与利益相关者进行沟通时，企业应当保持透明度和诚信，不隐瞒或歪曲事实，真实反映企业的社会责任实践和成果。同时，企业应当及时回应利益相关者的问题和关切，增强信任和可信度，积极接收利益相关者的反馈意见，包括对报告内容的评价、社会责任实践的建议和改进意见等。报告发布和沟通不应该是一次性的活动，而是一个持续的过程。企业应当建立定期的沟通机制，与利益相关者保持持续的沟通和交流，及时更新社会责任信息，向外界展示企业社会责任的持续进展和成果。

第四节　企业社会责任报告审验

企业社会责任报告审验是对企业发布的社会责任报告进行独立、客观、全面的审核和验证，以确保报告的真实性、准确性和可信度。审验旨在核实报告中所陈述的信息和数据的准确性，检查企业是否按照规定的标准和指南编制报告，评估企业在社会责任履行方面的表现，同时提供改进建议，以促进企业社会责任报告的质量和透明度。

一、企业社会责任报告审验的作用

企业社会责任报告审验是确认报告中信息的价值，接近于"审计"这个概念，即通过政府和协会组织认可的程序，承担法律责任的第三方机构（包括会计师事务所、认证公司等），确保社会责任报告中信息的完整性和真实性。为了确保利益相关者使用这些信息，评估报告期内报告发行人的业绩和社会价值。

企业社会责任报告的目的是向利益相关者提供准确可靠的信息。社会责任报告通常由企业自己起草，公众通常会怀疑信任。企业必须通过第三方检查社会责任报告，以提高对报告的信心。采用权威、公认和专业的外部检查标准提高了企业披露信息的价值，提高了相关问题的管理质量。

由于商业丑闻的曝光以及商业活动对社会特别是环境的负面影响，严重影响了利益相关者的利益。验证企业社会责任报告有助于企业了解运作情况，并制定有针对性的改进计划和措施，以提高整体绩效。利益相关者更加关注企业社会责任的实施，商业活动对经济、社会、环境等的影响。然而，由于对不真实的企业社会责任报告缺乏信心，利益相关者始终保持怀疑态度。对企业社会责任报告的审查可以满足利益相关者的需求，并使利益相关者能够了解有关实施企业社会责任。

二、企业社会责任报告审验的过程

1. 审验机构

企业社会责任报告审验可以采用企业自我审验或委托给第三方机构审验两种方式。企业自我审验是在编写社会责任报告后，企业根据公认的标准或指南对企业社会责任报告进行审计和验证，并评估报告的质量和管理体系确保企业社会责任的落实。

委托给第三方机构审验的方法主要包括专家评价、独立第三方机构评价和独立第三方机构审验。前两项被称为"第三方评价"，主要负责评估报告编制过程中的标准化、结构合理性和其他信息。独立第三方机构审验是一个相对标准化的机构，因此有更多标准化的流程和规则。目前越来越多的企业引入了第三方责任声明验证，并在企业社会责任报告中增加了第三方验证声明。

审验机构应与企业保持独立关系，确保审验人员或外部专家能够进行审验，并根据利益相关者的需要提供必要的信息。审验人员必须具备参与审验活动或行业的专业资格和技能，具有丰富的经验，并熟悉审验企业社会责任报告的标准和程序，对相关行业、企业和利益相关者有一定的了解。

GRI 将审查和评估的主体分为 10 类：四大会计师事务所（普华永道、德勤、毕马威、安永）、非四大会计师事务所、认证机构、一般咨询机构、专业咨询机构、独立咨询机构、个人、学术机构、政府机构和非政府组织。其中，大多数联合咨询机构和专家对企业社会责任报告进行评估，核查评估机构主要包括四大会计师事务所、专业认证机构和专业咨询机构。

2. 审验内容

企业社会责任审验的内容通常涵盖以下几个方面。

（1）核实企业社会责任报告中所陈述的数据和信息是否准确、完整，检查数据的来源和采集方法，并确保报告没有遗漏重要的信息。评估企业在社会责任报告编制过程中的内部控制和管理，包括数据收集和整理的流程、报告的审批和发布程序等。

（2）评估企业社会责任报告是否符合相关的报告指南和标准，如 GRI 发布的可持续发展报告准则，检查报告中是否包含要求的核心和补充指标。

（3）对企业的社会责任实践进行评估，包括企业的社会责任目标和策略、实施措施、绩效和成效等方面的表现。

（4）评估企业是否充分考虑了利益相关者的需求和意见，在社会责任实践中是否与利益相关者进行了积极的沟通和合作。

（5）对于涉及环境方面的社会责任实践，审验机构会评估企业的环境影响和可持续性实践，包括资源使用效率、能源消耗、废物排放等。

（6）评估企业在社会责任领域的贡献和影响，如对社区的支持、员工福利、公益慈善活动等。

（7）评估企业在社会责任实践中是否有持续改进的机制和目标设定，以确保企业不断提升其社会责任表现。

社会责任报告审验的方法主要涵盖事实验证、监督检查、抽样检查、企业内部访谈、利益相关方访谈、信息源确认等。

3. 审验程序

审验机构会收集企业报告中所陈述的数据和信息，并对其进行核实，包括检查企业的数据来源、调查方法和计算过程，以确保数据的准确性和可信度。评估企业是否按照相关的报告指南和标准编制报告，并检查报告中是否充分涵盖所有要求的内容。评估企业的社会责任实践，包括企业的策略和政策、目标和指标、实施措施和成效等方面的表现。审验结束后，审验机构会向企业提供审验结果和改进建议，帮助企业改进其社会责任实践，提高报告的质量和透明度。最后，审验机构会发布审验报告，向公众和利益相关者披露审验结果。

4. 审验报告

审验方完成社会责任报告的审验后，必须独立地给出明确的审验结论，公开声明报告的可信度，以及企业收集相关信息和管理企业绩效所使用的基本制度、程序和能力的可信度。审验报告通常是公开发布的，以便利益相关者了解企业社会责任表现和审验结果。

审验声明或审验报告通常包含：说明审验方所使用的审验标准，通常是参考国际鉴证准则、审计准则或其他相关的行业标准；描述审验方进行审验的具体方法和程序，包括数据收集、信息验证和证据评估等步骤；清晰地陈述审验方对社会责任报告的审验结果，包括发现的优点和改进建议；对报告的可信度进行评估，说明审验方对报告的真实性、完整性和可靠性的判断；表明审验方对审验结果的独立性和客观性负责，确保审验的公正和可信度；如有必要，审验报告还会披露关于企业信息披露的情况，包括企业信息披露的可靠性和准确性；提供对企业在社会责任方面改进的建议和指导，以帮助企业进一步提升社会责任水平；说明审验的时间范围和审验周期，确保审验结果的时效性。

三、企业社会责任报告审验标准

在现有的审验标准中，运用最广泛、国际影响力最大的标准是由 Account Ability 发布的 *Assurance Standard 1000*（简称 AA1000 标准）和由国际审计与鉴证准则理事会（International Auditing and Assurance Standards Board，IAASB）发布的 *International Standard on Assurance Engagements 3000*（简称 ISAE3000 标准）审验标准。

1. AA1000 标准

1995 年，英国社会和伦理责任研究院（Institute of Social and Ethical Accountability）成立了一家非营利性的机构 Account Ability。1999 年 Account Ability 发布 AA1000 框架，旨在帮助组织通过提高社会责任与伦理责任的会计、审计和报告质量来更好地履行社会责任。AA1000 框架最具影响力的就是 AA1000 标准，AA1000 标准是一个全球性的标准，适用于各种类型和规模的组织，已经成为许多国际化企业和跨国公司的审验社会责任报告的常用标准。

AA1000 标准主要包含三个核心文件，责任能力标准 *AA1000 Account Ability Principles*（简称 AA1000AP 2018）、利益相关者参与标准 *AA1000 Stakeholder Engagement Standard*（简称 AA1000SES 2015）和保证标准 *AA1000 Assurance Standard v3*（简称 AA1000AS v3）。AA1000 标准目的是提供一套一致的标准以指导审验人员对企业社会责任报告或可持续发展报告的评估。它要求审验人员在三项原则基础上对报告进行评估：一是重要性，是否所有影响利益相关者决策的信息已被列入；二是完整性，是否报告的信息及其对企业可持续性的影响都被企业充分理解和呈现；三是回应性，是否已接受利益相关者的关注和问责，详细说明关注的具体问题。

（1）AA1000AP 是 AA1000 标准系列的核心标准，提供了企业建立、改进或扩展社会责任和可持续性实践的框架，涵盖组织在发展和实施社会责任管理系统时应遵循的原则，指导企业如何更有效地识别、沟通和应对那些对其业务和利益相关者重要的可持续性问题。

独立的外部评估人员或第三方审验机构使用该标准来评估企业遵守包容性、重要性和响应性的性质和程度，报告的透明度和问责制增强利益相关者对企业的信任。审验机构运用此标准把对组织机构可持续绩效的调查结果与结论联系起来，为其提供有助于持续改善的建议。

（2）AA1000SES 是一个用于评估、验证和提高企业社会、环境和伦理报告和行为完整性的标准，为外部审计机构可用此标准验证企业社会责任报告是否真实、准确，强调了报告的可靠性和公信力。该标准有助于提高利益相关者对企业报告的信任，并鼓励企业通过与利益相关者进行定期对话来提高报告质量和内容。

（3）AA1000AS 旨在为企业提供社会责任报告的核查指南，帮助核查员评估报告内容的可靠性和准确性。AA1000AS 用于侧重评估一个组织如何识别、优先考虑和应对其可持续发展挑战。AA1000AS 审验标准为审验机构提供了在不同认证体系获取信息的途径，比如可持续森林管理认证体系，公平贸易体系或者环境管理体系。

AA1000 标准是单独为审验机构提供的标准，程序细节规范，企业社会责任报告的审验服务更显客观。AA1000 标准要求审验人员自身能力的信息、审验机构的独立性信息是公开可获得的，并构成公开的审验报告的一部分。

2. ISAE3000 标准

ISAE3000 标准是 IAASB 发布的鉴证标准，于 2005 年 1 月 1 日起生效，它提供了适用于国际审计准则的除历史性财务信息审计和检查之外的鉴证约定的基本原则和主要过程，旨在帮助鉴证人员进行符合国际标准的鉴证工作。ISAE3000 标准强调审计过程的质量和一致性，确保信息的准确性和可靠性。这个准则适用于独立审计师对于组织的非财务报告进行的鉴证工作，有助于提高这些报告的信任度和透明度。

ISAE3000 标准专门针对非财务信息的审计，被用于评估组织在各种非财务领域（如环境绩效、社会责任和内部控制）的报告和信息。由于是针对非财务信息的审计，ISAE3000 标准在企业社会责任和可持续性报告领域尤为重要，它在保障保险计划的审计和保证方面起着关键的作用。通过规范审计师或鉴证人员的行为，增加对预测财务信息的可信度，提高投资者的信心，从而促进投资计划的成功实施。它有助于保护投资者的权益，维护市场的稳定和透明，是国际金融体系中不可或缺的一部分。

在 ISAE3000 标准中明确了审计师或鉴证人员在对预测财务信息进行审计时的角色和责任，要求审计师或鉴证人员根据准则中规定的程序和方法进行审计，确保审计工作的独立性和客观性。当审验人员不清楚报告编制标准或标准不充分的情况下不能接受该验证任务。ISAE3000 标准规定了审计师或鉴证人员应该向相关方提供关于审计结果的报告，明确了鉴证报告的内容和形式，要求鉴证人员在报告中清楚陈述鉴证结果和意见。

ISAE3000 标准鉴证报告的内容会明确企业在提供服务过程中，设计并实施了哪些内部控制和安全措施以满足目标标准，相关利益方可以通过阅读审计师签发的 ISAE3000 标准鉴证报告，评估其所关注的内部控制及安全措施是否被企业有效实施。同时，对任何在审计师评估过程中发现的控制缺陷及企业针对控制缺陷的回复，都会被详细记录在鉴证报告中，保证相关利益方知悉企业与目标标准的差异。

ISAE3000 标准鉴证报告可针对多个鉴证对象，包括报告中的相关数据、内控有效性、可持续发展信息披露等，可根据需求区分使用报告的用户群体，同时针对不同的服务或技术类型选用不同的目标标准或监管要求，以实现企业的不同鉴证需求。常见的基于 ISAE3000 标准出具的鉴证报告可覆盖各国家或地区当地的监管要求。各服务领域中常见的 SOC 报告、德国 C5 报告及新加坡 OSPAR 报告。

ISAE3000 标准和 AA1000 标准是两种审验标准，它们在确定审验主题范围和审验结果关注点存在差异。

ISAE3000 标准关注审验过程的技术和专业性，要求审验方和报告方一开始就商定审验主题，并考虑预定范围的重大性标准，其重点是对选定的审验内容出具第三方报告。而 AA1000 标准更加强调利益相关者的参与和对企业的问责性。AA1000 标准采用开放式范围，其评估从利害关系人的视角出发，关注企业对利益相关者关心议题的策略的完整性和重要性，要求审验方对披露的信息是否回应利益相关者的重点议题表达适当意见。

ISAE3000 标准是一个更通用的审验标准，可用于多种类型的非财务报告，审验结果通常是针对特定标准的符合性声明。AA1000 标准专注于可持续性和企业社会责任报告，审验结果更多关注于企业如何处理和回应利益相关者的关注点。

四、企业社会责任报告审验案例

1. 中国太平洋保险（集团）股份有限公司《2015年企业社会责任报告》审验案例

（1）审验方：DNV GL-管理服务集团（以下简称DNV GL）。

（2）审验对象：中国太平洋保险（集团）股份有限公司（以下简称太平洋保险）《2015年企业社会责任报告》①。

（3）审验范围及局限性：经DNV GL与太平洋保险协商，此次审验的工作范围包括如下内容。

《2015年企业社会责任报告》中披露的有关太平洋保险的可持续发展，以及社会责任管理政策、战略、目标及其2015年1～12月的企业社会责任绩效。

现场审验的范围覆盖了太平洋保险总部、其属下4个专业子公司及2个分公司：①中国太平洋保险（集团）股份有限公司（总部，上海）；②中国太平洋人寿保险股份有限公司（上海）；③中国太平洋财产保险股份有限公司（上海）；④太平洋资产管理有限责任公司（上海）；⑤太保安联健康保险股份有限公司（上海）；⑥中国太平洋人寿保险股份有限公司浙江分公司（杭州）；⑦中国太平洋财产保险股份有限公司山东分公司（济南）。

基于GRI G4核心方案，审验小组对《2015年企业社会责任报告》中披露的数据和信息进行了差距分析。

审验基于《DNV GL可持续发展报告审验规章》"原则遵循"要求进行，并提供有限级别保证。

对《2015年企业社会责任报告》中披露的太平洋保险外部供应商或其他第三方的社会责任绩效信息没有进行审验。

对《2015年企业社会责任报告》中披露的经过第三方机构审计的财务数据没有进行审验。

DNV GL没有发现影响审验活动的重要因素，审验工作由DNV GL在2015年3月完成。

（4）审验方法：审验过程是按照《DNV GL可持续发展报告验证规章》进行策划及实施的，该审验规章基于DNV GL专业经验，以及AA1000标准、ISAE3000标准和GRI可持续发展报告指南等国际审验最佳实践。按照审验规章中有关利益相关方包容性、实质性、回应性、完整性，以及中立性原则对《2015年企业社会责任报告》进行评估。

作为审验工作的一部分，DNV GL对除了《2015年企业社会责任报告》中披露的内容进行核实，还对其基础数据管理体系、信息收集过程及控制情况进行了评估，如检验和评审了太平洋保险提供的文件、数据和其他信息；访问了太平洋保险总部、4个下属子公司及2个分公司的相关职能部门；与太平洋保险员工进行访谈，包括管理层及关键

---

① 太平洋保险负责《2015年企业社会责任报告》中数据的收集、分析、汇总及信息披露。DNV GL在执行此项工作时，按照双方商定的条款执行全部审验工作。太平洋保险的各利益相关方是本声明的预期使用者。本次审验过程是基于太平洋保险提供给DNV GL的数据和信息是完整和可信的前提下进行的。

岗位负责人员；对报告中描述的太平洋保险社会责任政策及落实机制进行评估；对报告中披露的定性及定量数据的产生、收集和管理过程进行抽样核实。

（5）审验结论：在本次审验范围内，DNV GL 认为《2015 年企业社会责任报告》较为客观和真实地披露了太平洋保险履行企业社会责任政策的基本情况，并符合 GRI G4 的相关要求。

一般标准披露项：《2015 年企业社会责任报告》中所披露的"一般标准披露项"相关信息，包括未披露项的原因解释，符合 GRI G4 核心方案披露要求。

具体标准披露项：《2015 年企业社会责任报告》中所披露的"具体标准披露项"相关信息，包括实质性议题相关的管理方法、绩效信息，符合 GRI G4 核心方案披露要求。

DNV GL 使用"优秀""良好""待改进"来评估报告满足《DNV GL 可持续发展报告审验规章》所规定原则的程度。

包容性：良好。太平洋保险建立了较为完善的利益相关方参与机制，利益相关方诉求已融合在太平洋保险的可持续发展计划和经营管理活动中。通过《2015 年企业社会责任报告》中的有关数据和案例，太平洋保险披露了内外部利益相关方参与的过程和相关管理方法，以及通过利益相关方参与机制所确定的利益相关方关注的主要社会责任议题。

实质性：优秀。《2015 年企业社会责任报告》披露了太平洋保险所建立的可持续发展实质性议题确定流程，实质性议题优先顺序排序方法，以及实质性议题与企业发展战略融合的管理过程。《2015 年企业社会责任报告》同时披露了在确定实质性议题过程中，太平洋保险充分考虑了内外部利益相关方期望、社会发展趋势、政策法规、财务安排、整体企业和社会环境等可持续发展议题。

回应性：优秀。《2015 年企业社会责任报告》阐述了太平洋保险如何就广泛的社会责任议题与利益相关方沟通的过程，从承诺、履责和绩效三方面，以最近三年以上的历史数据和详细的文字描述，充分地回应了主要利益相关方关注的实质性议题，特别是针对其所识别的 18 个关键责任议题，在《2015 年企业社会责任报告》中以翔实和透明的方式予以了回应。

完整性：优秀。《2015 年企业社会责任报告》中披露的太平洋保险社会责任绩效信息涵盖机构组织管理的各个层面，包括其业务和产品的上下游影响；同时，《2015 年企业社会责任报告》也披露了太平洋保险在一个较长时间内的可持续发展影响，包括长期目标和关键绩效数据的历史业绩。在太平洋保险定义的报告范围及报告边界中，《2015 年企业社会责任报告》没有遗漏足以影响利益相关方决定的信息或报告期内企业社会责任的主要议题。

中立性：良好。《2015 年企业社会责任报告》的整体基调基本保持中立和信息披露平衡。对《2015 年企业社会责任报告》中披露的各种不同议题的重点与其实质性基本上是成正比的。

（6）改进机会：建议《2015 年企业社会责任报告》用更多的量化数据展现太平洋保险的社会责任绩效信息；建议《2015 年企业社会责任报告》披露对可持续发展绩效数据的验证机制；建议《2015 年企业社会责任报告》更清楚披露对供应商的可持续发展绩效

的促进情况。

2. BP 公司《2023 年度可持续发展报告》审验案例

（1）审验方：德勤会计师事务所。

（2）审验对象：BP 公司《2023 年度可持续发展报告》。

（3）审验标准：根据 IAASB 发布的 ISAE3000 标准（修订版）《除历史财务信息之外的保证业务》和国际保证业务准则 3410《温室气体声明的保证业务》，以及商定的业务条款，德勤会计师事务开展独立有限保证服务①。

（4）审验指标：①第一类指标：安全指标。具体如下：有记录的伤害频率（员工和承包商）；总死亡人数（员工和承包商）；过程安全事件（一级和二级事件总数）。②第二类：环境指标。具体如下：直接温室气体排放量（运营边界）；来自英国地点的直接温室气体排放量（运营边界）；来自全球地点（不包括英国和海上）的直接温室气体排放量（运营边界）；间接的、基于市场的温室气体排放量（运营边界）；来自英国和海上地点的（间接，基于市场的）温室气体排放量（运营边界）；来自全球地点（不包括英国和海上）的（间接，基于市场的）温室气体排放量（运营边界）；直接温室气体排放量（权益边界）；间接温室气体排放量（权益边界）；总可持续排放减少量；直接的二氧化碳排放量（运营边界）；直接的甲烷排放量（运营边界）；上游石油和天然气生产中的碳排放量；总市场销售和实物交易能源产品的碳强度；甲烷强度；英国和海上地点的能源消耗；全球地点（不包括英国和海上）的能源消耗②。

（5）审验程序：首先，德勤会计师事务所对报告进行细致的评估，确保其与业务环境和所需选定指标信息相适应，并在需要时与 BP 公司就必要的编辑工作进行沟通。通过执行分析性审查，德勤会计师事务所深入理解底层的主题领域，精准识别地选定指标信息中可能出现的重大错误陈述的风险点。通过与管理层的深入沟通，德勤会计师事务所对 BP 公司的运营环境、流程和信息系统有了全面了解，这为识别和评估选定信息的重大错误陈述风险提供了基础。

其次，了解与选定指标信息紧密相关的内部控制、量化流程和数据收集方法，以及报告的准备过程。审查与选定指标信息相关的文件记录，包括董事会层面的安全和可持续性委员会的会议纪要和内部审计结果。

再次，在确保准确性方面，德勤会计师事务所对手动计算过程中使用的数据进行了重新计算，对基础数据进行了抽样审查，以确保数据的收集和报告符合报告基础的要求，并在必要时对原文档进行了核实。同时，对选定指标信息中的管理层假设和估计进行了评估，识别了所有潜在的错误陈述，并对这些错误陈述进行了汇总和重要性评估。

最后，德勤会计师事务所审阅与指标信息相关的叙述性内容，确保审验报告与待审报告叙述保持一致。

---

① 审验机构遵守了英国财务报告委员会（Financial Reporting Council，FRC）的道德标准、英格兰及威尔士特许会计师协会（The Institute of Chartered Accountants in England and Wales，ICAEW）的道德准则的独立性要求。道德准则基于诚信、客观性、专业能力和应有的关注、保密和专业行为的基本原则。

② 审验指标信息详细内容在 BP 公司《2023 年度可持续发展报告》中。

（6）审验局限：德勤会计师事务所承担的是有限保证业务，没有进行实物资产检查和现场访问。有限保证业务中执行的程序在性质和时间上与合理保证业务不同，并且范围较小。因此，有限保证业务获得的保证水平远低于如果执行了合理保证业务所获得的保证。

（7）审验结论：基于在本报告中描述的程序以及德勤获得的证据，没有发现任何引起关注和怀疑的事情。

3. 宝山钢铁股份有限公司《2020年可持续发展报告》审验案例

（1）审验方：SGS通标标准技术服务有限公司（以下简称SGS）。

（2）审验对象：宝山钢铁股份有限公司《2020年可持续发展报告》。

（3）审验性质和范围：SGS经宝山钢铁股份有限公司（以下简称宝钢股份）的委托，对其2020年度可持续发展报告进行独立验证。根据SGS可持续发展报告验证方法，验证范围包括本报告所含文本，以及附随表格中的数据，并对位于中国上海市宝山区富锦路885号的宝钢股份进行了现场验证，其他披露的数据及信息不在验证流程范围之内。宝钢股份《2020年可持续发展报告》中的信息及报告由其公司董事会战略、风险及ESG委员会负责。SGS并未参与其《2020年可持续发展报告》任何材料的准备。

SGS已根据国际公认标准和指南，包括GRI标准的准确性和可靠性原则，以及AA1000系列标准中的验证等级，为可持续发展报告验证开发了一套规章。《2020年可持续发展报告》以中级审查进行验证，所用规章用于评估内容真实性；根据GRI STANDARDS评估报告。

验证包括验证前调研、访谈相关员工，必要时与外部机构和/或利益相关方进行文档和记录审查和确认。独立审计的财务账户中的财务数据，并未作为本验证流程的组成部分与来源数据进行核对。

（4）审验方独立性与能力声明：SGS是全球领先的检验、鉴定、测试和认证机构，是公认的质量和诚信的基准，在全球140多个国家运作2600多个分支机构和实验室，构成了全球性的服务网络。SGS申明与宝钢股份为完全独立之组织，对该机构、其附属机构和利益相关方不存在偏见和利益冲突。验证团队是由具备与此项任务有关的知识、经验和资质的人员组成的，包括社会责任报告主任审验员、社会责任国际组织（Social Accountability International，SAI）注册的SA8000审核员、中国认证认可协会（China Certification and Accreditation Association，CCAA）注册的ISO 9001审核员、ISO 14001审核员、ISO 45001审核员、ISO 14064查证员等。

（5）审验结论：基于上述方法论和所进行的验证，宝钢股份《2020年可持续发展报告》中包含的信息和数据是准确的、可靠的，对宝钢股份在2020年度的可持续发展活动提供了公正和中肯的陈述。验证团队认为，《2020年可持续发展报告》可由报告机构的利益相关方所使用。SGS相信，该机构已在报告中选择了适当的符合性方案。

（6）可持续发展报告的原则：①利益相关方参与。宝钢股份识别了组织的利益相关方，建立了利益相关方沟通与参与的渠道和平台，并采取不同方式进行沟通和交流。②可持续发展背景。宝钢股份通过从经济、环境和社会相关的利益相关方分析，在数据披露方面考虑了这些影响因素。③实质性。宝钢股份能根据确定的利益相关方关注议题，反映了组织对经济、环境和社会的重要影响，同时合理地披露了对利益相关方的评价和决策有实质性影响的重要议题和指标。④完整性。宝钢股份按照确定的利益相关方关注的议题为框架来披露相关信息和数据，较完整地反映了重大的经济、环境和社会影响。⑤平衡性。可持续发展报告能够遵守平衡性原则，对正面及非正面信息进行了一定的披露。⑥可比性。宝钢股份《2020年可持续发展报告》中披露了其2020年度的各项相关绩效指标，部分绩效指标披露了历史数据。⑦准确性。宝钢股份《2020年可持续发展报告》数据收集机制客观完整，能够向利益相关方公开披露更多角度的信息，体现了可持续发展议题绩效与利益相关方的期望保持一致。⑧时效性。宝钢股份披露的数据都是在《2020年可持续发展报告》周期中的，并使利益相关方及时获取信息，做出合理决定。⑨清晰性。报告采用文字描述、数据表、图形、照片等多种表达方式，并结合案例分析叙述，能让利益相关方易于理解。⑩可靠性。通过内部收集、记录、编排、分析及披露的方式，数据和信息皆可被追溯和验证，并可确保信息的质量及实质性。

（7）管理方法：《2020年可持续发展报告》中能清晰描述每个议题的管理方法及评估管理方法的有效性的说明。

（8）信息披露：①一般性披露。报告中一般性披露的披露满足GRI STANDARDS核心方案的要求。②议题专项披露。对组织的经济、环境和社会影响的重要性，以及对利益相关方的评估和决策具有实质性的影响等实质性议题能详尽描述。

（9）审验局限性：本次验证没有深入到其他成员企业验证原始数据；本次验证只对相关部门主管和部分员工进行访谈和查阅相关文件，访谈并未涉及外部利益相关方；鉴于援引于2020年度财务报告的财务信息已经通过独立的验证，本次验证不包含对此类信息的溯源及验证。

■ 本章思考题

1. 全面的企业社会责任报告具备哪些特点？
2. 企业社会责任报告包含哪几个方面的内容？
3. 编写企业社会责任报告需要哪些准备？
4. 阅读案例，思考企业社会责任报告审验的作用。

■ 本章小结

本章主要介绍了企业社会责任报告，首先介绍了企业社会责任报告的内涵、特点及其作用；其次介绍了企业社会责任报告的内容与结构；再次介绍了企业社会责任报告编写与发布，包括编写原则、指南、流程、发布与改进等；最后介绍了企业社会责任报告审验的作用、过程及标准。

第十一章
企业社会责任标准与指南

■ **本章学习目标**

1. 了解社会责任标准产生的原因。
2. 理解 ISO 26000、SA8000 和 GB/T 36000—2015 的区别。
3. 了解国际社会责任指南。
4. 掌握社会责任认证标准（SA8000）。
5. 掌握 GB/T 36000—2015。

公众对企业在环境、劳工权益、人权、反腐败等方面的表现要求越来越高，使企业感受到了社会压力，且要采取措施回应公众的关切，以维护企业形象和信誉。随着全球社会责任意识的提升，越来越多的行业协会、企业组织、非营利组织、金融机构和地方政府纷纷出台相关标准和指南，推动企业履行社会责任。

社会责任标准和指南通常涵盖员工权益保障、安全与健康、培训与发展等方面的要求。企业关注和履行社会责任，有助于改善员工的工作环境和福利待遇，增加员工满意度，提高员工凝聚力和忠诚度，减少员工离职率，从而降低人力资源成本。参与社会责任标准认证可以使企业跟随行业标准和国际倡议，向外界释放出良好信号，与其他企业保持长久竞争力。

第一节　企业社会责任标准的产生与发展

一、社会责任标准产生的原因

在全球化竞争激烈的市场环境下，履行企业社会责任不仅有助于获取公众和客户的信任，树立良好的企业形象，还有助于拓展市场，吸引更多潜在客户，增加销售收入。对于一些行业来说，社会责任认证也成为企业进入某些市场的重要条件。一些国家和地区逐渐加强了对企业社会责任的法律监管，违反社会责任标准的企业可能面临法律风险和罚款。同时，违反社会责任标准也可能引发负面的媒体报道和公众抵制，导致企业声誉受损。遵循社会责任标准可以帮助企业降低法律和声誉风险。

随着全球社会责任意识的提升，越来越多的行业协会、企业组织、非营利组织、金融机构和地方政府纷纷出台相关标准和指南，推动企业履行社会责任。

二、ISO 26000、SA8000 和 GB/T 36000—2015 的区别

ISO 26000 和 SA8000 是两个不同的社会责任标准。ISO 26000 本身不可认证，它只是一个指南性文件，没有认证程序和认证机构。企业或组织无法直接获得 ISO 26000 的认证，而是根据该指南来自行制订和实施社会责任计划，体现其社会责任意识和行动。SA8000 是可供认证的标准，企业可以申请第三方机构对其社会责任实践进行认证审核。认证的过程包括对企业的劳工权益保护措施进行评估和审核，符合标准要求后颁发认证证书。随着全球社会责任意识的不断增强和企业社会责任实践的不断发展，ISO 26000 作为非认证性的指南，将继续在社会责任领域发挥重要的引导和推动作用。尽管 SA8000 是最早的可审核的社会责任标准之一，但其影响力相对局限在劳动权益保护领域。随着全球社会责任标准的不断涌现和发展，一些其他认证性标准（如 ISO 系列的认证标准）也开始关注劳工权益保护等领域，使 SA8000 在竞争中面临一定的挑战。

GB/T 36000—2015（《社会责任指南》）为组织理解社会责任、管理和实施相关活动提供指导，旨在帮助组织在遵守法律法规和基本道德的基础上实现更高的组织社会价值，最大限度地追求可持续发展，适用于所有类型的组织。在应用该标准时，组织应该充分考虑自身的规模、性质、行业特点和其他实际情况和条件，但不适用于认证目的。内容基本遵循了 ISO 26000 的理念，但也根据中国的实际情况进行了调整。GB/T 36000—2015 与 ISO 26000、SA8000 是三种不同的社会责任标准，它们之间存在一些差异（表 11-1）。

表 11-1 ISO 26000、SA8000 和 GB/T 36000—2015 的区别

项目	ISO 26000	SA8000	GB/T 36000—2015
发布机构	ISO	美国非政府组织 SAI	国家质量监督检验检疫总局和中国国家标准化管理委员会共同发布
认证	社会责任指南标准，是一个非认证性的指南，而不是强制性的认证标准	认证性的标准，适用于各类组织	并非认证性标准，它是一份推荐性的国家标准，不具有强制性和可认证性，没有针对该标准的认证体系
发布时间	2010 年	1997 年	2015 年 6 月 2 日发布，2016 年 1 月 1 日开始实施
目标	为各类组织（包括企业、政府和非营利组织）提供指导，帮助它们理解和实践社会责任	主要集中在劳工权益保护方面	提供一套社会责任的指南，为组织开展社会责任活动提供参考和指导
适用范围	涵盖组织治理、人权、劳工、环境、公平商业行为、消费者保护、社区参与、社会发展和利益相关者协作等领域	关注童工、强迫劳动、健康安全、结社自由和集体谈判、歧视、纪律处分、工作时间、工资和管理制度等 9 个内容领域，以确保企业对劳工权益的尊重和保护	适用于所有类型的组织，包括企业、政府机构、非营利组织等。它的内容涵盖社会责任的各个方面，包括组织治理、人权、劳工、环境、公平商业行为、消费者权益、社区参与等领域

续表

项目	ISO 26000	SA8000	GB/T 36000—2015
影响力	被广泛认可和采用，对全球范围内的社会责任实践产生了积极的影响	主要适用于劳动密集型企业，SA8000 的影响力在特定行业和领域内较为显著	影响主要局限在中国国内。在全球范围内，它的影响力相对较弱，不如一些国际性的社会责任标准和指南具有全球普适性

第二节　国际社会责任指南

一、ISO 制定的指南与标准

1. ISO 26000

20 世纪 80 年代和 90 年代初，社会责任成为越来越多国际组织和企业关注的焦点。然而，社会责任的概念缺乏一致性，缺乏明确的标准和指南来指导组织实践。为了填补这一空白，国际标准化组织于 2005 年开始筹备制定 ISO 26000，并于 2010 年 11 月 1 日正式发布，成为 ISO 的第一个社会责任指南标准。在 ISO 26000 的制定过程中，有来自全球多个国家的近 500 名利益相关者参与其中，包括政府机构、非政府组织、企业、工会、消费者组织等，制定过程开放和透明。在制定标准的过程中，利益相关者的意见被充分考虑，并广泛征求了各方的意见和建议，使 ISO 26000 成为一个综合而被广泛接受的国际社会责任指南。

ISO 26000 是 ISO 制定的社会责任指南，并不是一种认证标准，不能通过 ISO 26000 来获得 ISO 认证。ISO 26000 是一份非强制性的指南，它的目的是为组织提供关于社会责任的原则和指导，帮助组织认识和实践社会责任，并不涉及对组织的审核和认证。

2. ISO 9000 质量管理体系

ISO 9000 是关于质量管理体系的一组国际标准，目标是帮助组织建立和实施有效的质量管理体系，以提高产品和服务的质量，增强客户满意度，实现组织的可持续发展。ISO 9000 系列标准包括 ISO 9001 和 ISO 9004。

（1）ISO 9001 质量管理体系规定了组织需要满足的质量管理体系的要求，并适用于所有类型和规模的组织。通过遵循 ISO 9001 标准，组织可以获得 ISO 认证，证明其质量管理体系符合国际标准。

（2）ISO 9004 质量管理体系的指南并不用于认证，而是提供关于如何持续改进和优化质量管理体系的指导和建议。

3. ISO 14000 环境管理系列标准

ISO 14000 是关于环境管理体系的一组国际标准。它的目标是帮助组织建立和实施有效的环境管理体系，以管理和减少对环境的影响，促进环保和可持续发展。ISO 14000

环境管理系列标准包括 ISO 14001 和 ISO 14004。

（1）ISO 14001 环境管理体系规定了组织需要满足的环境管理体系的要求，并适用于所有类型和规模的组织。通过遵循 ISO 14001 标准，组织可以获得 ISO 认证，证明其环境管理体系符合国际标准。

（2）ISO 14004 环境管理体系的指南并不用于认证，而是提供关于如何实施和维护环境管理体系的指导和建议。

ISO 9000 和 ISO 14000 系列标准都是自愿性标准，组织可以根据自身需要和目标选择是否采用这些标准。

4. ISO 45001 职业健康与安全管理体系

ISO 45001 是由 ISO 制定的职业健康与安全管理体系认证标准，于 2018 年发布，取代了 OHSAS 18001 标准，旨在帮助组织建立和实施系统化的职业健康与安全管理体系，以保障员工健康、提高工作安全，并降低工作场所意外事故的风险。

ISO 45001 着重关注员工的职业健康与安全，旨在防止工作场所事故和职业病的发生，并确保员工在工作中的身体和心理健康。要求组织识别和评估工作场所相关的各种风险，包括职业危害、工作条件、紧急情况等，采取措施降低这些风险，保护员工的安全。鼓励组织持续改进职业健康与安全管理体系，通过定期审核和评估，及时纠正不足，并不断提高管理体系的有效性。要求组织遵守适用的职业健康与安全法律法规，确保工作场所的合法合规。此外，ISO 45001 强调与员工和其他利益相关者的积极沟通和合作，确保其对职业健康与安全管理体系的参与和理解。

二、ISO 26000 的主要内容和特点

1. ISO 26000 的主要内容

ISO 26000 为各种类型和规模的组织提供了关于社会责任的指导和建议，涵盖广泛的主题和内容。

（1）社会责任的概念和范围，强调社会责任是组织自愿承担的责任，涵盖多个方面，包括人权、劳工关系、环保、公平经营、消费者权益等。

（2）七个社会责任的原则，即责任、透明度、行为道德、尊重利益相关者利益、尊重法律规范、尊重国际规范、尊重人权。

（3）七个核心主题，涵盖社会责任的关键方面，包括人权、劳工关系、环境保护、公平经营、消费者权益、社区参与和发展。

（4）强调利益相关者参与的重要性，鼓励组织与利益相关者进行对话和合作，了解其关切和期望，并在决策过程中予以考虑。

（5）鼓励组织将社会责任整合到其日常经营和战略规划中，使其成为组织文化和价值观的一部分。

2. ISO 26000 的特点

（1）用社会责任代替企业社会责任，统一概念。这使准则适用于所有类型的组织，

而不仅仅局限于企业，扩展了其范围和重要性。ISO 26000 适用于公有制和私有制等各种类型的组织，包括发达国家、发展中国家和经济转型国家的组织。

（2）为组织提供了将社会责任纳入本组织的方法，以及实际建议和自愿倡议，帮助组织实现社会责任意愿。

（3）制定过程吸引了来自 99 个国家的 400 多名专家参与其中，确保了广泛利益相关者的意见和共识，提高了指南的合理性和权威性。发展中国家在工作组成员的分配中具有相同的地位，69 个发展中国家参与了 ISO 26000 的制定，确保了发展中国家在该指南的制定中发挥积极作用。

（4）ISO 26000 与 ISO、国际劳工组织（International Labour Organization，ILO）、联合国全球契约办公室、经济合作与发展组织、GRI 等建立了广泛深入的联系，促进了社会责任实践。同时也考虑国际标准、社会、环境、法律、文化、政治和组织的多样性，以及经济条件的差异，在应用指南时充分考虑到不同国家和地区的情况。

三、ISO 26000 与中国企业的关系

ISO 26000 为中国企业提供了关于社会责任的原则和指导。它涵盖多个方面，包括人权、劳工关系、环境保护、公平经营、消费者权益、社区参与和发展等核心主题。通过遵循 ISO 26000，中国企业可以更好地认识和实践社会责任。通过实践社会责任，中国企业可以树立良好的社会形象和声誉，吸引更多人才和合作伙伴。积极履行社会责任可以提高企业的竞争力。企业对社会的贡献和良好的社会声誉将增强企业在市场中的吸引力，使其在商业中更具优势。通过与利益相关者进行积极合作和对话，中国企业可以建立更稳定和持久的贸易伙伴关系，减少交易成本，改善企业与外部利益相关者之间的沟通。

ISO 26000 的引入也可能给中国企业带来一些负面影响、压力和限制。ISO 26000 将企业社会责任扩展到社会责任，适用于所有私营、公共和非营利组织。对于一些中小企业而言，适应和履行 ISO 26000 的指南可能需要较大的投入和资源，可能会对其经营造成一定的负担。一系列高水平的社会责任要求，如关注员工福利、环保、社区参与等，对一些中小企业来说过于严苛，难以承受。尽管 ISO 26000 强调其不是认证标准，但一些发达国家和上游企业可能会将其作为认证的参考，或要求下游企业遵循相应的社会责任标准。在国际市场竞争中，不符合 ISO 26000 的企业可能面临竞争劣势。实施 ISO 26000 可能需要企业投入更多的资源，包括财力、人力和时间，需要员工接受相关培训，以理解和应用其中的原则和指导。

第三节　社会责任认证标准

一、常用的社会责任认证标准

1. SA8000

SA8000 是一项由 SAI 于 1997 年开发的社会责任标准。SAI 是一个总部位于美国的

非营利组织，旨在推动全球劳工权益和社会责任的实践。在 20 世纪末，全球化的发展加速了跨国企业的生产和供应链的延伸。一些企业在寻求低成本和高效率的同时，忽视了对劳工权益的保障和社会责任的履行，导致劳工权益受损、劳动条件恶劣等问题。这引发了国际社会对企业社会责任的关注，对跨国企业的社会责任要求日益增加。1997 年，SAI 邀请了来自企业、工会、非政府组织、学术界和政府等不同利益相关者的代表参与制定社会责任标准。在标准制定初期，SAI 组织了广泛的公开咨询，邀请各方提供意见和建议，以完善标准。经过多次修订和反复磋商，SA8000 标准逐渐成熟并正式发布，成为全球首个社会责任认证标准。该标准涵盖一系列关注劳工权益和社会责任的要求，包括工作条件、工资待遇、工作时间、童工禁止、歧视禁止等内容。

随着全球社会责任意识的提高和相关法律法规的完善，SA8000 标准不断修订和更新，以适应不同时期和背景下的社会责任要求。每次修订都会经过广泛的公开咨询和利益相关者的参与，确保标准的科学性和权威性。随着时间的推移，SA8000 标准逐渐获得了全球范围内的认可和广泛应用。越来越多的企业选择遵循 SA8000 标准，通过认证来证明其社会责任实践，并为劳工提供更加公正和合理的工作环境。

2. WRAP

全球责任认证生产（Worldwide Responsible Accredited Production，WRAP）是一个非营利性的独立组织，成立于 2000 年，总部位于美国弗吉尼亚州阿灵顿。WRAP 的目标是通过推广社会责任和劳工权益标准，促进全球供应链中的生产商和制造商采取负责任的商业做法，确保劳工权益得到保护，环境得到尊重，以及生产过程符合可持续发展的原则。主要为制造业提供认证，确保这些产品的生产遵循严格的道德和社会责任标准。

WRAP 主要审核 12 项内容：符合国家法律及生产地法规；禁止使用强制劳工；禁止使用童工；禁止骚扰或虐待劳工；符合薪酬与福利规定；符合工作时间规定；禁止歧视；符合健康与安全标准；保障结社自由及集体谈判权；符合环境管理要求；符合海关规定；符合商贸反恐怖联盟（Customs-Trade Partnership Against Terrorism，C-TPAT）安全规定。通过获得 WRAP 认证，工厂能证明生产过程中遵守国际劳工标准和当地法律法规等。根据工厂的不同表现，WRAP 的证书分为白金证书及黄金证书，证书有效期分别为 2 年、1 年。WRAP 认证对我国制造业企业产品得到海外市场认可具有重要作用。

3. 行业组织的认定标准

国际玩具工业理事会（International Council of Toy Industries，ICTI）CARE①计划是由 ICTI 推动的一个认证计划，旨在促进全球玩具行业的社会责任和可持续发展。ICTI 成立于 1974 年，是一个全球性的玩具工业组织，旨在推动玩具行业的合规性、安全性和可持续性。ICTI CARE 计划于 2004 年启动，是一个自愿性的认证计划，通过审核来确保玩具生产企业遵守一系列的劳工权益和社会责任标准，目标是确保玩具生产企业在生产过程中关注员工权益，提供安全的工作环境，并遵守相关的法律法规。

---

① 即 caring，关爱；awareness，认知；responsibility，责任；ethics，道德。

二、SA8000 的主要内容和特点

1. SA8000 标准的主要内容

（1）保护劳工权益，包括禁止强迫劳动和童工，确保工人有合理工时，以及确保工人享有结社自由和集体谈判权。

（2）企业提供安全和健康的工作环境，包括合理的工作场所安排、安全设施、紧急救援计划等，以保障员工的健康和安全。

（3）支付合理的工资，不低于当地法定最低工资标准，并提供福利待遇，如社会保险、医疗保障等。

（4）企业建立和实施社会责任管理体系，确保社会责任政策的贯彻执行，并通过内部审核和管理评审不断改进。

（5）禁止任何形式的歧视，包括因种族、性别、宗教、国籍、残疾等原因的歧视。

（6）明确禁止体罚、虐待或任何形式的精神或身体惩罚。

（7）SA8000 并不是一个专门的环境标准，但它要求企业符合适用的环境法规，以及采取措施减少环境污染和资源浪费。

SA8000 标准的核心是关注员工的权益和福利，确保他们在工作中受到公平对待，享有基本的劳动权益，以及工作在安全、健康的环境中。

2. SA8000 标准的特点

SA8000 是一项综合性的社会责任标准，涵盖劳工权益、工作条件、工资和福利、管理体系等多个方面，具有以下特点。

（1）全球适用的标准，不论企业位于哪个国家或地区，都可以申请认证。它适用于不同规模、不同行业的企业。广泛适用性使许多跨国公司和供应链中的企业都积极寻求SA8000 认证，以展示其社会责任实践和对劳工权益的关注。许多国际品牌要求其供应商符合 SA8000 标准，从而确保供应链中的劳工权益得到保护。许多劳工组织和非政府组织对 SA8000 表示支持，并积极推广其应用，增强了 SA8000 在劳工权益保护领域的声誉和影响力。

（2）强调保护劳工权益，包括禁止童工、强迫劳动，确保合理工时，提供安全和健康的工作环境，以及保障工人的结社自由和集体谈判权。关注社会公正，要求企业支付合理的工资，不低于当地法定最低工资标准，并提供福利待遇，如社会保险、医疗保障等。

（3）SA8000 的认证是由第三方审核机构进行的，确保认证结果客观、公正，提高认证的可信度。要求企业向内外部利益相关者公开其社会责任表现，确保透明度和可追溯性，促进企业与利益相关者之间的信任和合作。

（4）该标准还要求企业遵守列出的 13 项国际公约和劳动标准协议的原则。

SA8000 要求企业遵守以下国际公约和劳动标准协议的原则：
（1）《世界人权宣言》（Universal Declaration of Human Rights，1948），保障每个人的

基本权利和自由，包括劳动权利。

（2）《联合国公民权利和政治权利国际公约》（International Covenant on Civil and Political Rights，ICCPR，1966）提及公平待遇、自由结社等权利。

（3）《联合国经济、社会和文化权利国际公约》（International Covenant on Economic，Social and Cultural Rights，ICESCR，1966）涉及工作权、工人保护、休息权等。

（4）《联合国儿童权利公约》（Convention on the Rights of the Child，1989），提供保护未成年人的特殊规定，重点强调消除童工现象。

（5）国际劳工组织（ILO）核心公约，包括：

ILO 第 29 号公约：强迫劳动公约（Forced Labour Convention，1930）；

ILO 第 105 号公约：废除强迫劳动公约（Abolition of Forced Labour Convention，1957）；

ILO 第 87 号公约：结社自由与组织权保护公约（Freedom of Association and Protection of the Right to Organise Convention，1948）；

ILO 第 98 号公约：组织权与集体谈判权公约（Right to Organise and Collective Bargaining Convention，1949）；

ILO 第 100 号公约：同工同酬公约（Equal Remuneration Convention，1951）；

ILO 第 111 号公约：就业和职业歧视公约（Discrimination Employment and Occupation Convention，1958）；

ILO 第 138 号公约：最低就业年龄公约（Minimum Age Convention，1973）；

ILO 第 182 号公约：禁止和立即行动消除最恶劣形式的童工公约（Worst Forms of Child Labour Convention，1999）。

（6）《国际儿童权利与商业原则》（Children's Rights and Business Principles），强调企业在商业活动中需保护儿童的权利。

（7）《经合组织跨国企业准则》（OECD Guidelines for Multinational Enterprises），提供企业在全球范围内的社会责任行为指导。

（8）《联合国全球契约》（UN Global Compact）包含十项原则，其中涉及劳工、环境、人权及反腐败领域。

这些国际公约和劳动标准协议涵盖各种重要的劳工权益和社会责任原则，如禁止强迫劳动、童工、歧视，保障结社自由和集体谈判权，确保合理工资和工时，保护儿童权益等。遵守这些原则是企业获得 SA8000 认证的必要条件之一。

三、SA8000 与中国企业的关系

SA8000 要求企业遵守严格的劳动标准和社会责任，要求企业提高工人工资和改善工作条件，对劳动密集型产业是一个重要的负担。企业为了符合 SA8000 标准，需要进行一系列的改善和调整，包括改善工作环境、提供培训、建立监管机制等，增加了企业的生产成本。由于实施 SA8000 标准增加了成本，中国劳动密集型企业的出口产品价格上涨，在国际市场上竞争力下降，特别是在面对发达国家消费者日益关注社会责任和认证

标准的情况下，未获得 SA8000 认证的产品会受到竞争压力。实施 SA8000 标准需要投入大量的人力、物力和财力，特别是对于那些生产能力有限、资金有限的企业来说，增加企业的经营压力。如果企业未能遵守 SA8000 标准或未获得认证，会受到国际社会的批评和质疑，影响其国际形象和信誉。

当然，SA8000 对中国企业的全球化发展是具有长远的积极意义的。符合 SA8000 标准的企业展现出对员工权益、社区参与和环保的高度关注，这有助于树立企业的良好社会责任形象。消费者和投资者更倾向于选择那些对员工和社会有积极影响的企业进行消费和投资。符合 SA8000 标准的企业在市场上会受到更多的关注和支持，增加了吸引消费者和投资者的机会。SA8000 标准要求企业改善工作条件、保障员工权益，包括福利待遇、工时合理、安全健康等。当员工感受到企业对他们的关心和尊重时，他们的满意度和忠诚度将显著提高。员工愿意为一个关心他们权益和福利的企业付出更多努力，更有可能留在企业长期发展，并愿意为企业创造更大的价值。员工的满意度和忠诚度对企业的稳定经营和员工稳定性都起到重要作用。SA8000 标准不仅强调了对员工权益的关注，还涵盖社区参与和环保等方面。企业遵守 SA8000 标准意味着在经济、社会和环境方面的可持续发展都得到了重视。通过实施该标准，企业将更加注重资源的合理利用，减少对环境的负面影响，并积极参与社区事务，回馈社会。可持续发展战略不仅符合国际社会的期望，也有助于企业在长期发展中获得更好的竞争优势。

第四节　GB/T 36000—2015

一、GB/T 36000—2015 的主要内容

2015 年 6 月，中国国家标准化管理委员会公布了社会责任的国家标准。GB/T 36000—2015 是国内首个关于社会责任的综合性标准，旨在为企业提供实施和管理社会责任的指导，帮助企业合理规划、有效实施和持续改进社会责任管理体系，促进企业在经济、社会和环境方面的可持续发展。GB/T 36000—2015 基于国际上已有的社会责任标准和指南，并结合中国的国情和发展需求，形成了适合中国企业的社会责任管理体系框架。主要内容如下。

（1）标准的目的、适用范围和定义，以及社会责任管理体系的基本原则。

（2）社会责任管理体系要求，包括领导层的承诺和义务、政策和目标的制定、组织和责任的规划、资源和沟通的支持、风险管理、绩效评估和持续改进等要求。

（3）社会责任的核心主题，包括七个主题：组织治理、人权、劳工实践、环境、公平运行实践、消费者问题、社区参与和发展。每个主题下又包括多个子议题及相应的措施和期望。从组织的角度来看，七个主题及其相关问题确定了组织应对这些主题和问题承担社会责任的范围，并尽可能地鼓励与企业相关的其他组织履行社会责任。

（4）实施和运行社会责任管理体系的指南，包括规划、执行、检查和改进等环节的具体指导。

GB/T 36000—2015 标准的七个主题及其下的子议题，涵盖企业在进行社会责任实践时应该关注的方面，旨在引导企业建立和践行社会责任理念，具体如表 11-2 所示。

表 11-2　GB/T 36000—2015 标准的七大主题

主题	子议题
主题一：组织治理	决策程序和结构
主题二：人权	（1）公民和政治权利； （2）经济、社会和文化权利； （3）工作中的基本原则和权利
主题三：劳工实践	（1）就业和劳动关系； （2）工作条件和社会保障； （3）民主管理和集体协商； （4）职业健康安全； （5）工作场所中人的发展与培训
主题四：环境	（1）污染预防； （2）资源可持续利用； （3）减缓并适应气候变化； （4）环境保护、生物多样性和自然栖息地恢复
主题五：公平运行实践	（1）反腐败； （2）公平竞争； （3）在价值链中促进社会责任； （4）尊重产权
主题六：消费者问题	（1）公平营销、真实公正的信息和公平的合同实践； （2）保护消费者健康安全； （3）可持续消费； （4）消费者服务、支持及投诉和争议处理； （5）消费者信息保护与隐私； （6）基本服务获取； （7）教育和意识
主题七：社区参与和发展	（1）社区参与； （2）教育和文化； （3）就业创造和技能开发； （4）技术开发和获取； （5）财富和收入创造； （6）健康； （7）社会投资

二、GB/T 36000—2015 的七大主题

1. 组织治理

组织治理强调组织在社会责任管理中的领导、承诺和义务，明确社会责任的战略和目标，建立组织治理结构，确保领导层对社会责任的支持，并积极参与利益相关者的沟通和合作。

组织治理模块的子议题是决策程序和结构，认为每个组织均应有其决策程序和结构，

主要包括制定反映其社会责任承诺的战略、目标和指标；证实领导层的承诺和担责；营造并培育遵循社会责任原则的环境和文化；创建与社会责任绩效相关的经济和非经济激励制度；有效利用财务资源、自然资源和人力资源；为不同群体（如妇女等）在组织中担任高级职位创造平等机会；平衡组织与利益相关方的需要，包括当前需要和后代人的未来需要；建立与利益相关方的双向沟通程序，识别共识和分歧，并协商解决可能的冲突；鼓励各层次员工有效参与组织的社会责任活动；平衡代表组织决策的人员的权利、责任和能力；跟踪决策的执行情况，确保决策以对社会负责任的方式得到落实，并不论结果是积极的还是消极的，均应判定组织决策和活动结果的担责；定期评审和评估组织治理程序，根据评审结果调整程序，并将变化传达到整个组织。

2. 人权

组织承担尊重人权的责任，包括在其影响范围内尊重人权。人权是固有的、不容剥夺的、具有普遍性的、不可分割的和相互依存的整体。组织有责任尊重人权，首先意味着不侵犯他人权利。为此，组织应采取积极措施，以避免被动接受或主动参与对他人权利的侵犯。为了尊重人权，每个组织都有责任开展尽职调查，以识别、评估、预防和处理因自身或组织关系方的活动所导致的实际或潜在的人权影响。在组织侵犯人权的案例中，歧视较为普遍。组织应该确保不歧视其利益相关方和任何与之有联系的其他方，并检查自身行为中和其影响范围内其他方的行为中是否存在直接或间接歧视。弱势群体通常易受歧视，组织应该确保不通过与其活动相关的组织关系助长歧视行为。

关于组织在尊重人权方面的法定义务，相关法律法规都做出了明确规定。

（1）公民和政治权利是每个社会成员均享有我国宪法、法律和我国认可的国际人权文件所规定的，与个人生命、尊严、自由和政治参与有关的各项公民和政治权利。组织在其影响范围内尊重个人依法享有的各项公民和政治权利，并积极支持和促进这些权利的实现。这些权利包括但不限于：生命权；言论自由权；和平集会和结社自由权；个人财产权或共同财产权以及免遭任意剥夺财产的权利；宗教信仰自由权；尊重员工在受到任何内部纪律处分之前依法享有公正的听证权和申诉权，组织对员工所采取的任何纪律措施均宜恰当，且不得包含体罚或使其遭受非人道或侮辱性的对待等。

（2）经济、社会和文化权利是每个社会成员均享有为维护其尊严和实现个人发展所需要的经济、社会和文化权利。这些权利包括但不限于工作、基本生活水准、社会保障、健康、受教育、文化、环境等权利。组织有责任开展尽职调查，以确保不参与破坏、阻挠或妨碍享有这些权利的活动，如组织评估其决策、活动、产品和服务及新项目对享有这些权利的可能影响；不直接或间接地限制或妨碍人们对诸如水等必需品或基本资源的获取（如确保生产过程不危及稀缺饮用水资源的供应）；在基本物品和服务的配送受到危害时，组织在可行的情况下考虑采取或维持特定政策，以确保这些物品和服务的有效配送。组织与政府有着不同的作用和能力，为便于社区成员的教育和终身学习，组织可以提供相关支持和便利；联合其他组织和政府机构为尊重和实现这些权利提供支持；为促进实现这些权利而探索与其核心活动相关的方法；提供与贫困人群购买力相匹配的产品或服务。

（3）工作中的基本原则和权利主要关注于劳动权益问题，主要包括：依法参加和组织工会的自由和集体协商的自由；消除一切形式的强迫或强制劳动；有效废除童工劳动；消除就业和职业歧视。虽然法律法规对上述基本权利作出了规定，但组织宜独自确保以下事务得到正确处理：其一，组织宜尊重员工依法参加和组织工会的权利，依法支持工会组织独立自主地开展活动，并为其活动提供必要的设施和其他便利。组织尊重工会组织或员工代表一方依法参与集体协商的权利，支持其参与集体协商活动并为其提供所需信息。其二，组织不参与使用强迫或强制劳动，或者从中受益。任何工作或服务均不宜在惩罚威胁下或在不自愿情况下进行。其三，组织宜制定积极的就业政策，促进劳动者平等就业，确保其就业政策不存在任何直接或间接歧视，防止工作场所的权利侵犯。组织仅基于工作要求确定就业政策和做法、薪酬、工作条件、培训和升职机会以及劳动关系的建立和解除等。其四，组织宜遵守法律法规中有关最低就业年龄的规定，杜绝使用童工或从使用童工中受益。

3. 劳工实践

组织的劳工实践包括与组织自身、受托或其代表所开展工作（含分包工作）有关的所有政策和做法。例如，员工的招聘和晋升、纪律和投诉程序、员工的调岗和重新安置、劳动关系的终止、培训和技能开发、职业健康安全、影响工作条件的任何政策和做法，尤其是劳动时间和报酬。劳工实践还包括尊重员工依法参加和组织工会，支持工会组织的建立、组织员工依法开展民主管理及其他正常活动等。提供就业并支付工资和其他劳动报酬是组织最重要的经济和社会贡献。

（1）就业和劳动关系方面，组织宜确保所有工作均由合法雇用的人员来完成；不试图通过规避劳动关系来推卸组织法律义务；宜采用积极的劳动力计划，尽可能地避免使用非正式工作或过度使用临时性工作；在发生了影响就业的运行变化（如停业整顿、破产或关闭等）时，依法提前向工会或全体员工说明情况，并听取工会或者员工的意见，共同考虑如何最大限度地减少消极影响；确保所有员工机会平等，并在所有劳动实践中无直接或间接歧视；消除随意性或歧视性的解雇行为；保护员工的个人信息和隐私；采取措施，以确保工作仅承包或分包给有能力和意愿承担组织责任，且能提供体面工作条件的合法组织，组织仅使用合法的劳动中介机构；不从其合作伙伴、供货商或分包商的不负责任的劳工实践中获益,组织宜鼓励自身影响范围内的组织遵循负责任的劳工实践。

（2）工作条件和社会保障是要求组织提供合适、公平、恰当的工作条件，并对社会保护给予应有的关注。确保工作条件符合国内法律法规和适用的国际劳工标准；提供关于以下各方面的体面工作条件——工资、工作时间、每周休息时间、节假日、职业健康安全、生育保护及兼顾家庭责任；尽可能地允许遵守民族文化和宗教的传统与习俗；努力提供工作条件，使员工能够最大限度地实现工作与生活相平衡；依法支付工资和其他形式的报酬。工资应至少符合当地最低工资标准要求；同工同酬；向相关员工直接支付工资，除法律法规或其他法律约束性文件另有规定外，不得限制或扣除员工工资；履行关于向员工提供社会保护的所有义务；尊重员工享有法律法规或其他法律约束性文件所规定的标准工时或协议工时的权利，还向员工提供每周的休息时间和带薪休假；尊重员工的家庭责任，依法向其提供合理的工时和育婴假，并在可能时提供托幼和其他便利，以便员工实现恰当的工作生活平衡；依法向员工提供加班补偿。当要求员工加班工作时，组织宜考虑到有关员工的利益、安全和福利，以及工作中存在的任何危险，组织宜遵守法律法规或其他法律约束性文件关于加班的规定。

（3）民主管理和集体协商是组织按照"合法、有序、公开、公正"的原则，建立民主管理制度，支持员工参与组织管理活动，尊重和保障员工依法享有的知情权、参与权、表达权和监督权等民主权利。职工代表大会（或职工大会）是员工行使民主管理权利的机构，是组织民主管理的基本形式。组织民主管理制度包括职工代表大会（或职工大会）、事务（厂务）公开制度、职工董事和监事制度等。组织民主管理制度还可以采用民主恳谈会、劳资协商会、职工议事会等多种民主协商对话形式。对于尚不具备单独建立职工代表大会制度条件的中小型组织，可以通过选举代表联合建立区域（行业）职工代表大会制度，开展组织民主管理活动。集体协商是员工一方通过工会组织或员工代表与组织或其代表就劳动关系方面的内容进行协商的过程。集体协商的内容包括劳动报酬、工作时间、休息休假、职业健康安全、保险福利等事项。有效的集体协商有助于促进组织的民主管理，促进组织与其员工之间的理解，改善组织内的劳动关系。民主管理和集体协商是组织应对管理变革的有力手段，员工参与管理不仅能够提高员工的主人翁意识，激发员工的主动性和创造性，更能融合不同的利益关系，提高组织的包容性，通过法定的沟通与平衡机制缓和不同群体之间的利益冲突，提高组织内部的凝聚力和向心力，提高组织的核心竞争力。组织应该意识到民主管理和集体协商对自身的重要性，依法建立和完善以职工代表大会（或职工大会）为基本形式的组织民主管理制度，实行事务（厂务）公开，加强民主管理工作，支持员工依法民主参与和监督组织的管理活动；尊重和积极支持工会组织为维护员工合法权益而组织员工依法开展民主管理活动；建立集体协商制度，形成规范且有效的良好运行机制；当发生可能对就业产生重大影响的运行变化时，合理告知政府有关主管部门和员工代表，以便共同审查其影响，从而最大限度地减轻消极影响。

（4）职业健康安全涉及促进并保持员工最高程度的身心健康和社会福祉，以及预防由工作条件引起的健康损害，保护员工使其远离健康风险，以及使职业环境适应员工的生理和心理需要。组织应制定和实施并保持职业健康安全方针，理解并遵循职业健康安全管理原则，包括关于职业健康安全风险控制措施层级选择顺序的原则——消除、替代、工程控制措施、管理控制措施、工作程序和个体防护装备等；分析并控制其活动中所含的职业健康安全风险；向员工传达所有安全做法并要求其始终遵守，确保员工遵循适用的程序；提供预防职业伤害、疾病和事故及处理紧急情况所需的安全设备，必要时免费提供个体防护装备；记录和调查所有职业健康安全事件和问题，以便使其降低到最低或完全消除；对于女性（如孕妇、产妇或哺乳期妇女）及男性，或者诸如残疾、无经验或年轻的员工等处于特殊状况下的员工，根据职业健康安全风险对其各自不同的影响采取特定措施；为临时工、兼员工及分包工提供平等的职业健康安全保护；努力消除工作场所中促成或导致紧张和疾病的社会心理危险源；为全体员工提供所有相关事项的充分培训；将职业健康安全和环境管理体系建立在员工参与的基础上，并承认和尊重员工权利。

（5）组织通过制定和实施工作场所政策，积极应对社会关注的劳动问题，提升劳动者个人能力与就业竞争力，从而推动个体全面发展。在平等和非歧视的基础上，在员工工作经历的各个阶段，向其提供技能开发、培训和学徒期训练及获得职业晋升的机会；在必要时确保被裁员的员工能获得帮助，以便有助于其获得新的就业、培训和咨询；制订计划以促进健康和福祉。

4. 环境

环境责任是组织社会责任的一个重要方面，涉及组织决策和活动对环境的影响及对环保和可持续发展的责任。

（1）污染预防是为了更好地预防组织活动所产生的污染，组织有意识地识别其决策和活动与周边环境的关系和影响；识别与其活动有关的污染来源和废弃物来源；测量、记录并报告重要的污染来源及污染、耗水、废弃物和耗能的减少情况；实施旨在防止污染和废弃物的措施，应用废弃物管理层次，并确保对无法避免的污染和废弃物进行妥善管理；就现有和潜在的污染排放和废弃物、有关健康风险及现有和拟采取的缓解措施等事宜，与当地社区开展沟通；采取措施逐步减少和最小化其所控制或影响的范围内的直接和间接的污染，特别是通过开发和推广易应用的对环境更友好的产品和服务；公开披露所使用和释放的、相关且重要的有毒有害材料的数量和类型，包括这些材料在正常运行和意外泄漏情况下已知的人类健康和环境风险；系统识别并避免使用法律法规明令禁用的化学品；实施环境事故预防与准备方案，并制订应急计划。

（2）资源可持续利用是为确保将来能够获得资源，改变目前消费和生产的模式与规模，使资源使用在地球承载能力范围内。可再生资源的使用速度低于或等于其自然补充速度，长远来看不可再生资源的耗用速度低于可再生资源能够进行替代的速度。组织可通过更加负责任地使用电力、燃料、原材料和加工材料、土地和水资源，综合利用不可再生资源和可持续的可再生资源，或以可持续可再生资源替代不可再生资源，如利用创新技术，向可持续资源利用迈进。效率提升的四个关键领域是能源效率、水源保护、材料使用效率、最小化产品对资源的需求。组织在所有活动中应识别能源、水及所使用的其他资源的来源；测量、记录和报告大量使用的能源、水和其他资源的情况；采取资源效率措施，减少对能源、水和其他资源的使用，考虑采用最佳实践指标和其他衡量基准；在可能的情况下，用可供选择的可持续的、可再生的、低环境影响的资源来补充或替代不可再生资源；尽可能使用回收材料和再利用水资源；管理水资源以确保流域内的所有用户公平获得水资源；促进可持续采购；考虑采用生产者责任延伸的做法；促进可持续消费。

（3）减缓并适应气候变化是最小化组织自身的温室气体排放（减缓气候变化）并对气候变化做出规划（适应气候变化）。为减缓与自身活动有关的气候变化影响，组织应识别累积的温室气体排放的直接和间接来源，并界定其责任边界（范围）；测量和记录其主要的温室气体排放；采取优选措施，在其控制范围内逐步减少和最小化直接和间接的温室气体排放，并在其影响范围内鼓励类似行动；评价组织内主要燃料使用的数量和类型，并实施计划以提高效率和效果。即使已经考虑了低排放技术和可再生能源，也使用生命周期方法以确保温室气体排放的净减少；防止或减少因土地使用和土地使用变化及工艺或设备而释放的温室气体；在组织内部尽可能地实现能源节约，包括采购高能效商品和开发高能效的产品与服务；考虑以"碳中和"为目标，采取措施抵消剩余的温室气体排放，通过支持以透明方式运行的可靠的排放削减计划，如碳捕获与储存或碳封存。为更有效地适应气候变化，组织应考虑未来气候预测，以识别风险，将适应气候变化纳入自身决策过程中；寻找机会，避免或最小化与气候变化有关的破坏，并在可能的情况下，利用机会进行调整以适应变化；采取措施回应已有或预期的影响，并在其影响范围内致力于利益相关方适应气候变化的能力建设。

（4）环境保护、生物多样性和自然栖息地恢复，包括评估和保护生物多样性，评估、保护和恢复生态系统的服务功能，可持续利用土地和自然资源，推进环境友好的城乡发展。组织在所有活动中应识别对生物多样性和生态系统服务的潜在消极影响，并采取措施消除或最小化这些影响；在可行和适当时机参与市场机制，以将环境影响成本内部化，并从保护生态系统服务中创造经济价值；给予避免损害自然生态系统最高优先权，恢复生态系统，如果前两项行动不可能或不充分有效，则应采取能够使生态系统服务在未来获得净收益的行动，以此来弥补损失；建立并实施关于土地、水资源和生态系统的综合管理战略，以社会公平的方式促进土地、水资源和生态系统的保护和可持续利用；采取措施以保护任何可能受到不利影响的地方性的、受威胁或被危及的物种或栖息地；采取"规划、设计和运行实践"模式，以便最小化其土地使用决策可能造成的环境影响，包括与农业和城市开发有关的土地使用决策；将自然栖息地、湿地、森林、野生动物走廊、保护区和农业用地的保护融入建筑和建设工程的开发过程；采用可持续农业、渔业和林业的做法；逐步提高采用更可持续技术和工艺的供应商产品的使用比例；考虑到野生动物及其栖息地是自然生态系统的一部分，重视和保护野生动物及其栖息地；避免采取会威胁物种生存或导致当地物种灭绝，或允许入侵物种传播或扩散的措施。

5. 公平运行实践

公平运行实践涉及组织如何利用自身与其他组织的关系来推动积极结果。遵守、发扬和鼓励合乎道德的行为是所有公平运行实践的基础。

（1）反腐败方面，组织应当识别发生腐败的风险，并实施和坚持抵制腐败的政策及做法；确保领导层树立起反腐败榜样，并为反腐败政策的落实做出承诺、提供鼓励和实施监督；支持并培训员工和组织代表努力消除腐败，并对进展提供激励；提高员工、组织代表、承包商和供应商关于腐败和如何抵制腐败方面的意识；确保员工和组织代表的报酬是恰当的，并仅从合法服务中获得；建立并维护一套有效的制度来抵制腐败；建立确保与举报及后续行动相关的人员无须担心遭到报复的具体机制，鼓励员工、合作伙伴、组织代表和供应商举报违法违纪和违反组织政策的行为，以及不道德和不公平的待遇；向相关执法当局举报犯罪行为；积极参与并实施反腐主管机关等所开展的与本组织有关的反腐败行动计划，支持、宣传和配合相关的反腐败活动；鼓励与组织有运行关系的他人采取类似的反腐败做法。

（2）公平竞争方面，组织应当以遵守有关竞争的法律法规的方式开展活动；建立程序或其他保障措施以防止参与反竞争行为；推动员工认识到遵守有关竞争的法律法规和进行公平竞争的重要性；支持反垄断和反倾销行为，以及鼓励竞争的公共政策；注意其运行的社会环境，勿利用诸如贫困等社会条件获得不公平的竞争优势。

（3）为促进价值链中的社会责任，组织应当将社会责任融入关于自身购买、分销和合同的具体政策和实践中；鼓励其他组织采取类似政策，但需避免因此陷入反竞争行为；对与其有关系的组织进行恰当的尽职调查与监视，以防止背离其社会责任承诺；考虑为中小型组织提供支持，包括提升其对社会责任问题和最佳实践的认知，并向其提供额外帮助（如技术、能力建设或其他资源）以实现对社会负责任的目标；积极参与提高与其有关系的组织对社会责任原则与议题的认知；在整个价值链中公平且可行地推动实施社会责任的成本和收益，包括在可能时，提高价值链中各组织实现对社会负责任这一目标的能力。

（4）尊重产权，包括有形产权和知识产权，也包括土地和其他有形资产的权益、版权、专利权、地理标志权及其他权利的权益。组织应当实施能够推动尊重产权和传统知识的政策与做法；开展恰当的调查，以确信其合法享有财产使用权或处置权；不参与侵犯产权的活动，包括滥用支配地位、假冒和盗版；对所获得或使用的财产支付合理的补偿；在行使并保护自身知识产权和财产权时，考虑社会期望、人权及个人的基本需求。

6. 消费者问题

对社会负责任的组织应该满足消费者的基本需求，人人有权享有必需的生活水准及人人有权享有生活条件持续改善和获得包括金融方面在内的基本产品与服务的权利。

（1）公平营销、真实公正的信息和公平的合同实践。在与消费者进行沟通时，组织不采取任何欺骗、误导、虚假或不公平、不清晰、模棱两可的做法，包括遗漏关键信息；以透明的方式共享相关信息，以便于消费者获得信息和进行比较，并以此作为知情选择的根据；清楚指明广告和营销行为；公开披露价格、产品和服务的条款和条件（以及使用时需要的配件）及运输成本；在回应消费者要求时，组织的声明和主张有基本事实和信息支撑；不使用在性别、宗教、残疾或个人关系等方面包含或加深成见的文字、声音或影像；在广告和营销时首先考虑包括儿童在内的弱势群体的最大利益，不参与损害儿童利益的活动；按照适用的法律法规，在销售点提供完整、准确和易理解的信息；采用的合同以清晰、易读和易懂的语言撰写，不包含不公平的合同条款（如不公平免责、有权单方面改变价格和条件、将破产风险转嫁给消费者或不恰当延长合同期限等），并避免包括不合理贷款利率等在内的掠夺性贷款；提供清晰且全面的信息，包括价格、产品特征、条款、条件、费用、合同期限和合同撤销期限等。

（2）在保护消费者健康安全方面，组织应采取如下行动：①在正常和合理可预见的使用情况下提供的产品和服务，对使用者和其他人员、其财产及对环境是安全的。②就健康安全方面的法律法规、标准和其他规范是否足以处理所有健康安全问题而进行评估。若有充分证据表明现已存在能够显著提高保护水平的更高安全要求，组织就不仅仅满足于较低的安全要求。③产品上市后，如出现意外危险，或者存在严重缺陷，或者包含有误导或错误的信息，应中止提供服务或撤回仍在分销链中的所有产品。组织通过采取适当措施和媒体联系到那些已经购买了产品或服务的人员，召回产品并补偿他们所蒙受的损失。④在设计过程中最大限度地降低产品和服务的健康安全风险。⑤通过考虑并顾及消费者的需求差异、能力差异或局限性（尤其是了解信息所需时间的差异或局限性）来确保对产品和服务信息的合理设计。⑥在产品研发中，避免使用有害化学品，包括但不限于致癌、致突变、有生殖毒性、具有持久性和生物蓄积性的物质。如销售包含此类化学品的产品，应有标签加以明确标注。⑦在引入新材料、新技术或新生产方法前，如可行，对产品和服务引入新材料、新技术或新生产方法进行人身健康风险评价，并在适当时将评价结果形成消费者可获得的文件。⑧除使用文字信息外，还尽可能地使用符号向消费者传递重要的安全信息，最好应用国际公认的符号。⑨指导消费者正确使用产品，并向他们警示已知的或正常可预见的产品使用风险。⑩采取措施，防止产品在移交给消费者后因不当搬运或储存而变得不安全。⑪在技术研究与应用中，对于一些"不确定性"（无法预知是否存在或可能产生风险）研究结果，遵循法律法规、科研伦理、实验室安全和特殊研究管理相关准则予以审慎对待和处理，以避免误导消费者，使其健康安全造成危害。

（3）为促进可持续消费，组织在适当时推动富有成效的消费者教育，使消费者了解到其对产品和服务的选择对自身健康和环境的影响，并能够就如何调整消费方式和做出必要的改进，提出可行的建议；为消费者提供在整个生命周期中都有利于社会和环境的产品和服务，减少对环境和社会的消极影响。

（4）消费者服务、支持及投诉和争议处理方面，组织可以通过向消费者提供规定时间内退换货或获得其他适当赔偿的方式以预防投诉；评审投诉并改进对投诉的处理；如可能，提供超过法定担保期限，且与产品的预期生命周期相匹配的担保；明确告知消费者如何获得售后服务和支持，以及如何处理争议和补偿；提供充分和有效的售后支持与咨询服务体系；以合理的价格、在容易到达的服务场所向消费者提供维修服务，并使消费者可以便捷地了解到零部件的预期供应情况；可选用基于国家标准或国际标准的处理争议、冲突和补偿的程序，这些程序向消费者免收或仅收取最低限度的费用，且不要求消费者放弃其法律追索权。

（5）为防止对个人信息的收集和处理侵犯隐私权，组织应该限制个人信息的收集范围，仅收集提供产品和服务的必要信息，或是消费者在知情的情况下自愿同意提供的信息；避免将消费者个人信息用于其所不希望的营销目的；仅通过合法且公正的方式获取信息；在收集信息之前或之时，明确说明其目的；不泄露、不提供和滥用消费者的个人信息，不将个人信息用于指定用途以外的目的，除非消费者知情且自愿或法律另有要求；按照法律规定，赋予消费者对组织是否占有其相关信息进行核实和质疑的权利。如果质疑得到证实，组织纠正不当行为，删除相关信息；通过采取充分的安全保障措施保护个人信息；公开关于个人信息的做法和政策，并为证实个人信息的存在、性质和主要用途提供便捷方式；披露组织内负责信息保护的人员（有时称为信息管理员）的联系方式，并使其担负起遵守上述措施和适用的法律法规的责任。

（6）基本服务获取是组织在确保消费者基本需求得到满足的权利得到尊重方面，能够为消费者此类权利的实现作出贡献。在未给消费者提供机会使其可在合理期限内付费的情况下，不因消费者未付费而中断提供基本服务。不采取中断集体服务的方式惩罚消费者，而不考虑具体的消费者是否已经付费；在定价和收费时，在容许的情况下，价目表中包含给那些需要的人所提供的补贴；以透明的方式开展运行，提供有关定价和收费的信息；扩大基本服务的覆盖面，无歧视地向所有消费者群体提供相同质量和水平的服务；以公正的方式处理基本服务缩减或中断的情况，避免歧视任何消费者群体；维护并更新服务系统，以帮助防止服务中断。

（7）教育和意识是为了使消费者得到充分的信息，认识到自己的权利和责任，以及更有可能发挥消费者的积极作用，并促使消费者的购买决策更加理智和消费活动更加负责任。组织可以展开以下内容的教育：健康安全，包括产品的危险；相应法律法规信息，索赔途径信息，消费者保护机构和组织的信息；产品和服务标识，手册和说明书中的信息；重量和规格信息、价格信息、质量信息、贷款条件和基本服务供给信息；与使用有关的风险及必要预防措施方面的信息；金融产品和服务，投资产品和服务；环保；材料、能源和水的有效利用；可持续消费；包装、废弃物和产品的妥善处置。

7. 社区参与和发展

组织在实现其社会责任时，必须积极支持其所在的社区，并为社区的发展作出贡献。

（1）社区参与是组织在尊重法治的前提下对社区事务的积极主动的扩展。社区参与旨在预防和解决问题。组织应当在确定社会投资和社区发展活动的优先事项时，咨询社区不同群体的代表，特别关注弱势、受歧视、边缘化、无代表和代表人数不足的群体，以有利于充分反映他们意见和尊重他们权利的方式使其参与。针对会影响社区的开发项目，与社区就相关条件和情况，进行相互协商和谋求共识，相互协商在项目开发之前进行，并以拥有完整、准确和易于得到的信息为基础。本着致力于增进公共利益和推动社区发展的目标，尽可能地适当参加当地协会。保持与当地公职人员之间关系的透明度，杜绝贿赂或不当影响；鼓励和支持人们投身于社区志愿服务；促进政策的制定和发展计划的确立、实施、监督和评估。

（2）保护并促进教育和文化，对社会凝聚力和社会发展具有积极的影响。组织应当促进和支持各个层次的教育，提升当地文化水平；增加弱势群体的学习机会；帮助消除儿童获得教育的障碍；促进文化活动，承认并尊重当地文化和文化传统；帮助保存和保护文化遗产，特别是在组织活动会对它们产生影响的情况下。

（3）就业创造和技能开发包括组织应当分析投资决策对就业的影响，并在经济可行的情况下进行直接投资，以便通过创造就业来减少贫困；考虑外包决策对就业的影响，既包括对做出决策的组织内部的影响，也包括对受决策影响的外部组织的影响；考虑创造直接就业的益处而不是考虑使用临时性工作安排的益处；考虑参加当地技能开发计划，包括学徒计划、重点关注特定弱势群体的计划、终身学习计划，以及技能鉴定和认证计划；在技能开发计划不足的社区，可考虑与社区内其他机构合作，帮助发展或改善社区技能开发计划；在就业和能力建设方面对弱势群体给予特别关注；对有助于改善创造就业所必需的环境条件加以考虑。

（4）技术开发和获取是组织可以通过培训、建立伙伴关系和其他行动，为扩大技术获取渠道作出贡献，包括考虑帮助开发能够解决当地社区的社会和环境问题的创新技术；考虑帮助开发易复制且对消除贫困和饥饿有较大积极影响的低成本技术；在经济可行的情况下，考虑发掘当地潜在的传统知识和技术，同时保护当地社区对该项知识和技术的权利；考虑与诸如大学或研究实验室等组织合作，与社区伙伴共同推进科技发展，并雇佣当地人员参与该项工作；考虑并提高当地社区对技术的管理能力，在经济可行的情况下，采纳允许技术转让和扩散的做法，设定合理的技术转让或许可的条款和条件，以促进当地发展。

（5）财富和收入创造方面，组织应当考虑进驻或离开某个社区时的经济和社会影响，包括对社区可持续发展所需基本资源的影响；考虑能够对推动社区现有经济活动多样化提供支持的适当措施；考虑向当地的产品和服务供应商提供优先权，并尽可能地帮助发展当地供应商；考虑采取措施来增强当地供应商进入价值链的能力，并为他们创造这样的机会，尤其要注意社区的弱势群体；在提高生产力和催生创业精神的过程中，考虑致力于建立持久计划和伙伴关系，以扶助社区成员，特别是妇女和其他弱势群体，建立组织和合作社。例如，可以提供一系列培训计划，包括商业规划、营销、作为供应商所必需的质量标准、管理和技术支持、融资和合资组织便利等方面的培训；鼓励对可用资源的有效使用；考虑以适当方式使社区组织更易于获得采购机会，如通过能力建设使其达到技术要求和提供有关易获得采购机会的信息等；考虑支持向社区提供所需产品和服务的组织和个人，因为他们也能促进当地就业并建立当地市场、区域市场和城区市场之间的联系，有利于社区福利；考虑以适当方式帮助发展社区内的创业团体；依法履行纳税义务；考虑为员工提供退休金和养老金。

（6）健康是指组织为促进健康、防范健康威胁和疾病、减轻对社区的危害作出贡献，包括寻求消除组织的生产过程和所提供的产品或服务对健康的消极影响；考虑通过多种方式促进良好的社区健康水平；考虑提高对健康威胁和主要疾病及其预防的认识；作为疾病预防措施，考虑支持基本卫生保健服务、清洁水源和适当的卫生条件。

（7）社会投资是组织将自身资源投资于旨在提高社区社会生活质量的举措和计划。组织应当在规划社会投资项目时考虑促进社区发展。所有行动都宜为社区居民创造更大的机遇，如通过增加当地采购和各种外包来支持当地发展；避免社区对组织慈善活动的支持或持续存在形成永久性的依赖；考虑与包括政府、商业或社会组织等在内的其他组织建立伙伴关系，使得协同效应最大化，并利用互补的资源、知识和技能；考虑帮助向弱势群体和低收入人群提供食品和其他必需品的计划，并考虑到帮助他们提高能力、增加资源和机会的重要性。

三、GB/T 36000—2015 与中国企业的关系

GB/T 36000—2015 的发布实施为社会责任活动提供了一个统一的框架和标准，有助于企业和其他组织在开展社会责任活动时有明确的指引和认知，避免了不同组织对社会责任的理解和实践出现较大偏差的情况。它引导企业关注社会责任，从单纯追求经济利润向更加注重社会和环境影响转变。GB/T 36000—2015 对社会责任报告提出了具体要

求，要求企业向利益相关者透明披露相关信息，提高企业社会责任报告的质量和透明度，让利益相关者了解企业在社会责任方面的表现。鼓励企业积极参与社区事务，关注社区的需求和利益，与社区居民进行沟通和合作，这些都有助于改善企业与社区的关系，建立互信关系，推动社区发展和企业长期稳健经营。

当然，GB/T 36000—2015 是一份推荐性国家标准，没有强制性约束力，企业并不需要强制遵循其中的要求。一些企业可能仍然对社会责任活动采取较为敷衍态度，缺乏真正的投入和执行。其中一些内容较为宏观，没有提供具体的操作细则，对于一些企业来说，将标准的原则转化为实际行动可能存在一定的难度。在实际操作中，企业可能面临一些困难，需要根据自身情况进行适度的调整。虽然标准要求企业进行社会责任报告，但没有明确的监督和评估机制。缺乏有效监督，一些企业可能只是形式上报告社会责任，而实际上并未真正履行。

综合来看，GB/T 36000—2015 对中国企业产生了积极的影响，有助于推动企业更加关注社会责任，改善与社区和利益相关者的关系，并提升社会责任报告的透明度。然而，标准的自愿性和推荐性，以及缺乏监督和评估机制等问题，也限制了其在企业社会责任领域的全面推广和实际效果。为了更好地推动企业履行社会责任，可能需要进一步完善标准，加强相关监管和评估机制的建设，同时提高企业社会责任的宣传和意识教育。

■ 本章思考题

1. 为什么会产生社会责任标准？该标准有何意义？
2. ISO 26000、SA8000 和 GB/T 36000—2015 的区别有哪些？
3. 结合各标准的特点，思考其对中国企业的影响。

■ 本章小结

本章主要介绍企业社会责任标准与指南。首先介绍了社会责任标准的产生与发展的原因；其次主要介绍了国际社会责任指南的内容和特点、与中国企业的关系；再次介绍了社会责任指南内容与特点、与中国企业的关系；最后介绍了社会责任指南的主要内容、主题、与中国企业的关系。

12 第十二章

中国企业的社会责任实践

■ **本章学习目标**

1. 了解中国企业社会责任实践的发展过程。
2. 掌握当代中国企业社会责任实践特征及主要难题。
3. 理解发达国家企业社会责任实践的特点与启示。
4. 了解企业社会责任在面临新时期的发展趋势。
5. 掌握中国企业社会责任发展的积极因素。
6. 掌握中国企业社会责任发展趋势及完善举措。

企业社会责任的发展，不是一蹴而就的。从晚清到中华人民共和国成立后，我国的企业社会责任经历了漫长的发展阶段，对于理解当代中国企业社会责任实践特征，解决现实主要难题，均具有巨大的参考价值。

引导中国企业承担企业社会责任具有多方面的必要性，不仅对企业自身发展有利，也符合国家的整体利益和国际社会的期望。发达国家的企业社会责任实践经验在许多方面为中国推进企业社会责任和可持续发展提供了有益借鉴。总结企业社会责任在面临新时期的常见发展趋势，有利于辨认推动中国企业社会责任发展的积极因素，顺应中国企业社会责任发展的趋势，不断完善中国企业社会责任实践，推动中国企业的社会责任向着更高水平迈进。

第一节　中国企业社会责任的新发展

一、中国企业社会责任实践的发展

1. 晚清时期的中国企业社会责任

中国近代企业兴起于晚清时期。19 世纪下半叶，在传统封建势力的镇压和西方势力的侵略下，中国近代企业成长起来。一些具有前瞻性思维和全球视野的本土企业开始实行公司制。1904 年清政府颁布《公司律》后，中国企业进入一个新的发展时期。清末的中国企业不可能完全承担现代意义上的企业社会责任，社会责任具有鲜明的晚清特色。近代中国公司企业发展之初，承担了太多的非营利性职能，使营利功能从属于广泛的社会和政治功能。这是当时企业"保利法"的责任。保利法是清朝末期和民国初期中国企业界广泛遵循的一种商业道德规范，是一种非正式的行业规矩或商业惯例。企业在经营过程中应承担社会责任和回报社会，而不仅仅是追求自身利润。

西方股份公司移植到中国后，投资者利益分配制度被称为官利制度，也可称保底利润制度、固定利润制度，它是指只要拥有股份并成为股东，就有按固定利率获取官利的权利，而不管企业的经营状况如何。官利的计算和分配是在计算企业经营利润之前提前进行的，官利一旦确定，无论是否征税和征税多少，都不取决于企业的经营状况，与企业利润完全分离。股东按照事先约定的固定利率或固定金额获取官利，不受企业经营状况影响；官利享有优先分配权，即使企业实际利润不足以支付股东的分红，官利仍然会优先支付。官利制度在一定程度上保护了投资者的利益，使其在企业经营不善或不景气时也能获得一定的收益。不过，官利制度同时也给企业的发展和经营带来一定的约束，影响了企业的现金流和投资回报率。

晚清政府为了筹措资金和提供公共服务，颁布法令：凡是经政府授权或支持设立的企业，在缴纳税费和许可费之外，还必须向政府报销一定比例的服务费。这些服务费主要用于承接慈善事业和代替政府提供免费公共服务等社会服务。这项法令最初针对官助商办企业，后来扩大到商办企业，最终所有企业都必须上缴服务费。服务费实质上是一种由企业向政府缴纳的附加费用，用于支持社会公益事业和民生福利。政府通过这种方式来筹集资金，以提供一些公共服务和社会福利，在当时中国社会问题较为严重、民生困苦的背景下，是一种应对社会问题的手段。

2. 民国时期的中国企业社会责任

在辛亥革命后的近 40 年间，中国社会经历了动荡不安的时期，政府更迭频繁，战乱不断，但同时也给了中国企业一些难得的发展机遇。许多企业开始承担起了通过实业拯救国家的使命。在孙中山等的领导下，中国民主革命的先驱较早地意识到实业对于国家振兴的重要性。在国民政府成立后，他们采取措施奖励兴办实业，以鼓励企业家投资和发展实业。当时，"振兴实业""实业救国""挽回利权"等观念逐渐成为广大群众和一些企业家的共识。企业被视为国家复兴和民族振兴的力量，企业在此特殊社会环境下被赋予了履行政治和社会职能的使命。一些企业承担了更多非营利性职能，主动参与国家建设、社会救济和公益慈善等活动。他们不仅仅追求经济利润，更积极地关注国家和社会的需求，为国家和社会作出贡献。一些企业家积极响应国家振兴实业的号召，投资于工商业，促进了中国实业的发展和经济的繁荣。

南京国民政府成立后，1929 年颁布的《公司法》对中国企业的性质和责任进行了明确规定，将企业的目的和责任确立为营利。中国企业的性质回归和恢复到创造利润，使企业更加专注于经济活动，推动了中国企业的发展。随着民国时期的社会动荡和经济困境，许多企业家和企业在面对内忧外患、战争和自然灾害时，积极履行社会责任，通过慷慨捐款、教育资助、慈善捐助等方式，为社会作出贡献，帮助改善了社会经营环境和发展宏观经济。慈善意识和企业社会责任观念的提高，促进中国企业在困难的时期展现出更多的社会责任和担当。

3. 中华人民共和国成立后的企业社会责任

中华人民共和国成立之初，面临资本主义阵营的政治孤立、经济封锁和军事围困的困难局面。为了确保政治经济形势的稳定，中国迫切需要优先发展重工业，建立一个全面的工业体系。由于重工业投资大、周期长，中国在缺乏原始资金和外部援助的情况下，采用了高度集中的计划经济，通过政府权力分配稀缺资源（包括资本和劳动力）来促进工业化进程。

党的十一届三中全会以后，中国开始了市场经济体制的改革。国有企业和民营企业成为中国特色社会主义市场经济的重要主体。企业社会责任的特征也发生了变化，国有企业经济责任显著增加。无论是最初的分权、利润转移和企业自主权的扩展，还是后来的承包制、租赁制度、股份制和混合所有制，国有企业改革从头到尾的目标都是强化企业的经济责任，提高其经济可行性，以及维持和增加价值的能力。在国有企业改革的过程中，企业的社会职能逐渐被淘汰，企业社会责任也发生了历史性的变化和发展。国有企业除了承担经济责任，还具有控制经济命脉、稳定社会的特殊职能。新一轮国有企业改革决定首先对国有企业进行分类，然后逐步推进。这意味着国有企业分为商业企业和公益企业。通过分类界定职能，实行分类改革、问责、监督、评价、发展，提高改革的针对性，促进国有企业与市场经济深度融合，促进国有企业经济效益和社会效益的有机结合。

改革开放后，市场催生的民营企业迅速崛起，作为体制外的新生事物，它们在获得资金、政治支持等发展环境方面远低于国有企业。为了生存和发展，追求利润已经成为企业唯一的目标，根本没有时间考虑其他社会责任。随着市场经济体制的逐步建立和开放政策的深化，民营企业和外资企业开始快速发展。企业社会责任的观念逐渐兴起，一些企业开始主动参与社会公益事业和环保活动，以提升企业形象和回报社会，特别是外资企业，由于受到国际企业社会责任标准的影响，对社会责任的认识更早更深。

进入21世纪，中国开始强调可持续发展和绿色发展，企业社会责任的理念逐渐转向可持续发展方向。政府开始出台一系列相关政策和法规，鼓励企业加强环保、社会责任和员工福利。企业社会责任逐渐纳入企业的战略规划，越来越多的企业主动推动绿色生产、环保措施和社会公益活动。一些大型国有企业和民营企业也开始在社会责任方面承担更多的义务。

随着信息时代的到来，公众、消费者、投资者等对企业的社会责任表现提出更高要求，企业社会责任的透明度和公开度日益重要。一些企业主动公布社会责任报告，展示自己在环境、社会、治理等方面的实践和成果。企业的社会责任不再局限于慈善捐助，更多地涉及环保、公益慈善、员工权益、反腐败等多个领域。

二、当代中国企业社会责任实践特征

1. 国有企业社会责任实践的特点

作为国家的骨干经济单位，国有企业在实现经济效益的同时，也要承担推动国家战略和政策、服务社会公共目标的责任。国有企业的社会责任不仅体现在经济责任方面，还包括环境责任和社会责任。国有企业履行社会责任的目标具有双重性，既要追求经济效益，又要兼顾社会公益目标。在存在多个目标时，国有企业优先考虑的是公益性目标，体现了其特殊的位阶性。国有企业承担社会责任是其天然的属性，其责任实践具有示范作用，能够带头推动其他企业也积极履行社会责任。

（1）国有企业是中国特色社会主义的重要组成部分，其社会责任实践紧密联系着国家使命和政策导向。国家对国有企业提出了明确的发展目标和社会责任，要求国有企业以公益性为导向，兼顾经济效益和社会效益，承担促进全体人民共同富裕的使命。国有企业在发展中要积极配合国家战略，推动国家政策的落实，为国家发展和民生福祉作出贡献。

（2）国有企业在社会责任实践中，承担综合责任，其目标具有双重性。一方面，国有企业要追求经济效益，保证自身持续盈利，增加国有资产的增值和税收贡献；另一方面，国有企业要履行公益性目标，服务国家重大战略和社会发展，推动全体人民共同富裕。国有企业的社会责任不仅是经济责任，还包括环境责任和社会责任，要在经济效益和社会效益之间进行平衡。在环境责任方面，国有企业要积极推动绿色发展、节约资源、保护生态环境，以低碳经济和循环经济为导向。在社会责任方面，国有企业要带头贯彻国家政策、遵守法律法规，保障员工权益，推进社区发展，并积极参与公益活动。

（3）国有企业涵盖各个行业和领域，其社会责任实践在不同行业和区域存在差异。不同行业的国有企业在社会责任方面重点关注的领域可能不同，如能源行业注重环保和资源节约，交通行业注重安全和便利，医疗行业注重健康和救助。

（4）国有企业在社会责任实践中积极回应民生需求，关注社会公益，为改善民生和推进社会进步作出贡献。在脱贫攻坚、灾害救援、社会扶贫等方面，国有企业积极履行社会责任，以行动践行公益性目标。国有企业在社会责任实践中越来越注重透明公开，积极披露社会责任信息，发布企业社会责任报告和可持续发展报告。通过公开信息，国有企业接受社会公众的监督和评价，促进社会责任实践的持续改进和提升。

中国国有企业在国民经济中发挥着重要作用。一方面，国有企业规模不断扩大，效益不断提高；另一方面，国有企业的整体社会责任还需要进一步加强。

政府在国有企业的社会责任中扮演着重要角色，但相关法律法规和奖惩机制还不够完善。一是相关法律法规不足，有关企业社会责任的法律内容相对较少；二是政府理念不足；三是国有企业缺乏激励机制来鼓励其承担社会责任，在评估指标体系中，社会责任水平的重要性较低，企业领导没有足够的动力来推动企业社会责任的履行。

2. 民营企业社会责任实践的特点

民营企业在履行企业社会责任时，与国有企业存在一些不同的特点。民营企业能够更加灵活和主动地回应社会需求，根据企业自身情况和价值观制订社会责任计划。

（1）相对于国有企业受政府指导和政策限制的情况，民营企业通常拥有更多的自主决策权和经营自由。在履行社会责任时，民营企业更多的是基于自愿和自主选择的原则，而非政府指令。由于民营企业通常是独立自由的市场主体，它们在社会责任实践中的角色更为突出和明显。民营企业往往积极参与社会公益事业、社区建设，为改善社会状况和服务社会作出贡献。许多民营企业主动投身慈善事业、环保和扶贫帮困等领域，形成了积极的社会责任形象。

（2）民营企业以营利为主要目标，要求自己在市场竞争中取得成功。民营企业往往会更加注重经济责任的履行，力求实现持续盈利，同时也更加注重与社会的互动和形象建设，以维护企业的声誉和市场竞争优势。

（3）在履行社会责任时，民营企业主要依靠内部决策和管理机制来保证其责任的履行和承担。企业家或经营者在决策过程中会考虑企业的长期发展和社会形象，将社会责任纳入企业战略和经营规划中，以确保企业的可持续发展。

（4）民营企业的企业社会责任实践更注重量力而行，根据企业自身的经济状况和资源情况，选择符合企业特点的社会责任项目。同时，民营企业在履行社会责任时也更加注重实际效果，追求社会责任与经济效益的有机结合，以达到企业和社会双赢的目标。

与国有企业相比，民营企业的所有权相对清晰，利益相关者相对清晰，企业的内部驱动力相对较强，追求利润最大化是企业的最大目标。与社会责任相比，民营企业更注重经济利益，因此许多民营企业认为利益最大化是唯一的最大化目标，这使民营企业过于重视口号而忽视实践。一些民营企业将履行社会责任视为企业的绊脚石，不能明确认识到社会责任的重要性，不将其纳入企业的日常生产经营活动。

3. 跨国企业社会责任实践的特点

跨国企业在中国的发展中重视企业社会责任，将其视为可持续发展的重要组成部分。

（1）跨国公司在中国的发展战略中将可持续发展理念融入其中，意识到长期发展的重要性，注重在经济发展的同时，关注社会和环境问题，努力在实现经济效益的同时提高社会效益，推动可持续发展。大部分在中国发展的跨国企业都会正视中国的社会环境，积极开展社会责任沟通，包括发布企业社会责任报告或可持续发展报告、参与慈善活动和志愿者活动等，向社会公众展示其社会责任实践，并与利益相关者共同探讨社会责任问题。

（2）跨国公司带来了成熟的社会责任管理理念和经验，这有助于中国企业学习和借鉴，提升自身的社会责任意识和履行能力。通过引进这些经验，跨国公司促进了中国企业社会责任实践的不断完善。一些大型的跨国公司或行业制定了一系列的社会责任标准，如联合国全球契约、SA8000等，为中国企业提供了相应的社会责任管理参考经验。跨国公司在中国积极遵循这些国际标准，促进了中国企业社会责任的提升。

今天的跨国生产和活动主要形成了"买方主导的商品链"的形式，买方品牌公司成为一个社会责任标准的设定者、推动者和受益者，而卖方公司则成为跨国公司履行社会责任的受害者。因此,跨国公司在应用社会责任标准方面没有主动性,也很容易被利益所激起。跨国公司社会责任监督机制主要体现在如下两个方面:一是发达国家的消费者和媒体通过跟踪及了解有效地控制大型跨国公司,并通过消费者运动推动其承担责任。然而,由于消费群体参与动机的不确定性,以及参与方式的自发性和流畅性,这削弱了对跨国公司影响的有效性,从而导致监督效果有限。二是一些跨国公司经常雇佣商业或非政府组织来认证企业社会责任标准,以实现外部监督。虽然一些准则允许当地劳工组织和非政府组织参与监督,但它们在认证过程中的作用非常有限。一些商业或非政府组织可能在认证过程中违反规定,这种外部监督机制的可靠性和有效性受到质疑。

三、当前中国企业履行社会责任的主要难题

目前,中国在企业社会责任的法律法规和政策方面还不够完善,导致企业在履行社会责任时可能存在法律空白和监管缺失。企业面临众多利益相关者,其利益可能存在冲突,如企业的经济利益与环保、劳工权益等社会责任之间的冲突。企业在社会责任履行时可能面临各方的压力和考验。这导致企业社会责任的整体发展水平不尽如人意。随着新经济形式的兴起,一些新型企业面临新的社会责任问题,如共享经济平台企业面临着劳工权益保护和信息安全等挑战。在此发展背景下,中国企业在履行社会责任过程中面临一些难题。

(1)企业对社会责任的认识和实践不够准确和全面。企业社会责任的概念复杂,不同企业对其内涵的理解存在差异。一些企业将企业社会责任与企业道德和法律责任混为一谈,或者将其解读为功能性认识误区,如"环保论""慈善论""奉献论"等。随着数字和信息技术的发展,新经济形式的兴起也带来了新的挑战。一些新经济企业可能将经济利益放在首位,对社会责任的履行不够重视,甚至违反社会道德规范。

(2)一些企业更注重与企业生存相关的经济利益,将经济责任放在首位,社会责任只是附加在其经营活动中,在履行社会责任时缺乏长期的愿景和承诺。一些企业在环保和劳工权益保护方面存在问题,忽视环保,对工人权益不够关注,或者逃避法律责任,导致社会责任缺失。

(3)社会监督和促进机制尚不完善,企业在社会责任履行中存在一定程度的虚假和表面功夫。企业社会责任报告往往选择性披露,信息披露质量低,缺乏统一的标准和强制性要求,企业社会责任实践难以得到全面监督和评估。

(4)企业面临利益相关者众多,存在不同利益的冲突。一些企业在履行社会责任时可能出于自身利益的考虑而选择性履行,只满足符合自身利益的责任,忽视其他利益相关者的需求。

面对这些问题和难题,中国企业需要加强社会责任理念的宣传和普及,提高企业对社会责任的认识和理解;建立健全社会监督和促进机制,加强对企业社会责任的监督和评估;加强企业内部的社会责任管理,形成长期承诺和愿景;加强与利益相关者的沟通和合作,处理好利益冲突;同时,应引导新经济形式企业树立正确的社会责任观念,充分发挥新经济形式在履行社会责任中的积极作用。

四、引导企业承担社会责任的必要性

引导中国企业承担企业社会责任具有多方面的必要性，不仅对企业自身发展有利，也符合国家的整体利益和国际社会的期望。

1. 提升企业形象和竞争力，降低业务风险

通过积极履行社会责任，企业能够树立良好的公众形象，提高在社会中的声誉。社会责任意识强的企业通常受到消费者、投资者和政府的认可，有利于提高品牌认知度和忠诚度，增加消费者的好感和信任。消费者对企业的社会责任表现越来越重视，履行社会责任可以成为企业在市场上的竞争优势，吸引更多潜在客户和消费者，增加市场份额，提高企业的销售和盈利能力。社会责任表现良好的企业通常被视为社会责任感强、价值观正面的企业，正面形象有助于提高企业的品牌价值，使其成为消费者心目中的首选品牌。企业关注员工的福利和发展，会增强员工的凝聚力和满意度，在劳动者心中树立负责人的雇主形象。履行社会责任可以促使企业树立共同发展、共赢共享的价值观，形成积极向上的企业文化，进一步提高企业凝聚力和员工归属感。员工对企业的支持和忠诚度将有助于提高企业的绩效和生产效率。

在全球化背景下，企业面临多样化和复杂化的风险。积极履行社会责任可以帮助企业降低潜在风险，避免可能引发的负面舆论和法律问题，增强风险抵御能力，使其能够在竞争激烈的市场中持续稳健发展。企业社会责任表现不佳，如环境污染、违规劳工问题等，可能导致消费者、投资者和社会对企业品牌声誉产生负面评价，进而影响企业的销售和市场份额。企业在不同国家和地区需要遵守不同的法律法规和标准。如果企业在社会责任方面违反了相关法律法规，可能面临罚款、诉讼和负面公关影响。企业的环境管理和资源利用方式受到监管机构和公众的关注，不合规的环境行为会引致环保组织和公众的负面反应，甚至面临环保诉讼。积极履行社会责任可以增强企业的风险抵御能力，使其能够在竞争激烈的市场中持续稳健发展。

2. 坚持科学发展观，实现可持续发展

企业社会责任强调经济、社会和环境的协调发展，有助于企业实现可持续发展。在资源有限和环境压力增加的情况下，履行社会责任是企业长期发展的必要条件。科学发展观是从社会主义初级阶段的基本国情出发，总结中国的发展实践，适应中国企业发展要求的。科学发展观要求人与自然的协调，实现经济、社会、环境的协调，实现可持续发展。以高经济增长换取对劳动力、环境和资源的大量投资是不可持续的。企业不仅是社会财富的创造者，也是环境破坏和资源损失的责任者。企业在经济社会中的这种独特地位，决定了企业在转变经济增长方式的战略任务中发挥着重要作用。企业能否积极履行社会责任，选择正确的经营体制和利润增长点，直接关系到企业是否贯彻落实科学发展观发展，走可持续发展道路，成为社会公认的具有良好形象的"企业公民"。企业的长远发展规划是在追求经济效益的同时承担社会责任。

3. 推动行业发展, 规范市场经济发展

企业社会责任的实践可以推动整个行业的发展, 形成积极向上的发展氛围, 促进行业规范化和提高整体水平。企业社会责任实践倡导企业在经营过程中遵守道德规范和法律法规, 关心员工权益、环保、社区发展等方面。企业成为行业内的标杆, 引领其他企业践行社会责任, 推动行业规范化发展。企业不仅要追求经济利润, 还要考虑社会和环境的利益, 综合性的发展理念能够促使企业从整体上提高管理水平、技术水平和服务水平, 推动整个行业的整体水平提升。企业在满足社会需求的同时, 寻求可持续发展和创新, 激发企业在技术、产品、服务等方面不断创新, 推动行业不断发展和进步。企业与各利益相关者进行合作, 形成合作共赢的局面。通过与供应商、客户、社区、非政府组织等合作, 企业可以共同推动行业的发展, 形成积极向上的发展氛围。通过履行社会责任, 企业可以加强对生产过程的管理和监控, 减少资源浪费和排放, 实现资源的优化配置, 提高生产效率和效益; 关注科技创新、产品质量和服务水平, 这将推动企业进行技术创新和产品升级, 从而促进产业的转型升级。

4. 顺应国家政策导向, 构建和谐社会

中国政府高度重视企业社会责任, 在政策导向和法律法规层面鼓励和支持企业履行社会责任。企业遵循国家政策导向, 有助于与政府形成良好合作关系, 推进企业发展。企业是社会的一部分, 通过履行社会责任, 企业可以回馈社会, 推动社会公平和谐, 减少社会矛盾, 促进社会稳定。企业积极参与和谐社会的建设是企业的责任。企业也会收获相应的回报, 从而有一个和谐的发展环境。企业不仅有义务通过对待员工等方式实现内部和谐, 妥善解决各种内部矛盾, 还要承担消费者、环境、社区、资源、公益企业等方面的社会责任, 为社会和谐作出贡献, 贡献社会, 回报社会。

5. 回应国际社会的期望, 树立中国企业的国际形象

在经济全球化进程中, 中国作为国际社会的重要成员, 有义务参与其中, 与世界经济体发展相互依存、交流与合作。中国的发展是全球和全球经济一体化的有机组成部分。全球经济一体化也意味着统一交易规则和标准。作为仅次于美国的第二大经济体, 中国必须承担起应有的企业社会责任, 与国际社会共同应对各种社会问题, 以及世界面临的环境和资源问题。在国际政治经济关系方面, 中国政府通过积极承担国际责任, 获得了国际社会对中国大国地位的认可, 为中国的和平发展创造了良好的国际环境。在当今全球经济一体化的背景下, 价值取向和企业发展要求在一定程度上代表了国家的价值取向和发展要求。走出国门的公司不仅将中国的产品、技术和服务带到世界, 还肩负着讲述中国故事、传承中国友谊、促进国际合作的政治使命。

国际社会对企业社会责任的期望, 体现了公众对企业在社会和环境方面发挥积极作用的愿望。国际社会普遍认可履行社会责任是一种积极的企业行为, 有助于提升企业的声誉和形象。企业在社会责任方面表现出色, 将获得更多的认可和尊重, 对企业品牌和产品的推广具有正面影响。国际市场上, 消费者倾向于选择有社会责任感的企业的产品。

许多国家和地区制定了企业社会责任相关的法律法规和标准，对跨国企业尤其严格。履行社会责任是企业符合国际合规要求的必要条件之一，是融入国际市场的重要保障。如果企业不履行社会责任，可能面临国际社会的谴责和制裁。履行社会责任可以降低企业面临的负面社会影响和风险。

跨国企业的本土化企业社会责任实践

百胜餐饮集团是全球最大的餐饮集团，旗下包括肯德基、必胜客、塔可钟、东方既白等餐饮品牌。百胜餐饮集团作为行业领军者，进入中国几十年来，在持续以创新精神推动业务发展和增长的同时，发挥企业优势，积极探索、寻求各种途径助力脱贫，持续回馈社会。百胜中国凭借"捐一元""扶业计划"等，在相关系列公益评选中一连斩获了"责任中国·2020年度责任践行典范企业""责任中国·脱贫攻坚特别贡献奖"等5个重磅公益奖项。

1."捐一元"

"捐一元"项目于2008年发起，一直致力推动"全民公益"理念。作为国内较早发起的众筹类公益项目之一，"捐一元"从诞生之初就承载着"打造人人参与的公益平台"的使命。"捐一元"开展以来，不断追求创新和突破，百胜餐饮集团除了利用公司旗下遍布全国的餐厅系统进行线上线下募捐外，还推出了"V金捐爱心"，2020年联合肯德基和必胜客品牌推出"爱心套餐"，并尝试直播义卖、云探访，在全国开展"捐一元·爱心市集"、打造"捐一元·公益伙伴"、组建了近百支"一起捐"爱心队伍等众多创新方式进行筹款，通过为贫困地区乡村儿童提供"牛奶+鸡蛋"营养加餐和捐赠"爱心厨房"的形式持续改善儿童营养状况。

从2008年到2023年6月底，"捐一元"已带动1.4亿多人次参与，累计募集善款超过2.4亿元，为乡村儿童提供超过5600万份鸡蛋牛奶营养加餐，为1380余所乡村学校配备现代化的爱心厨房设备，并在约550所乡村学校开展起了进行编程教育的"数字化课堂"。

2."扶业计划"

百胜餐饮集团于2018年正式推出"扶业计划"，依托和发挥企业自身强大的供应链体系和产品研发能力，结合"精准扶贫""食材开发"，将受助地优质食材研制成产品。项目开展以来，已先后成功将云南松露、贵州火龙果、湖北小龙虾等优质产品研发成松露披萨、火龙果饮品、小龙虾热干面等美食搬上餐桌，为消费者奉上"舌尖美味"。"扶业计划"从云贵高原延展，纵贯荆楚秦川，将云南石榴、湖北秭归橙、陕西红富士苹果、四川柠檬等众多"中国好水果"引入了必胜客品牌电商。

"扶业计划"以"授人以渔"的公益理念和创新模式支持地区可持续发展，为爱心助农注入更多的可能性。此外，通过培训实现农业增效、农民增收的创新模式，促进了当地产业及经济的可持续发展。

思考题：百胜餐饮集团是如何利用自己的优势最大化地实现经济效益和社会效益的？

资料来源：https://www.yumchina.com/respIndex.

第二节　发达国家企业社会责任实践的启示

发达国家的公司制的商业文明起步较早，在企业社会责任实践方面有很多值得中国企业借鉴的地方。发达国家的企业伦理、社会契约理论等有着悠久的历史，在环保、劳工权益、反腐败和企业治理等方面的法律和政策对企业行为有明确的要求和指导，对现代商业文明和企业社会责任的发展产生了重要影响。发达国家的企业在国际贸易和投资中占据领导地位，要求它们遵守国际商业标准和规范，如联合国全球契约、ILO 标准等国际准则。欧美等西方国家在企业社会责任方面的先行经验、成熟的法律体系、高度的公众意识，以及对商业策略的深入理解，为中国企业提供了重要的借鉴和学习机会。

一、美国企业社会责任实践的特点与启示

1. 美国企业社会责任实践的发展

美国企业社会责任的发展经历了不断演进和完善的过程。从早期只关注员工和慈善责任，到逐渐扩展到所有利益相关者，再到融入专项法律和第三方监督，企业社会责任在不断适应社会发展和法律制度的变化，为可持续发展和社会和谐作出贡献。

1）企业社会责任产生阶段（20 世纪初至 20 世纪 60 年代）

在 19 世纪末 20 世纪初的工业革命中，美国经济迅速发展，大型企业逐渐形成，但同时也带来了一系列问题，如劳资关系紧张、贫富差距、资源浪费和环境污染。这些问题引起了社会各界和政府的不满，促使人们开始呼吁企业承担社会责任。20 世纪初至 20 世纪 60 年代，美国企业开始认识到，除了为股东创造利润外，还应对员工、社会和公众承担一定的责任。企业社会责任主要关注员工责任和慈善责任。企业开始关注员工的工作条件和福利，采取一些措施改善工人的工作环境和待遇。在 20 世纪 20 年代的"福利资本主义"思潮影响下，一些企业提供廉价食堂、免费医疗服务、带薪休假等福利。罗斯福"新政"时期，美国政府出台了一系列法律，如《全国劳工关系法》《社会保障法》，明确规定员工的权益保障，使员工责任走向规范化。20 世纪早期，许多企业开始捐助社会，帮助政府完成义务教育和公共教育。20 世纪五六十年代，在"权利带来责任"思想的影响下，企业认识到慈善行为对树立企业良好形象和实现经营目标的重要性。企业开始进行有计划的捐赠行为，并在公司法的规范下进行。

2）企业社会责任发展阶段（20 世纪 60—80 年代）

在这一时期，美国企业社会责任的履行受到专项法律的约束，并且积极倡导企业承担相应的社会责任。20 世纪 60 年代，随着消费者权益意识的提高和消费者运动的扩大，美国政府出台了一系列保护消费者权益的法律。例如，1972 年的《消费品安全法》、1979 年的《统一产品责任法（草案）》等，为消费者提供了更多的法律保障。20 世纪六七十年代，美国又出台了一系列关于环保的法律，1963 年的《清洁空气法》、1965 年的第一部《固体废物处置法案》、1969 年的《国家环境政策法》等，将环保纳入法治化轨道。宾夕

法尼亚州率先修改公司法，明确规定企业经营活动除了对股东负责外，还要对所有利益相关者负责。其他州效仿，并出台相关法案。同时，员工的权益保护的相关法律也趋于民主化，明确规定员工的就业培训和安全生产等权益。

3）企业社会责任蓬勃发展阶段（20 世纪 90 年代至今）

20 世纪 90 年代初，大型企业李维·斯特劳斯公司雇用年轻女工长时间在恶劣环境工作的事件被曝光，引起社会关注。随后，企业开始制定公司生产守则，并受到社会约束，逐渐转变为外部生产守则，最终演变为第三方监督和组织认证，如公平劳工协会和 SAI 等。21 世纪初，一系列企业丑闻引发了美国社会对企业社会责任的更深入关注。美国政府颁布了《萨班斯–奥克斯利法案》，加强了商业活动中的诚信要求。社会监督机构也加强了企业社会责任审计，督促企业做好相关工作。同时，越来越多的企业发布企业社会责任报告或可持续发展报告，接受社会监督。

2. 美国企业社会责任实践的特点

美国企业社会责任的实践在不断演进和发展，呈现范围广泛、法律引导、专业型组织推动、社会关注度高、报告和透明度提高及多元化的责任议题等特点，使美国企业在社会责任领域取得了一定的成就。

（1）企业承担社会责任的范围比较宽泛。从 20 世纪初开始，经过消费者运动、环保运动等的兴起，以及后来对企业诚信问题的高度关注，美国的社会责任涉及较多利益相关者，主要包括股东、员工、消费者、供应商、分销商、金融机构、竞争对手、新闻媒体、自然环境、社区等，表明企业开始意识到除了对股东负责，还要对利益相关者负责。与此同时，美国关注的社会责任话题也越来越宽泛，主要包括企业内部的社会责任议题（守法经营、公平就业、反对歧视、安全生产等）、企业外部社会责任议题（消费者权益保护、环保、责任投资、慈善捐赠等），内容体系较为完整。

（2）美国政府在推动企业社会责任方面发挥了重要作用，通过立法来规范和引导企业的社会责任行为。在税法、公司法、环保法、劳动法、消费者保护法等方面，都有相关的法律条文规定企业应当承担的社会责任。这些法律为企业提供了明确的指导和激励机制。

（3）企业承担社会责任有专业性组织推动和指导。以企业社会责任为重点的各种第三方非政府组织的成立是美国企业社会责任更合理、更健康发展的驱动力。它可以领导和监督企业在履行社会责任时遵守国际或行业标准。

美国企业社会责任的实践涉及的议题越来越多样化，不再局限于传统的员工福利和慈善捐赠。现在的企业社会责任关注更广泛的议题，如环保、消费者权益保护、可持续经营、反腐败等。企业早已意识到，社会责任是企业长期稳健发展的必要条件。

3. 美国企业社会责任实践的启示

1）规范企业社会责任制度

迄今为止，美国已建立了较为完善的企业社会责任相关法律法规体系，从保护合法权益、信用管理、环保、道德和社会福利等多个方面界定了相关利益者的社会责任，成为企业管理的准绳和社会责任的最低底线。虽然美国政府倾向于通过颁布法律法规来设定底线而不是直接干预来促进企业社会责任的发展，但国际组织对企业不负责任行为的规定和宣传，以及社会各界对企业社会责任意识的加强，促使企业有意识地将企业社会责任纳入管理体系和发展战略中。它培养了积极履行社会责任的习惯和充满活力的企业文化。

中国可以借鉴美国的做法，在立法层面规范企业社会责任，明确企业应当承担的社会责任和义务，制定更多涉及企业社会责任的法律法规，为企业履行社会责任提供法律依据和指导。中国的企业社会责任实践还需要积极引导和监督，政府、企业、社会组织和公众应该形成合力，共同推动企业社会责任的发展。社会各界的参与和监督能够促使企业更加主动、有效地履行社会责任。

2）企业社会责任管理专业化

美国设立了专门的企业社会责任管理部门，负责促进企业社会责任。根据经营管理的需要，企业内部按职能分工是一种公认的管理模式。分工深化了部门的专业化，使人力资源的利用更有针对性、更有效率，从而实现了企业的良好经营。同样，设立专门的企业社会责任管理部门，极大地促进了企业社会责任的履行。20 世纪 90 年代中期，超过 60%的美国企业设立了专门的社会责任管理部门。该部门主要负责企业社会责任的日常管理、预防和危机控制，修改和评估企业社会责任体系，对员工进行企业社会责任培训和绩效评估，组织企业全体员工学习和讨论社会责任相关问题。

中国企业可以设立专门的企业社会责任管理部门，负责企业社会责任的日常管理和监督。这样可以更加专业地推动企业社会责任的实践，并使社会责任在企业的经营管理中得到有效落实。

3）企业社会责任审计制度化

美国通过建立内部和外部监督机制来审查和评估企业社会责任的履行情况，以客观总结当前的经验并进一步完善。一方面，企业设立了专门的内部监督机构，如企业伦理委员会或道德责任人，由董事会直接领导，对企业的各种经营行为进行监督，以改善企业社会责任的管理；另一方面，社会福利监督机构（如环保协会和消费者权益保护协会）构成了企业社会责任的外部审计机构。通过内外部监督机制的协调配合，共同营造企业公众监督的大环境，使企业既能受到企业内部严格的专业管理和约束，又能接受外部社会的系统审计，督促企业积极履行社会责任，使社会责任报告向社会公开。

中国企业可以建立社会责任审计制度，通过内部和外部审计来评估企业社会责任的履行情况。这样可以实现对企业社会责任的有效监督和督促企业积极履行社会责任。

二、欧洲企业社会责任实践的特点与启示

1. 欧洲企业社会责任的产生与发展

欧洲的企业社会责任晚于美国，于 20 世纪 70 年代开始逐渐关注企业社会责任这个问题。20 世纪 90 年代开始，以欧盟为代表的企业社会责任迅速发展，并逐步成为世界的领先者。

1）个别关注阶段（20 世纪初至 20 世纪 70 年代）

德国是较早关注企业社会责任的欧洲国家，虽然理论基础较为薄弱，但它是世界公认的较早在立法中贯彻企业社会责任观念的国家。1919 年出台的《魏玛宪法》规定："所有权以及义务都要顾及公共利益。"1920 年，德国公司法学者提出了企业社会责任。而德国企业社会责任运动最成功的就是构建了职工参与制度，形成了市场经济国家唯一规定劳资双方等额或接近等额参与企业机关的立法体例。西门子公司的企业责任事务负责人托马斯·凯撒认为员工议题和社会保障是在德国发展起来的。在德国，通过行业监管和行业规范来推动企业履行社会责任，并形成了 AVE①模式。AVE 模式是在 SA8000 基础上开发的一套行业社会责任模式，它是德国唯一一个作为监管社会责任的行业解决方案，德国绝大多数零售贸易企业都参与其中。同时，德国的企业自觉开展慈善事业，96%的企业自主捐助环保、教育文化事业、弱势群体、青少年儿童等。

2）普遍关注阶段（20 世纪 70—90 年代）

20 世纪 70 年代以后，欧洲各国开始普遍关注企业社会责任。1973 年，英国法学家施米托夫提出了"新公司法的精神应体现出建立在企业社会责任之上的经济新秩序"的理念。之后，企业社会责任的概念得到普及，同时建立了一些社会监督组织。进入 20 世纪 80 年代，由于缺乏关于企业社会责任的政策，企业社会责任在欧洲的发展较为缓慢，而且没有明确的发展方向。在这一时期，经济衰退及失业现象较为严重，社会公众要求企业进行捐款。同时，欧盟也发挥了积极作用，通过了一系列公司法，如《第 5 号公司法指令草案》等。

3）迅速发展阶段（20 世纪 90 年代以后）

20 世纪 90 年代以后，企业社会责任在欧洲商界、政府和公众中的影响力与日俱增，要求企业履行社会责任的呼声也越来越高。为了加强沟通，鼓励欧洲国家的企业更好地履行其社会责任，欧盟在企业社会责任的发展方面逐步走向联合。从 1973 年开始，欧盟发布的《环境行动计划》（Environmental Action Programme，EAP）经过历次迭代，已经发布到了第八版。每份行动计划都提出了具体的政策目标、法规和行动步骤，并要求各成员国按照统一的标准和时间表进行执行。

2. 欧洲企业社会责任实践的特点

（1）非政府组织直接推动欧洲企业社会责任的发展。欧洲拥有较多非政府组织，一些工会或者非政府组织制定了相关的企业社会责任标准，监督企业履行社会责任及是否披露社会责任信息。这些非政府组织要求企业遵循人权、环保等方面的国际原则。在英国，在推动企业履行社会责任方面有较大影响的非政府组织有英国社区组织、英国道德贸易组织、商业社区组织。

（2）通过企业社会责任运动实现公共政策目标。促使规范化劳动力市场的建立和社

---

① AVE 是德国外贸协会（Außenhandelsvereinigung des Deutschen Einzelhandels）的缩写，这是一个德国的贸易协会，主要代表零售和外贸企业的利益，推动社会责任在供应链中的落实。

会参与；增加对劳动者终身学习、培训、就业能力的投资；在全球的知识经济中保持优势，以解决老龄化问题；合理利用自然资源，减少浪费和污染；注重人权，遵守基本劳工准则和保护自然环境；增加对公共卫生的投资、减少贫困等。

（3）欧洲各国企业社会责任发展类似，但焦点各异。德国强调社会的有序协调，相应的法律和制度在企业和工会中包含比其他国家更多的相关内容，环境问题也成为其企业社会责任的一个焦点；意大利将企业社会责任的焦点放在社会议题等方面；英国和爱尔兰则更加注重竞争对手的诉求。

3. 欧洲企业社会责任实践的启示

英国是西方国家在政府层面促进企业社会责任的典范。政府有权利和义务监督其自身组织和企业对经济、环境和社会的影响，并与企业和其他机构合作，促进企业社会责任运动的发展。

1）政府部门设立相关职位

2000 年 3 月，英国政府在贸易和工业部设立了企业社会责任部长，负责企业社会管理。该职位于 2005 年晋升为国务大臣一级，对公司行为具有双重约束力，包括政策和司法。此外，文化教育、环境、就业和社会保障、金融和国际发展、交通等政府部门和机构都制定了自己的企业社会责任促进计划。中国的各级地方政府可以设立专门的职位或机构，负责协调和推进企业社会责任的发展。

2）政府重视宣传和激励

在宣传方面，2001 年 3 月，英国首次发布了《企业社会责任政府报告》，并定期向社会发布相关报告，督促企业承担社会责任。贸易和工业部还成立了国家联络处，大力宣传经济合作与发展组织制定的《跨国企业行动指南》。除此之外，英国政府还建立了企业社会责任网站，以形成信息披露和交流平台。通过扩大宣传，提高公众对企业社会责任的监督意识。在激励方面，政府奖励企业社会责任指数良好的企业；实施可持续采购，优先选择社会企业绩效排名较高的企业作为合作伙伴。在这一政策下，企业只有努力提高产品的生态标准和社会责任水平，才能为自己赢得更多利益。

中国政府可以加大对企业社会责任的宣传力度，定期发布企业社会责任报告，督促企业承担社会责任。同时，政府可以通过奖励和激励政策，鼓励企业积极履行社会责任，提高企业社会责任水平。

3）政府政策指导

政府更注重采取大量积极的政策来促进企业社会责任的落实，为企业社会责任的发展指明宏观方向，为企业承担责任提供全面灵活的框架和切实可行的行动指导。在英国，环境、社会及治理方面的立法包括《公司法案 2006》，其中的政策条款涉及企业向外界提供的报告应该包括哪些要素。《现代奴役法案 2015》《气候变化法案 2008》等政策从社会责任的多方面规制企业行为，影响企业社会责任报告和实践。英国的金融行为监管局还对某些公司设定了有关气候变化事项的强制性披露要求。

英国的就业法律包括《平等法案 2010》《就业权利法案 1996》《健康与安全法案 1974》《数据保护法案 1998》《工作时间规定 1998》等，这些法律和规定涉及雇佣关系、员工权利、工作场所的健康和安全及数据保护等方面，确保了企业在运营中必须遵守基本的社会和雇佣标准。通过这些法律框架，英国政府对企业行为进行了明确的指导和规范，以促进企业社会责任的实施和发展。

三、日本企业社会责任实践的特点与启示

1. 日本企业社会责任的产生与发展

1）第一阶段（20世纪50—60年代）

20世纪50年代，日本开始讨论"企业社会责任"这一概念，源头为日本江户时代提出的"家训"。虽然日本较早关注到企业社会责任，但是在企业内部并没有形成指导机制。1956年，经济同友会第九次全国大会公布"经营者对社会责任的觉悟及实践"决议，这标志着日本企业社会责任理论的开端。在这一时期，日本的重化工企业造成了严重的水污染和空气污染，危害了公众的健康，由此引起社会对企业社会责任的讨论。为了加强对企业的监管，1967年，日本出台了《公害对策基本法》。

2）第二阶段（20世纪70年代）

进入20世纪70年代，"列岛改造论"导致地价上涨，加上石油危机带来油价上涨，均导致企业出现通货膨胀，严重阻碍经济发展，社会各界反商的呼声很高。在这个背景下，日本先后出版了《行动宪章》《企业社会责任贡献度评价标准》《综合社会责任指标》，介绍了企业社会责任的原则、评价标准和责任指标，从理论上规范了企业社会责任的内容。

3）第三阶段（20世纪80—90年代）

20世纪80年代，日本开始在海外成立海外活动事业联合会，促使本国企业在海外市场占有一定的份额，能够积极履行社会责任，并在1989年和1990年分别成立了"企业文化支持协议会""经团连的1%俱乐部"。但是，受到泡沫经济的影响，日本的企业责任意识开始淡化，并引起了各界对日本信誉的讨论。日本政府为了挽回形象，出台了与企业社会责任有关的政策和法律法规，为企业社会责任的发展奠定了一定的基础。

4）第四阶段（21世纪）

进入21世纪初，日本企业出现了一系列的丑闻，如2000年的雪印乳业中毒事件，严重危害了1.4万人的健康；又如，2002年，日本火腿及雪印食品等企业以次充好，把产品卖给消费者。日本政府开始监管企业履行社会责任，并完善相应的政策和法律法规。日本设立了专门的企业社会责任管理部门。在企业社会责任评价方面，经济同友会等组织提出了较为系统的评价体系和评价指标，促使日本企业社会责任向实践层面前进一大步。

2. 日本企业社会责任实践的特点

（1）企业社会责任理念与经济和时代背景相适应。20世纪50年代，日本的企业社会责任概念主要受17世纪的"家训"含义的影响。1956年，日本的企业社会责任理论开始显现。同一时期，社会各界比较关注水污染和空气污染，因此，企业的社会责任议

题开始转向环保。进入 20 世纪 70 年代，企业主要是在法律的规范下履行社会责任。20 世纪 80 年代，日本的企业社会责任意识受到西方的影响，逐渐开始关注各利益相关者。20 世纪 90 年代，寻租事件引起信任危机，企业开始关注商业伦理以及积极公开履行社会责任方面的信息。

（2）日本企业社会责任的内容不仅包括经济、法律、伦理、社会效益等方面，还将企业社会责任与公司战略、组织结构、经营理念和实践步骤相结合，构建了独特的企业社会责任体系。从组织管理的角度来看，经营者确立了其在企业中的地位，不仅引领着企业的方向，也引领着"价值观"的发展。在具体实践上，日本企业制定了更加详细的行为准则，如生产政策、环境政策、社会贡献和员工行为准则。而在实际操作上，更加注重企业社会责任的教育。例如，日本发布了企业社会责任教材《三井之魂》《DFP 的警示》，均表明日本社会责任意识在不断提高，企业社会责任体系在不断完善。

（3）日本企业社会责任的发展和实践主要依靠政府、消费者、行业协会、媒体、非政府组织等的推动。其中，政府出台了一系列与企业社会责任相关的法律法规，如《公害对策基本法》等，以及行业协会制定的《行动宪章》《综合社会责任指标》等，丰富了日本企业社会责任的内涵。日本媒体不仅曝光了企业丑闻，还积极参与日本企业社会责任的推进工作，如 1974 年日本经济新闻社发表了《企业社会责任贡献度评价标准》，在一定程度上提高了企业社会责任意识。日本企业履行社会责任也离不开消费者的监督和选择，如 2002 年雪印食品的食品安全问题、2007 年的赤福株式会社食品生产日期问题，以及 2017 年"神户 Plaisir 本店"将较低品级的牛肉冒充较高品级的牛肉欺骗消费者。这些案例的最终结果均体现了日本消费者对企业的监督和选择。

3. 日本企业社会责任实践的启示

1）将时代精神融入企业社会责任的概念中

日本核心企业观认为企业是维系生命、提升文化的保证。企业社会责任的概念包括"社会""贡献""信任""企业价值""可持续发展"等关键词。这些概念深刻地反映了企业社会责任的概念，即"企业是社会的企业""企业因社会而存在"，并突出了企业和社会之间的不可分割的联系。在以社会为核心、紧跟时代潮流的企业社会责任理念的引领下，企业投入精力，理性分析如何建立社会贡献，如何通过履行社会责任促进社会可持续发展。

2）完善企业社会责任体系

日本企业建立了比较完善的组织管理、部署运行、监督评价相结合的制度体系，确保在各级能够正确实施企业社会责任实践。在组织层面，大多数日本企业成立了促进企业社会责任委员会，由董事长或总经理组成，所有部门都涉及企业社会责任问题。在实践层面上，日本企业有履行企业社会责任的完整程序：企业社会责任促进委员会制定了概念、章程和行为准则；定期召开会议，制定企业社会责任规划和工作安排；各部门根据制订的计划组织实施。此外，企业还建立了专门的会议系统，以应对突发性自然灾害。在监督和评估层面，日本企业设立了监事会、委员会、风险管理委员会和其他机构，世界卫生组织通过问卷调查、访谈等方式建立外部监督渠道，对企业社会责任实施内部监督，并与公众互动。

中国企业可以建立完善的企业社会责任体系，包括成立相关委员会或机构负责企业社会责任的推进，建立明确的制度体系，制定概念、行为准则和规划，同时开展监督和评估，确保企业社会责任的有效实施。

3）公开透明的企业社会责任报告

在日本，超过90%的企业每年会发布企业社会责任年度报告，从而方便公众了解相关概念、准则、组织、企业社会责任的规划和实施状况。一方面，公司通过编制社会责任报告，组织并报告当年企业社会责任的实施情况；另一方面，让企业社会责任的成果接受利益相关者的监督，畅通与社会的沟通渠道。

中国企业应加强企业社会责任的信息披露，向公众发布企业社会责任年度报告，让利益相关者了解企业的责任实践和成果。透明的报告能够增加企业的信任度和公众对企业的认可。

第三节　中国企业社会责任实践的发展趋势

一、企业社会责任在面临新时期的发展趋势

当代全球范围内，企业社会责任正在由"该不该承担社会责任""承担什么社会责任"阶段迈向"如何承担社会责任"的新阶段。因此，企业社会责任也有新的发展趋势，主要包括社会责任投资、社会责任会计、低碳经济、数字化的企业社会责任等。

1. 社会责任投资

社会责任投资，也被称为可持续性投资、道德投资或ESG投资，是一种投资方法，将金融回报与社会和环境的影响结合起来，以实现长期的可持续发展。社会责任投资的目标是在获得合理回报的同时促进社会和环境的可持续性，帮助解决社会问题，推动企业实现更好的环境和社会表现。社会责任投资是西方投资理念的创新，起源于20世纪60—70年代，当时由于工业灾害、核电站泄漏、油轮泄油，以及日益严重的环境问题，很多企业把社会责任融入投资中。例如，英国、美国、日本等发达国家的企业每年都将一定的资本用来进行社会责任投资。

社会责任投资主要包括筛选、股东倡导和社区投资较为典型的三种投资方法。其中，筛选是指根据社会、环境和道德标准或准则购买、处置或评估投资组合或共同基金中公开交易股份的投资决策策略。股东倡导是指投资者通过与公司对话或在年度股东大会上投票，努力改善或促进公司的社会、环境和道德行为。社区投资是指传统金融机构忽视的投资者和资金提供者对社区的直接投资。社区投资为社区提供了他们所缺乏的信贷、资本和其他核心银行产品。

社会责任投资作为一种新兴的投资理念，与传统投资存在一定的区别，详见表12-1。

表 12-1 社会责任投资与传统投资的比较

项目	社会责任投资	传统投资
本质特征	反映经济、社会、环境之间的系统发展	反映单一的经济利益关系
投资主体	经济社会生态人	经济人
投资理念	可持续发展理念	经济发展理念
投资目标	三种（经济、社会、环境）收益	单一效益
投资标准	经济标准、社会标准、环境标准	经济标准
投资对象	同时追求三种收益的企业	只追求经济效益的企业
价值创造	长期可持续发展价值的创造	短期收益的获取

2. 社会责任会计

社会责任会计是一种会计方法，旨在衡量和报告企业在社会责任方面的表现和成就。社会责任会计是对传统财务会计的补充，关注的不仅是企业的财务表现，还包括企业在社会、环境和道德层面的表现。社会责任会计的主要目标是提高社会效益，通过计量和计算社会成本和社会效益，使企业的社会净贡献最大化，同时向社会提供有关社会责任的信息。

社会责任会计通过制定一系列社会责任指标，用来衡量企业在环境、社区、员工福利、人权、慈善捐赠等方面的表现。这些指标通常与可持续发展目标和其他社会责任标准相一致。社会责任会计可帮助企业建立系统收集数据，进行报告，向利益相关者展示企业在社会责任方面的实际表现。企业在其财务报表之外披露与社会责任相关的信息，如企业的社会项目、环保计划、员工培训等。因此，社会责任会计为企业提供了一种有效的管理工具，帮助企业管理者更好地理解企业的社会责任表现，并在决策过程中考虑社会责任因素。

3. 低碳经济

低碳经济的发展包含以下几个主要方面。

（1）低碳经济的核心是推动能源转型，减少对传统化石燃料的依赖，提高清洁能源的比例，如太阳能、风能、地热能等可再生能源的开发和利用。例如，美国通过了《清洁空气法》《能源政策法》《低碳经济法案》等法律法规，要求企业改造高碳产业、加强低碳技术创新，使用清洁能源，减少温室气体排放等。韩国政府则提出"低碳绿色增长"的经济振兴战略和绿色新政，加快新能源的开发和利用，强化低碳意识和行动。

（2）低碳经济要求提高能源利用效率，通过技术创新和管理手段来减少能源浪费，降低生产和消费过程中的碳排放，改进工业生产过程、建筑节能、交通运输的绿色化等。例如，日本政府投入更多资金开发利用太阳能、风能、氢能等替代能源和可再生能源，并积极开展地热能、水能的研究。同时，日本提出要"引领世界二氧化碳低排放革命"，将发展低碳经济作为促进日本经济发展的增长点，实现经济转型，巩固在环保领域的技术优势，引导世界低碳经济革命，占领未来经济发展制高点，发挥国际影响力，实现社会经济良性发展。

（3）交通是一个重要的温室气体排放来源。低碳经济推动绿色交通，包括电动汽车的推广、公共交通的改进、鼓励步行和自行车出行等，以减少交通尾气排放。

（4）许多国家建立了碳市场和碳定价机制，通过对碳排放的定价来鼓励企业减少排放，同时激励那些在减排上做得更好的企业获得经济激励。低碳经济的发展需要巨额投资，绿色金融的发展可以引导资金流向低碳产业和项目。包括发行绿色债券、设立绿色基金和金融支持低碳企业等。

低碳经济的发展对于实现全球气候目标和可持续发展目标至关重要。它不仅可以减缓气候变化，还能促进创新和产业转型，为经济发展和社会进步带来新的机遇。各国和企业都在积极践行低碳经济理念，以建设更加绿色、清洁、可持续的未来。不同国家和地区的"碳达峰"时间点各不相同，这取决于其经济结构、能源消费模式、政策措施等因素。一些国家已经制定了"碳达峰"目标，并采取了相应的政策来实现这一目标，如推动可再生能源发展、提高能源效率、加强工业排放控制等。

4. 数字化的企业社会责任

在信息化、人工智能和大数据等的发展趋势下，企业社会责任将迎来一系列新的发展趋势和创新实践。通过数字化的数据收集和报告，企业可以更全面、准确地向公众展示其社会责任实践和表现。大数据技术将为企业提供更多实时数据，帮助企业对其社会责任活动进行数据驱动的评估，了解其社会影响的实际效果，更好地衡量和改进社会责任项目。信息化时代，网络参与和社交媒体成为人们表达意见和关注企业社会责任的主要途径。企业需要更加积极地与公众互动，倾听社会声音，回应公众关切，通过网络传播积极的社会责任信息。信息化技术加强了企业之间的沟通和合作，促进了跨国合作，共同应对全球性的社会问题。企业将更加注重在全球范围内发挥其社会责任，推动全球可持续发展。

信息化技术将推动社会创新和共享经济的发展，企业将积极探索社会创新模式，通过共享经济方式为社会提供更多有益资源和服务。信息化技术为社会创新提供了新的机遇和手段。社会创新是指通过引入新的思维、方法和合作模式，解决社会问题，提高社会效率和公共福利的过程。信息技术如大数据分析、人工智能、物联网等可以帮助发现和理解社会问题，并提供更智能、高效的解决方案。在社会创新中，企业充当了重要的角色。通过技术创新和商业模式创新，企业可以为社会带来更有价值的产品和服务。例如，数字化平台和移动应用的出现，使社会资源的整合和分配更加高效，促进了社会创新的发展。

共享经济是通过在线平台和数字技术，将闲置资源（如房屋、车辆、技能等）进行共享，从而提供各种服务和产品。这种模式通过更好地利用现有资源，实现资源共享和高效利用，从而提高了资源利用效率和可持续性。信息化技术为共享经济的发展提供了基础设施和运营工具。在线平台和移动应用使共享交易更加便捷和灵活，使更多的消费者和服务提供者参与其中。共享经济涵盖各个领域，如共享出行、共享住宿、共享办公等，这些模式在许多城市得到了广泛的应用。信息化技术与共享经济的结合不仅改变了商业模式，也推动了社会的发展和变革。通过共享经济，人们更容易互相连接和合作，资源利用效率得到了提高，同时也有助于缓解环境压力和资源短缺的问题。

二、推动中国企业社会责任发展的积极因素

1. 推动中国企业社会承担责任的积极因素

随着公众社会责任意识的普遍提高，企业面临承担和履行其为追求利润而进行的非法和不道德行为所应承担的社会责任的压力。利益相关者形成了强大的驱动力，对中国企业社会责任运动的发展产生了积极影响。

（1）政府通过立法和执法促使企业关注环境、资源和社会问题。各级政府围绕企业社会责任制定的法律法规已逐步形成体系，有效地促进了中国企业社会责任的发展。此外，中国政府特别重视中国企业在国外履行企业社会责任。

（2）消费者是鼓励企业履行社会责任的最积极因素，通过"用脚投票""拒绝购买"，迫使企业尊重消费者价值取向，以获得市场份额。随着消费者自我保护意识的增强和消费者权益保护运动的进一步发展，消费者对企业提出了更高的要求，鼓励企业更好地履行社会责任。

（3）自然资源的消耗和自然环境的污染是国际社会、各国政府和环境组织关注的焦点，这给企业带来了多方面的压力，要求企业重视环保，减少污染。顺应全球潮流，中国政府采取了积极行动，从中央到地方政府出台了一系列重要举措。例如2014年，历史上最严格的《环境保护法》的出台（修订）为企业履行其环境责任提供了法律依据。

（4）企业履行员工社会责任直接关系到员工的切身利益。员工迫使企业遵守《劳动法》《中华人民共和国劳动合同法》（简称《劳动合同法》）和其他法律法规，并通过集体谈判和平等谈判与企业签订集体协议；通过工会，鼓励企业履行社会义务，保护员工利益，从而有效避免雇佣关系中的不公平行为，这促进了雇佣关系的稳定和企业的和谐。

（5）作为舆论监督的重要力量，新闻媒体以其巨大的影响力，通过查处违法经营、倡导守法经营，对监督企业履行社会责任发挥了不可替代的作用。国内外各种机构的调查和责任评估活动也对企业履行社会责任施加压力或发挥激励作用。此外，社会责任投资、行业协会和企业组织、商业伙伴、社会责任研究者等也促进企业更积极地承担社会责任。

2. 影响中国企业承担社会责任的消极因素

与发达国家相比，中国企业社会责任尚处于初级阶段，存在诸多不利发展的因素。

（1）理解上的误区和偏差。一些企业认为企业社会责任没有实质内容，是"演艺事

业”，从而拒绝承担社会责任。有的企业认为企业的社会责任是参与慈善活动，参与捐赠和慈善活动是足够的；有的企业认为企业的唯一责任是赚钱和增加利润，承担其他责任将危及企业的生存和发展。这些误解和偏差从思想上阻碍了企业社会责任的发展。

（2）法律法规不足，执法不力。虽然现有的法律法规正在逐步系统化，对社会责任有或多或少的规定和要求，但有些只是一般性规定，不具体，难以实施。有的有明确的目标和要求，但行政执法并不严格。这是企业社会责任进展缓慢的一个重要原因。

（3）地方保护主义对企业社会责任的负面影响。例如，责任重大的事故发生且长期得不到有效治理时，地方保护主义或多或少、明确或间接地发挥了作用。

三、中国企业社会责任发展趋势

1. 从被动向主动转变

随着中国企业更加深入地参与到全球市场中，开始面临来自国际社会的各种要求和标准。全球消费者、投资者和合作伙伴越来越关注企业的社会责任表现。为了在国际舞台上维持竞争力和声誉，中国企业开始主动适应这些国际标准。与此同时，中国政府在推动社会和环境可持续发展方面提出了一系列政策和倡议，如"绿色发展"和"双碳"目标，促使企业不仅要遵守法律规定，还要在环保、能源节约等方面采取更主动的措施。

随着社会对可持续发展和企业社会责任的认识日益加深，消费者和市场对企业的环境和社会行为有了更高的期望。企业为了满足市场需求和建立良好的品牌形象，开始更加主动地履行社会责任。许多企业开始认识到良好的社会责任实践对内部治理结构和企业文化的积极影响，强化社会责任能够建立更加正面的员工关系和企业形象，提升员工的归属感和工作满意度。随着全球经济一体化和社会责任意识的不断提高，中国企业在社会责任领域的主动性将继续增强。

2. 领域广泛化趋势

中国企业社会责任的履行涉及广泛的领域，主要包括环境、社区、员工、客户、供应商、政府等。在"脱贫攻坚""双碳政策"等国家政策的指导下，企业社会责任的领域和方法得到了纠正，一方面，企业对环境、扶贫、员工、社区等领域的社会问题反应更加积极；另一方面，面对经济压力，企业开始加强供应商、客户和其他利益相关者之间的关系，实现双赢的合作。

3. 战略化趋势

企业对战略责任的实施有较强的认识，重视社会责任与国家战略的统一。越来越多的中国企业将社会责任的任务和问题聚焦在经济社会发展的重大战略问题上。传统的企业社会责任行为被专业化、品牌化和系统化的行为所取代，且具有附加值。公众、媒体和专家对企业反应性的民意反馈保持高度一致性。此外，企业的责任感更强，重视社会责任与经济活动的统一，把落实社会责任作为重要发展战略。越来越多的企业社会责任行为更加自觉，积极利用企业在专业领域的资源成为发展趋势，以解决相关社会问题为重点，在解决社会问题上拓展新的市场机遇和增长空间，建立积极的政府业务关系、社会业务关系，并更积极地融入所在社区或社区系统。

4. 方式多元化趋势

在具体的社会责任实践方法上，不同行业的企业往往会投入相关的资金、技术、设备等要素，结合行业优势和发展定位，最终形成多元化的实践格局企业社会责任。其中信息通信、银行金融、矿业等行业广泛应用新技术，践行科技为善的理念，为社会治理作出杰出贡献。在绿色金融方面，越来越多的机构积极推动全球可持续发展议题的讨论和建设，如中国银行股份有限公司当选国际资本市场协会2020/2021年度绿色债券、社会责任债券原则及指引顾问委员会成员，在全球推广绿色债券标准，并与中国标准接轨。中国信息通信技术产业企业在环保和农村再生领域取得了突出成就。根据金蜜蜂报告研究工作组对相关企业的评估，这些企业主要提供支持社区公共基础设施建设的手段和技术，帮助社区改善公共服务和治理，改善公共卫生和医疗环境，帮助社区建设和发展特色产业。电力和汽车行业是重点行业，中国在碳减排事业中所关注的领域和相关企业的社会责任报告通常集中在绿色低碳的话题上，能源行业披露的相关信息主要包括促进煤炭替代、转型和现代化，大力发展新能源，推进能源系统绿色化。汽车行业更注重技术现代化，以减少自身的能源消耗和碳排放。采矿业包括煤炭、金属矿产、石油和天然气等自然资源的开采，该行业企业的运输和消费将对环境产生直接影响。因此，相关企业的社会责任通常集中在环保和环境发展领域，包括环境监测、绿色矿山建设、"三废"治理和土壤恢复。食品企业的社会责任主要集中在捐赠物资、确保食品安全和稳定供应、保护水资源和回收包装等。

5. 专业化趋势

企业履行社会责任呈现日益专业化的趋势。公益基金会是一个非政府非营利组织，拥有自有资本，由自己的受托人或董事管理，目的是维持或资助社会服务、教育、慈善和其他公益活动。中国的企业基金会主要是不具备公开募股资格的非公有制基金会，资金来源于企业及其员工的捐赠。通过创建基金会，企业可以更好地整合资源，实现公益性企业的专业化和标准化。一个长期工作、社会反响良好的基金会，不仅可以帮助企业向社会各界展示愿景和价值观，扩大知名度、美誉度和影响力，还可以帮助企业在履行社会责任中实现公益品牌化，将自身发展与公益目标相结合，创造更大的社会价值，建立更多向上的社会支持。近年来，企业基金会已成为大中型企业参与社会公益活动的重要途径。企业基金会管理的项目主要与企业的行业、核心业务内容、经济发展、自然环境等因素有关。例如，国家电网公益基金会多年来一直在开展航空运输通道珍禽的抢救和保护工作，中国海洋基金会重点保护海洋环境。

6. 规则化和规范化趋势

中国企业履行社会责任的规则化和标准化体现在企业遵循相关准则、履行社会责任的标准和规则。除了遵守国际上关于可持续环境发展和权威指导报告等，还包括国家层面的指导，如国家社会责任标准、在公司治理体系中实施社会责任的国家标准、国家标准对社会责任管理体系的要求及其使用指南等。许多行业一直在发布行业社会责任标准，如《中国酒类企业社会责任指南》《电子信息行业社会责任管理体系》《中国医药企业社会责任实施指南》《中国信息通信行业企业社会责任管理体系》等。

7. 国际化趋势：标准、语言和实践齐头并进

中国企业不仅在国内积极履行社会责任，而且逐步扩大国际化的势头。关于企业社会责任报告的编制，一方面，越来越多的企业选择遵守国际标准，主动按照国际标准规范自己的责任行为，参照国际准则和标准起草社会责任报告，如 GRI 标准、联合国全球契约等；另一方面，更多的公司发布外语版的社会责任报告，以提高品牌的国际知名度。此外，少数企业以缅甸语等外国居民的官方语言发布报告，更好地满足国外利益相关者的需求，加强企业品牌的国际分销。企业实施的具体社会责任项目往往与当地的政治和经济条件有关。在亚洲经商的中国企业更注重与当地社区的融合，更加关注社区问题，如支持公共基础设施建设、提供就业机会，救灾赠款并强调尊重当地宗教和文化传统；中国企业在非洲的社会责任报告更加关注保障社区健康安全的实践，强调人才本地化原则，注重地方人才的招聘和培养。

四、中国企业社会责任实践的完善

1. 国有企业社会责任的引导与完善

国有企业承担社会责任的困境要求运用利益相关者理论，兼顾各方面利益，同时着眼于构建党委领导、政府领导、公众参与、社会协调和法治保护的格局。强调政府、企业和社会参与共同管理，努力鼓励国有企业承担社会责任，充分发挥政府、企业和社会在共同管理中的作用。

（1）加强政府监督。政府应当制定法律法规，明确国有企业承担社会责任的义务和范围，确保企业必须履行社会责任，并明确社会责任评估指标体系。这些法律法规应当对企业履行社会责任的要求和违反责任的惩罚做出明确规定，以保障企业的社会责任得到有效履行。主管部门重视国有企业的社会责任，明确国有企业社会责任的重要性和外延，明确界定企业社会责任的范围。结合国有企业发展转型、生态文明建设、民生问题、国有企业国际化战略，并将其置于战略关注和战略安排之下。合理界定政府、企业和社会的职责，明确政府、企业和社会在激励企业履行社会责任中的作用，及时有效地转变国家职能，改变政府缺位和不作为的现象，有效地结合国家战略、国有企业战略和社会发展战略，促进经济社会协调发展。设立独立的监督机构，负责监督企业履行社会责任的情况，具备相应的权威和独立性，可以对企业进行现场检查、信息披露核实等，确保企业社会责任的真实性和有效性。

改革现有国有企业效益评估方法，改变原有评估方法，建立科学的国有企业社会责任评价体系，增加社会责任评估指标的权重。借鉴国际社会责任标准，建立科学的国有企业社会责任评价体系，包括经济责任、发展责任、社会责任、文化责任和环境责任等

多个方面，以确保企业社会责任的全面评估和监督。鼓励社会组织、媒体和公众等参与到企业社会责任监督中来。鼓励公众通过舆论监督、举报等方式参与监督，对企业的不履行社会责任行为进行曝光和追责，以形成多方共同参与的监督机制。

要求企业进行社会责任信息的公开披露。这些信息应当包括企业的社会责任报告、环境影响评估等，让公众了解企业的社会责任表现。建立奖惩激励机制，对履行社会责任较好的企业予以表彰和奖励，鼓励其他企业效仿。对于积极承担社会责任的国有企业，政府机构应及时向全社会进行表彰和宣传，树立企业形象。同时，优先考虑相关的财政和税收政策，或给予奖励，优先发展一些重大的国家项目。对于违反社会责任的企业，政府应当依法予以处罚，确保违规企业付出应有的代价。

（2）提高市场经济意识，建设现代公司治理制度。国有企业应该从思想上高度重视企业社会责任，并将其视为实现自身可持续发展、树立企业形象和获得政治支持的基本发展战略。在经营决策中，要坚持公平公正，注重社会效益和经济效益的统一，以人为本，注重员工福利和社会贡献。国有企业作为法人和社会公民，应树立企业公民意识，遵守国家相关法律法规。国有企业应该保护员工、股东、消费者、公众和其他利益相关者的权益，诚信经营，追求可持续发展。加强国有企业信息公开，建立有效的监督机制。国有企业应当定期向社会和相关政府机构公开社会责任报告，展示企业履行社会责任的情况，让公众了解企业的社会责任表现，增加企业的透明度和公信力。

国有企业应该建立科学的公司治理结构，包括董事会、监事会和职工代表大会制度。独立董事应该承担社会责任监督职能，确保企业实现可持续发展的社会责任。监事会应该强化监督权，有效履行监督职责。职工代表大会应该保障员工的参与权和知情权，参与重要决策的讨论。企业利益相关者建立良好的沟通和合作关系，倾听利益相关者的声音，关注社会关切，积极解决问题，共同推动企业社会责任的履行。

（3）加强社会监督。媒体在社会监督中起着重要的作用。媒体应当大力宣传和赞扬那些积极承担社会责任的国有企业，为它们树立榜样，激励更多企业投身社会责任。同时，媒体也要揭露和批评国有企业的不作为，对那些不诚实履行社会责任的企业进行曝光，增加其不诚信的成本，促使其积极承担社会责任。社会组织如消费者协会、环保组织等在社会监督中扮演着重要角色。政府可以建立适当的渠道和机制，让社会组织参与国有企业的社会责任监督，保障社会组织了解企业社会责任的权利。此外，鼓励社会组织进行公益诉讼，让其有法律行动的渠道，对国有企业的社会责任问题进行诉讼，形成强有力的外部监督机制。

建立第三方评估机制可以确保评估的公正客观。第三方评估机构可以独立对国有企业的社会责任履行情况进行评估，从而提供中立的评价结果。这样的评估机制可以激发国有企业承担社会责任的积极性，同时也可以让公众对企业的社会责任情况有更加客观准确的了解。

2. 民营企业社会责任的引导与完善

国家必须为民营企业履行企业社会责任提供优质的"公共产品"，引导民营企业具有实施企业社会责任的意识和能力，并建立适当的激励和约束机制。

（1）构建良好的政治生态系统，政府要充分肯定那些履行社会责任的优秀民营企业，通过表彰和奖励来鼓励其他企业效仿，发挥示范作用。中国民营企业起步较晚，发展能力不足，在承担社会责任方面仍存在许多自身无法解决的问题，需要政府的大力支持和帮助。政府必须大力推动创业，营造良好的政治环境，不要将税收作为衡量民营企业是否承担社会责任的片面指标，应该更加关注民生和社会发展。

（2）民营企业应注重创业实践，树立现代技术新形象，提高现代化管理水平。企业家应该以积极的态度和科学的方法承担社会责任，树立"以人为本"的企业文化，提高社会满意度，促进企业持续健康发展。

（3）新媒体可以帮助民营企业提升社会责任观念，并控制企业有效承担社会责任。政府和媒体可以通过新媒体宣传，鼓励民营企业承担社会责任，形成社会共识，引导企业行为。

（4）建立科学合理的评估体系，对民营企业的社会责任水平进行评估，并根据评估结果奖惩企业。评估指标体系应综合考虑企业在环保、员工权益、消费者权益、社会公益等方面的表现，确保评估的公平性和客观性。

3. 跨国公司社会责任的引导与完善

（1）完善国家法律法规是引导和监督跨国公司履行社会责任的重要途径。政府明确企业基本的社会责任要求，减少执行中的模糊地带和不确定性。进一步完善公司法、劳动法、产品质量法、环境保护法等法律法规，确保其内容的统一性，增强制度的完整性、稳定性、可操作性和可执行性，以提高社会责任相关法律制度的约束能力和监督能力。结合国际准则和国内实际，推动法律法规的动态调整，帮助跨国公司适应全球化发展中的新挑战和新需求。

（2）在中国经营的跨国企业应该将履行社会责任作为公司战略之一，制订履行社会责任的计划，建立独立的社会责任信息披露机制，积极发布企业社会责任报告、可持续发展报告、环境报告等。定期、及时向外部利益相关者披露公司社会责任的履行情况，并指定第三方机构评估和验证社会保障报告责任。提高社会责任报告的可靠性和可读性，以实现塑造企业负责任形象的目标。建立披露和澄清时间、内容、披露社会责任信息的形式和方法将帮助利益相关者了解公司的情况，并帮助监管机构改进监管效率。完善公司治理结构，让利益相关者参与实施社会责任的决策，积极加强各方对企业社会责任的监督和限制。根据自身发展和战略，可以建立符合公司社会责任的内部审计制度。

■ 本章思考题

1. 我国的企业社会责任发展经历了哪几个阶段？
2. 当前中国企业履行社会责任所面临的主要难题是什么？
3. 发达国家的企业社会责任实践对我国有哪些指导意义？
4. 新时代，我们要如何发展中国企业社会责任实践？

■ 本章小结

本章首先介绍了中国企业社会责任的新发展，回顾了从晚清到中华人民共和国成立后我国的企业社会责任经历的漫长发展阶段，叙述了当代中国企业社会责任实践特征及主要难题，以及企业承担社会责任的必要性；其次介绍了美国、欧洲（尤其是德国）、日本等发达国家的企业社会责任实践的特点与启示；最后介绍了中国企业社会责任实践的发展趋势，为完善中国企业社会责任实践提出建议。